KB150326

All about Exhibitions

국제전시
기획론

All about Exhibitions

국제전시
기획론

발간사

존경하는 한국전시주최자협회 회원, 그리고 전시업계 임직원 여러분

우리나라 전시산업은 그 동안 성장세를 지속해 왔습니다. 전시산업과 관련한 산란학의 일체된 노력에 의해 전국 각지의 전시장 증축, 관련 법규 및 제도의 마련과 정책지원 등 많은 분야에서의 도움이 있었지만, 누가 뭐래도 전시산업계 우리 자신의 노력이 가장 큰 역할을 하였다고 자부해 봅니다.

그 가운데 중요하면서도 부족하게 느꼈던 점은 전시 전문인력의 양성과 공급이었습니다. 특히 첨단 서비스산업의 경쟁력은 해당 산업에 종사하는 전문인력의 역량과 노력여부에 달려 있다는 점에 더 그렇다고 하겠습니다. 이런 점에서 국제전시기획사 제도의 도입과 '국제전시기획론'책자의 발간은 그 의의가 정말 크다고 하겠습니다.

특히 전시산업의 새로운 도약이라는 큰 뜻을 가지고 국제전시기획사 제도의 도입과 본서의 발간에 주도적 역할을 해주신 저희 협회의 전임 신 현대 회장님과 협회 임직원 여러분, 그리고 본서의 집필과 감수에 흔쾌히 응해 주신 여러분에게도 진심으로 감사의 말씀을 드립니다. 또 금년 1월 시행한 제1차 국제전시기획사 2급 자격시험에 당당히 합격하신 343명의 합격자 여러분에게 축하의 말씀을 드리며, 앞으로 합격자분들을 위한 지원책 마련에 끊임없이 노력할 것임을 약속드립니다.

회원사 임직원, 그리고 전시산업계 종사자 여러분.

세상은 변화와 혁신의 연속입니다. 우리 전시산업을 둘러 싸고 있는 핵심 환경요소인 참가업체 (산업계), 참관객은 물론 모든 홍보 마케팅, 미디어 환경도 하루가 다르게 변하고 있습니다. 이러한 초연결, 초지능의 4차 산업 혁명시대도 결국은 인간의 삶을, 가치를 더 높이자는 것이 궁극적인 목적이라 하겠습니다. 그런 점에서 인간의 오감을 활용하여 무한한 공감을 끌어내는 전시산업이야말로 어떤 산업, 분야보다 미래에 더 큰 가치를 발휘할 수 있다고 생각합니다.

'국제전시기획론' 발간은 우리산업의 미래를 새롭게 개척하고 발전시키는 나침반이 되었다고 자부해 봅니다. 전시산업에 종사하는 전시회기획자, 전시디자인 및 서비스업체, 전시컨벤션센터 및 지원기관은 물론, 앞으로 이 산업 분야로 진출하고자 하는 젊은 인력들과 예비창업자에게도 큰 도움이 될 것으로 기대합니다.

앞으로도 새롭게 변화하는 전시산업 환경과 전략요소를 반영하여 본서를 더욱 발전시켜 나가고, 전시기획사제도도 더욱 알차게 발전시켜 나갈 것임을 약속드립니다. 나아가 서비스산업의 해외진출이 중요한 과제인 만큼 국내 전시업계는 물론, 국제적으로도 유용한 참고서가 되어 우리나라 전시산업의 새로운 지평을 열어 가는데 기여할 수 있도록 노력해 보고자 합니다.

전시산업계 여러분의 끊임 없는 성원과 지도편달을 부탁드립니다.

감사합니다.

(사)한국전시주최자협회 회장 조 민 제

발 간 사

지난 십여년동안 한국 전시산업계는 괄목할만한 성장을 이루어 왔다. 수출주도형 산업구조와 작은 내수시장에도 불구하고, 정부, 업계, 학계가 국제화, 전문화라는 공동의 목표를 향해 열심히 매진한 결과물이라 할 수 있다.

이제 이러한 경험을 바탕으로 우리는 한국 전시산업의 패러다임을 양적 성장에서 질적 성장으로 전환시켜야만 한다. 최근 대내외적으로 서울 국제교류복합지구(코엑스~잠실일대), 킨텍스, 송도 컨벤시아, 수원, 판교 등에서 전시산업의 기본 플랫폼인 컨벤션센터의 신축 및 확장 계획들이 연이어 발표되었고, 해외의 유명 전시주최사들도 한국 시장에 진출했으며, 국내 전시주최자들도 중국, 베트남 등 새로운 시장 개척을 위해 나서고 있다.

바야흐로 세계의 전시산업의 무한 경쟁시대이다. 전시산업의 블랙홀이라고 불리는 중국을 필두로 전시산업의 중심축은 급격하게 유럽에서 아시아로 이동하고 있다. 이렇게 급변하는 산업환경속에서 무엇보다도 중요하게 다루어져야 할 분야는 바로 인적자원이다.

전시회는 상품이란 매개체를, 전시장이란 플랫폼안에서, '사람'에 의해서 효율적으로 구현하는 비즈니스다. 더욱이 전시산업은 고유의 산

업적 기능과 MICE로 통칭되는 관련 전·후방산업에 대한 직간접적인 파급효과가 막대한 산업이다. 즉 전적으로 인적자원의 역량에 따라 결정되는 대표적인 서비스산업인 것이다. 특히 요즈음 새롭게 대두되고 있는 '4차 산업혁명'의 기술적 모델의 배경 또한 사람이므로, 향후 전시산업의 모델이 어떻게 진화하던지 간에 그 근간을 이루는 축은 사람이 될 것이다.

앞으로 다가올 글로벌한 경쟁, 잠재적 위험요인을 준비해야 하는 우리로서는 우수한 양질의 인재 육성을 위한 교육 프로그램과 체계적인 인력 관리시스템이 절실히 요구되고 있다. 이를 위해 우리 협회에서는 이번 '국제전시기획론' 교재의 발간을 통해, 젊은 인재들의 유입, 교육, 창업 등 선순환 구조를 만들고 지속가능한 산업계의 발전에 밑알이 되는 작은 첫걸음이 되기를 기대해 본다.

지난 1년 6개월 동안, 본업을 제쳐두고 수많은 조찬 모임과 회의를 참여하며 애써주신 37명의 참여진들, 격려와 응원을 보내주신 전시업계 선후배님들, 특히 총괄감독을 하며 고생하신 황희곤 교수님, 구미정 박사, 우리 전시주최자협회 임직원분들에게 진심으로 감사의 인사를 드린다.

(사)한국전시주최자협회 전 회장 **신 현 대**

추 천 사

펼칠 '展(전)', 보일 '示(시)'. 펼쳐 보인다는 이 단순한 단어들로 조합된 '전시'는 상당히 융복합적인 첨단 마케팅 수단입니다. 흔히들 전시산업은 고부가가치를 창출하는 최첨단 서비스 산업으로서, 우리 국민 경제에 크게 이바지 한다고들 말합니다. 지난 30여간 이 전시산업에 종사한 본인은, 전시산업은 특히 우리 젊은이들이 도전정신을 갖고 무(無)에서 유(有)를 창조할 수 있는 아주 매력적인 블루오션(Blue Ocean) 시장 중 하나라 생각합니다.

우리나라 전시산업은 1980년 초 태동기를 거쳐 이제 성장기에 접어들었다 할 수 있습니다. 그 동안 양적, 질적으로 크게 발전한 우리 전시산업은 이제 그 기획부터 개최, 운영에 이르는 전시회의 일련 과정이 보다 전문화, 고도화 되고 있으며 그 역할은 분업화 되고 있습니다. 법률상 전시산업은 다시 전시 주최업, 전시장 운영업, 전시 디자인 설치업과 전시 서비스업 등으로 세분화되었습니다.

하지만 전시산업이 산업적으로 이렇게 진화, 발전했음에도 불구하고 아직 학문적으로 기초가 부족했습니다. 대학, 전문대학 등에서 전시산업을 다루는 학과도 없으며 전시산업에 입문하고자 하는 사람들을 위한 기초 서적도 없었습니다. 이러한 산업계와 학계 간의 간극으로 기업체들은 전시산업에 필요한 기초 역량을 보유한 인력수급에도 어려움이

있었을 뿐만 아니라 신입사원의 입사 이후 실무 투입까지 상당한 시간의 투자도 필요했던 것이 사실입니다.

　그래서 이번에 (사)한국전시주최자협회에서 발간한 '국제전시기획론'은 전시산업의 진흥을 담당하는 수장으로서 매우 반가운 소식이었습니다. 이 책이 전시산업의 지속가능한 성장에 기초 토양분이 될 것은 믿어 의심치 않습니다. 왜냐하면 전시업계에서 그 이름만 들어도 알만한 최소 15년 이상의 경력의 전문가들로 구성된 참여진들과 전시산업의 현황에서부터 기본 개념, 디자인 및 서비스 분야까지 아우르는 그 탁월한 구성은 전시산업을 전문적이면서도 세세하게 조망하고 있기 때문입니다. 이 '국제전시기획론'은 전시산업에 관심 있는 학생, 일반인에서부터 업계 신입사원뿐만 아니라 전시경력자도 초심으로 돌아가 새로운 시각에서 전시회를 바라볼 수 있는 기본서가 될 수 있을 것으로 기대합니다.

(사)한국전시산업진흥회 회장　이 홍 규

인 사 말

전시산업의 또 다른 미래를 꿈꾸며 출발한 「국제전시기획론」의 발간은 25명의 전시업계 현장 전문가의 손에 의해 이루어졌다. 그 동안 전시 분야에 제대로 된 교재 하나 없이 해외자료나 어설픈 매뉴얼에 의존해 왔던 전시업계 종사자 여러분에게 이제야 제대로 된 안내서가 나왔다고 감히 자부해 보고 싶다.

본 교재는 한국전시주최자협회가 준비중에 있는 국제전시기획사 시험의 수험용으로 제작되었지만, 참여했던 저자들은 전시업계를 위하여 뭔가 새로운 시도를 해보겠다는 순수함 열정이 더 컸던 것으로 생각된다. 내용 구성면에서는 전시사업 추진에 요구되는 전시산업 구조 이해, 전시회 기획, 홍보마케팅, 전시 디자인 및 서비스 분야를 폭 넓게 다루어 전시산업 전반을 포괄하도록 하였다. 이에 전시주최 뿐 아니라 전시장, 전시디자인 및 서비스, 인력개발, IT 등 전시산업분야 전문가들이 직접 집필하였다는 점에서 의의가 크다고 보여 진다.

초연결(Super Connected) 시대, 현대 마케팅은 철저한 고객지향의 소비형태나 접근이 바탕을 이루고 있다. 첨단 IT기술을 활용한 O2O(Online to Offline), 빅 데이터 활용 등으로 수요, 공급자는 물론 다양한 이해관계자간의 새로운 비즈니스 환경이 조성되고 있다. 이런 시점에 철저하게 현장을 바탕으로 산학이 연계하여 전시산업의 새로운

가이드라인을 제시한 것은 우리 산업의 발전을 위한 의미있는 초석을 다졌다고 하겠다.

   지독히 더운 여름에 책 발간을 위해 끝까지 수고해 주신 저자 여러분, 또 정성어린 충고와 내용 감수, 조언을 아끼지 않으신 12명의 감수 및 자문위원 여러분, 그리고 행정적, 실무적 지원을 위해 최선을 다해 주신 한국전시주최자협회 신현대 회장님을 비롯한 임직원 여러분들께 다시 한번 감사의 말씀을 드린다.

대표 집필위원

한림국제대학원 교수 **황 희 곤**

CONTENTS

CONTENTS

CONTENTS

전시산업론

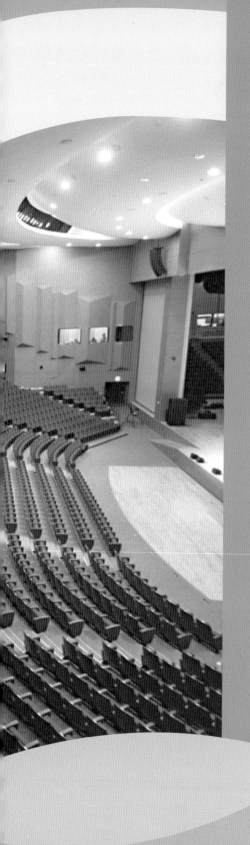

C O N T E N T S

전시산업의 개요 및 특성

정의 및 목표

전시회 개최 의의 및 발달 개요를 이해하고, 차별적 특성을 명확하게 함으로써 전시회의 마케팅 등 비즈니스에서 기여도를 인식시키는 계기를 만들고 이를 통해 전시회의 다양한 활용가능성 및 기여도를 제시하고자 한다.

학습내용 및 체계

주요 항목	세부 내용	비고
1. 전시회 이해	• 전시회의 개념 및 정의 인식 • 전시회의 발달사 • 한국전시회 발달사	
2. 전시회 기능 및 차별적 특성	• 전시회의 주요 기능 • 전시회의 차별적 마케팅 특성	
3. 전시회 종류	• 전시회의 참가목표 • 전시회의 종류	
4. 전시회의 산업발전 기여도	• 전시마케팅과 산업발전 • 전시회와 경쟁촉발	

학습 포인트

- 전시회 개념 및 정의 인식
- 전시회의 주요 기능 및 차별적 마케팅 특성 이해
- 전시회 참가목표 및 종류 이해
- 전시회의 산업 발전 및 경쟁촉진 이해

핵심 용어

전시회, 전시마케팅 활동, 산업전시회, 일반전시회, 전시회의 경쟁촉진 기능

01 전시회 이해

1. 전시회 개념

전시회란 제품, 기술, 서비스를 특정 장소인 전문 전시장, 호텔 등의 일정 공간에서 일정 기간 동안 전시회 참가업체가 무역업자, 소비자, 관련 종사자 및 전문가, 일반인 등을 대상으로 판매, 홍보 등의 마케팅 활동을 함으로써 경제적 목적을 달성하고자 하는 경제활동을 말한다. 따라서 전시회는 특정 산업 분야나 업종의 기술과 노하우가 결합되어 생산된 신제품, 신기술, 서비스 등을 전문적으로 다루는 마케팅의 장(Market place)으로서 거래 증진에 이바지하는 인프라 기능을 수행하고 있다.

전시회는 '유형 또는 무형의 상품을 매개로 하여 제한된 장소에서 일정한 기간 동안 구매자를 대표하는 참관객과 생산자를 대표하는 참가업체간 거래와 상호 이해증진을 목적으로 진행되는 일체의 마케팅 활동'을 말한다. 전시회는 Fair, Exhibition, Exposition 등 다양하게 표현되나 용어별로 조금씩 다른 의미를 내포하고 있으며, Exhibition과 Fair가 주로 사용되는 단어이다. 미국국제전시이벤트협회(IAEE, International Association for Exhibition and Event)는 전시회 의미로 'Exposition'을 사용하면서 전시회란 "구매자(buyer)와 판매자(seller)가 진열된 상품 및 서비스를 서로간의 상호작용을 통해 현재나 미래 시점에 구매할 수 있도록 개인이나 기업이 조성해 주는 일시적인 시장"이라고 정의하고 있다.

전시산업과 관련된 다양한 용어에 대한 정의가 정립되어 있지 않고 여러 개념이 난립하고 있어 일반인들은 물론 전시산업 종사자들까지도 혼란을 겪고 있다. 일반적으로 Trade Show는 가장 일반적인 전문전시회를 말하며 전시회 방문자인 참관객

IAEE(International Association for Exhibitions and Events)

(visitor)를 위한 마케팅 환경을 조성하는데 바탕을 둔 커뮤니케이션의 한 형태로 도안 (graphic), 사진(photography), 영상(visual), 문안(copy), 색상(color), 소리(sound), 동작(motion), 실연(demonstration), 인적 커뮤니케이션 등 인간의 모든 감각을 활용한 기술을 이용한다.

특히 전시회는 마케팅의 통합체로서 전시구조물, 판매원과 고객간 직접접촉, 부수 지원물, 제품 또는 서비스의 진열을 통해 현재 및 잠재고객에게 독특한 기회를 제공한다. 따라서 전시회 개최의 목적은 궁극적으로 수출계약, 유통계약 등을 통한 판매와 국제마케팅 증진이며, 전시회에 출품함으로써 얻게 되는 홍보로 인한 장기적 이익 제고에 있다.

2. 세계전시회의 발달 개요

전시회는 인류문명의 역사와 함께 생성 발전해 왔다. 문헌상으로는 구약 에스더(Esther) 제1장에서 아하수에러스 왕이 슈산(Shushan) 성에서 180일에 걸쳐 잔치를 하며 '나라의 부와 위업이 혁혁함을 나타내어라'하여 가장 오래된 전시회의 효시로 알려지고 있다. 실질적인 전시회 기원은 유럽 중세시대로 거슬러 올라간다. 중세 상인들이 통과하는 주요 지역이나 교회 등에서 소규모 전시회가 개최되었다. 초기 전시회는 자연 발생적으로 형성된 시장으로 물물교환 형태의 시장이었다가 12세기에 접어들면서 전시회는 유럽의 주요 도시를 거점으로 산업전시회로 변모하기 시작하였다.

19세기 산업혁명은 전시회를 근대적 전시회의 형태로 변모시켰다. 당시 산업혁명의 발달로 영국은 세계적인 국가로서 시장 확대의 필요성을 인식하고 자국 제품을 해외시장으로 진출시키기 위한 모색을 시작하였다. 공업도시를 중심으로 근대적인 전시회 형태가 발생하게 되어 1851년 런던 수정궁(Crystal Palace)에서 세계 최초의 국제박람회가 개최되었다. 런던 국제박람회는 다양한 상품이 국가별, 지역별 뿐 아니라 특정산업별로도 전시된 수평적 전시회였으며, 관련산업 종사자 및 일반 대중에게도 개방되었다. 런던 국제박람회는 대

런던 수정궁 내외부

영제국의 위상을 과시하고 및 산업성장을 도모하기 위해 개최되었지만 오히려 당시 독일, 프랑스 등의 산업을 발전시키는 촉진제 역할을 하였다.

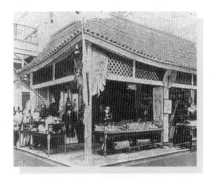

시카고 무역박람회 내외부

미국은 영국 런던 수정궁전시회 참가 후 세계를 대상으로 한 미국 주최의 전시회를 기획하여 1853년 뉴욕 세계 박람회를 개최하였다. 이는 국제전시회주최자로서의 미국의 능력을 과시하는 계기가 되어 이후 미국내 수많은 전시회가 개최되는 계기가 되었지만 엄청난 재정적자를 초래하기도 하였다. 또 뉴욕과 경쟁도시인 시카고는 시카고를 중서부지역의 경제중심지로 만들려는 노력의 일환으로 민간기업을 설립, 전시장을 건립하여 1873년 시카고 무역박람회(Chicago Interstate Exhibition)를 개최하고, 이벤트 분야로 확장과 동시에 대내외적으로 시카고시의 이미지를 제고시키는 역할을 담당하였다.

19세기 산업혁명과 더불어 발달된 전시회는 점차 '상품' 전시회에서 '견본' 전시회로 성격이 변모되었다. 산업기술 기계의 발달로 상품을 대량으로 생산할 수 있기 때문에 더 이상 전시장에서 상품을 직접 판매할 필요가 없게 되었다. 따라서 고객이 단순히 주문할 수 있는 견본만을 전시하게 되어 전시회는 견본전시회의 성격을 가지게 되었다. 견본전시회는 1894년 라이프찌히를 시작으로 발전되었다. 1차 세계대전 이후 라이프찌히 전시회를 모델로 삼아 프랑크푸르트, 쾰른, 베를린, 이태리의 밀라노 등에서 견본전시회가 개최되었다. 제2차 세계대전을 거치면서 미국이 등장하여 미국의 자유무역주의와 함께 전시회는 일반참관객을 제한하는 전문적인 성격으로 분화되어 갔다.

60년대와 70년대 이후 첨단산업과 3차 산업의 비약적인 발달로 새로운 제품을 취급하는 전시회가 계속 등장하였고 기존의 전시회는 산업분야별로 전문전시회의 형태로 발전하게 되었다. 80년대와 90년대에 이르러 전시회는 여러 개의 개별 전문전시회가 하나의 전시회로 통합되는 복합전시회의 성격으로 변모하였다. 최근에는 개별 전문 전시회만으로 상호 결합되는 형태 뿐만 아니라 다른 행사와 결합되는 성격을 띠고 있다.

3. 우리나라 전시회 역사

파리 만국박람회 및 한국관 전경

우리나라는 고종 26년 1889년 파리 만국박람회에 갓, 모시, 돗자리 등을 출품하여 국제무대에서는 처음으로 전시회에 참가했다. 그리고 1893년 미국 시카고에서 개최된 시카고 세계박람회에 국내 상품을 출품하였다. 우리나라의 순수 산업전시회는 1962년 4월부터 6월까지 한국산업진흥회 주최로 경복궁에서 '산업박람회'의 개최를 계기로 토대를 마련하였다. 이후 1968년 한국수출산업공단에서 '한국무역박람회'가 개최되고, 이듬해 덕수궁에서 한국전자공업진흥협회 주최로 제1회 한국전자전을 통해서 본격적으로 시작하였다.

1970년대 초반 우리나라 수출정책과 전시회에 대한 관심이 증대되어 1976년에는 한국기계공업진흥회의 전시장이 생기게 되었다. 이후 1979년에 한국무역협회는 최초의 전문시설인 한국종합전시장(KOEX)을 설립하였다. 특히 1988년 전문전시 · 컨벤션센터인 COEX가 개관한 이후부터 지속적으로 성장하였다. 그리고 1893년 시카고 세계박람회에 참가한 이후에 100년 만에 개최된 1993 대전세계박람회의 계기로 우리나라 전시산업은 획기적인 발전의 계기를 마련하게 되었다. 따라서 우리나라는 위와 같은 전문전시장 건립과 세계박람회를 통해 점차 견본전시회로 변화되어 전문전시회의 성격으로 발전되어 가고 있다.

코엑스 전경 및 내외부(1979년)

통계청의 한국표준산업분류에서 '전시산업'에 대한 독자적인 분류가 없으며, 전시주최업 및 전시공사업은 '전시 및 행사 대행업'에, 전시장 운영은 '비주거용 건물임대업'에 포함되어 있다. '전시 및 행사 대행업'은 각종 전시회 및 행사를 기획 · 조직하는 산업 활동을 말하며, '비주거용 건물 임대업'은 사무, 상업 및 기타 비거주용 건물을 임대하는 산업 활동을 말한다. 전시장 행사와 관련된 시설의 내장, 외장, 전시장

코엑스 전경 및 내외부(현재)

치, 기계설비 등을 종합적으로 구성·연출하는 사업체도 포함하고 있다.

정부에서는 전시회가 연간 무역규모 1조불 시대에 맞는 무역인프라로서 우리나라 성장엔진 중의 하나로 자리매김토록 전시산업발전법을 제정하였다. 2008년 제정된 전시산업발전법에서 전시산업은 '전시시설 건립·운영, 전시회 및 전시회와 관련된 국내외 행사 기획·개최·운영, 물품 및 장치 제작·설치, 전시공간의 설계·디자인과 공사 등 전시회와 관련된 용역 모두를 포괄한다'고 규정하고 있다. 동법은 전시회 개념을 명확히 하고 시행주체와 절차를 규정한 것으로 전시산업을 별도 산업으로 인정하고 발전을 도모한다는 것이 주요 골자다.

  ## 전시회 기능 및 차별적 특성

1. 전시회 주요 기능

전시회는 무역 촉진을 통한 경제발전에 기여하며, 기업 마케팅 및 광고·홍보 효과를 갖는다. 또한 기업간 기술이나 정보를 비교 교류할 수 있으며 전시회를 통해 구매자의 반응을 즉각 제품에 반영하는 피드백 효과도 가질 수 있다. 생산자, 소비자, 관련 전문가 및 일반관람객과의 만남을 통해 전시참가업체는 잠재 구매력 및 구매성향 등을 파악할 수 있고, 현재의 구매고객과 미래의 잠재고객에 대한 면담·상담·홍보 등 구매자와의 직접적인 접촉을 통한 대면접촉 효과 등을 갖는다. 따라서 전시회의 주요 기능을 보면, 거래 촉진, 신제품 소개, 미디어 홍보 확산, 주요 산업정보 획득, 최신 산업 발전 및 동향 파악 및 동종·유사 업종 간 네트워킹 등이 있다.

특히 전문전시회의 경우 고객과의 접촉·상담·거래가 한 자리에서 이루어지게 하여 수출계약과 유통업체와의 계약을 용이하게 한다. 신제품의 경우 제품의 시험판매와 유통업체의 반응을 조사할 수 있는 기회를 제공한다. 또한 특정 제품의 시장성 또는 판매 잠재성이 긍정적으로 증명될 경우, 유능한 유통업체·대규모 실수요자 등을 선정할 수 있는 기회를 갖는다. 특히 중소업체의 경우 전시회의 특성을 바탕으로 회사 규모와 관계 없이 동등하게 마케팅 활동을 전개할 수 있는 기회가 제공된다는 점에 큰 의의가 있다[1].

2. 전시회와 마케팅의 역할

전시회는 판매, 비판매 모든 분야에 혜택을 주는 이상적 마케팅 수단으로, 직접판매와 광고의 혼합된 형태이다. 전시회는 판매의 초기 수단 중 하나로 비교적 낮은 비용으로 기존 및 신규 고객을 타겟으로 메시지를 전달하는 효과적인 매체가 될 수 있다. 전시회는 상품구매주기상 적정 시점에 제공할 수 있는 수단으로 이용하기 때문에 직접판매보다 더 효율적인 세일즈 리드(Sales leads)를 창출할 수 있다.

전시회가 일대일 직접 접촉의 기회를 제공하고 중립적 장소에서 개최되며, 판매요원이 구매자측의 적합한 대표자를 만날 개연성이 높고, 방문하는 참관객의 태도가 긍정적이라면 더 효율적이다. 또 전시회를 방문하는 구매자는 다른 배경에서 만날 수 있는 구매자보다 더 높은 직급이고, 더 많은 정보를 접하고 있어 구매 가능성이 더 높은 것으로 알려지고 있다. 특히 전시회는 신시장 및 접근이 어려운 시장의 정보 및 기업의 의사결정자에 대한 빠른 접근성 획득의 수단이며, 기업의 B2B 시장 진입, 이미지 제고, 신제품이나 서비스에 대한 즉각적인 피드백의 기회가 된다.

전시회는 기업의 제품, 서비스, 이미지 마케팅의 훌륭한 도구이므로 전시회의 가치를 극대화하기 위해서는 철저한 사전기획 및 재정적 지원이 뒷받침되어야 한다. 잠재고객 및 소비자가 전시회를 긍정적으로 수용하고 있으므로 많은 기업의 판매 및 마케팅 활동에서 중요한 역할을 수행하는 것이며, 3~4일의 전시회 기간 동안 수많은 고객들이 방문하는 잘 짜여진 전시회는 유익한 마케팅 수단이 될 수 있다. 전시회는 직접판매 비용의 증가, 전통적 광고매체 및 그 대상의 단편적 특성, 소비자

---

1 Level the Playing Field로 정의하기도 함

및 구매자의 전시회에 대한 점차적인 수용 등의 촉진 수단으로 이용되면서 그 가치가 더욱 높아지고 있다.

3. 전시회의 차별적 특성

전시회는 다른 마케팅 수단으로는 상당 기간 소요될 수 있는 많은 고객과의 접촉을 한 자리에서 하게 됨으로써 새로운 비즈니스 창출기회를 갖게 되는 것이다. 제품의 시험판매와 유통업체의 반응을 조사할 수 있는 기회를 제공하고 만일 특정제품의 시장성 또는 판매잠재력(Sales potential)이 긍정적으로 증명되었다면, 여러 희망자 중 가장 유능한 유통업체·대규모 실수요자 등을 선정할 수 있는 기회를 갖게 되는 것이다. 외국 유통업체·대규모 실수요자 등도 여러 제품중 시장성과 판매잠재력이 가장 좋은 제품을 선택할 수 있고 제조업체와 직접 접촉할 수 있는 기회를 가질 수 있게 된다. 따라서 전시회는 다음과 같은 차별적 마케팅 특성을 가진다.

선택된 매체(the chosen medium)

전시회는 고객인 참관객이 공개적으로 전시부스를 방문하여 실질적인 정보를 탐색하고 계약체결도 가능한 유일한 마케팅 매체라고 할 수 있다. 참관객은 전시장에 입장하여 지식을 습득하고, 새로운 아이디어를 모색하고 판매원과 상담할 수 있으며 구체적인 문제에 대한 해결책도 획득 가능하다.

3차원적 특성(the third dimension)

대부분의 마케팅 수단은 제품 및 서비스를 일차원적인 방법으로 소개하는 데 비해, 전시회는 제품 및 서비스를 직접 전시할 뿐만 아니라 실물을 직접 시연하고 체험하게 함으로써 고객을 대상으로 보다 많은 정보를 입체적으로 다양하게 제공할 수 있는 특성을 갖는다.

신속한 효과(immediacy)

타 마케팅 수단인 잡지광고나 우편매체(direct mail)는 관심이 유발된 고객을 대상으로 보다 많은 정보수집을 위해 전화, 서신, 이메일 등의 추가적인 수단을 이용하여야 하지만, 전시회는 고객의 관심 및 요구를 짧은 전시회 기간 동안 한 공간에서 충

족시키며, 여러 경쟁업체가 동시에 참가하고 있어 이들을 상호 비교함으로써 구매 과정을 더욱 촉진시킬 수 있다.

다양한 기회 제공(broadened opportunity)

마케팅 촉진수단 중 인적판매는 기존의 고객, 담당 영업구역에 한정되는 경향이 있어 신규고객 및 잠재고객의 개발에 미흡한 점이 있다. 그러나 전시회는 전시장이라는 한 공간에서 기존 고객 뿐만 아니라 잠재 고객도 접촉할 수 있기 때문에 다양한 가능성과 기회를 제공하고 있다. 즉, 전시회는 규칙적인 거래에 의해 도달하지 못하는 구매 영향자와 접촉기회를 창출할 뿐만 아니라 잠재고객도 현재화할 수 있는 기회를 제공한다.

경제성(economy)

전시회는 현재고객 및 잠재고객을 짧은 시간에 한 공간에서 접촉할 수 있도록 하기 때문에 기타 마케팅 수단과 비교할 수 없을 정도로 접촉비용이 절감된다. 일반적으로 전시회 참가를 통한 판매비용이 일반적인 방문판매를 통한 비용의 1/2 정도에 불과한 것으로 조사되고 있다.

표 1-1 일반판매와 전시회를 통한 판매의 특성 비교

	일반판매	전시회를 통한 판매
접근성	판매자의 선 접근	구매자의 선 접근
주도권	구매자 선도	판매자 선도
시연	향상 가능한 것은 아님 (Ex: 대형중장비)	실물관찰 및 시연가능 멀티미디어 기술 동원
접촉빈도	접촉빈도 낮음	관련자와의 다양한 접촉기회 제공
판매환경	사무적인 분위기	자유로운 분위기
목표고객	사전 약속된 고객과 접촉	다양한 사람과의 많은 접촉 기회
판매비용	$1,263 ($229/1call, 5.5회 Calls)	$625 소요 (일반판매활동 50%대에 불과)

자료 : 전시회 관련자료를 활용하여 작성

03 전시회 참가목적과 종류

1. 전시회 참가목적

전시회의 참가 목적에는 고객 니즈(needs)를 파악하고 잠재고객으로부터 매출을 창출할 뿐 아니라 회사의 지명도나 이미지를 제고하는 것도 포함될 수 있다. 따라서 전시회 참가목적은 신제품 소개, 판매요원 훈련, 기업 아이덴티티(Identity)의 제고, 시장조사, 수주 등 다양하다. 따라서 전시회는 기업의 통합 커뮤니케이션 프로그램의 일부로 간주되며, 신규고객 발굴 및 기존고객 유지 등의 전시회 역할은 다른 커뮤니케이션 활동과 공동 작용할 수 있도록 간주해야 한다.

전시회에 참가하는 목적에는 판매목적과 비판매 목적으로 나눌 수 있다. 판매목적은 기존고객을 대상으로 하는 판매행위로 문제해결과 단골고객에 대한 서비스 등이 있다. 신규고객 대상의 판매행위는 신규고객 발굴과 기존고객에의 소개 등이 있으며, 기존 및 신규고객 모두를 위한 판매행위에는 의사결정자에의 접근, 신제품 및 서비스 정보 제공, 실제판매, 신제품 아이디어 테스트, 시장진출을 위한 새로운 유통 채널 발굴 등의 채널관리를 들 수 있다. 비판매행위는 여러 가지로 나눌 수 있는데, 정보수집행위에는 신규 시장에 진입한 경쟁자 파악, 주요산업 정보 수집, 기존 경쟁자 전략 조사, 신제품 아이디어 창출 등이 포함된다. 또 기업 이미지 제고와 관리행위는 경쟁자, 고객, 전문 언론, 유통채널, 정부, 공급업자 등이 인식하는 기업의 제고 및 이미지 관리를 의미한다. 공급업자와의 관계 유지 행위에는 기존 공급업자와의 관계 유지 및 신규 공급업자 발굴 및 전략적 제휴 결성 등이 그것이다.

해외전시회에 참가하는 경우, 전시회에 참가함으로써 판매 증진의 기회를 얻고 외국시장에서의 관계형성이 가능하다. 중소기업들에게는 신규고객 창출의 장이 되고, 정기적으로 해외전시회에 참가함으로써 수출까지의 소요시간이 6개월로 단축될 수 있다고 한다. 미국내 전시회에서는 60%의 방문객들이 참가 후 2개월만에 전시품을 구매하게 되지만, 해외전시회에서는 대부분 방문객들이 현장주문 준비가 되어 있는 바이어거나 수출용 제품을 찾는 유통업자들이다. 해외전시회 참가의 또 다른 주요 혜택은 해외시장 공략을 위한 에이전트나 유통업체로서는 대리인, 에

이전트, 유통업자를 활용할 수 있다는 점이다. 이들은 자국내 시장에 익숙하고, 상관행이나 제도적 절차를 이해하고 있으며, 자신의 고객을 소개해 주고, 자국내 비즈니스 문화에 적응할 수 있도록 인도해 줄 수 있다.

표 1-2 전시회 고객별 참가목적과 목표고객과의 대응

고객분류	판매목적	커뮤니케이션 목적
기존고객	• 고객 관계 유지 • 주요 고객에 대한 메시지 전달 • 불편해결 • 추가 판매의 기회	• 기업이미지 유지 • 제품 테스트 • 경쟁기업의 정보수집 • 광범위한 노출
잠재고객	• 유망 예산고객과의 접촉 • 고객의 욕구파악 • 핵심 고객 대상의 정보전달 • 판매 결함에 따른 제품 회수	• 유망 예상고객과의 접촉 • 기업 이미지 구축 • 제품 테스트 • 경쟁기업의 정보수집

2. 전시회 종류

전시회는 전시되는 품목이나 분야 및 방문객 성격에 따라 전문전시회, 일반전시회 및 세계박람회 등의 유형으로 구분된다[2]. 미국의 전시산업 전문연구기관인 CEIR(Center for Exhibition Industry Research)은 전시회(Exposition)를 취급하는 시장에 따라 크게 3가지로 분류하고 있다. 먼저 전시회 참관객 특성에 따른 분류가 가장 일반적인데, 전문전시회는 주로 제조업체 및 유통업체가 참가업체이면서 참관객을 바이어만으로 한정하는 전시회이다. 이러한 전시회는 전시회의 가장 중요한 특징인 비즈니스 촉진을 목적으로 하고 있는데 바이어나 입장권소지자(초청자)에 한해 입장함으로써 전시회의 판매목적, 즉 B2B성격을 더 강조하고 있는 것이다. 반면에 일반전시회는 주로 소비재 산업을 대상으로 홍보목적으로 개최하는 것으로 일반 대중 누구나 참가할 수 있는 전시회로 입장객 제한이 거의 없으며 주로 모터쇼, 식품전시

---

2 세계박람회(Expo)는 세계박람회위원회(BIE) 기준에 의해 규정되고 있으며, 매 5년 단위로 공식 Expo를 개최하고 있다.

회, 꽃박람회, 가구인테리어 전시회 등
일반 대중을 대상으로 하는 전시회가
해당된다.

CEIR

많은 전시회가 전문전시회와 일반전
시회의 성격을 같이 가지고 있고, 또 주
최자는 물론 참가업체의 경우에도 전
문 바이어는 물론 일반 참관객을 대상으로 하여 자사의 제품을 전시하고 싶은 동기
가 있으므로 많은 전시회가 전문전시회와 일반전시회 성격을 다 같이 가지고 있는
통합전시회의 경우가 많다. 구체적으로는 전시회 기간을 구분하여 양 전시회 성격을
수용하거나 전시구역을 제한함으로써 양 전시회의 성격을 동시에 가져 가기도 한다.

우리나라에서는 전시회 고유의 특성이 강한 전문전시회보다 개별 소비재 아이
템을 중심으로 하는 일반전시회가 많이 개최되고 있다. 이는 비즈니스 증진을 통한
무역진흥 및 경제발전에 기여한다는 전시회 고유의 목적에 어긋난다는 비판이 많
으나 전시회 자체의 고유한 홍보기능, 또 개최지의 경제적 파급효과 등 전시산업의
다양한 속성과 효과를 고려하여 판단하여야 하겠다.

표 1-3 전시회 종류

분류 특성	전문전시회 (Trade Show)	일반전시회 (Public/Consumer Show)	혼합전시회 (Combined/Mixed Show)
산업범주	산업재 Industrial Business to Business	소비재 Business to Consumer	Trade Show와 Public Show의 혼합형태
참가업체 (Exhibitor)	제조업체, 유통업체	소매업자 및 End-user를 접촉하려는 제조업자	제조업체, 유통업체
참 관 객 (Visitor)	바이어(End-user)	일반대중(General Public)	바이어, 일반대중
입장제한	바이어 및 초청장 소 지자만 입장 가능	입장 제한 거의 없음	바이어나 일반 참관객에 따라 참관일에 차등을 둠
점 유 율	미국내 개최되는 전시 회의 49% 차지	미국내 개최되는 전시회 의 13% 차지	미국 내에서 개최되는 전시회의 38% 차지

자료 : 전시산업 경쟁력 강화대책, 산업통상자원부, 2008

☐4 전시회의 산업발전 기여도

1. 전시마케팅 기능과 산업 발전

최근 전시회가 기업경영의 일환으로서 마케팅 촉진의 중요 수단중 하나로 이해되고 또 하나의 단일산업으로 인식되기 시작하면서 그 특성이나 성과에 대한 연구가 급속히 확장되는 모습을 보이고 있다. 종래 전시품의 시연이나 바이어와의 접촉 등 단순 마케팅 활동에서 다양한 촉진활동이 가미된 통합마케팅 활동으로 확대되고 있다. 이런 측면에서 전시회는 비즈니스상에서 발생하는 다양한 형태의 거래비용을 절감하는 기회를 제공하고 시장의 효율성도 도모할 수 있을 것으로 예상되고 있다. 즉, 전시회는 대면거래(Face to face)의 기회를 제공하고, 또 한꺼번에 많은 사람(참관객)을 모아 전시품의 선전, 시연 뿐만 아니라 참가자간 네트웍이 가능하도록 기회를 제공하게 되는 것이다.

또 거래 형성이 어려운 물품에 대하여 공급자와 수요자간 전문성을 바탕으로 한 상담활동으로 신뢰를 구축함으로써 전시주최자가 시장조성자(Market maker) 역할을 담당하여 시장형성이 가능하도록 기능할 수 있다. 따라서 전시회 참가를 통한 공급자와 수요자 접촉시, 접촉대상이 늘어날수록(시장 규모가 확대될수록) 네트웍 효과가 크게 나타나고 있음을 알 수 있다. 따라서 거래당사자들은 전시회 참가를 통해 거래비용을 대폭 줄이게 되어 비용절감은 물론, 효율적인 마케팅 활동이 가능하게 되는 것이다.

대면거래(Face to Face)-Buyer와 직접 대면하여 상담 및 거래

전시회의 마케팅 특성은 일반적으로 판매활동에 많은 비용과 시간이 소요되는 중후장대형, 첨단산업의 활동을 촉진하는 기능을 담당하고 있다. 특히 신제품을 개발, 출시하고자 하는 중소기업의 경우 적정 바이어 및 유통업체를 대상으로 직접 상담, 판매촉신활동을 벌일 수

있는 기회를 제공한다. 전시회와 수반되어 개최되는 컨퍼런스 등 다양한 부대행사를 통하여 전시참가업체는 물론 해당 산업의 발전을 직접적으로 도모할 수 있는 기회를 갖게 되는 것이다. 특히 전시회 현장에서 실물을 대상으로 한 실험, 계약당사자간 협상이 가능함으로써 제반 자원의 효율적 배분을 통한 시장거래를 촉진시키는 요인이 될 수 있다. 이는 향후 사이버 마켓이 발달하고 또 다양한 B2B시장이 대두된다 하더라도 그 중요성은 결코 간과되지 않을 것으로 보인다. 이러한 전시회 판매촉진 특성으로 인하여 원칙적으로 정부지원을 금지하고 있는 WTO체제하에서도 전시회 지원은 정부지원이 허용되는 보조금으로 인식되고 있다.

2. 전시회와 경쟁촉발

전시회는 통합마케팅(IMC, Integrated Marketing Communication) 수단의 하나로서 고객과 직접적인 접촉이 가능한 프로모션 수단으로 인식하고 마케팅 차원에서 접근하고 있다. 종래에 전시회는 마케팅 촉진 수단중 직접 마케팅(Direct marketing) 수단으로만 인식되었으나, 시장세분화와 목표시장의 집중화, 포지셔닝 등 마케팅 전략을 수행함에 있어 효율적이고 종합적인 수단의 하나로 인식되고 있다.

전시회는 다른 마케팅 수단과 달리 참관객 스스로의 판단과 비용으로 공급자인 참가업체의 제품에 대한 설명 및 시연회를 듣기 위하여 자발적으로 참가하는 특이한 경우로서 여타의 마케팅 채널이나 수단과는 여러 가지 면에서 대비되고 있다. 마케팅의 4P를 포함하여 다양한 마케팅 믹스요인을 활용함으로써 새로운 마케팅 수단으로 각광을 받을 수 있게 된 것이다. 특히 전시참가물품의 수명주기(PLC, Product Life Cycle) 단계, 참가업체의 참가 목표나 전략에 적합한 방법의 선정 등 전시회에 대한 새로운 접근법을 물색해 볼 수 있고 또 다른 마케팅 수단과의 순차적, 종합적 활동 전개를 통하여 전시마케팅의 효과를 제고시킬 수 있을 것이다.

특히 전시회 참가업체는 전시회 참가기간 동안 전시참가 경쟁업체의 신기술이나 디자인 등 산업 전반에 관한 조사 관찰 기

마케팅 4P(기업입장)

회를 통하여 자발적인 경쟁의식을 불러 일으키기도 한다. 참가업체는 경쟁업체의 전시참가활동에 자극을 받아 차기 전시회에 새로운 기술, 제품 및 디자인으로 출품함으로써 자사의 발전과 함께 해당 산업의 발전을 촉진시키는 계기가 마련되기도 한다. 이를 통해 산업과 해당 산업을 대상으로 하는 전시회가 동반 성장하는 시너지 효과를 낳는 경우가 나타나고 있다.

전시비즈니스 3.0시대의 기회와 도전

기고

김봉석
경희대 교수

최근 세계 전시산업은 서서히 재도약을 시도하고 있다. 물론 아직 미국의 양적완화 축소에 따른 국제적 문제, 유럽의 지속되는 경제위기 등이 세계경제 성장의 걸림돌로 작용하고 있지만 전시산업의 추세는 희망적이라는 보고서들이 나오고 있다. 그러나 지금으로부터 5년 후, 10년 후, 20년 후 전시산업과 미래의 전시회는 어떻게 변화할까? 우리나라의 전시산업은 경쟁력을 갖춘 글로벌 수준까지 올라설 것인가 아니면 국제경쟁력을 상실한 국내행사 위주의 조그마한 조직, 전시회가 되어 강력한 글로벌 경쟁자에게 패권을 내어주고 말 것인가?

현재 세계 전시산업은 전시산업에 대한 투자증가와 중국, 인도 등 아시아 국가들의 시장이 커짐에 따라 전시회 개최 건수가 지속적으로 증가하고 있으며 전시주최자 간

의 인수 및 합병이 증대되고 있다. 또한 전시참가업체들은 전시회 대체재(substitutes) 즉 인센티브여행, 자체 소셜행사, 자체 비즈니스 쇼 등의 이벤트들을 적극 활용함에 따라 전시회 그 자체에 대한 경쟁력이 대두되고 있는 상황이다.

이러한 전시산업의 외적, 내적 변화에 따라 전시주최자들 역시 기존의 전시운영자 또는 대행사로서 새로운 전시상품 및 서비스 범위가 확장된 전시회를 개발하고 새로운 비즈니스 모델을 창출해내는 "Business Developer"로 진화를 시도하고 있다. 전시회의 가치창출을 위해 타 산업과의 융합을 통한 새로운 비즈니스모델 개발을 시도하고 있으며 모바일 기기를 이용한 적극적인 마케팅 전략을 도입하고 있다.

기존의 판매활동에 중심을 둔 전시비즈니스 1.0 시대는 산업기술의 발전 속도에 비해 전시비즈니스 조직과 경영이 양적으로 빠른 성장을 이루었다. 전시 콘텐츠 제공자가 정보를 독점하고 참여자는 정보를 소비하는 일방적인 구조였다. 이후 전시회를 런칭만 하면 어느 정도 성과를 나타내던 시대에서 잘 조직되고 경영되는 전시회를 소비자가 선택할 수 있는 시대로 변화하면서 소비자 지향의 전시비즈니스 2.0의 시대를 촉발시켰다. 커뮤니케이션 기술의 발달로 인하여 소비자들이 주요 비즈니스 정보로의 접근이 용이해지고 전시회에 대한 이해와 관심이 증대하면서 이에 대한 니즈가 폭발적으로 증대되었다. 이에 따라 전시주최자들은 효율적이며 효과적인 관리론을 지속적으로 만들어

> **"우리 전시산업은 글로벌 수준까지 올라설 것인가 아니면 국제경쟁력을 상실한 국내행사 위주의 조그마한 조직이 되어 글로벌 경쟁자에게 패권을 내어주고 말 것인가?"**

냄과 동시에 소위 고객만족을 위한 전략을 추진하였다. 그러나 급속한 전시시설 공급과 유사전시회가 증대됨에 따라 경쟁은 치열함을 넘어 사투를 벌이는 듯하다.

코틀러는 그의 저서 "마켓 3.0"을 통해 향후 시장은 더 나은 세상을 만들기 위한 가치중심의 3.0시장이 도래할 것이라고 언급하였다. 전시비즈니스 역시 3.0시대를 준비하여야 할 것이다. 이는 크게 전시시장(마켓), 전시마케팅, 전시운영, 전시시설, 전시서비스, 전시참가고객 등의 관점에서 폭넓게 이해되고 정의돼야 한다. 전시비즈니스 3.0은

창조적 가치주도의 마켓 플레이스를 지향해야 한다. 즉, 소비자의 가치를 중시하는 전시비즈니스를 추구하여야 한다. 이를 위하여 전시주최자는 전시비즈니스 디벨로퍼로 진화하여야 한다.

전시비즈니스 디벨로퍼는 한 마디로 전시회 관련 사업을 개발하는 기획자이자 추진 주체이다. 라스베이거스도 디즈니랜드도 꿈을 가진 디벨로퍼에 의해 만들어진 작품이다. 즉 현재가치를 높은 부가가치화 하는 역할을 하는 것이 비즈니스 디벨로퍼이다.

전시비즈니스 디벨로퍼는 전시회를 기반으로 새로운 부가가치를 창출하는 일을 하는 사람들을 의미한다. 우선 전시회의 가치를 읽어내는 경험과 지혜가 필요하다. 그리고 주변의 신뢰할 수 있는 네트워크를 동원하여 그 전시회의 가치를 극대화 할 수 있는 자원을 활용할 수 있어야 한다. 그것이 또 다른 전시회일수도 있고 자금일수도 있고 시장과의 연결일 수도 있다. 어떤 경우에는 기술의 접목을 추진할 수도 있어야 한다.

전시회의 가치를 극대화하는 일련의 활동은 아무나 넘볼 수 있지만 아무나 잘 할 수는 없다. 오랜 기간 동안 축적된 경험을 통한 혜안이 필요하고, 풍부하고 다양한 지식도 요구되며, 주변 전시주최자들, 협력업체들 및 기타 전시산업 이해관계자들과의 신뢰가 절대적으로 필요하다. 신뢰를 바탕으로 한 감성적 유대감이 절실히 필요한 시대이다.

1. 전시회에 대한 특징적 개념 설명중 적합하지 않은 내용은?

① 일정 장소에서 개최   ② 판매자와 구매자간 소통 도모

③ 인간의 오감을 활용한 프로모션 툴   ④ 년 중 지속 개최

2. 전시회에서 특별히 신제품 출시가 중요한 이유는?

① 고객의 적극적 피드백   ② 가격할인 가능

③ 고객 상대로 단순홍보 기회 제공   ④ 세일즈 리드 창출 힘듬

3. 전시회의 특징중 기업의 판매, 마케팅 활동에 주요한 역할을 수행한다는 설명에 해당하지 않는 내용은?

① 직접적 판매비 증가에 대응

② 신제품 서비스의 피드백 지연

③ 전통적 광고매체의 단편적 특성

④ 기업 브랜드 및 이미지 제고에 기여

4. 전시회가 타 프로모션 수단과 차별적으로 구분되는 마케팅 특성에 해당하지 않는 내용은?

① 타게팅 고객 확보 가능

② 일반 마케팅에 비해 상대적 고비용 초래

③ 다양한 마케팅 기회 제공

④ 실물시연 등 3차원적 구성 가능

5. 전시회가 일반판매와 비교한 설명중 맞지 않는 내용은?

① 구매자 선접근

② 판매자 선도

③ 많은 물품 홍보하기에 유리

④ 실물관찰 및 시연 가능

연습문제

6. 전시회 참가목표 중 비판매목표에 해당하지 않는 것은?

① 시장정보 수집행위   ② 기업 이미지 제고 및 관리

③ 기존 고객대상 판매행위   ④ 신제품 아이디어 창출

7. 전문전시회에 대한 설명으로 맞지 않는 내용은?

① 산업재 위주 B2B 전시회   ② 참관객은 바이어 중심

③ 가능한 많은 일반인 참관 유도   ④ 미국 전시회중 가장 높은 비중 차지

8. 소비재를 중심으로 한 일반전시회에 대한 설명으로 가장 적합하지 않은 내용은?

① 가급적 많은 참관객 참가 유도

② 주요 고객 대상 초청장 발송

③ 수익원중 입장료 수입비중은 극히 미미

④ 해당 제품에 대한 홍보기회로 활용

9. 전시회의 거래비용 절감효과에 대한 설명으로 맞지 않는 내용은?

① 공급자-판매자간 전문성 바탕으로 신뢰 구축

② 단순 마케팅 활동외에 다양한 촉진활동 전개

③ 참가업체간 경쟁으로 네트웍 형성 어려움

④ 전시주최자의 시장조성자 역할 추진

10. 전시회 경쟁 촉발기능에 대한 설명으로 적합하지 않은 내용은?

① 참관객 상당수가 정부 등 지원에 의해 참가

② 시장세분화를 통한 목표시장에의 접근 용이

③ 경쟁업체의 신기술, 디자인 등 산업 전반 조사 기회

④ 참가업체간의 자극으로 자발적인 경쟁의식 야기

정답   **1.** ④ **2.** ① **3.** ② **4.** ② **5.** ③ **6.** ③ **7.** ③ **8.** ③ **9.** ③ **10.** ①

전시산업
구조

정의 및 목표

전시산업의 개념과 산업을 구성하는 활동주체, 그리고 전시회가 개최되는 전시장의 역할과 기능에 대해 이해하고 전시산업의 국가 및 지역경제에 대한 중요도와 파급효과를 인식하는 한편 세계 전시산업과 비교한 우리나라 전시산업의 현주소를 이해함으로써 전시산업의 발전방향을 모색한다.

학습내용 및 체계

주요 항목	세부 내용	비고
1. 전시산업 구성요소	• 전시산업의 개념 • 전시산업의 구성주체	
2. 전시장 및 개최 장소 이해	• 전시장의 이해	
3. 세계 및 국내 전시산업 현황	• 세계 전시산업 현황 • 국내 전시산업과의 비교	
4. 전시산업의 파급효과	• 전시산업의 중요성 • 전시산업의 파급효과	

학습 포인트

- 전시산업의 정의와 산업활동 주체를 이해한다.
- 전시회 개최장소로서 전시장의 기능과 역할, 특성을 이해한다.
- 세계 전시산업의 현황과 국내 전시산업과의 비교를 통해 장기적 발전방향을 파악한다.
- 전시산업의 중요성과 국가 및 지역사회에 미치는 파급효과를 이해한다.

핵심 용어

전시산업, 전시산업발전법, 전시시설사업자, 전시주최사업자, 전시디자인설치사업자, 전시서비스사업자, 전시장 현황, 전시산업의 중요성, 전시산업의 파급효과, 세계 전시산업, 국내 전시산업

전시산업 구성요소

1. 전시산업의 개념

전시산업(Exhibition Industry)에 대해 학문적으로 정립된 정의는 없으나 관련 산업 종사자들에게는 일반적으로 전시장을 운영하거나 전시회를 개최하고 이와 관련된 서비스를 제공하는 포괄적인 개념으로 이해되고 있다. 전시산업발전법 제2조(정의)에는 전시산업을 "전시시설물을 건립·운영하거나 전시회 및 전시회 부대행사를 기획·개최·운영하고 이와 관련된 물품 및 장치를 제작·설치하거나 전시공간의 설계·디자인과 이와 관련된 공사를 수행하거나 전시회와 관련된 용역 등을 제공하는 산업"으로 정의하고 있다.

따라서 전시산업은 전시회와 전시회 부대행사가 개최되는 전시장, 컨벤션센터, 호텔과 같은 시설 뿐 아니라 관련 부대시설, 물품, 장치 등과 같은 하드웨어를 기반으로 전시회 개최, 운영에 필요한 기획, 설계, 디자인, 운송, 광고, 인쇄, 인력서비스 등과 같은 소프트웨어 산업이 포함되는 산업 분야라 할 수 있다. 또한 보다 넓은 의미로는 호텔·숙박업, 식음료업, 관광·여행업, 통신업, 엔터테인먼트, 쇼핑, 컨벤션 분야와도 밀접한 관계를 갖고 있다.

한편, 통계청의 한국표준산업분류(KSIC)에는 전시산업에 대한 독자적인 코드가 지정되어 있지 않은데, 예를 들어 전시장 운영업은 비거주형건물임대업(68112), 전시주최업은 전시 및 행사대행업(75992), 전시장치업은 기타비주거용건물건설업(41129), 전시용역업은 인력공급업(75120)과 각종장비임대업 등으로 분류되어 있어 전시산업 활동과 관련된 정확한 통계 작성이 어려운 실정이다.[1]

전시회는 판매자와 구매자 간 최신의 기술과 정보를 교류하고 거래를 통해 부가가치를 창출하는 만큼 기업의 마케팅 비용을 절감하고 무역거래를 촉진하는 기능을 수행한다. 따라서 국가와 지역적 측면에서 전시산업은 무역을 증진하고 인적, 물적 이동을 활성화함으로써 고용과 부가가치를 창출하는 등 국가와 지역경제 발

---

1 김태칠, 전시산업의 국제경쟁력 평가모형개발에 관한 연구, 2015, p8

전에 기여하고 있다. 특히, 전시회의 대형화, 국제화, 브랜드화 추세와 함께 B2B 중심의 전문전시회가 성장하고 있는데 경제에서 무역이 차지하는 비중이 높은 우리나라의 경우 전시산업의 중요성이 더욱 커지고 있다고 할 수 있다.

우리나라는 전시산업의 경쟁력 향상과 발전을 통한 무역진흥과 국민경제 발전을 위해 2008년 전시산업발전법을 제정, 주무부처(산업통상자원부)에서 전시산업발전계획을 수립, 시행토록 하였다. 또한 전시시설의 건립, 전문인력 양성과 정보의 유통촉진 등 전시산업의 기반 조성을 위한 제도와 함께 조세감면, 재정 및 행정적 지원, 부담금의 감면 등 전시산업 지원 제도가 마련되었다. 2002년 우리나라 전시산업 진흥기관으로 한국전시산업진흥회(www.akei.or.kr)가 설립되어 국내 전시산업 발전을 위한 전시회 인증제도 운영, 해외전시회 참가지원, 한국국제전시포럼 및 로드쇼 개최 등 다양한 사업을 수행하고 있다.

2. 전시산업의 구성주체

전시산업발전법 제2조(정의)는 전시산업과 관련된 경제활동을 영위하는 자를 아래와 같이 구분하여 정의하고 있다.

① 전시시설 사업자
② 전시주최 사업자
③ 전시디자인설치 사업자
④ 전시서비스 사업자

다시 말해 전시산업은 전시회를 구성하는 3대 주체인 전시회 주최자, 전시 참가업체, 참관객을 중심으로 이들이 원활하게 산업 활동을 할 수 있도록 지원하는 역할을 하는 전시장 운영업체, 전시 기획업체, 전시 장치 및 디자인 업체와 관련 서비스 제공업체로 구성되어 있다고 할 수 있다.

전시산업은 일차적으로 전시시설을 조성, 관리, 유지보수 및 운영하는 시설사업자가 기본인프라의 역할을 수행한다. 또한, 이를 기반으로 전시회를 기획, 개최하는 사업자들과 운영하는 전시회에 참가하는 참가업체와 참관객들에 의해 경제활동이 이루어지며, 이러한 활동들과 직·간접적인 관련을 가진 전시 디자인 설치,

전시물품 렌탈, 물류운송, 인력지원 서비스 제공 기업들과 함께 숙박, 식음료, 쇼핑 등 다양한 서비스 업종의 주체들이 함께 활동하고 있다.

1) 전시시설 사업자(Venue Management Business)

전시시설 사업자는 전시회가 개최되는 물리적 공간인 전시장, 컨벤션 센터 등과 같은 전시 시설을 건립하거나 운영하는 주체를 말한다. 전시 시설 사업자는 전시 수요에 맞게 전시장을 신축, 증축 또는 확장하고 전시장을 유지, 보수, 관리하는 역할을 하며, 전시장을 이용하는 전시회 주

한국전시장운영자협회 회의 사진

최자, 참가업체 및 참관객에게 시설 이용과 관련된 서비스를 제공한다.

한편, 전시시설 사업자는 직접 전시회를 주관 개최하기도 한다. 미국의 경우 각 지자체들이 전시장을 개발 및 소유하고 주로 전시장 임대에 주력하고 있으며 전문적인 전시회의 기획과 운영은 민간부문에 위탁 또는 위임하는 이원적 체제이다. 반면 독일에서는 국가나 지자체가 전시장을 건립하고 소유하면서 동시에 대부분의 전시회를 직접 기획하고 운영하는 경우가 많다. 우리나라는 민간단체라 할 수 있는 한국무역협회가 소유하고 있는 COEX를 제외하고는 거의 대부분 중대형 전시장들을 각 지자체가 소유하고 있으며, 동시에 운영조직을 법인화하여 전시장의 임대, 운영은 물론 전시회 자체를 개발, 기획 또는 운영하기도 한다[2].

우리나라의 전시장 운영기업 협의체로 사단법인 한국전시장운영자협회가 활동하고 있는데, 2015년 10월 현재 ㈜킨텍스, ㈜코엑스, ㈜벡스코, ㈜엑스코, 대전마케팅공사, ㈜제주국제컨벤션센터, 김대중컨벤션센터, ㈜경주화백컨벤션센터, 농수산식품유통공사, 인천도시공사, 서울산업진흥원 등 11개 기관이 가입되어 있다.

---

2 김용관, 기업과 전시회마케팅, 백산출판사, 2007, p31~32

한국전시주최자협회 활동 사진 및 로고

2) 전시주최 사업자(show/exhibition organizer)

전시주최 사업자는 전시회 및 전시회 부대행사를 기획, 개최 및 운영하는 주체를 말하는데, 전시회의 발굴과 기획에서부터 홍보, 참가업체 및 참관객 유치, 전시회 운영 및 사후관리까지 주도적으로 수행한다. 전시주최 사업자는 정부 및 지자체, 산하단체, 협회 또는 조합, 언론기관 및 개인이나 기업, 전시전문업체(professional exhibition organizer : PEO) 등 매우 다양한데, 정부나 지자체, 협회 및 단체의 경우는 전시회를 통한 산업진흥이나 국가 이미지 제고, 지역경제 활성화 등과 같은 공공 목적을 많이 갖고 있는 반면 개인, 기업 또는 전시전문업체의 경우는 기업이미지 홍보나 수익의 창출에 중점을 둔다.

과거 우리나라 전시산업 초창기에는 수출상품이나 내수시장이 충분히 갖추어져 있지 않고 산업활동 주체들의 전시회 주최 역량도 열악한 상황이었던 만큼 정부나 공공기관이 전시주최 사업자로서 주도적인 역할을 수행하였다. 이후 우리나라의 무역규모가 커지고 COEX를 비롯한 전문 전시장들이 들어서면서 정부 주도보다는 민간이나 전시전문업체를 중심으로 한 전시회 주최가 크게 증가하였다.

한국전시산업진흥회 통계[3]에 따르면, 2013년 현재 우리나라의 전시주최 사업자 수는 총 447개사로, 이중 전문전시업체와 업종별 단체(협회. 조합. 사단법인. 재단법인)가 각각 32.6%, 이어 공공기관이 18.1%를 차지하고 있다. 업체 당 전체 매출에서 전시사업 매출이 차지하는 비중은 68.5%이며, 업체 당 전시사업 평균 매출액은 18억 5천 1백만 원이었다. 종업원 수가 30명 미만인 사업자가 전체의 60% 정도를 차지하였다. 한편 전시주최분야를 대표하는 단체로 2000년 한국전시업협동조합이 설립

---

3 한국전시산업진흥회, 2013 국내전시산업통계, p89

되었고, 2003년 사단법인 한국전시주최자협회(www.koea.org)로 명칭을 변경하여 오늘에 이르고 있는데, 2015년 10월 현재 민간주최자, 단체주최자, 기관, 전시장, 업종별 단체 및 연구기관 등 90여개의 회원사가 참여하고 있다.

3) 전시디자인설치 사업자(exhibition design and installation provider)

전시 디자인 설치 사업자는 전시주최사업자나 전문전시업체의 위임을 받아 전시회와 관련된 물품 및 장치를 제작·설치하거나 전시공간의 설계·디자인과 이

<table>
<tr><td>한국전시디자인설치협회 로고</td><td>한국전시서비스업협회 로고</td></tr>
</table>

와 관련된 공사(디자인 및 부스공사, 바닥공사, 전기시설공사, 구조·광고물공사 등)를 수행하는 사업자이다. 전시디자인설치업은 과거 전시공사업, 전시장치업 등의 명칭으로 사용되었으나, 전시회에서 디자인의 중요성이 높아지면서 2015년 전시산업발전법이 개정되어 전시 디자인 설치업으로 명칭을 변경하였다.

한국전시산업진흥회 통계[4]에 따르면, 2013년 현재 우리나라 전시디자인설치업체 수는 634개사로, 업체 당 평균 종업원 수는 18명, 평균 매출액은 9천 7백만 원수준을 보였으며, 종업원 수가 10명 미만인 사업자가 전체의 58.6%를 차지하고 있다. 또한 국내 주요 12개 전시장에 지정협력업체로 등록된 업체수는 총 1,913개사인데, 전시장 별 평균 등록업체는 159개사였다. 우리나라 전시 디자인 설치 분야의 단체로 2002년 사단법인 한국전시디자인설치협회(www.keda.in)가 구성되어 활동하고 있는데, 2015년 10월 현재 145개 전시 관련 기업들이 회원으로 가입되어 있다.

---

4 한국전시산업진흥회, 2013 국내전시산업통계, p93

4) 전시서비스 사업자(exhibition service provider)

전시서비스 사업자는 전시회와 관련된 물류, 인력, 렌탈, IT, 시설, 광고·기획 등의 서비스를 제공하는 업체를 통칭한다. 한국전시서비스협회(www.kespa.org)에 따르면[5], 2013년 현재 우리나라 전시서비스 사업자 수는 548개사로, 업종별로는 물류·운송 13.5%, 인력공급 25.0%, 렌탈 18.1%, IT서비스 5.7%, 시설지원 12.2%, 광고·기획 25.5%의 분포를 나타내고 있다.

물류 운송업체

① 물류 운송업체

화물의 인수, 집하, 포장, 해상 및 항공운송, 보세운송, 전시품 통관, 창고, 현지 Handling, 반송 등 전시품이 전시회 일정에 맞게 안전하게 출품되고 전시회가 끝나면 반출될 수 있도록 운송에 필요한 모든 업무를 대행하는 업체를 말한다.

② 인력 공급업체

전시회 운영에 필요한 안내, 통역, 보안, 경비, 청소 등 현장에서 필요한 단기 인력을 지원하거나, 제품이나 서비스의 Sales Promotion 또는 기업, 브랜드, 제품의 PR을 위한 프로젝트 이벤트 지원 인력을 공급하는 업체를 말한다. 이 업체들은 경력이 많은 프리랜서들과 연락망을 형성하고 행사기간 동안 전문직, 일반도우미 등을 소개해 준다.

③ 렌탈 업체

전시회에 필요한 각종 사무기기(데스크톱, 노트북, 모니터, 프린터, 복합기, 네트워크 등), 행사용품(천막, 파라솔, 원탁, 의자, 강연대, 바닥매트, 장식용품 등) 및 시스템 렌탈(음향기기, 영상기기, 특수효과, 무대, 기타 시스템) 등을 공급하는 업체이다.

---

5 한국전시산업진흥회, 2013 국내전시산업통계, p98

④ IT 서비스 업체

전화, 인터넷, 통신 설치 및 관리, 신용카드기, POS, 참관객 등록시스템 관리, 매표 등 정보통신 기술을 활용한 각종 서비스를 제공하는 업체들을 말한다. 최근에는 최신 IT 기술을 전시회의 운영과 관리에 활용하는 사례가 늘어나면서 그 중요도가 높아지고 있다.

무인등록 데스크

⑤ 시설 지원 업체

급수, 배수, 압축공기, 가스 설치, 철거, 리깅, 카페트, 파이텍스, 이동식 화장실 등 전시장 시설과 관련된 각종 시설을 지원하는 업체이다. 보통 전시 디자인 설치 업체들이 이러한 시설을 함께 지원하기도 하지만 이러한 시설 지원에 특화된 업체들도 활동하고 있다.

⑥ 광고 · 기획 업체

매체광고 대행, 인쇄물, 그래픽, 카피, 프린팅, 현수막, 사진, 애드벌룬, 배너 등 각종 광고 · 홍보물 제작부터 식음료, 케이터링, 호텔 등 숙박시설, 여행업까지 알선 또는 대행해 주는 역할을 한다.

02 전시장 및 개최장소 이해

전시장은 전시회가 개최되는 물리적인 공간을 말하는데, 전시주최자들에게 전시회를 개최할 수 있는 공간과 부대시설을 제공하며 전시 참가업체와 참관객이 만나는 공간적 역할을 한다. 따라서 전시장은 전시산업의 주체들이 활동하는 가장 중

BEXCO 외부전경

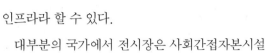

EXCO 외부전경

DCC 외부전경

요한 기반 시설인 동시에 전시산업에 필수적인 인프라라 할 수 있다.

대부분의 국가에서 전시장은 사회간접자본시설(SOC)의 형태로 공공부문에서 개발하여 공급하고 있는데 그 주된 이유는 전시장 시설의 임대사업만으로는 막대한 투자비용을 회수하기 어렵고 따라서 민간자본의 참여를 유도하기 쉽지 않기 때문이다. 또한 대규모의 국제적인 전시회를 개최하거나 유치함으로써 기업의 비즈니스 활성화와 고용창출, 소비증대로 지역경제에 보다 큰 이익을 창출할 수 있기 때문이다. 미국, 독일, 싱가포르와 같이 전시산업이 발전한 국가에서는 전시장 건립과 전시산업을 전략산업으로 육성하여 정부의 세수 증대와 고용창출 뿐 아니라 관광산업의 활성화로 인한 부가가치를 누리고 있다[6].

전시장은 일반적으로 전시회와 컨벤션을 동시에 개최할 수 있는 전시컨벤션센터 형태로 건립되는데, 보통 일정 규모 이상의 전시회를 개최할 수 있는 중대형 전시홀, 대형 국제회의에서부터 중소 규모 세미나를 수용할 수 있는 그랜드볼룸, 대회의장, 중소회의실을 구비하고 무대, 음향, 조명, 다중동시통역시설 등을 갖추고 있다. 또한 넓은 로비, 창고, 하역장, 주차장 등이 갖추어져 있고 전시회와 회의를 위해 많은 사람들이 방문하는 장소인 만큼 식음, 연회, 오피스, 쇼핑 등 다양한 서비스와 편의시설을 갖추고 있다.

우리나라는 2000년까지는 1979년에 건립된 코엑스(COEX)가 유일한 전시컨벤션시

6 김용관, 기업과 전시회마케팅, 백산출판사, p31

설이었으나 2001년에 대구에 EXCO, 부산에 BEXCO가 건립되면서 도시별로 앞다투어 전시컨벤션센터를 건립하였다. 한국전시산업진흥회 국내전시통계 자료에 따르면 2015년말 현재 전국에 16개의 전시컨벤션센터가 운영되고 있다.

표 2-1 국내 주요 전시컨벤션센터의 전시 및 회의시설, 편의시설 현황

구 분	전시시설		회의시설		주차대수 (대)
	전시홀 수	전시면적 (㎡)	회의장 수	회의면적 (㎡)	
고양 KINTEX	10	108,483	37	13,303	4,262
부산 BEXCO	16	46,380	49	8,351	3,091
서울 COEX	4	36,736	54	11,573	2,730
대구 EXCO	5	22,159	35	7,436	1,450
인천 송도컨벤시아	2	8,416	24	4,020	600
광주 KDJ CENTER	4	12,027	29	4,313	1,487
서울 SETEC	3	7,948	5	1,093	600
창원 CECO	2	7,827	12	2,784	725
서울 aT CENTER	2	7,422	8	657	524
대전 DCC	4	2,520	20	4,064	400
대전무역전시관	1	4,200	-	-	500
구미 GUMICO	2	3,402	7	953	280
제주 ICC	3	2,395	29	9,133	359
세종 SCC	1	2,268	11	2,474	262
군산 GSCO	1	3,697	17	5,362	785
경주 HICO	2	2,273	17	5,137	520
계	62	278,153	354	80,653	18,575

출처 : 한국전시산업진흥회 국내전시통계

KINTEX 전경

2014 경기국제보트쇼

COEX 그랜드볼룸

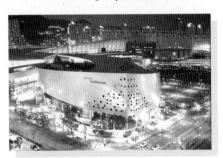

BEXCO 오디토리움(4,002석 규모)

03 세계 및 국내 전시산업 현황

1. 세계 전시산업 현황

국제전시연합(UFI)의 조사[7]에 따르면 전세계에서 5천㎡ 이상의 실내전시공간을 갖춘 전시장의 수는 2011년 말 현재 1,197개, 총 실내전시면적은 3,260만㎡에 달했다. 이 수치는 2006년 실내전시면적 대비 12% 늘어난 것이며 57개의 새로운 전시장이 건립되었음을 보여준다. 늘어난 전시면적의 54%인 180만㎡는 신규 전시장의 신축으로, 나머지 46%인 160만㎡는 기존 전시장의 증축을 통해 이루어졌다. 이처럼 전세계의 전시장과 전시면적은 해마다 꾸준히 증가(2006~2011 연평균 2.3%)하고 있다.

권역별 실내 전시면적 보유현황을 살펴보면, 유럽이 전세계 전시장 면적의 48%

---

7 UFI, Global Exhibition Industry Statistics, November 2014

를 흡수하고 있고, 그 다음으로 북미 24%, 아시아태평양 20%, 남미 4%, 아프리카와 중동이 각 2%를 차지한다. 중국의 급성장으로 아시아태평양권의 전시면적 점유비율(2006년 15% → 2011년 20%)은 크게 높아진 반면, 유럽(50% → 48%)과 북미(26% → 24%)의 비율은 감소하는 추세를 보였다. 2010년에 전세계에서 개최된 500m² 이상의 전시회 개최건수는 30,700여건으로 실 전시면적은 1억 3백만m²에 달했다. 참가업체 수는 280만개사로 참관객수는 2억 6천만 명이었다.

　미국이 최대 전시면적 보유국으로 2011년말 기준 6,712천m²를 기록하였으며, 그 뒤로 중국(4,755천㎡), 독일(3,377천㎡), 이태리(2,227천㎡), 프랑스(2,094천㎡), 스페인(1,548천㎡) 등 유럽국들이 차지하고 있다. 한편 중국의 전시면적 증가율이 괄목할만한데, 2006년과 2011년 사이에 무려 48%에 가까운 신장세를 보였으며, 증가된 전시면적의 69%는 신규 전시장 건립으로 인한 것이었다. 한편, 우리나라는 실내 전시면적 기준으로 세계 18위로 세계시장의 0.9%를 점유하고 있다.

표 2-2　2006-2011년 세계 전시장 및 공급면적 현황

권역	2006			2011		
	전시장면적 (백만㎡)	전시장수	점유율 (%)	전시장면적 (백만㎡)	전시장수	점유율 (%)
유럽	14.6	465	50	15.6	496	48
북미	7.6	359	26	7.9	389	24
아시아태평양	4.7	143	16	6.6	184	20
남미	1.1	38	4	1.3	70	4
중동	0.6	32	2	0.8	33	2
아프리카	0.5	25	2	0.5	25	2
계	29.2	1,062	100	32.6	1,197	100

출처 : UFI, Global Exhibition Industry Statistics, November 2014

표 2-3 2011년 기준 세계 주요국 전시면적 현황

순위	국가명	실내전시면적(㎡)	2006년 대비 증가율	세계시장 점유율
1	미 국	6,712,342	+5%	21%
2	중 국	4,755,102	+48%	15%
3	독 일	3,377,821	+2%	10%
4	이 태 리	2,227,304	+3%	7%
5	프 랑 스	2,094,554	+3%	6%
6	스 페 인	1,548,057	+13%	5%
7	네덜란드	960,530	+15%	3%
8	브 라 질	701,882	+6%	2.2%
9	영 국	701,857	+13%	2.2%
10	캐 나 다	684,175	+6%	2.1%
11	러 시 아	566,777	+17%	1.7%
12	스 위 스	500,570	+1%	1.5%
13	벨 기 에	448,265	+1%	1.4%
14	터 키	433,904	+25%	1.3%
15	멕 시 코	431,761	+15%	1.3%
18	한 국	280,190	-	0.9%

출처 : UFI, Global Exhibition Industry Statistics, November 2014

세계 주요 전시장을 살펴보면, 실내 전시면적 기준 2015년 상위 25개 전시장 중에서 독일 메세하노버가 463,275m²로 1위를 차지하고 있으며, 중국 상하이 NECC가 2위를 잇고 있다. 그 뒤로 메세프랑크푸르트, 이태리 피에라밀라노, 중국 광조우의 파저우 전시장 순을 보이고 있다. 전통적인 전시산업 강국인 독일은 하노버, 프랑크푸르트, 쾰른, 뒤셀도르프, 뮌헨, 뉘렌버그, 베를린 등 7개 전시장이 상위에 포진하고 있으며, 그 외 이태리, 프랑스, 스페인 등 유럽 국가들과 중국, 미국, 러시아의 전시장들이 포함되어 있다.

표 2-4 실내 전시면적 기준 세계 주요 전시장 현황

순위	전시장명(지역명)	실내전시 면적(㎡)	순위	전시장명(지역명)	실내전시 면적(㎡)
1	메세하노버 (독일 하노버)	463,275	14	쿤밍 KICEC (중국 윈난)	225,000
2	상하이 NECC (중국 상하이)	400,000	15	충칭인터네셔널엑스포 (중국 충칭)	204,000
3	메세프랑크푸르트 (독일 프랑크푸르트)	366,637	16	NEC (영국 버밍햄)	201,634
4	피에라밀라노 (이태리 밀라노)	345,000	17	볼로냐피에라 (이태리 볼로냐)	200,000
5	파저우전시장 (중국 광조우)	340,000	18	IFEMA (스페인 마드리드)	200,000
6	쾰른메세 (독일 쾰른)	284,000	19	상하이 SNIEC (중국 상하이)	200,000
7	메세뒤셀도르프 (독일 뒤셀도르프)	262,218	20	오렌지카운티컨벤션센터 (미국 올랜도)	190,875
8	파리노르빌팽트 (프랑스 파리)	242,582	21	라스베가스컨벤션센터 (미국 라스베가스)	184,456
9	멕코믹플레이스 (미국 시카고)	241,524	22	뮌헨트레이드페어 (독일 뮌헨)	180,000
10	피라바르셀로나 (스페인 바르셀로나)	240,000	23	뉘렌버그전시장 (독일 뉘렌버그)	170,000
11	피라발렌시아 (스페인 발렌시아)	230,837	24	베를린엑스포센터 (독일 베를린)	170,000
12	포르트드베르사이유 (프랑스 파리)	227,380	25	베로나피에라 (이태리 베로나)	151,536
13	IEC크로커스엑스포 (러시아 모스크바)	226,399	26	우한인터네셔널엑스포 (중국 우한)	150,000

출처 : statista(http://www.statista.com)및 자료 종합

독일 메세하노버 전경

중국 상하이 NECC 전경

　최근 중국의 전시장이 괄목할만한 성장을 보이고 있는데, 상하이 NECC를 필두로 광조우 파저우 전시장, 쿤밍 KICEC 등 초대형 전시장들이 최근 완공되었으며, 계속 기존 전시장 증축 또는 신규 전시장 건립이 진행되고 있다. UFI의 자료에 따르면, 2006년부터 2011년까지 늘어난 중국의 실내전시면적은 약 160만m²에 달했는데 이는 전 세계 면적 증가분의 약 46%에 해당된다. 중국의 실내전시면적 증가의 69%는 신규 전시장 건립으로 이루어졌다.

표 2-5 **2006년~2011년 기간 중 세계 주요국 실내전시면적 증가 현황**

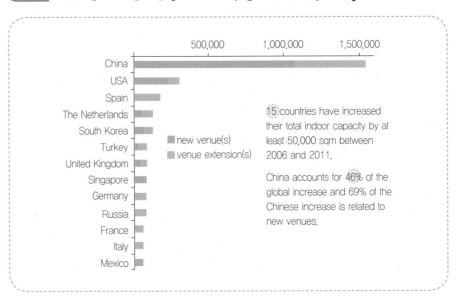

출처 : UFI, Global Exhibition Industry Statistics, November 2014

2015년 완공된 상하이 홍차오 지역의 NECC(국가회전중심)는 실내전시면적 기준 400,000m²로 독일 메세하노버에 이어 단숨에 세계 2위 전시장으로 발돋움했다. 이는 종전 상하이 푸동에 있는 SNIEC의 2배 규모이며 우리나라에서 가장 큰 일산 KINTEX 전시장의 5배에 달한다. NECC는 네잎 클로버 모양의 건축물로, 한 개의 잎 모양에 2개 전시홀이 1, 2층으로 나눠져 총 16개 홀로 구성되어 있다.

2. 국내 전시산업과의 비교

우리나라는 1960년대 이후 정부의 수출드라이브 정책으로 산업무역박람회가 개최되면서 전시장의 필요성을 절감하게 되었으며, 1976년 한국기계공업진흥회 의 전시장이 오픈하고, 이어 1979년 우리나라 최초의 전문 전시컨벤션시설인 코엑 스(당시 KOEX)가 개관하면서 전시산업 발전의 계기가 만들어졌다. 이후 2001년 대구 EXCO와 부산 BEXCO가 완공되었고, 2005년에는 국내 최대 규모의 경기도 일산의 KINTEX가 개관함으로써 비로소 국제적인 규모의 전시장을 갖게 되었다.

2015년말 현재 총 16개 전시장의 전시 공급면적은 278,153m²이며, 지역별 로는 서울과 수도권에 169,005m²(60.7%), 대경·동남권 82,041m²(29.5%), 호남권 15,724m²(5.7%), 중부권 8,988m²(3.2%), 제주(0.9%) 순을 보이고 있다. 한편, 늘어나는 전 시수요에 대응하기 위해 지방자치단체를 중심으로 전시장 신축 또는 증축을 계획 하고 있는데, 기존의 인천 송도컨벤시아, 창원 CECO의 증축과 함께 서울역, 대전, 전주, 울산, 오송, 수원 등지에서 신규 전시장 건립이 추진되고 있다. 2015년말 현재 신·증축을 추진 중에 있는 전시컨벤션센터의 연면적 합계는 25만m² 규모이다.

표 2-6 2015년 기준 국내 지역별 전시면적 총 공급현황

구분	전시장 명	건립년도	전시면적	비고
서울, 수도권	서울 COEX	1988년	36,736m²	2000년 15,291m² 증축
	서울 SETEC	1999년	7,948m²	
	서울 aT Center	2002년	7,422m²	
	고양 KINTEX	2005년	108,483m²	2012 54,508m² 증축
	송도 컨벤시아	2009년	8,416m²	
	소계		169,005m²	
중부권	대전무역전시관	1995년	4,200m²	
	대전 DCC	2008년	2,520m²	
	세종 SCC	2015년	2,268m²	
	소계		8,988m²	
호남권	광주 KDJ Center	2005년	12,027m²	2013년 2,955m² 증축
	군산 GSCO	2014년	3,697m²	
	소계		15,724m²	
대경, 동남권	대구 EXCO	2001년	22,159m²	2011년 10,543m² 증축
	부산 BEXCO	2001년	46,380m²	2012년 13,197m² 증축
	창원 CECO	2005년	7,827m²	
	구미 GUMICO	2010년	3,402m²	
	경주 HICO	2015년	2,273m²	
	소계		82,041m²	
제주특별 자치도	제주 ICC Jeju	2003년	2,395m²	
	소계		2,395m²	
강원권	-	-	-	-
합계			278,153m²	

출처 : 한국전시산업진흥회 국내 전시산업 통계

전시장 공급면적이 증가하면서 국내 전시회 개최건수도 증가하고 있다. 한국 전시산업진흥회에 따르면[8] 2014년 국내에서 개최된 전시회는 총 570회로 2000 년도 132회에 개최된 것에 비해 330% 성장을 보였다. 2014년 총 전시면적은 4,978,006m²으로 전시회 당 평균 전시면적은 8,733m²이었다. 전시회 규모별로 보면 전시면적이 10,000m² 미만의 중소규모 전시회가 전체의 72%를 차지하고 있다.

8 자료원 : 한국전시산업진흥회, 국내 전시산업 통계조사 및 경제적 효과 분석, 2015.10.26

표 2-7 연도별 국내 전시회 개최 현황

연도	00	01	02	04	06	08	09	10	11	12	13	14
횟수	132	221	248	300	353	409	422	479	552	560	569	570

출처 : 한국전시산업진흥회, 국내 전시산업 통계조사 및 경제적 효과 분석, 2015.10.26

표 2-8 2014년 전시회 규모별 개최건수

구분	개최건수(건)	비중(%)	평균 개최면적(m²)	총 개최면적(m²)
5,000m² 미만	240	42.1%	3,315	795,597
5,000 ~ 9,999m²	169	29.6%	7,156	1,209,397
10,000 ~ 14,999m²	92	16.1%	11,975	1,101,679
15,000 ~ 19,999m²	34	6.0%	17,195	584,627
20,000 ~ 29,999m²	21	3.7%	23,970	503,378
30,000m² 이상	14	2.5%	55,952	783,328
합 계	570	100.0%	8,733	4,978,006

출처 : 한국전시산업진흥회, 국내 전시산업 통계조사 및 경제적 효과 분석, 2015.10.26

전시회에 참가한 업체수는 총 82,252개사로 이중 국내업체가 88.4%, 해외업체가 11.6%를 차지하였으며, 전시회 당 평균 참가업체 수는 144개사(이중 해외 참가업체 수는 32개사)였다. 전시회 참관객 수는 5,871,188명으로, 이중 국내 참관객이 약 97%, 해외 참관객이 3% 내외를 차지하였다. 전시회 1건 당 평균 참관객 수는 10,300명(이중 해외 참관객 수는 305명)이었으며, 특히 참관객 수가 10,000명 미만인 전시회가 305건으로 가장 많은 비중(53.5%)를 차지하였다. 개최된 전시회 중 전문전시회가 차지하는 비중은 21%이며, 나머지 79%는 혼합 또는 일반전시회였다.

표 2-9 2014년 전시회 유형별 개최건수, 평균 참가업체수 및 총 참가업체수

구 분	유형별 개최건수 (비율 %)	평균참가업체수			총 참가업체수(비율)		
		국내	해외	소계	국내	해외	소계
전문전시회	119(20.9)	172	34	206	20,520(83.6%)	4,019(16.4%)	24,539
혼합전시회	174(30.5)	145	18	163	25,187(88.7%)	3,200(11.3%)	28,387
일반전시회	277(48.6)	98	8	106	27,030(92.2%)	2,297(7.8%)	29,327
합 계	570(100.0)	128	17	144	72,736(88.4%)	9,516(11.6%)	82,252

출처 : 한국전시산업진흥회, 국내 전시산업 통계조사 및 경제적 효과 분석, 2015.10.26

표 2-10 2014년 국내 전시회 참관객 수 현황

구분	일반			바이어			총계		
	국내	해외	소계	국내	해외	소계	국내	해외	합계
평균참관객(명)	6,717	148	6,866	3,278	156	3,435	9,996	305	10,300
총참관객(천명)	3,829	84	3,913	1,869	89	1,958	5,697	174	5,871

출처 : 한국전시산업진흥회, 국내 전시산업 통계조사 및 경제적 효과 분석, 2015.10.26

우리나라의 전체 실내 전시면적(278,153㎡)은 최대면적 보유국인 미국(6,712,342㎡)의 4% 수준에 불과하다. 또한 전시면적 기준 상위 15개국 중 하위권인 터키(433,904㎡)와 멕시코(431,761㎡)에 비해서도 약 62~63%에 그치고 있어 세계 8위의 무역대국인 우리나라의 위상에 비추어 볼 때 전시장 공급면적이 아직 부족한 상황임을 짐작할 수 있다.

우리나라 전체 전시회에서 해외 바이어가 많이 방문하는 전문전시회가 차지하는 비중은 21% 정도이고, 대부분은 B2C 위주의 혼합전시회나 일반전시회이다. 전시회 규모면에서도 20,000m² 이상의 대형 전시회는 총 35개, 6.2%에 불구하고, 대부분은 KINTEX와 COEX 등 서울과 수도권에서 개최되고 있으며 여타 지방 전시장의 경우 연간 몇 건에 불과하다. 또한 참관객 수도 서울, 경기, 인천 등 수도권 방문비율이 전체의 61%에 달하며, 지방의 경우 부산을 제외하면 여타 지역의 참관객 방문율은 약 20% 내외이다.

이는 우리나라의 전시회가 유럽 등 해외 전시 선진국에 비해 전반적으로 영세한 규모를 보이고 있고, 특히 지방으로 갈수록 대형화가 더디게 진행되고 있음을 알 수 있다. 또한 아직 전반적으로 내수 중심의 일반전시회 위주로 개최되고 있어 국제화의 척도라 할 수 있는 B2B 중심의 전문전시회가 주류를 형성하지 못하고 있는 것으로 판단된다[9].

---

9 한국전시산업진흥회의 2013 국내전시산업통계와 UFI Global Exhibition Industry Statistics를 토대로 저자가 비교 작성하였음.

4 전시산업 파급효과

1. 전시산업의 중요성

　독일의 경제 수도인 프랑크푸르트는 전시 · 컨벤션으로 1년 내내 바쁘다. 독일의 고도의 하이테크 공산품의 탁월한 기술력을 전시회를 통해 보지 않으면 제품에 대한 트랜드를 읽을 수 없고 신기술을 응용하려는 가치 있는 정보를 체득할 수 없기 때문이다. 각국의 비즈니스 바이어 고객들이 방문하는 만큼 숙박, 음식, 쇼핑, 교통, 문화공연과 무역상담을 통한 상품 주문 등 엄청난 부가가치가 전시컨벤션에 연계되어 발생하고 있다. 이로 인해 창출되는 부는 도시를 보다 밝고 활력있게 조성하며 고용은 증진되고 소득은 배가되어 치안은 좋아지고 고품격 도시로 진전된다. 독일 전시산업의 국민생산 기여도는 약 230억 유로로 독일 GDP의 약 1%를 차지하며 전시산업으로 인한 고용창출은 약 25만명에 달한다.

프랑크푸르트 전시컨벤션(상해/싱가폴/마카오)

　세계 상품교역의 중심지로 자리매김하고 있는 중국 상하이의 성장 배경에는 전시산업이 자리잡고 있다. 상하이 푸동에 이미 세계적인 전시장인 신국제전람중심(SNIEC)이 있지만 중국 정부는 2015년에 상하이 홍차오 지역에 SNIEC의 2배에 달하는 400,000m² 규모의 NECC를 건립하였다. NECC에서 개최된 2015년 춘계 섬유의류패션박람회는 총 전시면적이 22만2천m²에 달하고 세계 40여개 국가의 4천여개 업체가 참가하는 세계 최대 규모의 전시회로 발전했다. 또한 NECC 전시장 주변으로 대형 호텔과 대규모 비즈니스 빌딩, 세계 글로벌 기업들의 건물이 들어서고 있음을 볼 때 전시산업이 비즈니스의 창출과 경제발전에 얼마나 큰 역할을 하고 있는지 짐작할 수 있다. 이 밖에도 도박의 도시로 알려진 라스베가스가 세계적인 유명 전시컨벤션의 개최를 통해 전시컨벤션의 도시로 탈바꿈하였으며 세계적인 관광 무역도시인 상해, 마카오, 홍콩, 싱가포르, 두바이, 런던 등도 사람이 모이는 전시컨벤션 거점으로 거듭나기 위해 노력하고 있다.

전시회는 매우 효과적인 바이어 발굴수단인 동시에 최근의 시장동향과 신기술 개발 동향을 한눈에 파악할 수 있는 교류의 장소이기 때문에 그 중요성이 날로 증가하고 있다. 특히 국가간 교역증대를 위해 개최되는 전시회는 해외시장 개척, 수출증진, 교역증대를 가져오며, 이에 따라 전시산업은 제품, 기술, 정보가 결합된 통합 마케팅수단으로서 수출의 지속적 확대를 위해 매우 중요한 역할을 하는 무역인프라이기도 하다[10]. 전시산업이 발달한 미국, 유럽 등 선진국들은 오래전부터 전시산업의 중요성을 인식하고 전시산업을 국가 전략산업의 하나로 지정하여 전시장 SOC에 대한 과감한 투자와 함께 세제혜택, 보조금 제공 등 다양한 지원을 하고 있다.

2. 전시산업의 파급효과

전시산업의 파급효과는 경제적 측면, 정치적 측면, 사회·문화적 측면, 관광산업 활성화 측면으로 나누어 볼 수 있다[11]. 한편, 한국전시산업진흥회의 분석자료에 따르면 경제적 측면에서의 파급효과는 평균지출액, 외화가득효과 및 이로 인해 산출되는 직접지출효과와 항목별 산업연관계수를 적용하여 추정하는 경제적 파급효과로 나누어 살펴 볼 수 있다[12].

1) 경제적 측면의 파급효과

첫째, 전시산업은 전시회 개최를 통해 직접지출효과, 외화가득효과를 발생시키며, 이를 통해 직접 또는 간접적으로 생산유발효과, 부가가치유발효과와 고용창출효과를 발생시킨다.

직접지출효과는 전시회의 3대 주체인 주최자, 참가업체, 참관객이 전시회와 관련해 지출한 총비용을 말하는데, 주최자가 지불한 임차비, 광고홍보비, 장치공사

10 홍선의, 전시기획실무론, 백산출판사, p63
11 김화경·수현식, 컨벤션·전시경영론, 백산출판사, p252
12 한국전시산업진흥회, 국내 전시산업 통계조사 및 경제적 효과분석, 2015.10.26, p14

비, 행사진행비, 일반관리운영비 등과 참가업체가 지불한 부스임차료, 설치비, 여행경비 등과 함께 참관객이 지불한 숙박, 교통, 쇼핑, 식음비 등 모든 비용을 합산한 것을 말한다. 외화가득효과는 해외 참가업체나 참관객을 통해 발생하는 지출효과를 말한다.

생산유발효과는 전시회를 통해 소비되는 상품이나 서비스가 해당 산업은 물론 연관산업까지 생산을 유발함으로써 가져오는 총산출액을 말하는데 최종수요에 유발계수를 곱하여 산출한다. 또 부가가치유발효과는 최종 소비되는 상품이나 서비스가 생산활동을 통해 부가가치를 창출하는 효과를 의미하며, 고용유발효과는 10억원의 상품이나 서비스를 산출할 때 발생되는 고용자 수를 말하는데 각각의 유발계수를 곱하여 산출한다. 이는 전시회를 통해 지역의 생산촉진, 고용창출 및 소득증대는 물론 정부와 지자체의 세수증대와 지역기반 시설의 확충 등 경제적 효과가 발생함을 의미한다.

표 2-11 2014년 우리나라 전시산업의 총 경제효과 분석결과

구 분		공급부문 (주최자)	수요부문 (참가업체)	(참관객)	합계
외화가득효과		-	7,974만달러	2억 2,668만달러	3억 643만달러
직접지출효과		2,946억원	5,195억원	7,982억원	1조 6,123억원
경제적 파급효과	생산유발효과	5,356억원	9,664억원	1조 4,832억원	2조 9,852억원
	부가가치 유발효과	2,323억원	3,833억원	5,621억원	1조 1,778억원
	고용유발효과	3,070명	5,058명	8,868명	16,996명
총 경제효과	직접효과	2,946억원	5,195억원	7,982억원	1조 6,123억원
	간접효과	7,679억원	1조 3,497억원	2조 453억원	4조 1,629억원
	총 효과	1조 625억원	1조 8,693억원	2조 8,435억원	5조 7,752억원

자료원 : 한국전시산업진흥회, 국내 전시산업 통계조사 및 경제적 효과 분석, 2015.10.26

한국전시산업진흥회의 분석[13]에 따르면 2014년도 전시주최자, 참가업체 및 참관객의 직접지출효과는 1조 6,123억원, 해외 참가업체와 참관객으로부터 창출된 외화가득효과는 3억 643만 달러였으며, 이를 토대로 추정한 생산유발효과는 2조 9,852억, 부가가치유발효과는 1조 1,778억 등 총 4조 1,629억원의 경제적 파급효과와 16,996명의 고용창출효과를 가져온 것으로 나타났다. 또한 직접효과와 간접효과를 합한 총 경제효과는 5조 7,752억원에 달했다.

둘째, 전시회를 통해 참가업체와 참관객들은 동종업종의 경쟁기업들의 제품에 대한 정보와 기술을 습득하고 자사 제품의 개선이나 새로운 기술의 개발을 촉진할 수 있으며, 이 결과로 세일즈 성과와 매출증대 효과를 누릴 수 있다. 즉, 타 마케팅 수단에 비해 적은 비용으로 세계 각국의 참가자들과의 교류를 갖게 됨으로써 수출 및 내수증대 효과를 가져올 수 있다.

한국전시산업진흥회에서 국내 전시산업의 매출증대 효과를 분석하기 위해 국내 참가업체를 대상으로 설문조사를 실시하고[14], 이를 토대로 전체 참가업체수의 모수 추정을 분석한 결과, 2014년 국내 참가업체 72,661개사의 내수계약 판매금액은 2조 7,621억 원, 수출계약 판매금액 7,845억 원 등 총 3조 6,026억 원의 매출증대 효과를 올린 것으로 나타났다.

표 2-12 2014년 우리나라 전시산업의 매출증대 효과 분석결과

구분		계약성사업체수	판매계약건수	종판매계약금액
총 국내 참가업체수 72,661개사	내수계약(23%)	16,712개사	188,832건	2조 7,621억원
	수출계약(8%)	5,813개사	23,252건	7,845억원
	합계	22,525개사	207,084건	3조 6,026억원

출처 : 한국전시산업진흥회, 국내 전시산업 통계조사 및 경제적 효과 분석, 2015.10.26

---

13 한국전시산업진흥회에서 2014년 국내 주최자 94건(응답율 16.6%), 참가업체 1,102개사(응답율 19.2%), 참관객 3,569명(응답율 3.6%)의 평균지출액을 조사하고, 이를 토대로 직접지출효과를 추정한 결과 주최자에 의한 직접지출액은 2,946억원, 참가업체는 5,195억원, 참관객 7,982억원으로 총 1조 6,123억원의 직접지출효과가 발생한 것으로 나타났다.

14 한국전시산업진흥회에서 2014년 전시참가업체 총 1,312개사(응답율 57.2%)를 대상으로 전시회 참가를 통해 내수계약 또는 수출계약을 했는지를 설문 조사한 결과, 306개사(23%)가 내수계약(평균계약건수 11건, 평균계약금액 1,686만원)을 하였고, 106개사(8%)가 수출계약(평균계약건수 4건, 평균계약금액 12만 달러)을 한 것으로 응답하였다.

2) 정치적 측면의 파급효과

전시산업은 전시회를 매개로 활발한 인적교류와 정보교환을 통해 국가간 교류와 상호이해 증진에 기여한다. 특히 비우호국이나 미수교국들과도 관계를 개선할 수 있는 기회의 장이 되기도 한다. 과거 1980년대 코트라(KOTRA)에서 당시 미수교국이었던 중국과 동구권에서 한국상품전시회를 개최함으로써 협력 분위기를 조성하고 이를 계기로 이후 정식 국교 수립의 물꼬를 튼 것이 그 예이다.

1959년 쿠바혁명 이후 우리나라와 쿠바 간 정치적 교류가 끊어졌지만 코트라에서 매년 꾸준히 쿠바 아바나 국제박람회에 한국관으로 참가해 온 결과, 2004년 말 아바나 무역관(KBC) 개설을 공식 허용한 후, 2005년 9월 무역관을 공식 개설하여 활동 중이다. 양국 간 정치적 미수교 상태에서도 쿠바는 우리나라를 중요한 경제협력 파트너로 인식하고 있는데 이는 전시회를 통한 민간교류가 지속적으로 이루어졌기 때문에 가능했던 것이다.

2015 아바나 국제박람회 한국관 개관식

2015 아바나 국제박람회 바이어 상담

3) 사회 · 문화적 측면의 파급효과

전시산업은 전시회 개최국 또는 개최도시를 전 세계에 홍보함으로써 개최지의 브랜드 인지도를 높이고 시민으로서의 자부심을 높이는 효과가 있다. 또한 외국인들과의 직접 또는 간접적인 교류를 통해 국제감각을 함양하고 지역 고유문화의 개발과 발전에도 기여할 수 있다. 대표적인 전시컨벤션 산업 도시인 라스베가스의 경우 매년 세계가전박람회(CES)를 개최하고 있는데, 전시회 방문객 수만 17만 명을 넘어서고 있어 엄청한 경제적 효과 이외에도 화려한 빛과 도박의 도시인 라스베가스를 전 세계에 알리는 데도 큰 기여를 하고 있다.

밀라노 전시장   하노버 전시장

4) 관광산업 활성화 측면의 파급효과

전시회를 위해 찾아오는 내·외국인들은 방문 지역을 관광하고 싶은 욕구를 갖게 되므로 전시산업이 관광에 기여하는 효과는 상당하다. 개최국과 개최도시에서는 방문객을 위한 다양한 안내자료와 관광프로그램을 각종 매체를 통해 홍보하게 되며 이를 통해 무한한 잠재고객들에게 도시의 매력을 홍보하고 재방문하게 하는 촉매제가 될 수 있다. 도시의 역사나 유적지, 문화유산 뿐 아니라 특징적인 자연경관, 산업 시설, 음식과 의상, 언어 등 모든 것이 방문객들의 관심을 끄는 관광자원이 될 수 있는 만큼 전시회를 효과적으로 활용할 경우 그 효과는 매우 크다고 할 수 있다.

연습문제 exercises

1. 전시산업의 개념에 대한 설명으로 적절하지 않은 것은?

① 전시장을 운영하거나, 전시회 및 부대행사를 개최하고 이와 관련된 서비스를 제공하는 산업이다.
② 무역을 증진하고 인적, 물적 이동을 활성화하여 고용과 부가가치를 창출한다.
③ 통계청 한국표준산업분류에 전시산업에 대한 독자적인 코드가 지정되어 있지 않다.
④ 우리나라는 아직 전시산업 발전을 위한 법령이 제정되어 있지 않다.

2. 우리나라 전시산업발전법에서 정한 전시산업과 관련된 경제 활동을 영위하는 자에 해당하지 않는 것은?

① 전시시설사업자   ② 전시주최사업자
③ 전시참가업체   ④ 전시디자인설치사업자

3. 우리나라 전시산업발전법에서 정한 전시산업의 범주에 해당되지 않는 것은?

① 전시회 및 전시회 부대행사를 기획 · 개최 · 운영하는 것
② 전시회와 관련된 물품 및 장치를 제작 · 설치하는 것
③ 전시공간의 설계 · 디자인과 관련된 공사를 수행하는 것
④ 전시회 유치 및 인센티브를 제공하는 것

4. 전시주최사업자의 활동에 대한 설명으로 적절하지 않은 것은?

① 전시회 및 부대행사의 기획
② 전시공간의 배치 설계, 디자인 및 공사
③ 참가업체 및 참관객 유치
④ 전시회 운영 및 사후관리

5. 전시서비스사업자의 업종에 해당하지 않는 것은?

① 전시 물품 · 장치 제작   ② 물류
③ 인력공급   ④ 렌달

연습문제   exercises

6. 전시회와 관련하여 전화, 인터넷, 통신설비, 신용카드기, 참관객 등록시스템 등과 관련된 서비스를 제공하는 업종은 무엇인가?

    ① 광고 · 기획업체   ② 시설지원업체
    ③ IT서비스업체   ④ 인력공급업체

7. 2002년에 설립되어 국내 전시산업 발전을 위한 전시회 인증제도 운영, 해외전시회 참가지원, 한국국제전시포럼 및 로드쇼 개최 등의 사업을 수행하고 있는 기관은?

    ① 한국전시주최자협회
    ② 한국전시산업진흥회
    ③ 한국전시장운영자협회
    ④ 한국전시서비스업협회

8. 전시장의 기능에 대한 설명으로 적절하지 않은 것은?

    ① 전시회가 개최되는 물리적 공간 제공
    ② 전시회 뿐 아니라 국제회의, 세미나 등도 수용할 수 있는 시설 제공
    ③ 식음, 연회, 오피스 등 다양한 서비스 제공
    ④ 숙박, 쇼핑, 엔터테인먼트 등의 편의시설 제공

9. 2014년 11월 UFI의 보고서에서 분석한 세계 전시산업의 현황에 대한 설명으로 적절하지 않은 것은?

    ① 전 세계 실내 전시면적은 증가하고 있으나, 이는 주로 기존 전시장 증축 때문이다.
    ② 실내 전시면적을 가장 많이 보유하고 있는 지역은 유럽이다.
    ③ 세계 최대 실내 전시면적을 보유하고 있는 국가는 미국이다.
    ④ 중국의 부상으로 아시아태평양 지역의 실내 전시면적 점유비율은 높아지고 있다.

연습문제

10. 우리나라 전시산업 현황에 대한 설명으로 적절하지 않은 것은?

① 전시면적이 10,000㎡ 미만인 중소규모 전시회가 주류를 이루고 있다.
② 참관객수가 10,000명 미만인 전시회가 과반수 이상을 차지한다.
③ 전시회 중 무역전시회의 비중이 가장 크다.
④ 전시회 개최건수는 매년 꾸준히 증가하고 있다.

11. 해외 전시선진국과 비교하여 우리나라 전시산업에 대한 설명으로 적절하지 않은 것은?

① 우리나라 실내 전시면적은 세계 상위 15개국에 속해 있다.
② 터키와 멕시코 등 경쟁국에 비해 전시 공급면적이 열세에 있다.
③ 전시면적 20,000㎡ 이상의 대형 전시회는 대부분 서울과 수도권에서 개최된다.
④ 독일 등 선진국에 비해 전시회가 영세하며 지방으로 갈수록 대형화가 더딘편이다.

12. 전시산업의 경제효과를 구성하는 항목으로 적절하지 않은 것은?

① 생산유발효과   ② 수입증대효과
③ 외화가득효과   ④ 부가가치유발효과

13. 전시산업의 파급효과에 대한 설명으로 적절치 않은 것은?

① 관광산업 활성화   ② 외국과의 교류를 통한 국제감각 함양
③ 국가 간 관계개선 및 우호증진   ④ 수입품의 증대에 따른 국산품 경쟁 격화

정답 1. ④ 2. ③ 3. ④ 4. ② 5. ① 6. ③ 7. ② 8. ④ 9. ① 10. ③ 11. ① 12. ②
13. ④

전시산업 관련 법규, 제도

3 Chapter

정의 및 목표 전시산업발전법 및 전시산업 육성을 위한 정부정책과 이를 포함한 기본계획, 제도 및 해외사례에 대해 학습함으로써 전시산업 전반에 대한 이해의 폭을 넓힌다.

학습내용 및 체계

주요 항목	세부 내용	비 고
1. 전시산업발전법	• 전시산업발전법 제정 및 개정 연혁 • 전시산업발전법 구조 • 주요 개정내용	
2. 전시산업발전 기본계획	• 제1차 전시산업발전 기본계획 • 제2차 전시산업발전 기본계획	
3. 전시산업 육성 · 지원제도	• 전시산업 진흥기관 • 전시산업 발전을 위한 정책 • 인증제도	
4. 해외사례	• 아시아 • 유럽 및 미주	

학습 포인트

- 전시산업발전법의 연혁과 주요 개정내용 및 구조에 대한 이해
- 전시산업발전 기본계획 내용학습을 통해 전시산업에 대한 정부정책 파악
- 진흥기관, 지원사업, 인증제도 및 기반구축사업에 대한 정보습득으로 실무능력 증진
- 전시산업 지원정책에 대한 국내외 사례연구를 통해 세계적인 추세를 습득

핵심 용어

전시산업발전법, 전시산업발전 기본계획,
한국전시산업진흥회, 인증제도

01 전시산업발전법의 개요

1. 전시산업발전법 제정 및 개정 연혁

전시회를 핵심으로 하는 전시산업은 신기술과 신제품의 비교 및 정보교류의 장으로서 기업에게 효과적인 해외마케팅 수단을 제공하고 국내산업의 국제경쟁력 제고에 공헌하며 전후방 연관효과를 통해 소득과 고용창출에 미치는 파급효과가 뛰어난 고부가가치 서비스산업이다. 특히 전시회는 WTO체제 하에서도 보조금 지급이 가능한 해외마케팅 수단으로, 독일 · 중국 등 주요 선진국 및 경쟁국들은 전시산업을 국가전략산업으로 인식하여 세제지원을 강화하는 등 정책[1]적으로 전시산업을 육성하고 있는 추세이다.

앞서 살펴 본 것처럼 우리나라의 전시산업은 전시장 면적, 전시회 개최건수 등 양적인 측면에서는 급속히 성장했으나 이러한 외형적인 성장에도 불구하고 무역규모 및 경제 수준에 비춰보았을 때 여전히 부족한 것이 사실이다. 이에 전시산업의 경쟁력을 제고하기 위한 기반을 조성하고 전시회와 전시산업에 대한 체계적인 지원을 제도화하는 한편 전시산업의 구조를 선진화하여 경쟁력 있는 전시사업자를 육성하기 위해 별도의 법률 제정이 필요했다. 이러한 배경을 토대로 만들어진 법률이 전시산업발전법이다. 동 법 제정 이전에는 '대외무역법 제 4조(무역의 진흥을 위한 조치)'에서 전시산업 지원내용을 일부 포함하고 있었다.

전시산업발전법은 2006년 11월 김교홍 의원(당시 열린우리당)을 대표발의자로 37명의 국회의원이 발의하였고, 2008년 3월 21일에 법률로서 공포되어 6개월 후인 2008년 9월 22일부터 시행되었다. 제정 이후 타법 개정 등에 의해 2015년 10월 기준으로 열 차례의 개정이 있었는데 이 가운데 최근 10차 개정에서 가장 대폭적인 내용 변경이 이루어졌다.

---

1 · 공공문제를 해결하거나 어떤 목표를 달성하기 위하여 정부가 결정한 행동방침
· 정책은 법률 · 정책 · 사업 · 사업계획 · 정부방침 · 정책지침 · 결의 사항과 같이 여러 형태로 표현
· 정책에는 합법적 강제력을 수반하는 권위가 부여됨

2. 전시산업발전법 구조

전시산업발전법은 총 일곱 개의 장으로 구성된다.

'제1장 총칙'에서는 목적과 정의가 기술되어 있는데 동 법은 '전시산업 경쟁력을
　　　강화하고 무역진흥과 국민경제의 발전에 이바지함을 목적'으로 하고 있음
　　　을 밝히고 있다.
'제2장 전시산업 발전계획'에서는 기본계획의 수립, 전시산업 발전사업 주관기
　　　관, 전시산업발전 심의위원회 운영, 수요조사 등이 언급되고 있다.
'제3장' 전시산업 관리'에서는 전시사업자의 등록과 취소를 다루었는데 10차 개
　　　정에서 전시사업자 등록제가 폐지되면서 3장 전체 내용이 삭제되었다.
'제4장 전시산업 기반조성'에서는 전시시설의 건립, 전문인력 양성, 전시산업정
　　　보의 유통촉진, 국제협력, 전시회의 국제화·대형화·전문화, 전시산업
　　　표준화, 전시회 관련 입찰의 특례, 신규 유망전시회 발굴이 언급되었다.
'제5장 전시산업 지원'에는 전시산업에 대한 지원과 그에 따른 전시회 평가제도
　　　운영, 세제지원, 부담금 등의 감면 등 특례 조항이 포함되어 있다.
'제6장 보칙'에는 국·공유재산의 임대 및 매각, 전시시설 건축시 허가의제, 위임
　　　과 위탁에 대한 규정이 명기되어 있다.

참고로 개정 전 법률에는

'제7장 벌칙'조항이 있었으나 이는 전시사업자 등록 위반에 대한 과태료 부과 내
　　　용으로, 3장의 전시사업자 등록제 폐지에 따라 자연스럽게 삭제되었다.

3. 주요 개정내용

최근의 10차 개정(2015. 2. 3 공포)은 정부 규제사항 폐지를 핵심으로 한다.

우선 전시사업자 등록제도가 폐지되었다. 개정 이전에는 전시사업을 영위하기 위
해서는 시설·주최·장치·용역사업자 등록증이 각각 필요했고, 한국전시장운영자
협회·한국전시주최자협회·한국전시산업장치협회(現 한국전시디자인설치협회)·한국전시
서비스업협회가 각 전시사업자의 정부 등록업무를 대행하고 등록증을 발급했다.

또한 전시사업자 일부의 명칭이 변경되었고 전시사업자단체 인가제도가 폐지되었다. 기존 '전시장치사업자'가 '전시디자인설치사업자'로, '전시용역사업자'가 '전시서비스사업자'로 변경되었다. 아울러 각 전시사업자의 정부 등록업무를 대행했던 전시 관련 협회에 대한 정부 인가제도 또한 폐지되었다.

마지막으로 국내전시회에 대한 정부 인증제도가 폐지되었다. 전시회 인증이란 전시주최사업자가 제시한 전시회별 면적, 참가업체수, 참관객수에 대한 데이터를 표준화된 기준에 따라 객관적으로 조사·확인하여 공개하는 제도를 말한다. 이러한 전시회 인증데이터를 최종적으로 공인해 준 기관이 기존에는 정부(산업통상자원부 장관)였으나 개정 이후에는 민간(한국전시산업진흥회)으로 업무가 이양되었다.

 ## 02 전시산업발전 기본계획

1. 전시산업발전 기본계획 개요

전시산업발전 기본계획은 전시산업발전법 제3조(전시산업 발전계획의 수립) 및 시행령 제4조(전시산업 발전계획의 수립 및 시행)에 의한 법정계획이다. 또한 5년 단위의 중기 실행계획으로서 전시산업발전 기본방향, 전시산업 전망, 전시시설 수급, 무역전시회 육성, 전시산업 기반구축 등을 포함한다. 산업통상자원부(무역투자실 무역진흥과)가 주무 부처로서, 동 계획은 관련 부처 및 관련 기관과 업계의 전문가 등으로 구성된 전시산업발전심의위원회[2]에서 의결하며 제1차 기본계획은 2008~2012년, 제2차 기본계획은 2014~2018년을 대상기간으로 하였다. 2013년은 제2차 기본계획 준비기간으로 제외되었다.

---

2 전시산업 관련 정부논의는?
- 1998년 정부. '무역전시산업 육성방안'기본계획 수립
- 2004년 경제장관간담회. '전시산업 경쟁력 강화 대책' 발표
- 2005년 대통령. 전시·컨벤션산업 국가전략산업 육성 표명(KINTEX 개관식)
- 2008년 전시산업발전법 시행. 정부. '제 1차 전시산업발전 기본계획'발표
- 2010년 국가경쟁력강화회의. '전시·회의산업 발전방안' 발표
- 2014년 정부. '제 2차 전시산업발전 기본계획' 발표

한편 문화체육관광부(체육관광정책실 국제관광과)에서는 이와 유사한 성격의 '제3차 국제
회의산업 육성 기본계획'을 발표한 바 있다. 동 계획은 '국제회의산업 육성에 관한
법률' 제6조(국제회의산업 육성 기본계획의 수립 등) 및 시행령 제11조(국제회의산업 육성 기본계획)에
의한 5년 단위 법정계획이며 2014~2018년을 대상기간으로 하는 종합계획이다.

2. 제1차 전시산업발전 기본계획

먼저 2008~2012년을 대상으로 했던 1차 기본계획의 내용에 대한 이해가 필요
하다.

동 계획의 추진목표는 '전시장 등 전시산업 인프라 확충 및 선진화', '전시회의 국
제경쟁력 제고 및 고부가가치화', '전시산업의 국제경쟁력 강화' 세 가지였다. 이 시
기 동안 EXCO(2011. 5월), KINTEX(2011. 9월), BEXCO(2012. 6월) 세 곳의 전시장이 확충
되면서 전시면적이 8.7만㎡ 증가하였다. 또한 경쟁력 있는 전시회에 대한 집중 지
원으로 서울국제공작기계전, 한국산업대전이 전시면적 10만m² 이상의 대형 국제
전시회로 성장하는 등의 성과를 거두었다. 전시산업발전법에 명기된 전시사업자
등록 조항에 의해 각 분야(시설, 주최, 디자인설치, 서비스)에서 활동하고 있는 업체들의 규
모가 파악되었고, 지원대상이 확인되면서 이들 사업자에 대한 정부지원책도 수립
되는 효과를 거둘 수 있었다.

이러한 1차 계획의 실행을 통해 전시산업은 하드웨어 인프라 확충과 함께 외형
적으로 크게 성장했으나 해외바이어 유치가 미흡하고 글로벌 리딩기업이 여전히
나타나지 않는 등 질적인 성장은 미진한 것으로 평가되었다.

3. 제2차 전시산업발전 기본계획

2014~2018년을 대상기간으로 하는 2차 기본계획의 내용에 대한 이해는 동 계획
이 현재진행형이라는 점에서 중요하다.

2차 계획은 전시산업이 유아기를 지나 청년기에 진입했다는 판단하에, 성장지원
을 지속하되 과도한 규제나 보호보다는 공정한 자유경쟁을 촉진하는 환경조성에
주력한다는 점을 기본방침으로 한다. '동북아 전시시장을 선도하는 전시산업 육성'
을 비전으로 삼고, 3대 추진전략으로서 '글로벌 경쟁력 제고', '자율경쟁체제 구축',

'전시산업기반 확충'을 제시하고, 세부 정책과제로는 '국내전시회 대형화·국제화', '전시사업자 해외진출지원 확대', '건전한 시장질서 확립', '불요불급한 규제철폐와 완화', '전시시설의 공급 확대', '소프트웨어 기반 강화'의 여섯 가지를 명기하였다.

첫째, '국내전시회 대형화·국제화'에서는 맞춤형 성장사다리 프로그램을 도입하는 것을 제시하였다. 성장사다리 프로그램이란 전시회를 성장단계에 따라 신규·유망·글로벌전시회로 나누고 각 성장단계에 따라 지원내용을 차별화하는 방식을 말한다. 예를 들면 기존에는 유망전시회를 매년 선정하고 해외마케팅 비용 위주로 지원금을 사용토록 했으나 변경된 제도 하에서는 유망전시회의 기본 지원기간을 3년으로 하고 국내 참가업체 확보를 위한 국내홍보비 사용을 허용하며 졸업제를 도입하는 내용 등이다. 다만 동 제도의 시행시기는 아직 미정이다.

둘째, '전시사업자 해외진출지원 확대'에서는 국내주최자가 해외에서 전시회를 직접 개최하는 해외특별전에 대한 지원사업을 전시업계 역량에 맞추어 점차 확대하고, 개최유형도 현재의 단독형에서 복수의 국내주최자가 해외에서 공동 개최하는 합동형, 국내주최자와 해외주최자가 공동 개최하는 복합형 등으로 다양화하여 지원토록 할 계획이 제시되었다.

셋째, '건전한 시장질서 확립'에서는 입찰제 개선과 시장의 부스참가비를 왜곡시키는 공공전시회 개선 등이 목표로 제시되었다.

넷째, '불요불급한 규제철폐와 완화'에서는 시장진입과 경쟁을 제한하는 전시사업자 등록제 폐지와 전시회 인증제의 민간이양이 정책과제로 대두되었고 이는 전시산업발전법에 반영되어 2015년 8월에 실행된 바 있다.

다섯째, 전시장 신·증축 및 전시장 배후단지 이용활성화를 도모하고자 하는 '전시시설의 공급확대'가 과제로 제시되었다.

여섯째, 전시산업의 표준한업분류 코드 명확화와 전시디자인설치 R&D 추진 등의 '소프트웨어 기반강화'가 추진될 예정이다.

03 전시산업육성 및 지원제도

1. 전시산업 진흥기관

1) 국내 진흥기관

한국전시산업진흥회 로고

국내전시산업 육성을 위한 기관으로서 한국전시산업진흥회가 있다. 진흥회는 2002년 8월 산업통상자원부(당시 산업자원부) 승인을 받아 설립되어 국내전시회 개최지원사업, 전시산업 기반구축사업, 전시 전문인력 양성사업, 전시회 인증사업 등을 수행하고 있다. 국내 전시관련 단체로는 한국전시주최자협회, 한국전시디자인설치협회, 한국전시서비스업협회, 한국전시장운영자협회 등이 있다. 한국전시주최자협회는 전시주최자의 이익을 대변하는 단체로 '전시산업전'을 개최하고 국내전시회 디렉토리를 제작·배포하는 등의 업무를 수행한다. 한국전시디자인설치협회는 관련 업체의 권익 보호를 위한 단체로 전시디자인 분야 NCS 개발 등의 업무를 진행하고 있다. 한국전시서비스업협회의 경우 전시 물류, 인력, 렌탈, IT분과 등을 총괄하는 단체로 2011년 '국제전시물류협회(IELA : International Exhibition Logistics Association)' 서울 총회를 유치·개최한 바 있다. 한국전시장운영자협회는 전시장운영과 관련된 정보수집과 조사업무를 수행하는 한편 회원상호간의 친목도모와 정보교류 활성화를 목적으로 하는 단체이다.

2) 해외전시회 참가지원기관

한편 해외전시회의 참가진흥기관은 다양하다. 중앙정부에서는 산업통상자원부(대한무역투자진흥공사), 중소기업청(중소기업중앙회) 등이 주로 해외전시회 참가를 지원하며 산업특성에 따라 농수산·식품사업은 농림축산식품부(한국농수산식품유통공사), 문화·스포츠산업은 문화체육관광부(한국콘텐츠진흥원) 등이 중소기업의 해외전시회 참가를

AFECA 로고

UFI 로고

지원하고 있다. 이와는 별도로 각 지방자치단체별로 일부 국내전시회와 해외전시회 지원제도를 운영하며 진흥기관으로 기능하고 있다. 주요기관에 대해 살펴보면 대한무역투자진흥공사는 전시컨벤션실 해외전시팀에서 업무를 담당하며 중소·중견기업 수출 2천억 달러 달성을 위해 수출애로 해소 지원을 대폭 강화한다는 목표 하에 해외전시회 지원사업을 운영하고 있다. 중소기업중앙회는 통상정책실 글로벌마켓지원팀에서 업무를 담당하며 맞춤형 중소·중견기업 수출역량강화사업의 일환으로 지원사업을 추진하고 있다.

3) 국제전시산업 유관기관

전시산업 진흥을 위한 국제적인[3] 단체 활동도 활발하다. 가장 대표적 단체인 국제전시협회(UFI : Union des Foires Internationales)는 1925년 설립된 세계 전시산업의 대표적 연합기관으로, 프랑스 파리에 본사를 두고 있으며 2015년 12월말 현재 83개국 684개사가 회원으로 가입된 단체이다. 'UFI Approved Event'라는 전시회 인증제도를 운영하고 있으며 2013년 제80차 총회를 서울 코엑스에서 개최한 바 있다. 유럽에 UFI가 존재한다면 미주에는 국제전시이벤트협회(IAEE : International Association of Exhibitions and Events)가 있다. 1928년 미국 달라스(Dallas)에서 설립된 이 단체는 전시전문인력 양성과 전시산업인의 국제 네트워크 형성을 목적으로 하며 46개국 1,400여개사가 회원으로 가입되어 있고, '전문전시관리자(CEM : Certified in Exhibition Management)'라는 전시기획사 자격증 제도를 운영하고 있다. 산하 연구기관으로 '전시산업연구소(CEIR : Center for Exhibition Industry Resarch'가 있는데 순전시면적·참가업체수·참관객수·매출액의 전

---

3 전시산업 연구기관은?
· 독일전시협회(AUMA) 산하 전시회통계위원회(FKM)
  독일전시협회는 FKM이라고 하는 인증과 전시회통계를 전문으로 하는 산하기관을 운영
· 국제전시이벤트협회(IAEE) 관련 전시산업연구소(CEIR)
  미국 달라스(Dallas)에 본사를 두고 있는 전시산업 전문연구기관으로, 순전시면적·참가업체수·참관객수·매출액 등 전시산업 성장지표를 미국 GDP 추세와 비교하여 매년 발표하는 CEIR Index가 유명

시산업 지표를 미국 GDP 추세와 비교하여 분기별, 연도별로 발표하는 'CEIR Index'가 특히 유명하다. 국가별 진흥기관으로는 '독일전시협회(AUMA : Ausstellungs-und Messe-Ausschuss)'가 가장 오랜 전통을 가지고 있는데 1907년 독일 베를린(Berlin)에서 설립되어 국내·해외전시회 정보제공, 전시산업 통계, 독일 기업의 해외전시회 참가지원 사업 등을 수행하고 있다. 산하 기관인 '독일전시회통계위원회(FKM : Freiwilligen Kontrolle von Messe-und Ausstellungszahlen)'는 전시회에 대한 데이터 검증을 통해 참가업체와 참관객에게 전시회에 대한 정확한 정보를 제공하는 인증제도를 운영하고 있다. 한편 한국전시주최자협회와 유사한 해외기관으로는 '독립전시주최자단체(SISO : Society of Independent Show Organizers)'가 있다. 아시아권에는 아시아전시컨벤션연맹(AFECA : Asian Federation of Exhibition & Convention Associations)이 존재한다. 2005년 설립된 기관으로, 싱가포르에 위치하고 있으며 아시아 전시·컨벤션산업의 성장과 발전을 도모한다는 설립목적을 가지고 있다. 또한 싱가포르전시컨벤션협회(SACEOS : Singapore Association of Convention and Exhibition Organisers and Suppliers)의 주도로 전시산업의 국제표준에 대한 'ISO 25639'규정이 만들어져 2008년부터 업계에 활용되고 있다.

2. 전시산업육성지원 정책

앞서 살펴본 진흥기관에서 언급된 것처럼 국내전시회와 해외전시회를 지원하는 기관이 분리되어 있다. 국내전시회는 한국전시산업진흥회와 지방자치단체, 해외전시회는 대한무역투자진흥공사, 중소기업중앙회, 한국농수산식품유통공사 등의 기관과 지방자치단체(주로 판로지원과 또는 기업사랑과 등)에서 지원사업을 추진하고 있다. 자세한 내용은 산업통상자원부 사업의 경우 매년초 발간되는 '무역통상 진흥시책'이 도움이 될 것이다. [표 3-1]은 지원사업의 내용에 대한 자료이다.

전시산업 기반구축사업은 매우 포괄적인 개념이다. 전시산업발전법을 기준으로 보면 제4장(전시산업 기반조성)에서 주로 다뤄지고 있는 내용으로 인력양성, 정보화(통계 포함), 국제협력, 전시회의 국제화·대형화·전문화, 전시산업 표준화 외에 정부 예산사업에 포함되어 있는 전시산업 홍보, 전시사업자 육성 등의 사업이 여기에 해당된다.

인력양성사업은 2015년부터 고용노동부로 사업이 이관되어 한국전시산업진흥회가 산업인력공단 위탁사업으로 진행하고 있는데 기업 전시전문가 과정, 전시관리자 과정, 전시실무자 과정, 글로벌 전시 과정^{(CEM)4}, 전시서비스사업자 과정, 전시디자인설치사업자 과정으로 구성된다. 정보화사업으로는 글로벌 전시포털(www.gep.or.kr)을 운영하는 사업과 국내외 전시산업 현황을 조사하는 전시통계사업이 있다. 기타 전시산업 홍보사업으로 전시저널 발간, 전시디자인공모전 등의 사업이 한국전시산업진흥회 주관으로 수행되고 있다. 기반구축사업에 대한 자세한 내용은 한국전시산업진흥회 홈페이지(www.akei.or.kr)를 참고하면 된다.

3. 전시회 인증제도

전시회 인증제도는 전시주최자가 제출한 전시면적, 참가업체 및 참관객에 대한 정보를 제3의 독립적 검증기관이 표준화된 기준(UFI 인증규정 준용)에 따라 객관적인 방법으로 조사·확인한 것을 인증기관(한국전시산업진흥회)이 공개하고 전시회 인증서를 발급하되 일정 요건을 충족시킬 경우 국제전시회 인증마크를 부여하여 공인하는 제도를 의미한다.

인증제도의 효용성은 요즘과 같은 전시회 홍수의 시대에 기업은 참가비용이 발생하는 만큼 전시회 참가여부를 전략적으로 판단할 수 있도록 하고, 참관객의 입장에서는 유사한 전시회 중 어느 전시회가 참관할만한 가치가 있는지에 대한 근거자료를 제공하는데 있다. 주최자의 입장에서는 유사한 여타 전시회와의 차별성을 부각시킬 수 있는 중요한 요소가 된다.

동 제도는 2002년에 3개 전시회에 대한 시범인증을 시작으로 1·2단계^(2003~2004년) 시범도입을 거쳐 2005년부터 국내의 모든 인증 희망전시회를 대상으로 본격적으로 시행되었다. UFI의 참가업체에 대한 인증규정이 2008년에 변경되고 아울러 동일한 해에 전시산업발전법에 인증제도가 명기되면서 큰 전환기를 맞았다. 2005년 43건, 2010년 78건, 2015년 101건까지 증가하여 현재 국내에서 개최되는 모든 전시회의 약 1/5이 인증을 받고 있다.

한편 2016년부터는 2015년 8월의 전시산업발전법 개정으로 인증서 발급권자가 기존의 산업통상자원부 장관에서 한국전시산업진흥회장으로 변경되었다.

---

4 **전문 전시관리자(CEM : Certified in Exhibition Management) 자격증**
　1975년부터 국제전시이벤트협회(IAEE)에서 발간하는 전시관리자 과정에 대한 자격증으로, 전시경력 3년차 이상 수강자
　격 부여, 3년 이내 총 9개 정규과목 이수 및 시험합격 시에만 발급되는 공인 자격증

표 3-1 국내외 전시회지원제도 개요

구분	수행기관	지원 대상 및 지원 내용	
국내 전시 지원	산업통상 자원부 (한국전시산업 진흥회)	• 지원대상 : Global TOP전시회, 유망전시회, 합동·통합전시회	
		• 지원내용 : 전시회 개최비용 일부지원 1) 합동·통합전시회의 경우 유망전시회 지원액의 50%범위내에서 인센티브 지원 2) 전체 국고보조금의 60% 이상을 해외마케팅 비용으로 의무사용('15년 기준)	
해외 전시 지원	산업통상 자원부 (대한무역 투자진흥공사)	한국관을 통한 단체 참가시	• 지원대상 : 140여개 해외전시회 참가기업 2,900여개사('15년 계획 기준) • 지원항목 : 해외바이어 조사 및 상담주선, 한국관 참가업체 홍보 및 현장지원을 위한 홍보부스 운영 등 • 지원한도 : 총 참가비용 50% 이내
		개별 참가시	• 지원대상 : 해외수출 희망하는 중소중견업체 500여개사 ('15년 계획 기준) • 지원항목 1) 기본부스비(Shell scheme, 기본장치 포함형)의 70% + 운송비 2) 독립부스비(Space only, 기본장치 미 포함형)의 100% + 운송비 • 지원한도 : 총 600만원 이내
	중소기업청 (중소기업 중앙회)	한국관을 통한 단체 참가시	• 지원대상 : 수출중소기업 2,500여개사 ('15년 계획 기준) • 지원항목 : 임차료, 장치비, 운송료, 홍보비, 항공료, 부대행사비 등 • 지원한도 : 총 1,000만원 이내
	농림축산 식품부 (한국농수산물 유통공사)	한국관을 통한 단체 참가시	• 지원대상 : 7개 전시회 275개사('14년 계획 기준) • 지원항목 : 임차비·장치비·임대료 전액, 운송통관비 일부 • 지원한도 : 대기법은 임차비의 70% 한도, 운송통관비 200만원 한도
		개별 참가시	• 지원대상 : 한국농수산식품유통공사 단체관 없는 해외전시회 참가기업 • 지원항목 : 임차비, 장치비, 항공비 • 지원한도 : 5대 시장(일본·미국·중국·러시아·대만) 및 동남아시장 •4백만원 한도, 기타시장 8백만원 한도, 항공비는 5대 시장 제외하고 1인 지원
	문화체육관광부 (한국콘텐츠 진흥원)	한국관을 통한 단체 참가시	• 지원대상 : 대한민국 콘텐츠 제작법인과 개인사업자 • 지원항목 : 임차비·등록비·홍보비·운송비·항공비 일부 • 지원한도 : 총비용 10% 이상 자부담, 항공비는 2인까지 지원

출처 : '2015년 국내전시회 개최지원 대상사업 선정계획('14. 9월)', '해외전시사업 개편안 수립연구용('15. 1월)'

해외 육성정책 사례

1. 아시아 지역

아시아 국가들은 자국기업의 수출경쟁력 강화와 산업육성 및 관광산업과의 연계성에 주목하여 전시산업에 대한 지원을 강화하고 있다. 특히, 중국의 경우 제12차 5개년 경제계획(2011~2015년)에서 글로벌 경기침체의 영향을 극복하기 위한 방편으로 지역산업과 연계한 전시산업의 육성을 공포한 바 있다.

[표 3-2]는 중국, 홍콩, 대만, 싱가포르 등 아시아 주요국의 전시산업 육성정책 자료이다.

표 3-2 아시아 주요국의 전시산업 육성정책

국가명	수행기관	구분	지원대상 및 지원내용
중국	CCPIT (중국국제무역촉진위원회)	해외 전시 지원	• 지원대상 : 국가를 대표하는 국제 전시회 참가 업체, 국가 정책 관련 해외전시회
			• 지원내용 : 전체 소요비용의 약 50%를 지원. 전시부스 임차료 보조금 지원, 전시부스 설계비·설치비, 운송비 지원, 임차료 약 60%, 장치비 및 운송비 약 40%로 추정(전시회별 다른 기준이 적용됨)
		국내 전시 지원	• 지원내용 : CCPIT에서 직접적으로 국내 전시회에 관여하지 않고 CIEC (중국 국제전시센터)를 통해 국내 전시회를 개최
홍콩	HKTDC (홍콩무역발전국)	해외 전시 지원	• 지원대상 : 국내 중소기업
			• 지원내용 : 중소기업들의 수출위주 무역전시회 참가를 지원, 수출관련 판촉책자 및 인터넷 웹사이트에 광고, 중소기업 수출마케팅 기금 등 펀딩제도 운영
		국내 전시 지원	• 지원대상 : 국내 중소기업
			• 지원내용 : 중소기업의 해외비즈니스 확장 및 홍콩에서 개최되는 국제진시회에 침여 지원

국가명	수행기관	구분	지원대상 및 지원내용
대만	TAITRA (대만 대외 무역발전 위원회)	해외 전시 지원	• 지원대상 : '무역업무 추진보조법'에 해당되는 대만 업체
			• 지원내용 : 수교국에서 개최되는 전시회 위주로 소정의 전시참가비용을 지원
		국내 전시 지원	• 지원대상 : '대만전시회의 산업 길잡이계획(台灣會展領航計劃)'에 해당되는 기업
			• 지원내용 : 매년 1,613만 달러 경비 지원 예정
싱가 포르	IE Singapore (싱가포르 국제 기업청)	해외 전시 지원	• 지원대상 : 지원 대상 협회 및 유관 기관이 자체 선별한 업체들을 대상으로 지원
			• 지원내용 : 공간임대, 전시대 건설, 싱가포르전시장 홍보, 기업들에 대한 이중과세 공제제도
		국내 전시 지원	별도 지원 기준 없음

2. 유럽 및 미주 지역

전시산업의 국제경쟁력이 전통적으로 강한 유럽과 미주지역의 경우 아시아지역에 비해 상대적으로 예산지원 규모가 적고 국내전시회에 대한 지원이 거의 없다는 특징이 있다.

〈표 3-3〉은 대표적인 전시강국인 독일과 미국, 영국의 전시산업 육성정책 자료이다.

표 3-3 독일, 미국 및 영국의 전시산업 육성정책

국가명	수행기관	구분	지원 대상 및 지원 내용
독일	연방정부차원 AUMA (독일전시협회)	해외 전시 지원	• 지원대상 : 신재생에너지 및 에너지 효율분야 수출 유관기업 • 지원내용 : 전시참가업체들에게 참가비용의 약 30% 정도 간접지원
	주정부차원 (16개 주정부의 전시지원기관이 독립적으로 운영)	해외 전시 지원	• 지원대상 : 관내 수출유관기업의 국가별 특정산업분야 전시회의 개별참가 또는 소규모 단체관에 참가 지원한 기업. 단, AUMA가 국가관으로 참가 지원하지 않은 전시회에 한함 • 지원내용 : 전체 참가비용의 50%이며, 전시회별로 상이함
	BAFA (독일 연방경제 및 수출관리 사무소)	국내 전시 지원	• 지원대상 : 독일에 본부 및 사업 운영장이 있고 회사 등록을 한 기업, 직원 50명·연매출액 천만유로 이하, 설립 10년 이하의 중소기업 • 지원내용 : 전체 전시참가 소요금액의 80% 또는 최대 7,500유로 지원(단체관 참가시만 지원)
미국	연방정부차원 ITA (국제무역 관리부)	해외 전시 지원	• 지원대상 : 지원 대상업체에 대한 특별한 구분은 없음 • 지원내용 : 연간 100여 개의 해외 주요 전시회를 선정 국가관으로 참가함. 해외상무 사무소(FCS)가 최신 시장 정보 및 현지 거래 알선 등의 편의를 제공, ITA는 참여업체들에게 특별한 경비는 지원하지 않음
		국내 전시 지원	• 지원대상 : 지원 대상업체에 대한 특별한 구분 없음 • 지원 내용 : 국제바이어프로그램(IBP)을 통해 미국 내의 바이어들과 자국 수출업체들에게 접촉기회와 사업 파트너 제공. 전시회 발간 책자 등재, 국가별·산업별 전문가들로부터 직접적인 수출관련 상담, 마케팅 상담, 바이어 검색 등의 서비스 제공, 현장지원 등
	주정부차원	해외 전시 지원	• 지원대상 : 해외전시회에 처음 참가하는 중소기업. 특히 하이테크 기업 • 지원내용 : 전시산업 관장하는 별도 기관은 없고 전시산업육성은 시 또는 주 개발 계획에 포함됨(세제 감면과 자금지원 등의 방법을 통해 이뤄짐)
영국	UKIT (영국무역 투자청)	해외 전시 지원	• 지원대상 : 무역전시회 접근 프로그램(TAP)을 활용. 매출액 중 수출액이 25% 이하이면서 수출경력 10년 이하의 영국기업 • 지원 내용 : 부스임차비 및 설치비, 홍보비 등 지원(지원금액은 거리·고성장시장인지 여부 등에 따라 차등지원). 해외시장정보 제공. 무역전문가를 통한 상담 및 지원을 제공
		국내 전시 지원	별도 지원 기준 없음

연습문제 _exercises_

1. 다음 중 전시산업발전법 '제 1장 총칙'에서 동법의 목적으로 언급되지 않은 사항은?

① 전시산업의 효율성 육성　　　　② 무역진흥
③ 국민경제 발전　　　　　　　　④ 전시산업 경쟁력 강화

2. 다음 중 전시산업발전법 '제 4장 전시산업 기반조성'에서 언급되지 않은 사업은?

① 전시시설의 건립　　　　　　　② 국제협력
③ 전시회 평가제도 운영　　　　　④ 전시산업 표준화

3. 다음 중 전시산업발전법 제 10차 개정의 내용과 다른 것은?

① 전시사업자 등록제도 폐지
② 전시사업자단체 인가제도 폐지
③ 국내전시회에 대한 인증제도 자체의 폐지
④ 전시사업자 명칭 중 '전시장치사업자'를 '전시디자인설치사업자'로 변경

4. 다음 중 전시산업발전법 기본계획의 특징이 아닌 것은?

① 5년 단위 중기계획
② 산업통상자원부가 수립하며 전시산업발전 실무위원회 의결사항
③ 법정계획으로서 실행계획의 성격
④ 전시산업발전 기본방향, 전시산업 전망, 전시시설 수급, 전시산업 기반구축 등을 포함

5. 다음 중 제1차 전시산업발전 기본계획 대상기간 동안 확장되지 않은 전시장은?

① CECO　　　　　　　　　　　② BEXCO
③ EXCO　　　　　　　　　　　④ KINTEX

6. 다음 중 제2차 전시산업발전 기본계획 3대 추진전략에 포함되지 않는 것은?

① 자율경쟁체제 구축　　　　　　② 글로벌 경쟁력 제고
③ 전시사업자 해외진출지원 확대　④ 전시산업 기반확충

연습문제 exercises

7. 다음 중 전시산업 진흥을 위한 해외단체와 연관성이 없는 묶음은 무엇인가?

① 국제전시협회(UFI) - 인증(Approved Event)
② 국제전시이벤트협회(IAEE) - 전문 전시관리자 자격증(CEM)
③ 독일전시협회(AUMA) - 전시산업연구소(CEIR)
④ 아시아전시컨벤션연맹(AFECA) - 전시산업 용어 국제표준(ISO 25639)

8. 다음 중 전시산업 지원기관과 관계없는 곳은?

① 한국전시산업진흥회　　　　② 중소기업중앙회
③ 대한무역투자진흥공사　　　④ 대한상공회의소

9. 다음 중 전시회 인증제도의 효용성이 아닌 것은?

① 주최자의 경우 인증을 받지 않은 유사전시회와의 차별성 부각
② 국내기업의 경우 해당전시회의 전년도 수출계약액을 확인할 수 있는 자료
③ 해외기업의 경우 부스를 임차하여 참가할 전시회를 선택하는 근거
④ 해외바이어의 경우 참관할 만한 전시회인지 여부를 판단하는 기준

10. 아시아 각국의 전시산업 육성정책을 수행하는 기관과 관계없는 것은?

① 중국 - 국제무역촉진위원회(CCPTT)
② 홍콩 - 무역발전국(HKTDC)
③ 싱가포르 - 국제기업청(IE)
④ 대만 - 무역진흥기구(JETRO)

정답　1.① 2.③ 3.③ 4.② 5.① 6.③ 7.③ 8.④ 9.② 10.④

4 Chapter

전시산업
국제화

정의 및 목표

전시산업의 국제화란 첫째, 국내 전시회에 있어서 해외 참가업체 및 외국인 참관객의 비율을 높이는 것, 둘째 해외에서 자사의 전시회를 개최하는 것, 셋째 해외 특정 전시회를 인수합병이나 지분참여를 통하여 국내외에서 개최하는 것 등으로 정의할 수 있다.

동 단원을 통하여 전시산업의 국제화에 대한 이해를 높이고, 자세한 국내외 사례를 통하여 현장에서 실질적인 업무를 수행할 수 있는 기초능력을 배양한다.

학습내용 및 체계

주요 항목	세부 내용	비 고
1. 국내전시회의 국제화 촉진	• 국내 전시회의 국제화 촉진 – 한국의 전시산업 국제화 현황 – 국내전시의 국제화 촉진제도 현황	
2. 전시회의 해외진출 형태	• 단독투자 • 합작투자 • 프랜차이즈 • 경영서비스 계약 • 업무제휴	
3. 해외전시주최사의 국제화 사례	• 영국 Reed Exhibitions • 독일 Messe Frankfurt	
4. 전시산업 국제화 평가	• 전시산업 국제화 평가 • 향후 과제	

학습 포인트

● 전시회의 국제화 개념 이해
● 국내전시회의 국제화 방법
● 전시회 국제화 해외사례 및 평가

핵심 용어

국제화, Globalization, 해외진출, 단독투자, 합작투자, 프랜차이즈, 경영서비스 계약, 업무제휴, 영국 Reed Exhibitions, 독일 Messe Frankfurt

01 국내전시회의 국제화 촉진

세계에서 우리나라만큼 전시산업 발전을 위한 논의가 활발한 나라도 많지 않을 것이다. 전시산업을 위한 별도의 법안을 보유하고 있으며, 연간 꾸준하게 정부와 민간에서 전시산업과 국제회의산업의 육성을 위한 회의 및 보고가 끊이지 않는다. 매년 산업통상자원부나 전시관련 유관단체들이 작성하는 자료들을 보면, "더 이상 발굴할 과제가 있을까?"싶을 정도로 많은 아이디어들이 쏟아진다.

역설적으로 그만큼 우리나라의 전시산업 환경이 어렵다고 표현해도 맞을 것이다. 전시산업이 발전하기 위해서는 산업의 발달 수준, 시장의 크기, 경제성장률, 지정학적 위치, 언어, 국제화 수준, 관광자원 보유, 전시인프라(전시장, 물류시설 등 하드웨어, 정부의 지원 등 소프트웨어) 등의 요소가 골고루 갖추어져야 한다.

하지만, 우리나라의 경우 일부 산업에서 세계적으로 뛰어난 기술을 보유하고 있다는 점(IT, 자동차, 조선 등)과 중국/일본 등 아시아의 거대시장과 맞닿아 있다는 점을 제외하고 특별히 보유한 강점은 없다고 보아도 무방할 것이다.

그런데 전시산업 발전과 관련하여 논의되는 사항 중에 빠지지 않는 이슈가 우리나라 전시주최자들의 '영세성'이다. 한국전시산업진흥회 자료에 따르면, 우리나라의 전시회 주최자수는 총 661개이며, 평균종사자는 5명, 평균매출액은 약 7억원에 불과하다고 한다. 여기에 대하여 일부에서는 전시주최자들간의 M&A를 유도하여 국내 주최자를 해외 특정업체처럼 대형화시키는 방안도 검토해야 한다고 말하기도 한다. 그러나 한국 전시주최자들의 영세성을 극복하는 방법 중 가장 현실성 있는 방법은 국내 전시회 및 주최자들의 국제화 및 이에 따른 전시회 대형화라고 할 수 있겠다.

전시산업발전법 제17조에 따르면, "산업통상자원부장관은 전시회의 국제화 · 대형화 · 전문화를 통하

국내전시의 해외진출-베트남

여 국제경쟁력을 갖춘 전시회를 육성하기 위한 시책을 강구하여야 한다."라고 명시되어 있으며, "해외 참가업체 및 참관객의 유치촉진을 통하여 전시회가 활성화될 수 있도록 지원하여야 한다."라고 되어 있다.

대한무역투자진흥공사(이하 KOTRA)는 전시산업발전법내 전시산업발전사업 주관기관으로 선정되어 있으며, 실제로 국내 전시회 및 주최자들의 국제화를 위한 다양한 지원 프로그램을 보유하고 있다. 가장 대표적인 사례는 '국내 전시회 공동주관'으로, KOTRA는 국내 전시주최자들이 주최하는 전시회 중 30회(2016년 기준)의 전시회를 선정하여 공동주관 형태로 해외 참가업체 및 바이어 유치를 지원하고 있다(2015년의 경우 2,200개사의 해외 바이어를 유치). 이외에도 한국전시주최자협회 및 한국전시산업진흥회와 함께 '해외 에이전트 초청상담회'를 개최, 전시주최자들과 해외 유명전시에이전트들간의 협력기회를 제공하는 1:1 상담회를 개최하고 있다.

또한 KOTRA는 산업통상자원부가 전시사업자의 해외진출지원을 확대하고 국내 중소기업의 수출지원을 목표로 하고 있는 '해외특별전 개최'사업을 운영하고 있다. 국내 전시회의 해외진출 사례로 잘 알려져 있는 코엑스의 '베트남 유통산업전 & 프랜차이즈쇼'와 벡스코의 '베트남 하노이 환경에너지 산업전', 그리고 한국섬유산업연합회/KOTRA의 '미국 뉴욕 한국섬유산업전' 등이 대표적이다.

표 4-1 2015년 해외특별전 리스트

산업	지역	전시회명	개최일자	주최사	참가기업수(개사)
섬유	뉴욕	뉴욕 한국섬유산업전	7.15~16	섬산연/KOTRA	59
환경기술	하노이	하노이 환경에너지 산업전	5.20~22	벡스코	131
서비스	호치민	베트남 유통산업전 및 프랜차이즈 쇼	11.5~11.7	코엑스	238

자료원 : KOTRA

02 전시회의 해외진출 형태

AUMA(독일전시산업진흥회)가 매년 발행하는 "German Trade Fair Quality Fair Abroad"2016년 판에 따르면, 독일의 전시주최자들은 2016년 해외에서 총 319회의 전시회를 개최할 예정이다. 이는 90년의 30회, 2002년 120회에 이어 크게 늘어난 숫자이다[1].

독일 주최자들은 기존의 동유럽·중국·러시아·남미에 이어 최근에는 동아시아와 중앙아시아, 북미 등으로 시장을 넓혀 가고 있고, 품목은 자본재와 소비재를 망라하여 사실상 전 품목을 커버하고 있다. 예를 들어, 11회 Automechanika Shanghai(메쎄 프랑크푸르트)의 경우 전시장을 2016년부터 National Exhibition and Convention Center(Puxi)에서 개최, 28만 m²를 활용(전년대비 26% 증가)할 예정이고, Bauma Conexpo Show(bC India)의 경우 독일 전시주최자인 Messe Muenchen가 인도의 협회인 AEM(Association of Equipment Manufacturers)과 협력을 통하여 개최하고 있다.

한국의 경우, Reed나 Messe Frankfurt, UBM 등 한국에 기 진출해 있는 국제적 주최자들을 제외하고, 아직도 많은 해외 주최자들은 한국시장에 대하여 아직 잘 알지 못하고 있는 상황이다. 또한 한국시장을 잘 아는 사람들은 시장은 한정되어 있지만 너무 많은 주최자들이 있어서 수익을 보장받기 어려운 시장으로 생각하고 있다. 따라서, 한국의 전시주최자들은 해외에서의 투자제의를 기다리기 보다는 적극적인 해외진출을 통하여 국제화를 꾀해야 하는 상황이다.

다만 위에서 언급한 산업통상자원부-KOTRA의 '해외특별전'의 사례처럼 한국 전시주최자가 해외에서 전시회를 개최하는 사례는 아직까지 연간 10회 미만이다(KOTRA가 해외에서 주최하는 '한국상품전'등 일회성 정책전시회 제외).

'전시산업의 국제화 촉진 메카니즘에 관한 연구[2]'에 따르면, 전시업체들의 해외진출 형태는 단독투자, 합작투자(Joint Venture), 프랜차

Messe Frankfurt 로고

---

1 UFI Exhibition Newsletter, Issue 44, 2015
2 황희곤(2011.8)

이즈(Franchise), 경영서비스계약(Management Service Contract), 업무제휴(MOU) 등의 형태가 있다.

1. 단독투자

다국적 기업들이 선택하는 해외시장 진입방식중의 하나로, 정식으로 해당국 영업을 위한 허가를 받은 외국자본으로 설립된 현지법인을 말한다. 단독투자의 경우는 물적자산에 대한 소유권과 경영통제권을 단독으로 행사할 수 있다. 한국의 경우, 단독투자의 형태로 국내에 진출한 외국 전시업체는 Messe Frankfurt가 대표적이며, Messe Frankfurt의 한국법인인 Messe Frankfurt Korea가 Bexco와 공동으로 주최하는 '부산국제철도 및 물류산업전'이 있다.

2. 합작투자(Joint Venture)

일반적인 해외진출 형태의 하나로, 해외에 단독진출시 발생할 수 있는 영업상의 위험을 줄이고 현지사정에 밝은 로컬기업을 활용할 목적으로 기술과 자본을 제휴하는 경우를 말한다. 발전가능성이 크고 안정적이지만, 합작 파트너와 불화 또는 합작기한 만료시 철수 등으로 안정성에 있어 미흡한 부분도 있다. 한국의 경우 영국의 Reed와 한국의 K.Fairs의 합작회사인 Reed K.Fairs Exhibitions가 대표적인 사례이다.

3. 프랜차이즈(Franchise)

프랜차이즈는 법적으로 보호된 등록상표의 소유자가 타기업에게 일정수준의 대가를 받는 대신에 사용권한을 일정기간 부여하는 계약을 맺는 방식으로 독일의 자동차부품전시회인 Automechanika처럼 세계적인 유명브랜드 전시회의 경우 프랜차이즈와 같이 위험을 최소화할 수 있는 방식을 선호한다. 전시회에 있어서 프랜차이즈는 성공한 전시회의 이름과 전문기술을 빌리는 것으로 해외시장 진입에 비교적 수월한 방식이다.

한국의 경우 국제반도체장비재료협회(SEMI)가 개최하는 세미콘 코리아(SEMICON

Korea)가 있으며, 2016년에 29회째를 맞아 세계 20개국 540개 업체가 1,870개의 부스를 운영하는 최대 규모를 기록한 바 있다.

단, 동 전략을 통해 다른 국가 및 도시에서 개최한 신규 전시회가 실패할 경우 기존의 전시회 브랜드에 큰 손상을 미칠 수 있다는 점을 유의해야 한다.

4. 경영서비스 계약(Management Service Contract)

경영서비스계약은 적은 위험부담으로 해외시장에 참여할 수 있는 기회를 제공하는 방식으로, 전시회에 있어서는 특정 전시회에 대한 소유권은 인정하지 않고 단지 거래를 촉진시키는 역할을 수행한다. 주로 계약회사를 위한 여러 가지 마케팅 기능을 수행하며 마케팅 서비스에 대한 법적인 권한을 가지고 있는 경우가 대부분이다. 외국기업의 업무를 국내기업이 계약에 의해 위탁받아 그 기업의 한국내 업무를 담당하는 형태로 일부 외국전시업체의 국내 에이전트 역할을 하고 있는 국내전시업체를 예로 들 수 있다.

5. 업무제휴(MOU)

전시회 공동개발, 홍보, 인력교환 등 다양한 업무제휴 형태가 있을 수 있다. 주요 사례로는 KINTEX와 스위스 MCI그룹간 중대형 국제행사의 공동유치 및 개최협력 MOU, 코엑스와 프랑스 MICE업체인 GL Events간 대형 국제행사 공동유치 및 운영에 관한 MOU 등이 있다.

또한 워낙 유명한 전시회는 해외 정부와 지자체에서 개최를 원하기도 한다. 2016년 Consumer Electronics China in Shenzen(CE China)의 경우 Messe Berln의

IFA 팀과 중국 선전시가 LOI^(Letter of Indemnity)서명한 바 있다[3].

 03 해외전시주최사의 국제화 사례

1. 영국 Reed Exhibitions

영국의 Reed Exhibitions은 전시장을 보유하고 있지 않은 순수 독립 전시주최업체임에도 불구하고 2014년 매출액이 8억 9천만 유로^(한화 1조 5,220억원)에 달해 세계 전시주최자 중 부동의 1위를 기록하고 있다. 이는 2014년 한국기업 중 매출액 기준 250위 내외의 기업들과 비슷한 수준이며, 순수한 이벤트 기업으로서는 대단한 매출규모라고 할 수 있다. 전시 매출액의 16%가 북아메리카에서, 47%가 유럽에서, 나머지 37%가 기타 지역에서 발생했다.

이 회사의 최대 강점은 뭐니뭐니해도 컨텐츠를 바탕으로 한 국제화된 전시주최활동이다. 전시업계에서 혹자는 Reed를 미국회사라고, 누구는 프랑스 회사라고 말하며, 누구는 독일회사라고도 말하는 경우를 보았는데, 특정국가 소속이라고 말하기가 뭐할 정도로 워낙 Localization이 잘 되어 있고 소유구조가 다소 복잡한 회사이다.

잘 알려진 바와 같이 Reed Exhibitions는 의학/법률/교육/비즈니스 전문 출판업체인 영국 Reed Elsevier의 자회사이다.

Reed사는 1894년에 영국에서 설립된 신문사로부터 시작되었으며 1982년에 Reed International로 이름이 바뀌었다. Elsevier는 네덜란드 암스테르담에서 1880년에 설립된 출판사로, 1937년에는 미국, 영국에는 1962년에 진출하였으며, Reed와 Elsevier사는 1993년에 합병하였

영국 Reed 로고

다. 이 회사의 전시산업 부문은 2000년에 미국의 유명 출판업체 겸 전시회 주최자인 Miller Freeman의 일부를 인수^(당시 Miller Freeman 주식의 일부는 현재의 UBM, VNU에도 넘겨짐)

3 UFI Exhibition Newsletter, Issue 35, 2015

하면서 크게 확장된 바 있다.

Reed와 Elsevier 이후 2015년 2월 RELX Group으로 회사 명칭을 변경했다. 이와 함께 2015년 7월, 기업 구조 간소화(simplification)로 RELX Group은 런던 증권거래소에 올라 있는 Reed Elsevier NV(→ RELX PLC)와 암스테르담 증권거래소에 올라 있는 Reed Elsevier(→ RELX NV) 등 두 모(母)회사의 소유가 된다. 각각은 그룹 지분의 52.9%와 47.1%를 소유하고 있다. RELX Group은 과학, 기술 및 의료(Scietigic, Technical & Medical), 리스크 및 비즈니스 정보(Risk & Business Information), 법률(Legal), 전시(Exhibition) 등 전문 시장 영역에서 활약하고 있다.

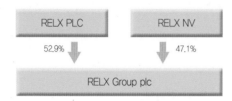

RELX Group plc 기업 구조

2014년 Reed Exhibitions는 세계의 선도적인 이벤트 기업으로, 30개국에서 약 500회의 전시회와 국제회의를 주최하고 있으며 동 행사의 참석자 수는 약 7백만 명에 달한다. 직원 수는 전 세계에 3,700명에 달한다. 본사는 영국 런던에 위치하고 있으며, 파리, 비엔나, 미국 코네티컷의 Norwalk, 아부다비, 베이징, 도쿄, 시드니, 상파울루에 주요 거점을 두고 있다. 이들의 전시와 컨퍼런스는 43개의 핵심 산업 분야를 다루고 있으며, 고객들의 비즈니스에 십 수억 달러의 이익을 창출해 낼 뿐만 아니라, 행사가 개최되는 곳의 지역경제 활성화에 기여한다.

현재 이 회사는 단기적으로는 2008년 이후 경제침체기에서 살아남을 수 있도록 전시회 개최비용을 줄이고, 장기적으로는 신흥시장에서 전략적인 파트너쉽과 인수합병을 통해 신규 전시회를 개최하고, 참가업체들의 ROI를 높일 수 있도록 웹사이트와 온라인 툴을 개발하는 것에 업무역량을 집중하고 있다.

Reed Exhibitions의 매출액 대부분은 전시회 주최(전시면적 판매)이며, 세계 시장점유율은 약 10% 이내로 알려져 있다. 주요 경쟁자는 역시 영국계 기업이면서 대형 미디어 그룹에 속한 UBM, Informa IIR, 그리고 독일의 Messe Frankfurt, Messe Düusseldorf 그리고 Messe Munich 등이다. 2014년의 매출액은 전년대비 3% 늘어난 890백만 파운드(11억 2,600만 유로)를 기록했으며, 세전 영업이익도 전년대비 3% 늘어난 217백만

파운드(2억 7,460만 유로)에 달했다.

동사의 전시 Portfolio는 크게 43가지로 나눌 수 있는데, 의약(미국 Interphex), 음식(스페인 Alimentaria), 건축(프랑스 Batimat), 디자인(프랑스 Maison & Objet), 출판(영국 런던 북페어), 관광(스페인 EIBTM), 부동산(프랑스 Mipim Asia), 음악/엔터테인먼트(프랑스 Midem, 독일 Showtech) 등 다양한 분야에서 최고의 전시회들을 보유하고 있다.

이 같은 브랜드 전시회를 보유하고 있는 Reed Exhibitions의 강점은 첫번째, 역시 출판사의 자회사로서 '컨텐츠'를 보유하고 있으며, 이와 관련된 두터운 고객층을 보유하고 있다는 점이다. 아무런 지식기반도 없이 전시회를 개최한다는 것은 어려운 일로, RELX Group 그룹 소속 36,000명의 직원들이 생산하는 정보와 이를 구독하는 고객들(약 3천만 명)은 Reed Exhibitions의 가장 큰 자산이다. 실제로 2005년에 Reed사가 뉴욕에서 런칭한 Oncology World Congress의 경우도 Elsevier Health Science사의 도움으로 개최된 것이다.

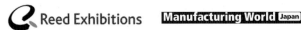

Reed Exhibitions의 각국 법인은 자체적인 시장조사 기능도 강력해, Spa전시회가 미국에서 처음 출범할 때도 미국 Reed Exhibitions 법인은 자체 시장조사팀의 의견을 반영해 뉴욕, LA, 마이애미 등 개최지역을 수시로 변경하는데 있어 시간적으로 매우 신속한 의사결정을 내릴 수 있었다고 한다. 또한 이 회사의 직원들은 자신이 속한 산업 포트폴리오(Portfolio)에 대한 전문가가 되기 위해 끊임없이 노력하고,

협회 · 조합 등 산업관계자들과도 매우 가까운 관계를 맺고 있는 것으로 알려져 있다.

이와 같은 Reed의 강점은 해외진출에 적극적인 독일의 전시기업들도 부러워하고 있다. 독일의 대형 전시주최자인 Messe Frankfurt의 前 CEO인 Mr. Zitzewitz는 지난 2007년에 UFI 주최 교육세미나에서, "독일 특유의 소위 'Messe(메쎄)'기업들(전시장을 보유하면서 전시회까지 직접 주최)이 출판사와 인터넷 기업을 소유할 수 있다면 가장 이상적일 것'이라면서 풍부한 컨텐츠와 이를 전달하는 전시회의 보조수단인 인터넷 플랫폼이 얼마나 중요한지에 대해 강조한 바 있다.

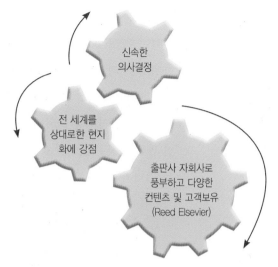

Reed Exhibition의 강점

두번째, Reed Exhibitions는 인수합병 및 조인트벤처 등을 통한 현지화에 강점을 보유하고 있다. UFI가 최근 발간한 세계 전시업체 디렉토리인 Who's Who 2015 책자를 살펴보면 웬만한 국가에서는 모두 Reed의 단독 또는 합작법인들을 쉽게 찾아볼 수 있다.

특히, Reed의 신흥시장 진출은 매우 공격적으로, 중국시장은 이미 80년대 초반부터 공략하기 시작했으며 이후 30년 간 빠른 성장을 통해 오늘날 중국 본토에 조인트 벤처기업인 Reed Exhibitions China, Reed Sinopharm(의약, 건강), Reed Huabo/Huaqun(선물용품), Reed Exhibitions(shanghai), Reed Guanghe(골프), Reed Huabai(가정용품), Reed Hongda(자동차), Reed Exhibitions Kuozhan(프린팅 기술) 등 9개의 회사를 보유하고 있다. 또한 비즈니스 하기가 까다로운 러시아 시장에도 Aquatherm(수영장, 스파, 물, 위생 등), Intercharm(미용), Infosecurity(정보보안) 등 해당국내 최대 전시회를 보유하고 있다.

또한 Reed Exhibitions는 지난 4월 13일에 싱가폴의 Singapore Toy, Games & Comic Convention (STGCC)을 인수했는데, Reed의 Pop Culture 그룹 부사장인 Lance Fensterman에 따르면, "기존에 Reed Exhibitions가 보유한 Pop Culture 산업 포트폴리오(New York Comic Con 전시회, Chicago Comic and Entertainment Expo)를 확실히 자리매김하고, 기존 전시회에 참가하는 자사고객들에게 새로운 시장을 열어주겠다"는 것이 인수의 명분으로, Reed Exhibitions은 자사가 보유하고 있는 포트폴리오를 신흥

시장으로 확장하는데 매우 적극적이다.

세번째, Reed Exhibitions는 대기업임에도 불구하고 직원들에 대한 업무권한위임이 과감하며, 의사결정과정이 상당히 빠른 것으로 알려져 있다. Reed Exhibitions에 따르면 이 회사가 보유하고 있는 500여회의 전시회는 사실상 500개의 중소기업처럼 관리되며, 각 전시회의 젊은 프로젝트 매니저들도 인사, 기획, 예산 관련 의사결정 권한이 커서, 회사차원에서 일단 업무수행에 대한 지식이 프로젝트 매니저들에게 모두 전수되었다 싶으면 새로운 전시회의 출범이나 인수합병을 자유롭게 할 수 있도록 허용하고 있다.

실제로 세계의 여러 전시주최자들은 Reed사가 규모와 관계없이 너무 많은 이벤트의 인수합병에 관련하고 있는 것 아니냐며 불만을 나타낼 정도로 Reed Exhibitions의 업무형태는 매우 공격적으로, 많은 중소 전시주최업자들이 Reed측에 자신들의 전시회를 판매코자 접근하는 경우도 허다하다고 한다. Canada에서 개최해온 Bookexpo를 신속히 폐지하거나, Reed Business가 발간해온 미국 최대의 전시산업관련 전문잡지인 Tradeshowweek도 한 순간에 폐지할 정도로 시장에 진출하고 빠져 나오는 움직임이 빠른 것도 Reed사의 특징이다.

이처럼 Reed Exhibitions는 120년에 걸쳐 모기업인 미디어 그룹이 쌓아온 다양하고 전문적인 컨텐츠, 전 세계 30개국에서 행사를 직접 개최하거나 사고 팔면서 구축한 글로벌 네트워크와 경험, 그리고 대기업임에도 불구하고 공격적이고 신속한 비즈니스 마인드가 경쟁력의 핵심이라고 볼 수 있다.

2. 독일 Messe Frankfurt

독일 Messe Frankfurt 전시장

메쎄프랑크푸르트(이하 MF)는 세계적으로 잘 알려진 전시장 보유자 겸 전시주최자로, 한국에도 법인이 진출해 있어 상대적으로 친숙하다. 독일의 대표적인 전시회로 하노버에서 개최되는 하노버 산업박람회(Hannover Messe)나 정보통신박람회(Cebit)가 흔히 언급되지만, 사실 여러가지 알짜 전시회를 보유한 Messe Frankfurt가 독일에서는 Messe Duesseldorf와 함께 가장 많은 수익을 올리고 있는 전시기업이다.

이 회사의 직원 수는 2,244명에 달한다. 2014년 총 133개의 전시를 개최했으며, 그 중 절반 이상이 독일 이외 지역에서 개최됐다. 이들은 독일에서의 안정적인 기반, 군건한 세계적 입지, 전시 포트폴리오의 전략적 발전 그리고 프랑크푸르트 전시 센터 등으로 인해 2014년 역대 매출액 5억 5,400만 유로^(한화 약 7,558억 원)를 달성했다. 2015년엔 6억 4천 8백만 유로^(한화 약 8,131억 원)의 매출액을 넘긴 첫 독일 전시회사로 자리매김했다.

프랑크푸르트는 원래 12세기부터 파리와 라이프치히, 러시아를 잇는 유럽 교통의 요충지로서, 상업의 중심지 역할을 해왔다. 근대 들어 1919년 10월 1일 개최된 프랑크푸르트 국제전시회^(Frankfurt International Trade Fair)와 함께 '패션동^(Fashion Building)', '기술동', '신발과 가죽동' 전시관이 건립되면서 점차 창고, 기차역 등의 인프라도 갖추어지기 시작했다. 비록 2차 대전때 대부분의 건물이 파괴되었지만, 1948년 프랑크푸르트 국제전시회가 1,771개사의 참가규모로 다시 재개되었고, 종합박람회였던 동 박람회가 1950년대부터는 모터쇼, 북페어, 위생, 패션, 위생, 인테리어, 음악, 소비재로 분화되면서 지금의 모습을 갖추게 되었다.

전시장 보유 없이 단순 임대를 통하여 전시회를 주최하는 영미계 주최자들과는 달리 독일에서는 전시장들이 직접 전시회를 주최하는 것이 보통인데, MF의 지주회사인 Messe Frankfurt GmbH는 프랑크푸르트 시^(市)가 60%, 헤센^(Hessen)주^(州)가 40%의 지분을 보유하고 있으며, Messe Frankfurt GmbH가 Messe Frankfurt Exhibition^(전시회 주최사업)과 Messe Frankfurt Venue^(전시장 운영 및 임대)를 보유하고 있는 구조이다. 특히 Messe Frankfurt Venue는 케이터링 서비스, 참가업체들을 위한 교육 서비스, 이벤트 개최서비스, 장치/디자인/가구렌탈 서비스, 비즈니스 매칭 서비스, 출판 및 홍보서비스를 대행하는 회사들을 보유하고 있어, 대부분의 서비스를 아웃소싱하고 있는 한국전시장과는 대조적이다. 현재의 그룹구조는 지난 2004년에 실시된 리스트럭처링을 통하여 모양을 갖춘 것으로 알려져 있다.

하드웨어측면에서 본다면, 가장 기본적인 MF의 강점은 유럽의 중앙에 위치한다는 지정학적 위치와 뛰어난 인프라이다. 기록에 따르면 프랑크푸르트는 중세부터 이미 10개의 상입용 도로가 교차되었으며 마인강이 흘러 교통의 요지로 역할을 해왔고, 현재도 공항에서 전시장까지 21분, 중앙역에서 4분만에 접근에 가능한 뛰어

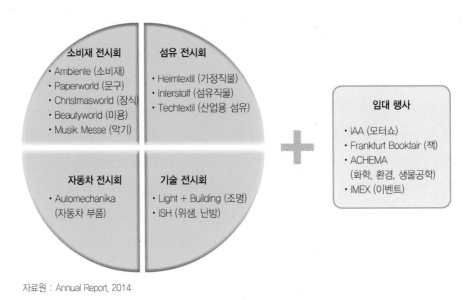

자료원 : Annual Report, 2014

Messe Frankfurt의 전시회 주요 품목군

난 접근성을 보유하고 있다. 그러나 도심에 위치하여 확장성이 떨어지고, 2009년에 완공된 최신식 11번 홀(23,000 s/m)과 2001년에 완공된 3번 홀(38,000 s/m)을 제외하고는 대체적으로 시설이 낡고 복층으로 구성된 전시동이 많다는 단점도 있다.

MF의 전시 포트폴리오는 소비재, 섬유, 자동차, 기술 등 4대 주최전시회 품목군에 장소만 제공하는 단순임대전시회까지 포함된 4+1 구조로 되어 있다. 각 품목군별 전시회 리스트로, 순 판매면적(Net) 기준 50,000 m² 이상되는 MF의 9대 Cash Cow 전시회는 Ambiente, Automechanika, ISH, Techtextile, Prolight+Sound, Heimtextil, Light + Building, Musikmesse, Paperworld 로 구성되어 있다.

소프트웨어적인 시각에서 본다면 MF의 강점은 다음과 같다.

첫번째, 전문화와 집중화 전략이다. MF의 주요 품목군은 소비재, 섬유, 자동차 및 물류 기술전시회등 4가지 품목군으로 단순하게 나누어져 있다. 독일내 다른 전시장에서 강점을 보이고 있는 대형기계, 식품, IT 등의 분야에 문어발식으로 달려들지 않고, 과거 프랑크푸르트에서 개최되었던 춘계 및 추계 무역전시회에서 분화된 전시회들을 좀 더 세분화하여 전문성을 강화하는 것이다. 예를 들어, 과거 프랑크푸르트 춘계 전시회로부터 1958년에 Interstoff(섬유직물)이 분리되었고, 1971년에는 Heimtextil(가정직물)이, 1986년부터는 Techtextil(산업용 섬유)가 따로 분화하여 독일 뿐 아니라 세계에서 유명한 브랜드 전시회가 되었고, 세계전문가들이 '섬유전시회' 하면 프랑크푸르트를 떠올리게 되었다.

　두번째, 독일내 주최 전시회에 해외참가업체 및 해외참관객 확대 전략이다.

　현재 MF가 프랑크푸르트내 주최하는 전시회에 있어 무려 참가업체의 71.1%, 그리고 참관객의 47.2%가 외국인이다. 주변국인 프랑스나 기타 유럽국에 비해 MF의 해외마케팅 전략은 매우 적극적인 편이다.

　세번째, 자사의 브랜드 전시회를 해외로 확대하는 국제화 전략이다.

　동사의 국제화 시도는 직물 전시회인 Interstoff를 1987년 홍콩에서 개최하면서 시작되었다. 처음에는 동사의 브랜드 전시회 컨셉이 해외에서 카피되는 것이 아니냐는 우려도 있었지만, 현재 오리지날 독일 프랑크푸르트의 Interstoff는 경쟁력을 잃어 사라졌고, 오히려 홍콩에서 꾸준히 명맥을 잇고 있다가 섬유시장이 중국으로 집중됨에 따라 시장의 흐름에 따라 전략이 변경된 사례이다. 현재 MF는 이외에도 Heimtextil India, Texworld USA 등 86회(2015년 기준)의 전시회를 해외에서 개최하여 그룹 전체매출의 약 38%에 해당하는 247백만 유로의 매출을 기록했으며, 해외파트에서만 참관적 1,730천명을 유치했다.

지역 \ 년도	'97	'98	'99	'00	'01	'02	'03	'04	'05	'06	'07	'08	'09	'10	'11	'12	'13	'14	'15
Frankfurt	Since 1960																		
H.K	Since 1987																		
France																			
USA																			
Russia																			
India																			
Intanbul																			

자료원 : Messe Frankfurt 자료종합

Messe Frankfurt Interstoff/Texworld의 해외개최 사례

　2015년 30개 법인과 55개의 세일스 파트너를 보유하고 있는 Messe Frankfurt는 상기와 같은 과정을 거치면서 해외협력에 있어 다양한 경험을 쌓게 되었는데, 초기에는 어려움도 많았던 것으로 알려지고 있다. 예를 들어 프랑크푸르트의 브랜드 전시회인 ISH^(욕실/화장실 및 냉난방 박람회)를 중국에서 초기에 개최했을때는 욕실/화장실과 냉난방 시장이 하나로 묶여 있던 독일과는 달리 중국에서는 완전히 다른 사업으로 인식되고 있어서 전시회 컨셉을 정착시키는데 많은 시간이 걸렸기도 하였다.

상기와 같은 단계를 거쳐, 2015년 기준 Messe Frankfurt의 개최전시회 132회 중 해외에서 개최된 전시회는 86건, 독일 내 개최 수는 47건에 달하고, 국제화 수준에서 프랑크푸르트 지역의 Messe Frankfurt 이벤트에 참가하는 해외 업체 및 참관객 수는 전체 대비 각각 71.1%, 47.2%를 기록했다.

현재까지의 평가로 Messe Frankfurt의 국제화 전략은 성공적으로 받아 들여지고 있는데, 예를들어 상해에서 개최하고 있는 Musik Messe와 Intertextile은 상해 무역국과 상해 전시컨벤션조합이 공동으로 수여하는 'Shanghai Top International Brand Fair'로 선정되는 등 현지에 무난하게 뿌리내렸다는 평가를 받고 있다. 성숙기에 접어들어 추가적인 사업성장을 기대하기 어려운 독일을 벗어나 해외에서 공격적으로 사업을 수행하는 MF의 사업모델은 쾰른, 뒤셀도르프, 하노버 등 독일 여타 전시장 겸 전시주최자들의 사업에도 큰 영향을 미쳤다.

결론적으로, Messe Frankfurt의 강점은 지정학적 위치, 뛰어난 인프라, 과거 프랑크푸르트 춘추계 박람회의 전통, 이를 효과적으로 분화시키고 전문화시켜서 국제적인 브랜드전시회로 육성한 후 해외에 성공적으로 접목시킨 전략적인 사업추진에 기인한다고 볼 수 있다.

Messe Frankfurt의 국제화전략 사례

a. 해외에서 단독으로 자체 브랜드 전시회 개최
- Beautyworld Japan 등
b. 파트너와 자체 브랜드 전시회 공동개최(전시회 공동소유)
- Automechanika Istanbul의 경우, 독일의 Hannover Messe와 공동개최 중
c. MF가 라이선스를 받아서 전시회 수행
- Asiamold의 경우 독일 DEMAT사의 의뢰를 받아 중국 광조우에서 수행
d. 해외파트너에게 단순히 라이선스만 제공(2008년도 기준)
- Automechanika South Afriaca의 경우 Dogan Trading이라는 현지파트너에게 단순히 전시회 이름만 빌려주고, 업무수행은 현지 파트너가 수행(2008년도 기준)
e. 현재 c 사례는 단독 개최로 변경, d 사례는 자사화된 후, 단독 개최로 변경

04 전시산업 국제화 평가와 과제

1. 전시산업 국제화 평가

전시회의 대형화, 전문화, 브랜드화를 통하여 전시산업 발전을 위하여는 산업의 국제화 촉진은 불가피하다. 일부 세계적 유명전시업체를 중심으로 단독, 합작투자를 통한 국내시장 진출이 이루어지고 있으며, SEMICON 등 해외 유명 전시회의 경우 프랜차이즈 형식을 통하여 국내시장에 진출해 있다. 또한 국내 전시회나 전시장 운영자를 중심으로 하여 경영서비스 계약이나 MOU 형태를 통하여 국제화를 촉진하는 과정에 있다. 향후 국내전시장 공급면적이 지속적으로 확대될 예정으로 있는데다, 국내 전시장 운영자나 주최자 입장에서 해외 유명 전시회의 국내유치를 적극 추진하고 있으므로 앞으로도 국내전시산업의 국제화는 본격화될 것으로 예상된다.

한편 국내전시산업의 경우 전시회주최자가 아직 역량 및 네트웍 등 경쟁우위요소는 미흡하지만 국내시장의 한계, 중국을 비롯한 아시아 전시산업시장의 급부상에 맞춰 시장지향적 해외진출이 이루어지고 있다. 이 경우에 중국, 아시아권 국가 등 현지 전시사업체와의 합작, 제휴 방식에 의한 진출이 일반화될 전망이다. 앞으로 국내외 전시산업 경쟁은 더욱 격화되고, 국내전시장 면적은 확대될 예정으로 있어 국내 전시장운영자나 주최자 입장에서 해외 유명 전시회의 국내유치를 적극 추진할 수밖에 없을 것이다. 또 해외시장 지향의 한국기업 수요를 고려한다면 국내 전시회의 해외진출에 대한 잠재 수요가 클 것이므로 향후 국내 전시산업의 국제화에 대한 가능성은 보다 커질 것이다.

2. 향후 과제

국내전시산업의 국제화는 아직 국제화 초기단계인 해외 바이어 및 참관객 유치에 초점이 맞춰져 있다. 그러나 해외전시업체의 국내진출이 본격화되면서 전시산업의 국제화에 대한 인식노 바뀌는 모습을 보이고 있다. 즉, 전시주최자를 중심으로 해당 산업의 국내기반 및 전시회 운영역량, 경험 등을 바탕으로 하여 과감한 시

장 추구형의 해외진출을 시도하는 국제화가 진행될 수도 있다. 국내전시업체는 국내시장 규모의 한계와 함께, 중국 등 아시아 시장의 부상에 맞춰 현지시장 지향형 국제화가 급속하게 진행될 것이며, 이 경우 중국 등 진출국 현지업체와의 합작이나 제휴 방식에 의한 진출형태가 나타날 것으로 전망된다.

무역진흥을 통한 경제성장이 불가피한 우리나라로서는 전시회를 통한 다양한 서비스를 개발하여 고객에게 제공함으로써 마케팅 능력을 제고시키는 특유의 차별적 경쟁우위를 개발하여야 할 것이다. 다양한 IT기술과의 결합 등으로 전시회를 국내기업의 통합커뮤니케이션(IMC) 수단으로 접근할 수 있도록 하여 국내전시회에 대한 인식 제고가 이루어지도록 해야 할 것이다. 전시주최자는 전시회의 개념을 단순한 마켓플레이스(marketplace)에서 확장하여 전문국제회의나 이벤트 등 참가자를 비롯한 고객의 수요를 충족시키는 사업 확장이 이루어지고, 참가업체의 신제품, 디자인 개발 및 전시회 참가의욕을 고취시키는 등 차별적인 서비스 개발에 힘써야 하겠다.

연습문제 exercises

1. 한 국가에서 전시산업이 발전하기 위해 갖추어져야할 요소로 알맞지 않은 것은 무엇인가?

① 시장의 크기　　　　　　② 시민 의식 수준
③ 경제 성장률　　　　　　④ 산업의 발달수준

2. 다음이 설명하는 전시업체의 해외진출 형태는 무엇인가?

> 해외에 단독진출 시 발생할 수 있는 영업상의 위험을 줄이고 현지사정에 밝은 로컬기업을 활용할 목적으로 기술과 자본을 제휴하는 경우를 말한다.

3. 전시업체가 '프랜차이즈'의 형태로 해외 진출할 경우, 발생할 수 있는 상황에 대해서 알맞게 설명한 것은 무엇인가?

① 진출 시 발생할 수 있는 영업상의 위험을 줄일 수 있지만, 다른 진출 방식보다 해외 시장 진입에 있어 어려움이 많다.
② 해외현지업체 와 기술과 자본을 제휴하는 경우라고 할 수 있다.
③ 타 국 및 도시에서 개최한 신규 전시회가 실패할 경우 기존의 전시회 브랜드에 큰 손상을 미칠 수 있는 위험이 있다.
④ 물적 자산에 대한 소유권과 전시회 경영통·제권을 행사할 수 있다.

4. 영국의 Reed Exhibitions은 세계 전시주최자들 중 부동의 1위를 기록하고 있다. 이 회사의 매출액의 대부분은 (　　　　　　　) 에서 비롯된다고 한다.

5. 영국의 Reed Exhibitions이 다양한 분야에서 최고의 전시회들을 보유할 수 있었던 배경에는 여러 강점이 있었다. 알맞지 않은 것은 무엇인가?

① 인수합병 및 조인트벤처 등을 통한 현지화에 강하다.
② 전 세계에 대형 산업전시장을 다수 보유하고 있다.
③ 대기업임에도 불구하고 중간관리자들의 의사결정권한이 커 업무과정이 상당히 빠르다.
④ 다양한 컨텐츠와 이를 구독하는 두터운 고객층을 보유하고 있다.

연습문제 exercises

6. 다음 중, Messe Frankfurt의 Cash Cow 전시품목이 아닌 것은?

① 소비재　　　　　　　　　② 자동차
③ 섬유　　　　　　　　　　④ 식품

7. Messe Frankfurt의 국제화 전략 사례로 알맞게 짝지어지지 않은 것은?

① 파트너와 자체 브랜드 전시회 공동개최 - Automechanika Istanbul은 독일의 Hannover Messe와 공동개최
② 해외에서 단독으로 자체 브랜드 전시회 개최 - Beautyworld Japan
③ 합작 투자로 전시회 개최 - 중국 광저우에서 독일 DEMAT사로부터 의뢰받아 Asiamold 수행
④ 해외파트너에게 라이선스 제공 - Automechanika South Africa의 경우 Dogan Trading 이라는 현지파트너에게 전시회 이름을 빌려주고, 업무 수행은 현지 파트너가 수행

8. 다음 중, Messe Frankfurt의 강점으로 옳지 않은 것은?

① 유럽의 중앙에 위치한다는 지정학적 위치와 뛰어난 인프라
② 정부 전시회의 대행으로 대부분의 수익을 창출
③ 독일 내 주최 전시회의 뛰어난 해외마케팅 전략
④ 자사 브랜드 전시회의 적극적인 국제화 전략

정답　**1.** ②　**2.** 합작투자(Joint Venture)　**3.** ③　**4.** 전시회 주최　**5.** ②　**6.** ④　**7.** ③　**8.** ②

전시장의 이해

정의 및 목표

전시장은 전시회가 개최되는 장소로서 사회간접자본으로 간주되고 있다. 이에 대한 기능과 역할을 이해하고, 그 특성을 이해하게 된다. 국내에서 전시장이 건립되어 운영되고 있는 현황과 발전과정을 살펴본다. 또한 세계적으로 전시장이 얼마나 건립되어 운영되고 있는 알아본다. 또한 전시장이 갖추어야할 특성과 최근의 변화를 알아본다.

학습내용 및 체계

주요 항목	세부 내용	비고
1. 전시장 이해	• 전시장 개념 • 전시장 기능과 특성	
2. 국내전시장 현황	• 국내 전시장 현황 • 국내 전시장 발전 과정	
3. 해외전시장 현황	• 해외 전시장 현황 • 동아시아 전시장 변화 내용	
4. 전시장 구비요건	• 미래지향성, 가변성, 안정성, 접근성 • 친환경성, 신기술	
5. 전시장 선정시 고려요소	• 전시회 규모, 성격	

학습 포인트

● 전시장에 대한 개념과 기능에 대한 이해
● 국내외 전시장 현황과 건립내용을 숙지
● 최근 전시장의 변화내용을 이해

핵심 용어

전시장, 전시장 기능, 전시장 현황, 중공재, 비경합성

전시장의 이해

1. 전시장 개념

전시장은 전시회가 개최되는 장소(venue)로서 전시회 뿐만 아니라 회의와 이벤트 등 다양한 행사들이 개최되고 있기 때문에 일반적으로 전시컨벤션센터(exhibition & convention center)라 하고 있다.

전시컨벤션센터는 한 건물에서 전시회 및 회의를 개최할 수 있도록 설계된 공공장소로 연회, 식음료 및 다양한 서비스를 제공하는 시설을 갖춘 곳으로 정의되고 있다(Rutherford, 1990). 실제로 각 전시컨벤션센터에서는 전시회, 국제회의, 이벤트 및 문화예술행사를 유치하여 개최하고 있으며, 이로 인해 해당 지역경제를 활성화시킬 뿐만 아니라 국내외 산업과 문화교류의 장으로서 역할을 하고 있다.

2. 전시장 역할과 기능

전시컨벤션센터의 건립과 운영은 지역경제 활성화는 물론 사회적, 문화적 측면에서도 지역에 미치는 효과가 매우 크다. 먼저 센터의 건설로 인해 건설투자의 증대, 고용증대, 사회자본의 증대효과가 있다. 건립 후 운영단계에서는 전시회 개최, 국제회의 운영, 이벤트 개최, 전시장치, 인쇄, 광고 등 센터에서 행사개최를 위해 필요한 부분에 대한 지출 뿐만 아니라, 숙박, 관광, 쇼핑, 위락, 식음료 등에 대한 전시컨벤션 참가자와 운영주체의 소비지출로 인한 효과가 있다.

따라서, 전시컨벤션센터의 역할은 다음과 같이 정리할 수 있다.

첫째, 컨벤션센터는 전시회, 국제회의 등 다양한 국제적 이벤트를 개최하기 위한 장소를 제공한다. 센터가 갖고 있는 전시장 및 회의장은 다양한 규모와 성격의 국내외 행사를 수용하는 시설로써 국제적인 교류 및 만남의 장으로 활용되고 있다.

둘째, 지역적으로 지역 시민을 위한 문화 활동의 중심역할을 수행한다. 전시컨벤션센터에서 개최되는 각종 학술, 문화행사는 지역민의 문화수준을 증대시

킬 수 있는 좋은 기회로 작용할 수 있다. 또한 각종 행사의 개최는 지역민의 여가시간을 풍요롭게 보낼 수 있는 시간적, 공간적 장소를 제공하고 있다.

셋째, 지역 및 도시의 이미지를 높이는 매체로서의 역할을 수행한다. 컨벤션센터 시설의 특성, 개최되는 행사의 내용과 수준, 행사의 운영관리, 시설 및 서비스의 질 등 그 자체가 지역과 국가의 경제적, 문화적 위상을 대변할 수 있는 역할을 한다.

전시컨벤션센터의 기대효과는 지역경제 발전, 활성화에 가장 큰 의의가 있는데, 전시컨벤션을 통한 지역경제 발전의 효과는 지역경제의 성장과 질적, 구조적 변화과정을 의미한다. 전시컨벤션센터의 경제적 효과는 전시컨벤션센터 및 관련시설의 건설이라는 1차적 효과와 전시컨벤션의 개최 및 운영에 따른 2차적 효과로 구분된다. 1차적 효과는 일시적인 반면, 운영에 따른 2차 파급효과는 지속적으로 나타나므로 전시컨벤션센터의 운영효과가 더욱 중요하다고 할 수 있다.

전시컨벤션센터의 기능은 다음과 같다.

첫째, 지역경제발전이다. 전시컨벤션센터의 경제적 효과는 1차적으로 센터 건설에 따른 투자증대, 생산 및 고용증대 효과, 소득증대 효과가 있다. 2차적으로는 전시컨벤션 주최자의 준비 및 운영에 따른 소비와 참가자들의 소비지출 증대, 전시·회의·숙박·유흥·음식·관광 등 관련 산업에서 고용 및 소득증대와 고용안정, 재정수입 증대를 통한 지역의 소득증대로 나타난다(KPMG LLP, 2004).

둘째, 산업구조 개선이다. 전시회는 일련의 산업구조 변화, 즉 제조업 위주의 경제구조에서 소규모 지식산업으로의 변화를 주도하는 수단으로 각광받고 있다. 이처럼 산업구조의 변화로 인하여 각종 노하우(Know-how)가 축적되고 나아가 이를 통해 새로운 노하우가 창출되기도 한다. 특히 개도국이 선진국 대열에 진입하기 위해 그들의 노하우를 직접적으로 수용하는 계기가 되어, 산업발전에 필수적인 역할을 한다(한국관광공사, 1990). 이와 함께 국제회의기획업(PCO), 전시회기획업(PEO), 호텔, 항공, 여행사 등 서비스 상품이 주된 구성요소인 3차 산업중심의 산업구조로 진이시키는 역할을 담당하기도 한다.

셋째, 지역의 세계화 및 국제적 위상 확립에 기여할 수 있다(김주훈·차중문, 2007). 전시컨벤션산업의 육성과 함께 지역의 국제화가 진전되어 지역의 이미지 향상을 비롯하여 인력, 재화, 금융, 지식, 기술, 정보 등의 집중으로 선진 국제 정보 교류의 중추 기능을 확보하게 된다. 그리고 새로운 시장과 비즈니스 기회를 창출하게 되어 국내외 기업의 지역 비즈니스 참여기회가 확대되고, 지역의 국제화는 산업의 국제화를 촉진시켜 지역발전의 새로운 기회를 제공하게 된다. 즉, 지역산업의 국제화와 정보화로 경제를 활성화시키고, 지역내 선진 서비스산업의 육성을 통해 지역 산업구조의 고도화와 지역간 균형발전을 추진하게 된다.

넷째, 관광객 유치로 인한 이익 창출이다. 전시컨벤션 유치 및 개최는 참가자 뿐만아니라 동반자 등의 다목적 관광으로 개최지의 관광관련 산업의 수요창출과 고수익의 원천이 되므로 관광산업의 기반 확충과 밀접한 연관을 갖는다. 따라서 관광관련업체의 집적 및 활성화, 관광 수요환경의 개선 및 확충을 통해 개최지의 관광산업을 활성화에 기여하게 된다. 전시컨벤션 참가자가 일반 관광객보다 체재일수가 길고 소비수준이 약 2배 정도 높다(한국관광공사, 2004). 그러므로 지역경제 활성화를 위해서는 전시컨벤션 참가자를 유치하는 것이 일반 관광객 유치의 경우보다 훨씬 유리하다고 하겠다.

전시컨벤션센터의 주 수요를 이루는 전시컨벤션산업은 시설 의존성을 가지는 산업이다(이동기, 1997). 소규모 회의나 이벤트의 경우는 호텔 등의 시설을 이용할 수 있으나, 일정규모 이상의 참가자가 참가하는 중대형 전시회나 회의는 넓은 실내 공간, 하역장, 창고 그리고 주차공간, 무대 시설, 조명, 음향이 갖추어진 전시컨벤션센터라는 시설 없이는 개최가 불가능하다. 결국 전시컨벤션센터는 전시참가업체와 참관객 뿐만 아니라 회의참가자, 관람객 등 다양한 외부인사를 유치함으로써 개최지의 소비를 활성화시키는 역할을 담당하는 특가품으로 인식되고 있다(이태규·김봉석, 2010).

이와 같이 전시컨벤션센터 역할과 기능이 특정 개인이나 집단에 귀속되는 것이 아니라 좁게는 해당 지역, 넓게는 국가 전체적으로 파급효과가 미치고 있어 전시컨벤션센터는 공공재로서 특성을 크게 지니고 있다 하겠다.

3. 전시장의 특징

전시컨벤션센터의 특성을 설립형태, 설립목적, 서비스 공급의 성격에 따라 구분해 보면 다음과 같은 특성이 있다.

첫째, 전시컨벤션센터의 성격을 설립형태에 따라 살펴보면 설립방식은 중앙정부, 지방자치단체, 민간의 참여를 통한 제3섹터 방식의 상법상 주식회사형태 또는 중앙정부와 지방정부가 참여한 지방공기업 형태를 띠고 있다. 실제 운영과정에도 지방자치단체와 긴밀한 협력체계를 구축하고 있으며 지역경제 활성화를 위한 공익적 기능을 수행하고 있다. 이러한 점을 볼 때 전시컨벤션센터는 공공과 민간이 혼합된 형태의 성격을 갖는다고 볼 수 있다.

둘째, 전시컨벤션센터가 제공하는 재화와 서비스의 측면에서 보면 전시컨벤션센터는 준공공재에 속한다고 볼 수 있다. 일반적으로 정부가 공급하는 재화나 용역을 공공재(public goods)라 한다. 공공재는 어떠한 재화나 용역에 대해 개별적인 가격을 지불하지 않고도 향유할 수 있으며 어떤 주체가 그러한 재화나 용역을 소비하더라도 다른 주체가 소비할 수 있는 양이 줄어들지 않는다. 또한 공공재는 시장가격이 존재하지 않고 시장에서 공급되는 것이 비효율적이기 때문에 정부가 조달할 수 밖에 없다는 특징이 있다(전상경, 2002).

공공재는 소비에서 비경합성(nonrivality in consumption)과 비배제성(nonexcludability)을 지닌 재화나 서비스인 반면에 사적재는 시장을 통해서 공급되며 경합성과 배제성을 지닌다. 비경합성이란 어느 재화에 대한 어느 한사람의 소비가 다른 사람에게 영향을 주지 않는다는 것으로 여러 사람이 동시에 소비할 수 있는 재화의 성격을 말하는 것이고, 비배제성이란 대가를 지불하지 않은 사람을 소비로부터 배제할 수 없는 성격을 말한다.

공공재의 특징인 비경합성과 비배제성을 기준으로 재화를 분류하면 〈표 5-1〉과

---

1 제3섹터(the third sector) 방식은 민간부문이 기진 우수한 정보와 기술, 풍부한 자본을 공공부문에 도입해 공동출자 형식으로 행하는 지역개발사업을 말한다. 제3섹터란 용어는 공공부문인 제1섹터와 민간부문인 제2섹터의 장점을 서로 혼합한 새로운 형태라고 해서 붙여졌다.

같다. 표에서 준공공재는 배제성과 경합성의 속성 중에서 하나의 속성만을 갖는 재화와 서비스를 말한다.

대부분의 전시컨벤션센터는 중앙정부 지원, 지방자치단체 출자, 일부 민간이 참여한 상법상 주식회사 또는 지방공기업 형태로 운영되고 있으며, 전시컨벤션센터가 공공재로서 기능인 지역경제 활성화, 국내외 거래의 활성화 및 문화교류의 장으로 인식과 역할을 하고 있다. 따라서 전시컨벤션센터는 상업성을 추구하는 사적재의 특성보다 공공의 이익이 중시되면서도 수익성을 추구하는 준공공재로서의 사회간접자본(social overhead capital) 시설이라 할 수 있다.

표 5-1 전시컨벤션센터의 성격

구 분		내 용
설립형태	설립방식	주식회사, 지방공사
	출연재원	중앙정부, 지자체, 일부 민간자본
	법인성격	공익성, 수익성
목 적		거래 및 지역경제 활성화
재화 및 서비스 공급		배제성, 비경합성

자료 : 전시컨벤션센터의 경제적 가치평가(김태칠, 2014)

 국내 전시장 현황

1. 국내 전시장 현황

2016년 현재 국내는 수도권에는 5개 전시장, 지방에는 9개 전시장, 전체로는 14개의 전시장이 〈표 5-2〉에서와 같이 건립되어 운영 중에 있다. 국내 전시장의 실내전시장(indoor exhibition space) 총 면적은 274,568m²이며, 회의시설(convention space) 총 면적은 74,481m²이다.

표 5-2 국내 전시장 현황

구분	전시장 (건립년도)	전시시설 총 면적 (단위:㎡)	전시시설 홀수	회의시설 총 면적 (단위:㎡)	회의시설 회의실 수	주차시설 (단위:대)
수도권	aT Center (2002년)	7,422	2	1,107	7	524
	COEX (1988년)	36,007	4	11,255	54	2,730
	KINTEX (2005년, 2011년 확장)	108,483	10	13,303	37	4,262
	SETEC (1999년)	7,948	3	1,093	5	600
	Songdo Convensia (2008년)	8,416	2	4,020	24	600
지방	BEXCO (2001년,2012년 확장)	46,380	5	8,351	49	3,091
	CECO (2005년)	7,827	2	2,784	12	725
	DCC DCC(2008년)	2,520	4	4,064	20	400
	DCC KOTREX(1995년)	4,200	1	-	-	500
	EXCO (2001년, 2011년 확장)	22,159	5	7,346	35	1,450
	GSCO (2014)	3,000	2	1,622	13	785
	GUMICO (2010년)	3,402	2	953	7	280
	HICO (2015년)	2,273		5,137	14	520
	ICC JEJU (2003년)	2,504	3	9,133	29	359
	KDJ Center (2005년, 2013년 확장)	12,027	4	4,313	29	1,487
합 계	14개	274,568		74,481		

자료 : 국내 전시장 홈페이지 조사

2. 국내 전시장건립 발전과정

우리나라에서 최초의 전문전시장은 1979년에 건립된 한국종합전시장(舊 KOEX)이 건립된 것이 시초였다. 이후 지방과 수도권에 소규모의 전시장이 건립되었는데, 부산무역전시관(1994년), 대전무역전시관(1995년), 서울에는 임시건물로 여의도에 중소기업전시관(1996년), 서울무역전시관(1999) 등이 건립되었다.

국내에서 국제수준의 전시컨벤션센터 건립이 시작된 것은 COEX(1988)에서부터 시작되었다. 우리나라 경제성장과 더불어 경제규모가 확대됨에 따라 전시장에 대한 필요성이 강하게 대두었으며, 이에 따라 지방과 수도권에 전시장 건립이 이루어지게 되었다. 지방에서는 2001년 4월에 대구 EXCO가 건립되었고, 한 달 뒤인 2001년 5월 부산 BEXCO가 개장하였다. 따라서 국내 전시장은 지금까지의 서울 중심에서 지방전시장 시대를 열게 된 것이다. 2003년 3월에는 제주 ICC가 완공되었으며, 2005년에는 광주의 KDJ Center와 경남 창원의 CECO가 각각 개장하였다. 수도권에서는 우리나라를 대표하는 전시장 시설로 2005년 KINTEX가 개장하였고, 2008년에 인천의 송도 컨벤시아가 개장하였다.

표 5-3 2015년 현재 국내 지역별 전시장 신·증축 추진현황

구분	전시장 명	건립년도	연면적(추정)	비고
서울 수도권	인천 송도컨벤시아	2017년	8,416m²	증축
	서울역전시장	-	50,000m²	신규건립
	수원컨벤션센터	2018년	95,000m²	신규건립
중부권	대전전시 컨벤션센터	2019년	12,500m²	신규건립
	오송컨벤션센터	2018년	45,000m²	신규건립
호남권	전주컨벤션센터	-	5,000m²	신규건립
대경 동남권	창원 CECO	2018년	1,660m²	증축
	울산전시 컨벤션센터	2020년	34,000m²	신규건립
합계			251,576m²	

출처: 대전마케팅공사 조사자료

한편, 전시장 신축과 더불어 새로운 수요에 대응하기 위해 전시장 증축이 이루어져 왔다. KINTEX와 EXCO가 2011년에 2단계 증축이 완료되었으며, BEXCO는 2012년에, KDJ Center는 2013년에 2단계 증축이 이루어졌다. 현재 송도 컨벤시아와 CECO가 증축을 준비 중에 있다.

3. 향후 건립계획 중인 전시장

기존 지역이외에도 새로운 전시장 건립이 추진되고 있는데 수원컨벤션센터가 2016년 7월에 착공하여 2019년 3월 완공을 목표로 건립이 진행되고 있다. 울산시는 컨벤션센터 건립위해 설계공모를 시행했으며, 2020년에 준공할 계획이다. 한편, 킨텍스는 3단계 확장을 계획 중이며, 서울시에서는 현재 잠실운동장 일대를 개발해서 전용면적 10만 m^2 이상 대규모 전시·컨벤션 시설을 건립하겠다는 계획을 발표했다.

이외에도 성남, 전주 등에서 전시 컨벤션 센터 건립을 구상하고 있다.

 해외 전시장 현황

1. 해외 전시장 현황

UFI[2](2014) 에 의하면 세계의 전시장 면적과 전시장 수는 지속적으로 증가하고 있다 (표 2-2). 2006년 세계 전시장(5,000㎡ 이상)은 1,062개이며, 전시장 면적은 27.5백만㎡이다. 2011년에는 전시장이 1,197개로 135개가 늘어났으며, 전시장 면적은 32.7백만㎡으로 18.9%(5.2백만㎡)가 증가한 것을 볼 수 있다.

전시회 개최규모를 보여주는 전시면적도 증가하고 있다. 순수전시 총면적(total net exhibition space)은 2008년의 121.8백만㎡에서 2010년 132.5백만㎡으로 약 8%증가하였다. 따라서 세계전시산업은 계속 성장하고 있음을 알 수 있다.

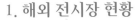

2 UFI는 프랑스 파리에 소재한 국제전시산업협회(The Global Association of Exhibition Industry)이다.

국가별 전시장 면적을 보면 미국이 가장 큰 전시면적$^{(6,712,342㎡)}$을 보유하고 있으며, 이는 세계전시장 면적의 21%를 차지하고 있다. 2위는 중국으로 2011년 중국의 전시면적$^{(4,755,102㎡)}$은 세계전시장 면적의 15%에 해당하는 것으로 이는 2006년과 비교해서 45% 증가한 것이다. 이후에도 중국의 전시장 건립은 계속 진행되고 있어 세계시장에서 중국의 보유전시장 면적 점유율은 증가하고 있다. 또한 세계 15개 국가의 보유전시장 면적이 세계시장의 80%를 차지하고 있다$^{(표 2-3 참조)}$.

글로벌 전시시장에서 경쟁은 심화되고 있는데, 그 중에서 전시컨벤션센터가 기본적인 인프라로 가장 중요한 역할을 하고 있다. 전시산업이 발전하기 위해서는 센터에 대한 규모의 경쟁력이 중시되고 있다. 〈표 2-4〉은 세계에서 20만㎡ 이상의 전시장을 보여주고 있다. 21개 전시장 중에서 7개가 중국, 4개가 독일에 건립되어 있다. 중국에 전시산업 강국으로 부상하고 있음을 알 수 있다.

2. 아시아 전시장 현황

표 5-4 **아시아 국가별 전시장 면적과 수**

국 가	실내전시장면적(㎡, 2014)	전시장 수
China	4,845,192	106
Japan	355,658	13
Korea	324,368	13
India	290,457	14
Thailand	222,984	9
Singapore	219,970	10
Hong Kong	149,820	2
Australia	137,042	10
Taiwan	117,178	5
Indonesia	106,094	9
Macau	76,715	2
Malaysia	71,292	4
Pakistan	39,045	2
Vietnam	33,793	4
Philippines	26,257	3
계	7,015,866	200

자료 : BSG(2014). The Trade Fair Industry in Asia

아시아에는 200개^(2014년 말 기준)의 전시장이 있으며 2005년의 101개 전시장에서 2배로 증가한 수치이다. 지난 10년간 전례가 없는 급속한 전시장 건립이 이루어져 왔다. 중국에서 106개의 전시장이 건립되어 있고, 아시아 전시면적의 약 70%를 차지하고 있는데, 일본의 13배에 해당된다.

04 전시장 구비요건

1. 전시장의 시설요건과 접근성

전시시설은 전시 목적물에 따라 필요한 요건이 따라야 하는데, 소비재 중심의 전시회에서는 전시장 시설에 대한 많은 요구가 없으나 산업재 중심의 중량물, 대규모 전시회에서는 일정한 바닥하중^(예: 5톤/㎡)과 복층부스 설치를 위한 천정고^(12m 이상)가 요구되고 있다.

전시장의 기능의 질을 결정하는 주요 요소는 전시장 관리시스템을 고도화하는 것인데 이러한 시설들은 전시장 건립초기단계에서부터 채택되어 전시장 기능을 높여야 한다.

- 전시장 유틸리티 : 전시장 바닥 Pit내 다양한 지원시설 설치
- 정보통신망 : WiFi 시설, LAN 시설 등 통신망 시설의 중요성 증대
- 안전시설 설치 : 전시장내 안전을 보장할 수 있는 CCTV, 방송설비, 소방시설 구비
- 친환경 시설 : 에너지 절약^(태양열, 빙축열, 중수도), 친환경 자재, 시설측면 구비

전시장은 입지가 도심에 위치하거나 배후도시 주변에 위치하고 있는데, 도심의 경우 지가가 고가이고 교통인프라가 잘 구비되어 있어 대중교통의 접근이 용이하나 토지이용면에서 중량물 전시를 위한 단층 구조의 시설을 가질 수 없다는 단점이 있다. 반면 상대적으로 배후도시 주변에 위치한 전시장의 경우 넓은 장소로 하중이나 층고면에서 유리한 점이 많으나, 대중교통수단을 구비하는 등 인프라 구축비용

이 많이 소요된다는 단점을 갖고 있다.

접근성은 전시장을 활성화하기 위하기 위해서 필수적으로 갖추어야 할 요건으로 우선적으로 대중교통(지하철, 버스, 철도)의 접근이 용이해야 한다. 도로는 전시회 개최시기에 일시에 많은 인원과 차량이 집중하므로 이에 대응하는 체계가 필요하다.

전시회의 국제화와 더불어 항공의 접근성이 중요시되고 있으며, 항공을 통한 전시물류와 더불어 해상운송의 편리성도 갖추도록 해야 한다.

2. 전시장의 동선

전시시설은 대규모 시설로 복잡하기 때문에 가능한 동선을 명확하고 쉽게 이해할 수 있도록 해야 한다. 동선체계는 하차지점에서 전시장 주출입구까지 신속하고 명확한 이동체계가 되어야 하며, 내부동선도 짧고 명확하게 해야 한다.

- 관람객 동선 : 일시에 많은 인원이 집중되므로 주출입구에 대한 인식을 분명히 할 수 있도록 land mark 개념을 도입하며, 승하차장에서 전시장까지는 아케이드, 지붕구조 등을 계획하여 보행자 편의를 도모한다.
- 관람객 차량동선 : 방문객 차량은 내부를 관통하지 않도록 하며, 주차장은 단지 외곽에 분산하여 교통량을 분산하여 접근하도록 하며, 보행자 동선과 충돌을 고려해야 한다.
- 화물 차량동선 : 화물차량은 방문객, 관람객 차량동선과 중복되지 않도록 출입구를 별도로 설치하며, 화물이 직접 전시장으로 반입될 수 있도록 고려한다.
- catering 동선 : catering은 back stage 서비스로 고객동선과 분리되는 별도의 catering service 동선이 이루어져야 한다.

3. 인근지역 개발과 연계성

전시장 시설은 하나의 사회간접자본(SOC)로 해당지역의 지역경제를 활성화하는 데 주도적 역할을 하게 된다. 전시장 운영 자체로는 수익창출에 한계가 있으므로 인근 지역의 개발내용과 연계하여 건립하고 운영되어야 한다. 세계적으로 MICE 산업은 빠르게 발전하고 있는 분야로 많은 사람들이 전시회와 컨벤션에 참가하여

지역의 경제, 사회, 문화에 직접적인 영향을 미치고 있다. 전시장은 지역의 배후산업인 식음료, 쇼핑, 숙박, 관광 등 다양한 산업과의 융복합화를 통해 시너지 효과를 최대한 발생할 수 있도록 해야 한다.

최근에 전시컨벤션 산업에서 경쟁우위를 확보하기 위해 전시컨벤션센터가 인근 지역 개발과 연계된 복합단지화 경향이 나타나고 있다. 이는 전시컨벤션센터를 중심으로 인접한 지역에 연관시설의 집적화로 방문객을 위한 다양한 편의 및 부대 기능의 제공을 통해 MICE 산업의 경쟁력을 높이고 지역개발의 활성화를 유도하는 것을 목적으로 하고 있다.

4. 전시장 공급

전시장은 전시회가 개최되는 물리적 공간으로서(Morrow, 2002) 전시회를 개최하려는 수요가 있으면 전시시설에 대한 공급이 따르게 된다. 이는 수요측면에서 전시장 공급에 대한 관점이다. 하지만 공공재의 특성을 지니는 전시장은 공급중심의 속성도 보이고 있다. 즉 '공급은 그 스스로의 수요를 창조한다는 Say's law'에 따라 전시장 시설이 공급되면 그에 따른 전시회 수요가 발생하게 된다는 것이다.

미국의 경우 2000년에서 2005년까지 신규건립 전시시설이 22건, 시설확충인 시설이 72건으로 총 94건의 전시장 시설공급 확대가 이루어졌다. 독일 역시 전시장 기존 시설확장과 현대화가 꾸준히 이루어지면서 전시장 공급이 확대되고 있다.

아시아 지역에서는 중국을 중심으로 전시장 공급이 확대일로에 있으며 지속적으로 확대될 것으로 예상되고 있다. 국내에서는 앞에서와 같이 전시장 공급이 지속되고 있으며 최근 KINTEX 3단계, 잠실운동장 전시장건립 계획이 발표되고 있다.

이러한 전시장 공급의 증가가 글로벌 경쟁시대에 국내 전시산업의 성장과 경쟁력 강화에 기여했다는 측면이 있는 반면, 공급과잉이라는 지적과 함께 전시장이 무분별하게 난립하고 있다는 논란이 있다(이창현, 2006). 2005년 미국의 브루킹스연구소(Brookings Institute)는 전시컨벤션센터의 건립이 지역경제발전전략으로 타당한가에 대한 연구보고서에서 최근 전시컨벤션산업 수요가 감소하고 있음에도 주정부들이 경쟁적으로 전시컨벤션센터를 건립 및 확장하고 있다고 발표했다. 이에 대한 반박은 보고서의 문제점을 지적하고, 2004년 이후 전시컨벤션산업이 다시 성장하고 있다는 점과 컨벤션센터 운영의 실패한 일부 사례만을 인용했다는 점들을 문제 삼았다.

현재까지 국내에서는 전시장 공급의 증대가 국내전시회 개최건수 증가, 개최 총 면적의 증가, 지방 전시회의 확대 및 발전이 이루어졌다. 그러나 국내에서 적정 전시장 공급면적이 어느 정도인지에 대한 해답은 전시컨벤션산업 발전과정에서 찾아야할 것이며, 아직 이슈화되지는 않았다고 보여 진다. 일본에는 59개의 전시컨벤션센터가 있으나 일부 센터를 제외하고 가동률과 운영에 많은 애로를 안고 있는데, 동경 빅사이트의 경우 전시회 수요는 충분히 있으나 전시장 확장의 장소제약 때문에 한계를 안고 있다. 우리나라도 이와 유사한 상황에 처할 수도 있을 것이다.

5. 전시장 선정시 고려요소

전시회를 개최할 수 있는 시설은 KINTEX, COEX, BEXCO 등 대규모 행사에 적합한 전시컨벤션센터가 있고, 이 외에도 소규모 전시홀, 강연장, 회의실을 갖춘 수많은 호텔, 리조트 등이 있다. 따라서 전시주최사는 성공적인 전시회를 개최하기 위해 개최할 전시회의 규모나 성격을 파악하고 적합한 장소를 물색하여 선택해야 한다. 일반적으로 전시장을 선정할 때 고려해야 할 사항을 정리하면 아래와 같다.

1) 전시회 규모

개최할 전시회의 규모는 대형 또는 중소형 전시컨벤션센터나 호텔을 선정할 지의 기본적인 판단기준이 된다. 국제회의나 기업회의의 부대행사, 특정 고객층을 대상으로 개최되는 홍보·판촉·사은회 등 소규모의 전시회는 전시컨벤션센터나 호텔내 중소 규모 홀을 임차해 개최하는 것이 보통이다. 그러나 한국기계전, 경기국제보트쇼, 서울국제식품산업전 등 개최 규모가 크고 내방객이 많은 대형 전시회의 경우 전시컨벤션센터의 대형 전시홀에서 개최된다. 한편, 우리나라의 전시컨벤션센터 중에서는 일정 규모 이상의 대형 전시회를 수용키 어려운 경우도 있으므로 잘 비교 분석하여 결정해야 한다. 예를 들어 전시면적이 102,431m²에 달한 2014 공작기계박람회(SIMTOS)의 경우 국내 최대 규모인 KINTEX 이외에는 다른 장소를 찾기 어려운 실정이다.

KINTEX 외부전경   국내 최대규모인 KINTEX만 가능했던 2014 SIMTOS

KINTEX 전시장(바닥, 기둥형/무주형)

2) 전시품의 성격

전시품이 기계·장치물, 초중량품, 부피가 큰 상품인지 여부도 전시장 선정에 영향을 미칠수 있다. 예로 COEX 전시홀의 바닥 하중은 1.5톤/㎡으로 제한되어 있는 반면, KINTEX 전시장의 바닥 하중은 5톤/㎡까지 가능해 초중량품 전시에 보다 적합하다. 또한 전시홀마다 층고, 기둥형 또는 무주형(columnless) 등 형태가 다양하므로 전시품의 성격에 따라 최적의 장소를 선택한다. KINTEX에서 개최된 2015 경기 국제보트쇼에는 총 1,378개 부스가 참여하였는데, 특히 파워보트, 세일보트, 세일 요트 등 실제 보트 110척이 출품되었다. 이러한 대형 전시품의 경우 넓고 여유로운 무주형 전시면적을 사용하여야 하며, 특히 부피가 큰 기계, 선박 등을 운반 및 수송해야 하는 경우 교통이 혼잡하거나 도로가 좁은 도심의 전시장 보다는 항구에서 가깝고 이동이 편리한 외곽에 위치한 전시장이 보다 적합하다고 할 수 있다.

3) 전시회 성격

일반 소비자들이 주로 찾는 소비재 위주의 일반 전시회의 경우 해당 품목의 소비자가 밀집한 대도시, 비즈니스 업계 종사자들이 주로 방문하는 산업전시회의 경우 해당 품목의 비즈니스가 활발한 산업 집적지역이 우선 검토될 수 있다. 광(光)산업은 전남 광주의 전략산업 분야로서, 국내 최대 광산업 전문전시회인 국제광산업전시회는 매년 김대중컨벤션센터에서 개최되고 있다. 또한 대표적 일반 전시회의 하나인 서울국제식품산업대전(Seoul food)은 국내 최대 소비·유통시장인 서울과 수도권에 소재한 KINTEX에서 매년 개최된다. 국제적인 산업전시회의 경우 해외 참가업나 참관객의 교통편 및 숙박 등 편의시설이 갖추어져 있는지, 국내 수출입, 유통업체와의 비즈니스 상담, 공장 방문 등이 용이한지도 종합적으로 검토할 필요가 있다.

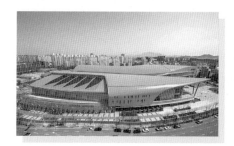

2015 국제광산업전시회(광주 김대중컨벤션센터)   2016 서울국제식품산업대전(고양 KINTEX)

4) 전시장의 적합성

숙박, 식음, 쇼핑 등 편의시설, 전시물품의 운반, 반입 및 반출, 대중교통수단 이용 편리성, 필요한 전시디자인 설치 및 서비스 가능 여부와 질적 수준 등도 검토한다. COEX의 경우 대중교통 이용이 편리하고 유동인구가 많으며 주변에 호텔, 백화점, 식당가 등이 골고루 분포하고

COEX Mall 지도

있어 참관객들이 이용하기에 보다 편리하다. 한편 KINTEX의 경우 교통이나 숙박, 쇼핑 등 편의시설이 부족한 반면 넓고 여유로운 전시공간을 확보할 수 있고 혼잡한 노심을 경유하지 않고 힝구에서 대형 전시품의 운반, 반입 및 반출이 보다 용이하다는 장점이 있다.

5) 전시장 소요비용

전시장 임대료와 임대조건, 전기, 수도, 가스, 압축공기 등 관리비용과 추가적인 비용 발생요인 등을 분석 검토한다. 전시장 임대료는 일반적으로 서울과 수도권이 지방 전시장보다 비싸다. 전시장별로 임차면적 규모에 따라 임대료를 할인해 주거나 성수기 또는 비수기에 따라 할증 또는 할인을 하기도 한다. 또한 전기, 수도, 가스, 압축공기 등 유틸리티 사용료 단가도 다르며, 관리비에 포함되지 않고 별도로 비용을 내는 경우도 있으므로 전시장별로 견적을 비교 검토해 보아야 한다.

6) 기타 사항

해당 지역의 물가수준, 개최 도시의 지명도나 인기도, 지방정부나 전시컨벤션지원기관의 관심도와 지원 등도 전시장 결정에 영향을 미치는 요소가 될 수 있다. 지나치게 높은 물가는 전시회 주최자나 참관객들의 개최 욕구나 방문 유인을 저하시킬 수 있다. 반면 유명 관광지나 특정 산업 또는 비즈니스 중심지로서 인지도나 지명도가 높은 곳은 전시회를 유치하는데 타 도시들에 비해 유리하다. 또한 지방정부나 전시컨벤션 지원기관들은 전시회 유치를 통해 지역경제 활성화를 유도하기 위해 전시주최자들에게 보조금을 지원하거나 각종 행정적 지원을 하고 있으므로 이를 잘 활용할 필요가 있다. 이들 지원기관들은 해외 참관객 대상으로 관광 프로그램을 운영하는 경우 자금을 지원하거나 또는 지원대상 전시회 선정 시 가점을 주는 등 혜택을 제공하기도 한다.

연습문제 exercises

1. 전시컨벤션센터의 역할과 기능에 대한 설명중 가장 적합하지 않은 내용은?

① 전시회 등 국제이벤트 개최
② 지역시민 문화활동의 중심
③ 지역 및 도시 이미지 제고
④ 이벤트, 오락위주 공간으로 수익증대 도모

2. 전시컨벤션센터의 건설과 운영에 따른 기대효과에 대한 설명중 맞지 않은 내용은?

① 관광객 유치에 따른 혼잡 발생
② 센터건설에 따른 생산, 투자증대효과
③ 지역산업의 국제화 촉진에 기여
④ 산업구조 개선에 기여

3. 전시컨벤션센터의 특징에 비추어 국내, 해외를 막론하고 가장 일반적인 설립형태는?

① 순수민간투자
② 정부, 민간참여의 제3섹터 방식
③ 순수 정부재원투자
④ 벤처투자 형식

4. 전시컨벤션센터의 준공공재 특성으로 비추어, 어느 한 사람의 소비가 다른 사람에게 영향을 주지 않아 여러 사람이 동시에 소비할 수 있는 성격을 지칭하는 용어는?

① 경합성   ② 비경합성
③ 배제성   ④ 비배제성

연습문제

5. 국내 전시컨벤션센터 현황에 대한 설명중 가장 잘못된 내용은?

① 전체 전시장 면적 약 275,000sqm
② 1988년 코엑스 건립 이후 본격적으로 국내 전시산업 개시
③ 많은 전시장이 최초 건립 상태 그대로 유지
④ 대부분 전시컨벤션센터가 전시, 컨벤션 겸용으로 사용

6. 전시장 선정시 고려할 요소로 가장 적합하지 않는 것은?

① 전시회 규모   ② 전시품 성격
③ 전시회 개최연혁   ④ 전시장 소요비용

7. 전시장 구비요건으로 가장 적합하지 않은 내용은 않는 것은?

① 전시장 미래지향성   ② 시설 안정성 및 접근성
③ 전시서비스 수요자의 Needs   ④ 전시장 운영자 편의성

정답   1. ④   2. ①   3. ②   4. ②   5. ③   6. ③   7. ③

REFERENCES

1. 김용관⁽²⁰⁰⁷⁾, 기업과 전시회마케팅, 백산출판사

2. 김태칠⁽²⁰¹⁵⁾, 전시산업의 국제경쟁력 평가모형개발에 관한 연구, 경희대학교

3. 김화경 · 주현식⁽²⁰⁰⁶⁾, 컨벤션 · 전시경영론, 백산출판사

4. 신재기⁽²⁰⁰⁴⁾, 전시산업론, 한올출판사

5. 정정길⁽¹⁹⁹⁷⁾, 정책학원론, 대명출판사

6. 홍선의⁽²⁰⁰⁵⁾, 전시기획실무론, 백산출판사

7. 황희곤 · 김성섭 공저⁽²⁰¹⁴⁾, 미래형 컨벤션산업론, 백산출판사

8. 산업통상자원부⁽²⁰⁰⁸⁾, 제 1차 전시산업발전 기본계획

9. 산업통상자원부⁽²⁰¹³⁾, 전시산업발전방안 연구

10. 산업통상자원부⁽²⁰¹⁴⁾, 제 2차 전시산업발전 기본계획

11. 산업통상자원부⁽²⁰¹⁵⁾, 무역통상진흥정책

12. 한국전시산업진흥회⁽²⁰¹⁴⁾, 2013 국내 전시산업 통계

13. 한국전시산업진흥회⁽²⁰¹⁵⁾, 국내 전시산업 통계조사 및 경제적 효과 분석

14. Rutherford, D. G.⁽¹⁹⁹⁰⁾. Introduction to the conventions, expositions, and meetings industry. John Wiley & Sons Inc.

15. "Trends and Exhibition in the exhibition business" by Andrew Shanks⁽²⁰⁰⁷⁾

16. Reed Elsevier 그룹 Annual Report⁽²⁰⁰⁹⁾

17. "Reed Between the Lines" in Exhibition World⁽²⁰⁰⁷⁾

18. "Reed Elsevier" Presentation⁽²⁰⁰⁷⁾

19. "German Trade Fair Industry⁽²⁰⁰⁸⁾" by AUMA⁽²⁰⁰⁹⁾

20. "Reed Expands Medical Ed Holdings" Tradeshoweek⁽²⁰⁰⁶⁾

21. Internationalisation - Challenges and Strategies - The example of MF⁽²⁰⁰⁷⁾

22. Convergence as key for future growth⁽²⁰⁰⁹⁾

23. Frankfurt - Messe - und Handelsstadt im Mittelalter⁽²⁰⁰⁰⁾

24. RELX Group Annual Report⁽²⁰¹⁴⁾

25. UFI(2012), Global Exhibition Industry Statistics, November 2012

26. "Miller Freeman" http://en.wikipedia.org/wiki/Miller_Freeman(2010)

27. "REED EXHIBITIONS ACQUIRES SINGAPORE TOY, GAMES & COMIC CONVENTION"(2010), from http://con-news.com/?p=3748

28. www.reedexpo.com(2010)

29. http://www.x-rates.com/d/USD/EUR/data120.html

30. www.messefrankfurt.com

31. http://www.rels.com/investorcentre/corporatestructure/Pages/Home.aspx

전시기획실무

PART
2

CONTENTS

전시사업 계획

6 Chapter

정의 및 목표

전시회 사업계획에 대한 이해를 바탕으로, 사업 개발 전략을 중심으로 한 전반적인 전시업무 프로세스를 사업계획서 주요 구성요소인 사업예산, 마케팅, 현장운영을 중심으로 소개함으로서 실무 전반에 걸친 기본 개념을 정립한다. 또한 대행 전시회 업무 및 신규 사업 개발 · 확장 방안을 모색한다.

학습내용 및 체계

주요 항목	세부 내용	비고
1. 사업계획 수립의 기초	• 사업계획 개념의 이해 • 사업 환경분석 및 마케팅 포트폴리오 이해	
2. 전시회 개발	• 신규 아이템 개발 전략 • 기존 아이템 확장 전략	
3. 사업계획 수립	• 사업계획 프로세스의 이해 • 사업계획서 구성요소	
4. 사업예산 관리	• 수입 예산관리 • 지출 예산관리	3장 참고
5. 마케팅 계획 수립	• 전시 마케팅의 이해 • 전시회 마케팅 수단	
6. 현장 운영계획 수립	• 현장 운영계획의 의미 • 주요 고려요소	
7. 대행전시회 유치 및 운영	• 대행 전시회의 이해 • 입찰 프로세스 소개	

학습 포인트

- 사업계획의 중요성을 이해하고, 적용 가능 전략적 대안 모색
- 사업계획 프로세스를 이해하고, 실무 적용 방안 모색
- 사업 예산의 구조를 이해하고, 이를 통한 신규 전시회 포지셔닝 전략과 연계
- 마케팅과 현장 운영계획에 대한 이해를 통해, 실무 전용 시사점 도출

핵심 용어

사업계획, 마케팅 포트폴리오, 아이템 개발전략 및 확장전략, 수입 및 지출예산, 제안요청서

01 사업계획 수립의 기초

1. 사업계획의 이해

세계적인 마케팅 학자인 필립 코틀러는 사업계획을 "조직의 목표, 기술과 재원을 해당 기업의 변화하는 시장기회에 적용시켜 유지하고 성장시키기 위한 관리 과정"이라고 정의하였다. 따라서 사업계획을 수립하기 위해서는 기업 스스로 조직수준, 사업부 수준, 사업단위 수준, 그리고 제품 수준에 대한 진단이 선행되어야 한다. 각 사업단위별 사업계획을 기반으로 기업은 재무적, 인사적 의사결정, 다시 말해 사업목표, 자원의 재분배, 투자 의사결정 등을 내리게 된다.

전시 사업계획 수립에 있어 우선적으로 고려하여야 할 부분은 현재의 사업단위, 즉 전시회별 수익률, 성장률, 시장점유율에 대해 판단하고 이를 통해 전사차원의 포트폴리오를 구축하는 것이다. 이를 위해 가장 널리 사용되는 분석 기법으로는 BCG 매트릭스 또는 GE 매트릭스 등을 들 수 있는데, 이들 기법은 성장률과 시장 점유율을 기준으로 각각의 사업(전시회)에 대한 전략적 대안수립을 지원한다. 이를 통해 전시 주최사는 각각의 전시회를 투자할 것인지, 유지할 것인지, 아니면 포기 또는 매각할 것인지 등을 결정하게 된다.

두 번째로 고려하여야 할 부분은 전시회별 관련 산업과 시장 동향에 대해 분석하는 것이다. 해당산업이 수명주기(Life Cycle) 상 어디에 위치하고 있는지에 대한 분석은 향후 전시회의 성장 가능성을 가늠할 수 있는 척도가 될 수 있다. 수명주기는 일반적으로 도입기, 성장기, 성숙기, 그리고 쇠퇴기로 구분되며, 해당 산업이 어떤 주기에 도래했는지에 대한 이해 역시 향후 전시 사업계획에 있어 중요한 시사점을 제시한다. 예를 들어 해당 산업이 도입기에 있다면, 경쟁자가 적어 시장 진입과 선점이 용이한 반면, 수익이 도래하기까지 많은 비용과 시간이 소모되는 등 불확실성이 가중될 수 있다. 반면 성장기나 성숙기에 진입한 산업은 경쟁자들과의 치열한 경쟁이 예상되는 반면, 시장에서 살아 남는다면 전시 주최사에게 수익과 같은 많은 기회요인을 제공한다.

위에서 살펴본 바와 같이 사업계획은 단순히 전시회별 수입과 지출예산을 편성하는데 그치는 것이 아니라, 수익과 성장 가능성에 대한 예측을 바탕으로 기업 차원에서 향후 전시사업을 어떻게 육성할 것인지에 대한 종합적인 경영의사결정의 과정이다. 따라서 전시 주최사는 사업계획을 수립함에 있어 개별 사업(전시회)별 핵심역량을 분석함은 물론, 기업 차원에서의 비교우위를 찾아내는 것이 최우선적으로 고려되어야 한다.

전시회 개발

신규 전시회를 개발함에 있어 가장 우선적으로 고려해야 할 부분은, 해당 아이템이 이미 시장에 존재하고 있는지, 향후 얼마나 성장 가능하며, 전시 주최사에게 수익을 제공할 수 있는지에 대하여 분석하고 예측하는 것이다. 성장 가능성과 수익성을 예측하는 것은 사실상 많은 불확실성을 가정할 수 밖에 없으나 앞서 사업계획의 이해에서 설명한 바와 같이 해당 아이템과 관련된 산업이 수명주기상 어디에 위치하고 있는지를 파악하는 것이 향후 신규 전시회의 사업성에 대한 기초적인 단서를 제공할 수 있을 것이다.

1. 신규 아이템 개발 전략

신규 전시회를 개발함에 있어 전시주최사가 선택할 수 있는 전략적 대안은 크게 시장 선도화, 모방 및 추격화, 그리고 하이브리드화 (Hybridization)를 들 수 있다.

① 시장 선도화 : 수명주기상 도입기에 도래한 아이템으로 경쟁자가 거의 없어 시장 선점이 용이한 반면 수익이 도래하는 시점이 오래 걸림(예: 전기자동차, 드론).

② 모방 및 추격화 : 수명주기상 성장기에 도래한 아이템으로 이미 시장내 선도자가 존재하고 있어 진입이 용이하지 않으나, 이미 사업성이 검증된 시장이므로 경쟁자 대비 차별요인을 만들어 낼 수 있다면 성장 가능함. 난 지적재산권, 상표권 등 경쟁자와 법적 분쟁의 여지가 있을 수 있음(예: 커피, 유아용품, 식품).

③ 하이브리드화 : 수명주기상 성숙기 또는 쇠퇴기에 도래한 아이템 중 다른 산업과의 결합을 통해 새로운 성장기회가 보이는 시장으로, 시장선도화 전시회와 마찬가지로 수익이 도래하는 시점을 예측하기 어려운 반면, 기존 전시회의 비교우위를 확장해 나갈 수 있다는 장점이 있음(예: 공장자동화 + IOT, 3D프린팅, CPS → 스마트제조).

전 세계적으로 개최되는 전시회는 연간 5만여 건으로 완전히 새로운 전시회 아이템을 찾기란 상당히 어려운 일이지만, 시장 환경을 분석하고 자사의 강점과 부합하는 아이템을 찾아내는 과정은 신규 전시회 개발 시, 가장 중요한 부분이라 할 수 있다. 이미 개발된 전시회라 하더라도, 산업구조 변화에 따른 전시회 컨셉의 전환이 필요한 경우 전시회 내용 및 부대행사 개발 등을 위해 타 전시회에 대한 비교 분석 과정은 반드시 필요한 과정이다.

표 6-1 전시회 관련 주요 검색 사이트

구분	사이트명	URL
국내	글로벌 전시포털	www.gep.or.kr
	한국전시산업진흥회	www.akei.or.kr
	한국전시주최자협회	www.keoa.org
독일	m+a Expo Database	www.expodatabase.com
	AUMA	www.auma.de
미국	Trade Show News Network	www.tsnn.com
영국	Expo ABC	www.expoabc.com
프랑스	Events Eye	www.eventseye.com
이탈리아	Expo Fairs	www.expofairs.com

2. 기존 아이템 확장 전략

신규 전시회의 개발과 더불어, 전시 주최사는 기존 전시회의 지속적인 성장 및 점유율 확대를 위하여 기술과 산업간 유사성 및 호환성을 고려하여 아이템을 수직적, 수평적으로 확장하는 전략을 활용하고 있다.

① 수직적 확장 전략(Vertical Expansion Strategy) : 산업내 기술 호환성 또는 연계성이 높은 아이템을 세분화하거나 지속적으로 개발, 확장하는 전략

② 수평적 확장 전략(Horizontal Expansion Strategy) : 산업간 유사성 또는 보완성이 높은 아이템을 결합, 확장하는 전략

표 6-2 독일 하노버 산업전 확장 전략

수평적 확장

	산업자동화		에너지		산업기자재		신규 Niche
수직적 확장	산업자동화 일반	+	에너지 일반	+	산업기자재 일반	+	산업 R&D
	디지털 공장		풍력				표면 처리기술
	모션 드라이브		연료/전지				차량 구동기술
	유공압		마이크로 그리드				

03 사업계획 수립

신규 전시회 개발은 사업계획서 작성, 사업계획 심의 및 승인, 전시회 개최, 개최 결과 평가 순으로 진행되며, 특히 개최결과 평가 시에는 향후 성장성에 대해 재무적으로 평가하여 지속 개최여부를 결정하는데, 일반적으로 전시회 최초 개최 시기로부터 3회 개최실적을 종합적으로 평가하여 최종 확정한다.

1. 사업계획서 작성

일반적으로 신규 전시회 사업계획서의 구성요소는 개최배경, 전시회 구성, 사업예산, 세일즈 및 마케팅 계획, 인력운영계획 및 세부 추진일정 등을 포함하며, 구성요소별 세부내용은 다음과 같다.

① 개최배경 : 아이템의 특징 및 향후 성장 가능성, 경쟁자 분석, 포지셔닝 전략 등

② 전시회 구성 : 개최시기 및 장소, 전시품목, 부대행사, 표적고객, 주최 및 주관 등

③ 사업예산

- 수입예산(a) : 참가비, 부대시설 수입, 협찬금, 국고보조금, 입장료 수입 등

- 지출예산(b) : 전시장사용료, 전시장치비, 광고선전비, 도서인쇄비, 여비교통비, 지급수수료, 영업활동비, 대외협력비, 통신비, 잡비

- 매출총이익 (a) - (b) : 수입예산에서 지출예산 차감 후 수익으로, 직접인건비나 사무비와 같은 간접비 (Overhead Cost)를 포함하지 않은 개념임.

표 6-3 전시회 예산 총괄표 예시

수입 예산 (a)		지출 예산 (b)	
참가비 수입	800,000,000원	전시장사용료	180,000,000원
부대시설 수입	80,000,000원	전시장치비	130,000,000원
국고보조금	-	광고선전비	70,000,000원
협찬금	50,000,000원	도서인쇄비	15,000,000원
입장료 수입	30,000,000원	여비교통비	5,000,000원
		지급수수료	230,000,000원
		영업활동비	10,000,000원
		대외협력비	8,000,000원
		통신비	5,000,000원
		잡비	10,000,000원
계	960,000,000원	계	663,000,000원
		매출총이익 (a) - (b)	297,000,000원

④ 세일즈 및 마케팅 계획 : 참가업체 유치계획, 참관객/바이어 유치계획, 브랜드 홍보 및 프로모션 계획 등

⑤ 인력운영계획 및 세부추진일정 : 연간 시기별/직무별 소요인원 산정 및 타임 테이블 작성(기획, 세일즈 및 마케팅, 현장운영 등)

사업예산 관리

사업예산 수립은 사업계획을 구체적으로 실행하기에 앞서, 재무적으로 또한 수치적으로 타당성을 검토하는 과정으로, 이를 통해 구체적인 전시회 업무 프로세스(기획, 마케팅, 현장운영)와 비즈니스 모델을 수립하게 된다. 예를 들어 전문전시회 (B2B)의 경우, 참가비(수입부스판매비)가 주된 수입원이 되는 반면, 소비재 일반 전시회(B2C)나 이벤트(Public Event)의 경우, 참관객 입장료 수입이 전문전시회의 경우보다 상대적으로 높은 비중을 차지하게 된다.

1. 수입예산 관리

수입예산 구성항목과 세부내역은 아래와 같다.

① **참가비 수입** : 참가비 산정은 지출 원가와 기대수익을 반영하되, 시장가격(경쟁 전시회 참가비)을 고려하여 산정한다. 결국 참가비수입은 참가업체 유료부스 판매 수입의 총 합이므로, 총 임대면적 대비 유료부스 유치 목표를 우선적으로 설정하여야 한다. 일반적으로 유료 부스수는 기둥면적, 부대행사장 면적, 할인 또는 무료 부스 면적 등으로 인한 면적 손실분을 고려, 총 임대면적(Gross Space)의 35 ~ 40%로 산정하며, 이를 부스 당 면적인 9m²(가로 3m X 세로 3m)로 나누면 가용 부스 규모를 용이하게 산정할 수 있다. 그러나 이러한 유료부스 수 산정은, 예산 수립을 위한 기준을 제시할 뿐, 실질적인 부스 설치 규모는 행사장의 구조나 전시주최사의 전략적 판단으로 인해 증가 또는 감소할 수 있다.

　예) 임대면적이 코엑스 A홀(10,368㎡)일 경우, 가용부스 규모 예측
　　　• 35% 적용 시 : (10,368㎡ X 0.35) / 9m² = 403부스
　　　• 40% 적용 시 : (10,368㎡ X 0.40) / 9m² = 460부스

② **부대시설 수입** : 참가업체는 전시품의 구동 및 부스 연출을 위해 다양한 부대시설(Utilities)을 필요로 하는데, 전시주최사는 전기, 급배수, 압축공기, 인터넷 등 부대시설을 참가업체에게 제공하고, 참가업체는 이에 대한 대가로 부대시설

사용료를 납부한다. 일반적으로 부대시설 사용료에는 설치비와 사용료가 포함되어 있다.

③ 국고보조금 : 국고보조금은 대부분 해외 바이어 유치, 항공 및 숙박 지원의 용도로 집행되며, 따라서 예산편성 시 수입항목에 산입하더라도 동일 금액을 지출예산 내 분계하여 편성하여야 한다. 다시 말해 수입예산에 편성된 국고보조금만큼 지출예산 내 해외마케팅 비용(국고보조금 해당금액)을 동일하게 편성하여, 결국 국고보조금으로 인한 잉여수익은 발생시키지 않는 것이 일반적이다. 국고보조금의 지출예산(해외마케팅 비용)은 목적에 따라 전시장치비, 광고선전비, 여비교통비, 지급수수료 등의 지출항목에 분계, 편성한다.

④ 협찬금(Sponsorship) : 참가업체는 전시회의 각종 광고/홍보 선전물에 자사의 브랜드 노출 대가로 협찬금을 지급하며, 각 전시회별 노출매체가 상이함으로 획일적으로 금액을 산정할 수 없다.

⑤ 입장료 수입 : 입장료 역시 행사의 성격과 수익구조에 따라 모두 상이하므로 전시 주최사가 원가와 시장가격을 고려하여 산정한다.

2. 지출예산 관리

지출예산 구성항목과 세부내역은 아래와 같다.

① 전시장사용료 : 전시장 임차비, 관리비(냉난방, 전기, 상하수도, 압축공기 실사용비), 폐기물 처리비, 회의실 임차비 등

② 전시장치비 : 조립부스 설치비, 기타 장치비(상황판, 등록데스크, 안내데스크, 등록작성대, 바이어라운지, 휴게공간, 현장 운영사무국 조성 등), 파이텍스(카펫) 시공비, 사인물 제작설치비(입구현판, 각종 배너류 등), 부대시설 임대 설치비 (전기, 압축공기, LAN, 전화, RF등록기 등), 각종 기자재 임대설치비 (A/V 기자재, 조립식 무대 등)

③ 광고선전비 : 일간지, 전문지, 라디오, TV광고, 온라인 및 SNS 매체, 홍보대행사 운영, 행사홍보물, 경품 및 기념품 등

④ 도서인쇄비 : 브로슈어, 초청장, 포스터, 디렉토리, 리플렛, 쇼가이드, 결과보고서 등

⑤ 여비교통비 : 국내외 출장비

⑥ 지급수수료 : 경비용역료, 참관객 등록대행, 홈페이지 제작 및 운영, 개막식 운영대행, 주차권, 보세설영비, 공동주최 및 에이전트 수수료, 강사 및 사회자 섭외, 바이어 숙박 및 교통비 지원, 리셉션 및 케이터링, 보험 및 보증료, 통번역비, 제수수료(카드, 인증, 입장대행) 등

⑦ 영업활동비 : 전시회 준비를 위한 각종 회의성 경비(다과, 식사 등)

⑧ 대외협력비 : 마케팅 및 세일즈 관련 각종 판촉 및 접대성 경비

⑨ 통신비 : 우편료, 택배비, 문자발송료(SMS) 등

⑩ 잡비 : 현장운영요원(일용직 및 서포터스) 인건비 및 식비, 사무국 비품 및 임관리비, 기타 비품구입 등

05 마케팅 계획 수립

1. 전시회 마케팅의 이해

전시회에 있어 마케팅 계획이란 주 고객군인 참가업체와 참관객들로 하여금 전시회에 참여하고자 하는 동인(Needs)을 찾아내어 촉진시키는 일련의 과정으로, 전시회 기획초기부터 행사 종료 시까지 일관성 있게 메시지를 전달하여야 한다. 특히 최근 국내 전시 공급면적의 확대로 인해 유사 경쟁 전시회의 개최가 급증하고 있어 고객 유치를 위해서는 타 전시회 대비 자사 전시회의 차별성(USP, Unique Selling Point)을 제시하는 것이 무엇보다 중요하다고 할 수 있다. 따라서 전시회의 기획 의도를 슬로건이라는 마케팅 언어로 전환하여 고객에게 전달하는 것이야 말로 전시회 마케팅의 시작이라 할 수 있다.

2. 전시회 마케팅 수단(Marketing Tools)

과거에는 참가업체를 대상으로 한 마케팅 활동 종료 이후, 참관객을 대상으로 마케팅 및 프로모션 활동을 전개하였으나, 최근 바이어와 참관객에 대한 중요도가 더

욱 높아짐에 따라 시기의 차이를 두지 않고 동시에 마케팅 활동을 추진하는 전시회의 비중이 늘고 있다. 주요 고객군의 사회경제적 특성에 따라 마케팅 포트폴리오를 차별적으로 구성, 운영하고 있으나, 온라인과 SNS에 대한 선호도는 어떤 산업군을 막론하고 점차 증가 추세에 있다. 전시회 마케팅에 대한 보다 구체적인 내용은 '전시마케팅 및 운영론'에서 살펴보도록 한다.

표 6-4 전시회 마케팅 수단 예시

오프라인(Off-line) 매체	온라인(On-line) 매체
홍보 DM(브로셔, 리플렛, 초청장 등)	전시회 홈페이지 및 앱
텔레마케팅 및 방문 세일즈	온라인 뉴스레터
홍보 설명회 (Road Show)	SNS(Facebook, Linked-in 등)
옥외광고(전광판, 현수막 등)	인터넷 검색어 및 배너광고
일간지/경제지/산업지 광고	문자 텍스트(SMS) 광고
TV/라디오 광고	블로그 및 온라인 커뮤니티 홍보

 ## 06 현장 운영계획 수립

현장 운영업무는 전시회 업무 프로세스의 마지막 단계로 행사개최를 위해 전시장 현장에서 이루어지는 조성 및 서비스 업무 일체를 의미한다. 개괄적인 방향성은 사업계획서를 통해 전시회 기획 초기에 설정하되, 세일즈 및 마케팅 업무가 종료되는 행사 개최 약 2개월에서 3개월 전 현장 운영계획을 수립, 확정 추진한다. 현장 운영계획은 전시장 부스배정, 부대행사 확정, 협력업체 선정, 사무국 운영, 개막식 및 의전, 설문조사, 차기행사 접수 및 유치계획 등을 포함하며, 전시회 현장운영에 대한 보다 구체적인 내용은 '전시마케팅 및 운영론'에서 살펴보도록 한다.

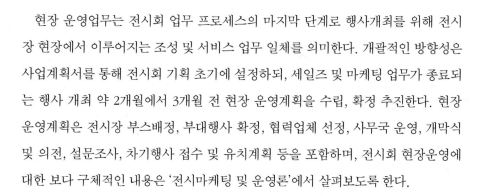

1. 현장 운영계획 시 고려요소

현장 운영계획 수립 시, 주요 고려요소는 아래와 같다.

① 전시장 부스배정 : 기 참가횟수, 부스규모, 신청시기, 전시품목, 참가업체 선호위치 등
② 부대행사 : 전시 아이템과의 연계성, 참관객 집객력, 홍보 매력도, 트렌드 선도 등
③ 협력업체 선정 : 전시장 등록업체 여부, 수행실적 및 인력, 재무건전성, 가격 매력도 등
④ 현장 사무국 운영 : 과업별 필요인력 산정, 스태프, 업무분장, 교육 등
⑤ 참가업체 매뉴얼 : 주요 일정 및 체크리스트, 비상연락망, 부대시설 안내, 제반규정, 지원서비스, 운수/통관, 각종 신청서, 협력업체 리스트 등
⑥ 개막식 의전 : 초청대상 선정 및 RSVP, 개막식 연출 및 운영계획 수립, A/V기자재 및 비품 등
⑦ 등록 및 설문조사 : 조사항목 추출, 설문지 설계, 조사방법론, 대행업체 선정 등
⑧ 차기행사 접수 및 유치계획 : 차기년도 전시회 기획(가격, 컨셉, 장소, 시기 등) 및 마케팅 Kit 제작, 현장 접수처 운영계획 등

＊ 붙임 1. '기획 전시회 Order Form' 샘플 참조

 대행 전시회 유치 및 운영

1. 대행 전시회의 이해

최근 정부, 각종 협회 및 단체에서 정책홍보, 제도개선, 기술혁신 사례 등에 대한 홍보 활동의 일환으로 전시회를 활용하는 사례가 증가하고 있다. 일부 기관의 경우 전시회를 직접 개최하기 위한 사무국 또는 전담 조직을 운영하는 경우도 있지만, 대

부분의 경우 전문적인 기획 및 운영노하우 부족, 시간 부족 및 예산의 효율적인 집행 등을 이유로 외부 대행사를 선정하여 운영하고 있다. 이와 같이 대민 홍보목적으로 외부 전문가의 힘을 빌려 개최하는 전시회를 통칭하여 대행 전시회라 한다.

　대행 전시회의 업무 프로세스는 앞서 언급한 전문 전시회와 크게 다르지는 않으나, 가장 중요한 것은 발주처를 대신하여 전시 업무를 추진해야 하므로, 발주처가 이번 행사에서 가장 주안점으로 두고 있는 부분이 무엇인지를 신속하고 정확하게 파악하고, 이를 가용한 예산 범위 내에서 추진하는 것이 중요하다. 발주처는 대행사를 선정하기에 앞서 제안요청서(RFP, Request For Proposal)를 통해 입찰 참여기업들에게 이번 행사의 컨셉과 과업의 내용을 소개한다.

2. 대행사 선정 프로세스

　정부 행사에 대한 입찰정보는 조달청에서 운영하는 입찰통합시스템인 '나라장터 (www.g2b.go.kr)'에서 확인할 수 있고, 그밖에 '오비드(www.obid.co.kr)'와 같은 사설 입찰정보 사이트에서도 다양한 대행전시회 입찰 정보를 확인할 수 있다.

　대행 전시회 입찰 및 대행 프로세스는

① 입찰공고 : 제안요청서와 함께 대행 전시회에 대한 입찰정보를 공지
② 현장 설명회 : 자격요건, 입찰방식, 제안서 평가 및 협상방법 등에 대해 소개
③ 가격투찰 및 제안서 제출 : 세부 실행예산, 제안서 및 각종 요청 서식 제출
④ 기술평가 : 제안서 내용에 대한 P/T 및 질의응답을 통해 평가
⑤ 가격평가 : 기 제출한 세부 실행예산을 발주처 기준에 따라 평가
⑥ 우선협상대상자 선정 및 계약 : 기술과 가격평가를 합산하여 우선 협상대상자 선정 후 적격 여부 판단하여 계약체결
⑦ 착수보고회 개최 : 기 제안내용을 발주처와 협의하여 조정 후 최종 추진계획 확정
⑧ 사무국 운영 및 전시회 개최 순으로 이뤄진다.

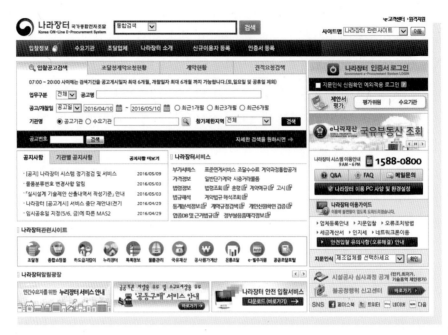

나라장터(www.g2b.go.kr) 홈페이지

오비드(www.obid.co.kr) 홈페이지

표 6-5 **대행전시회 제안요청서 목차 예시**

I. 사업 안내
  1. 사업명
  2. 추진배경 및 필요성
  3. 추진목표
  4. 주요 추진내용
  5. 사업예산 및 추진일정

II. 제안요청내용
  1. 제안요청내용 및 업무 범위
  2. 산출물 및 보고사항
  3. 기타

III. 입찰안내

IV. 제안서 작성요령

V. 별지서식

＊ 부록 '관련서식' 참조

 전시업계 종사자 관리

1. 종사자 관리의 개념

종사자 관리란 서비스/지식 산업의 핵심 요소이자 지속적인 경쟁우위 확보의 원천인 인적자원(Human Resource)에 대한 총체적인 관리를 말하는 것으로, 종사자를 효율적으로 관리하는데 연관된 모든 기능과 활동(채용, 직무분석, 교육훈련, 경력개발, 평가보상, 조직개발 등)을 의미한다.

특히, 전시산업은 노동집약적산업으로 인력에 대한 의존도가 크지만 인적자원에 대한 인식부족, 관련 시스템 미비 등 다른 산업에 비해 상대적으로 체계가 미흡한 상황이므로 이것의 이해와 실천이 매우 절실하나. 여기시는 전시컨벤션센터나 전시기획사, 전시서비스업체 등 전시 관련 제반 근로자 중 전시회의 성공적인 기획운

영에 필요한 전시기획사의 역량과 역량개발에 대해 설명하고자 한다.

2. 역량의 개념

역량이란 높은 성과를 창출하는 고성과자(High Performer)로부터 일관되게 관찰되는 행동 특성으로 '지식, 기술, 태도, 가치의 상호작용에 의해 높은 성과를 이끌어 내는 행동'을 말한다. 즉, 성과창출에 상대적으로 중요하게 공헌하는 요인들의 결집체를 말하는 것으로 특정한 상황이나 직무에서 준거에 따른 효과적이고 우수한 수행의 원인이 되는 개인의 내적인 특성이라고도 한다.

- 동기(Motive) : 일관되게 원하거나 마음에 담고 있는 것으로 행동의 원인이 됨.
- 특질(Traits) : 신체적인 특성 혹은 태도와 같이 어떤 상황, 정보에 대해 나타내는 일관된 반응
- 자기개념(Self-concept): 가치관이나 태도와 같이 자기 자신에 대해 어떻게 느끼고 인지하고 있는가 라는 개념적인 자기 인지의 총체
- 지식(Knowledge): 업무와 관련된 정보 등
- 기술(Skill): 신체적 또는 정신적으로 과제를 해낼 수 있는 기능과 기능적 숙련

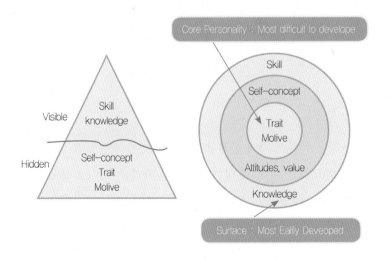

역량이 성과에 이르는 과정은 아래와 같다. 지식, 기술, 태도의 결합인 역량이 행동, 생각, 느낌 등 조직구성원들의 행위에 영향을 미쳐 제품과 서비스 등을 생산하는 데 영향을 주고 결국 매출액, 이익, 시장점유율 등 조직성과를 결정하는데 기여

하는 것이다.

3. 전시기획사의 역량

전시기획사는 전시회의 기본계획 수립에서부터 광고홍보, 재무관리, 협력업체 관리, 전시장 조성 등 종합적인 직무의 특성상 아래와 같은 다양한 역량을 필요로 한다.

① 기초공통 역량은 직업기초능력을 말하는 것으로 "대부분의 직업에서 직무를 성공적으로 수행할 수 있는 데 필요한 기본적이고 공통적인 역량으로 대부분의 직업에 전이 가능하며 직무내용 및 직위변화 등과 같은 직무환경의 변화에 능동적으로 적응하는데 요구되는 능력(한국직업능력개발원, 2008)"을 말한다.

② 직무역량은 특정한 직책이나 직업에서 책임을 지고 맡은 업무를 수행하는 능력으로 전시기획사로서 전시회를 기획하고 운영하는 모든 과정에 필요한 직무상의 능력을 말한다. 기초공통 역량이나 감성인지 역량 등은 성인이 되어 교육훈련을 통해 개발이나 변화가 쉽지 않은 반면, 직무역량은 훈련과 개발이 가장 용이하여 일반적으로 조직에서의 역량개발이라 함은 직무역량 개발을 의미하는 경우가 많다.

③ 리더십은 구성원들에게 긍정적 영향력을 통해 자발적 협조와 추종을 불러일으켜 조직에서 원하는 목표를 달성하는 능력으로 전시기획사의 리더십역량이란 전시회를 기획운영하는 과정에서 조직내부의 직원, 그리고 참가업체 및 협력사들을 아우르며 전시회의 목표달성을 위한 관리자로서의 역량을 말한다.

④ 감성은 이성과 대비되는 개념으로 기질(disposition), 성질(temperament), 기분(mood), 성격(personality), 의욕(motivation) 등과 복합적으로 연계된 현상으로, 정서가 유발되는 시점에서 상황에 대한 인지적 평가와 함께 인간의 감각정보에 의해 직관적이고 반사적으로 발생되는 것으로 감성/인지역량은 역량모델에서 이러한

감정 및 감성(정서)적인 부분과 관련된 역량을 말한다.

표 6-6 **전시기획사의 역량**

구분	기초공통 역량(10)	직무역량(16)	리더십 역량 (12)	감성/인지역량(14)
세부 내용	의사소통능력 수리능력 문제해결능력 자기개발능력 자원관리능력 대인관계능력 정보능력 기술능력 조직이해능력 직업윤리	신규전시회 개발 전시회 기본계획 수립 전시회 광고 · 홍보 전시회 고객유치 · 관리 · 영업 전시회 재무 관리 전시회 운영인력 관리 전시품 물류 관리 전시장 조성 · 철거 전시회 현장운영 · 관리 전시 협력업체 관리 공식 · 부대행사 기획 · 운영 비즈니스 매칭관리 환경장식물 인쇄제작물관리 전시회 위기관리 전시회 사후관리 외국어 능력	부하육성/개발 업무지시/관리 권한위임 동기부여 팀워크/협력구축 전략과 비전제시 경영관리 갈등관리 변화주도 자기인식 자기통제 자기확신	판단력 책임감 창의력 성실성 유연성 사교성 진실성 융통성 낙관성 주도성 적응성 인내력 자신감 공감력

4. 전시기획사의 역량 개발

전시기획사의 역량개발은, 종사원 개인 측면에서는 강의, 멘토링 등을 비롯한 다양한 인적자원개발 방법을 통해 직무역량을 개발해 나가는 과정을 의미한다. 조직 측면에서는 팀빌딩, 학습조직 구축 등 조직차원의 역량개발을 통하여 전시기획업무를 담당하는 조직의 성과를 향상시키고 경쟁력을 갖도록 변화시키는 과정을 의미한다. 특히, 조직의 경쟁력과 업무성과는 종사원의 직무역량 뿐 아니라 리더십 역량 및 기타 역량에도 영향을 받으므로 전시기획사 조직은 종사자의 직무역량 개발 뿐 아니라 리더십 역량 등 다양한 역량군을 고려하여 부족한 역량개발을 추진할 필요가 있다. 전시기획사의 역량을 개발힐 수 있는 일반석인 방법은 다음과 같다.

표 6-7 전시기획사 역량 개발 프로그램의 세부내용

프로그램	세부내용
강의 (Lecture)	교수자가 학습자에게 지식과 정보 혹은 사례나 경험들을 일방적으로 전달해 주는 방법으로 전문지식을 체계적으로 전달할 수 있으나 교수자의 일방적인 내용 전달에 그칠 수 있으므로 필요한 교육내용에 대한 사전 조사나 교수자/학습자의 열정과 참여가 더욱 요구되는 인적자원개발 방법. 전시산업 관련 기관, 대학(원), 지자체 등에서 제공하는 관련 강의를 활용하거나 해당 기업에 맞는 강의를 맞춤 기획하여 진행할 수 있음.
직무순환 (Job Rotation)	직무순환은 직무 전체의 이해를 위해 일련의 직무들을 계속적으로 수행하도록 하는 방법. 전시기획사의 경우 궁극적으로 전시총괄 매니저로서의 역할을 수행하기 위해 고객유치관리, 마케팅/광고홍보, 행사 행사운영 등 핵심적인 직무들을 고루 경험함으로써 직무 역량을 향상시킬 수 있음.
직무현장훈련 (On the Job Training)	직장 내 교육훈련으로 리더나 선배가 부하나 후배에게 실제 직무를 통해서 직무에 필요한 지식, 기술, 태도 등을 계획적, 중점적으로 개발하는 과정. 전시총괄 매니저는 후배직원과 함께 하나의 전시회를 준비하며 직무 과정에 대해 실제 업무를 통해 정확히 지도할 수 있음.
자기주도학습 (Self-Directed Learning)	구성원에게 최대한의 자율성을 주어 스스로 선택하고 학습하는 인적자원개발 방법으로 개발의 주체가 종사자 자신이 된다. 전시산업 종사가 스스로 본인이 필요로 하는 교육에 대해 판단하고 선택하여 자발적으로 학습하고 개발하게 됨.
멘토링 (Mentoring)	개인들 사이의 신뢰와 존중을 바탕으로 발전과 배움이라는 공통의 목표를 달성하여 상호이익을 도모하는 인적자원의 역량강화 방법. 직무에 대해 많은 경험과 지식을 가지고 있는 멘토가 멘티를 지도하여 조기전략화 시키는 역량개발 활동. OJT가 직무중심이라면 멘토링은 역할중심이며 심리적 기능도 포함. 경력이 많은 총괄 전시기획자가 신입직원을 멘토링하여 빠른 조직 적응 및 전시업무 적응에 도움을 줄 수 있다.
액션러닝 (Action Learning)	액션러닝은 참가자들이 팀을 구성하여 팀워크를 바탕으로 실제 현업의 문제를 정해진 시간에 지식습득, 질문과 성찰을 통해 해결하는 학습 프로세스. 전시회 기획운영 시 발생할 수 있는 문제점에 대해 서로 다른 전시회 담당자들끼리 소그룹을 만들어 실시할 수 있음.

프로그램	세부내용
워크아웃 프로그램 (Work Out Program)	집단적인 토론을 통해 문제의 답을 찾아내는 방식으로 전 구성원이 허심탄회하게 토의한 후 그 결과를 의사결정권자에게 전달하여 즉시 실행에 옮기고 피드백을 거치는 방식.
벤치마킹 (Benchmarking)	조직의 경쟁력을 제고하기 위해 성공사례를 통해 배우는 혁신기법으로 단순히 제품이나 서비스를 복제하는 것이 아니라 장단점을 분석하여 한층 업그레이드된 나만의 창조를 하는 과정. 세계적인 전시회나 유사전시회 등의 벤치마킹을 통하여 산업의 동향과 현장 운영 기법 등을 쉽게 학습할 수 있으며 그러한 것을 바탕으로 더욱 창조적인 전시회 기획운영을 할 수 있음.
학습조직 (Learning Organization)	조직구성원들이 함께 학습하는 방법으로 필요한 지식이나 역량에 대해 공동으로 스터디 그룹 등을 조직하고 학습하여 지식을 배우고 역량을 강화하는 방법. 전시기획사는 전시기획 관련 핵심 업무인 기획이나 마케팅 등에 관한 학습조직을 구축하여 최신 트렌드나 기법 등을 익히고 역량을 강화할 수 있다.
지식경영 (Knowledge Management)	지식경영은 구성원들이 보유한 지식을 기초로 적합한 지식을 적합한 구성원에게 제공하고 공식적으로 축적하여 조직의 경쟁력과 성과향상을 꾀하는 방법. 전시기획사는 개인이 전시회를 기획운영하며 습득한 마케팅, 운영관련 등 자료들을 회사 내의 지식경영 시스템에 공유함으로써 회사의 모든 구성원들이 지적자본을 적시에 활용할 수 있다.
팀빌딩 (Team Building)	구성원들의 집단 효율성에 방해가 되는 문제점을 찾아내고, 구성원의 합의에 의해 도출된 문제에 대해 해결안을 찾아서 일상 업무 중에서 그 해결안을 실행하고, 일정기간이 지난 후에 실행결과를 평가하는 일련의 집단개발 과정. 전시회를 담당하는 총괄매니저를 비롯한 관련 직원들이 전시회를 기획운영하는 과정상에 나타난 문제에 대해서 팀빌딩을 시행하여 개선하고 그 과정 속에서 역량을 강화할 수 있다.
경력개발제도 (Career Development Program)	종사자가 조직 내에서 거치게 되는 보직경로를 합리적으로 설정관리해 주는 보직중심의 역량개발 방법으로 장기적이고 계획적인 개인의 경력관리 기법. 구성원의 적성과 전문성, 희망 등을 바탕으로 필요한 보직에 적합한 직원을 개방적이고 공정하게 배치함. 전시기획사가 영업활동에 흥미와 재능이 많은 경우 부대행사운영이나 참가자관리 보다 참가업체 유치관리에 집중 배치되어 더 많은 역량을 발휘할 수 있음.

연습문제 exercises

1. 신규 아이템 개발 전략을 설명하는 내용 중 해당하지 않은 것은 ?

① 시장 선도화   ② 모방 및 추격화
③ 하이브리드화   ④ 위탁 운영화

2. 산업 내 기술 호환성 또는 연계성이 높은 아이템을 세분화 하거나 지속적으로 개발, 확장하는 전략은?

① 수직적 확장   ② 수평적 확장
③ 전방위 확장   ④ 후방위 확장

3. 산업 간 유사성 또는 보완성이 높은 아이템을 결합, 확장하는 전략은?

① 수직적 확장   ② 수평적 확장
③ 전방위 확장   ④ 후방위 확장

4. 사업계획서 구성요소 중 해당하지 않는 것은?

① 전시회 개최배경, 구성, 사업예산   ② 세일즈 및 마케팅 계획
③ 인력운영계획 및 세부추진일정   ④ 광고/홍보물 시안

5. 수입예산 구성요소 중 해당하지 않는 것은?

① 참가비 수입   ② 부대시설 수입
③ 입장권   ④ 공동주최 수수료

6. 지출예산 구성요소 중 '전시장 사용료'에 해당하지 않는 것은?

① 전시장임차비   ② 회의실임차비
③ 폐기물처리비   ④ 기자재 임대설치비

7. 지출예산 구성요소 중 '전시장치비'에 해당하지 않는 것은?

① 조립부스 설치비   ② 사인물 설치비
③ 부대시설 설치비   ④ 국내외 출장비

연습문제

8. 지출예산 구성요소 중 '지급수수료'에 해당하지 않는 것은?

① 경비용역료
② 공동주최 및 에이전트 수수료
③ 바이어 숙박 및 교통비 지원
④ 일간지 광고

9. 지출예산 구성요소 중 '잡비'에 해당하지 않는 것은?

① 현장운영요원 인건비
② 사무국 비품
③ 현장운영요원 식비
④ 디렉토리 제작

10. 대행 전시회 제안요청서(RFP) 구성요소 중 해당하지 않는 것은?

① 사업안내
② 제안요청내용
③ 입찰안내
④ 평가위원

11. 전시기획사의 직무역량에 해당하지 않는 것은?

① 신규전시회 개발
② 전시회 운영인력 관리
③ 전시회 재무관리
④ 전시회 전략과 비전제시

12. 성인이 되어서도 교육훈련을 통해 육성과 개발이 가장 용이한 역량은?

① 직무역량
② 기초공통역량
③ 리더십역량
④ 감성인지역량

정답 **1.** ④ **2.** ① **3.** ② **4.** ④ **5.** ④ **6.** ④ **7.** ④ **8.** ④ **9.** ④ **10.** ④ **11.** ④ **12.** ①

전시회 예산수립 및 운영

정의 및 목표

성공적 전시회 개최를 위한 전시예산의 필요성과 방향을 알아 보고, 효율적 전시예산의 집행과 사후관리의 중요성을 인식한다. 또한 합리적 전시예산 수립을 위한 전시부스의 가격결정 요소 및 방법을 찾아보고, 재정적 안정성에 도움을 줄 수 있는 전시회 협찬의 종류와 목적을 이해한다.

학습내용 및 체계

주요 항목	세부 내용	비고
1. 전시회 예산수립 및 운영	• 전시회 예산계획 수립 개요 및 필요성 • 전시회 수입예산의 종류 • 전시회 지출예산의 종류 • 전시회 예산 편성 방향 • 전시예산의 효율적 집행 및 관리	
2. 전시부스의 가격결정	• 전시부스의 가격결정 방법 • 기타 가격결정에 영향을 미치는 요인들 • 전시부스의 가격결정 방법 • 할인제도	
3. 협찬(스폰서십) 및 지원사항 이해	• 협찬(스폰서십) 개요 • 협찬(스폰서십)의 종류, 목적, 효과 • 정부 또는 지방자치단체의 전시회 지원제도	

학습 포인트

- 전시회의 예산의 수립 및 필요성에 대한 이해
- 수입/지출예산의 종류와 합리적인 전시회 예산편성 방향 모색 및 전시예산의 효율적 집행과 관리
- 전시부스의 가격결정 이론과 방법에 대한 이해
- 협찬의 종류와 효과, 정부 및 지자체의 전시회 지원제도 등에 대한 이해

핵심 용어

예산계획, 수입예산, 지출예산, 예산집행, 전시부스 가격결정, 할인제도, 협찬(스폰서십), 지원제도

전시회 예산수립 및 운영

1. 전시회 예산계획의 중요성

성공적인 전시회를 개최하기 위하여 가장 기본이 되는 것이 예산 수립 및 운영이다.

전시회는 예산의 범위가 한정적으로 정해져 있는 관계로 예산을 확보하고 수립하는 것이 매우 중요하다. 잘못된 전시예산은 전시기획이나 운영의 오류와 마찬가지로 전시회 실패의 커다란 요인으로 작용한다. 아무리 좋은 목적과 기획능력을 가지고 있는 전시회라도 예산이 부족한 상황이 발생하면 제대로 된 전시회를 개최하기 어렵다. 따라서 전시회 예산계획은 전시회 운영의 중요한 의사결정사항이라 할 수 있다.

전시회 예산수립은 전반적인 경제동향, 해당산업의 동향 및 시장환경, 과거 실적, 주최자의 역량 등을 종합적으로 고려해야 하며, 참가업체, 참관객들의 관심과 요구도 고려해야 한다. 이러한 예산계획의 수립 및 실행은 단순히 수입·지출의 계산 문제가 아닌, 전시회의 장기적인 목표에 관한 계획과 전시회 운영상 문제의 원인을 확인하여 미래 계획을 수립하고, 성과평가의 기준을 제공하는 등에 유용성이 있다고 하겠다.

어느 경영계획과 마찬가지로, 전시회 예산계획의 수립에서도 ROI(Return on Investment, 투자자본수익률) 개념이 필수적으로 등장하게 된다.

전시회에 얼마를 투자할 것인가하는 것은 예산계획 수립에 있어 매우 중요하다. 물론 신규 전시회나 소규모 전시회의 경우에는 ROI를 필요이상으로 강조하다 보면 투자에 소극적이게 되고 이는 전시회의 성장에 큰 저해요소가 될 수도 있다.

전시회 규모에 관계없이 예산낭비나 전시회의 질적저하 등을 효율적으로 관리하기 위해서는 제한적인 예산으로 최대의 효과를 도출할 수 있는 예산계획을 수립하는 것은 무엇보다 중요한 일이다.

2. 전시회 수입예산의 종류

전시회를 개최하는데 필요한 경비를 충당하기 위해서는 수입예산을 편성해야 한다. 전시회의 수입은 전시회의 규모나 성격에 따라 다르지만, 기본적으로 참가업체의 부스참가비, 전시회 입장료, 광고비, 부대설비료, 부대행사비, 후원금, 정부보조금, 기타 수입 등으로 이루어진다.

1) 참가업체 부스참가비

참가업체 부스참가비는 전시회 수입의 대부분을 차지한다. 따라서 부스 참가비는 전시회 예산편성에 있어 기초가 되며, 전시회 수익성에 가장 큰 영향을 미치게 된다.

부스참가비는 참가비 책정을 위해 필수적인 결정요소들이 있지만, 전시회의 성격, 개최지역, 주최자의 의도마다 다르게 책정되고, 국가별로도 많은 차이가 있다.

참가비는 대부분 부스(Booth) 혹은 제곱미터(sqm) 단위로 책정하게 되는데, 우리나라에서는 통상적으로 부스 단위를 사용한다. 부스의 단위는 3m×3m를 기본으로 하는 9m²가 가장 많이 사용되며, 간혹 6m², 12m²도 사용된다. 독일을 비롯한 외국의 경우에 1부스의 개념없이 제곱미터(m²)단위로 부스를 판매하는 경우도 많으며, 12m²가 1부스인 경우도 많다.

부스료는 참가업체가 실제로 비용을 지불하게 되는 유료부스가 대부분이며, 서로 부스를 제공하거나 매체의 광고와 부스를 교환하는 교환(Barter)부스, 특별한 목적을 위해 주로 기관, 단체, 산학관 등에 제공하는 무료부스 등이 있다.

2) 전시회 입장료

전시회 참관객이 전시회 관람을 위해 전시장에 입장하면서 지불하는 비용을 말한다. 부스 참가비와 마찬가지로 입장료도 전시회별로 찬차만별이다. 특히 전시회 성격에 따라 많이 달라지는데, 주최자의 의도에 따라 무료로 책정하는 경우도 있고, 전문전시회의 경우 일반인의 입장을 제한하기 위해 의도적으로 고액의 입장료를 지불하게 하는 전시회도 있다. 아주 드문 경우긴 하지만, 대규모 소비직·일반 전시회의 경우는 참가업체 부스참가비보다 입장료 수입이 더 큰 수입원이 되는 경우도 있다.

3) 광고비

전시회에서 광고는 참가업체의 홍보를 목적으로 하는 것으로, 홈페이지 배너, 카달로그, 리플렛 등 홍보물광고, 전시장내 배너광고 등이 있다. 이외에도 여러가지 방법으로 광고를 할 수 있는데, 개별로 하는 경우도 있고, 스폰서쉽을 제공하여 패키지로 시행하는 경우도 있다. 경쟁력이 있는 전시회의 경우에는 광고비가 큰 수입원이 되기도 한다.

4) 부대설비료, 부대행사비, 정부보조금, 기타수입 등

전시장에서 참가업체가 이용하는 전기, 전화, 인터넷, 수도, 압축공기 등의 유틸리티를 사용하는 경우에 지불하는 부대설비료와 참가업체가 전시회 이외의 행사, 예컨대 세미나, 시연회, 미팅 등을 하기 위해 장소임대를 목적으로 지불하는 부대행사비 등도 적지 않은 수입원이 된다.

정부보조금은 중앙정부 및 지방자치단체에서 해당 산업발전과 중소기업육성 등을 위하여 전시회에 보조금을 지원하는 것으로 한정된 전시회가 대상이 되어 일반적인 경우는 아니며, 대부분 사용용도를 해외바이어 초청 및 광고, 홍보 등으로 제한하고 있다.

전시주최자는 위에 열거한 사항들 이외에 전시회에 따라 수익다변화를 위한 다양한 수익모델을 만들어 내는 노력을 하고 있다.

3. 전시회 지출예산의 종류

전시회는 수입예산의 종류가 한정적인데 반해, 지출예산은 경우의 수가 상대적으로 많다. 지출예산이 광범위한 만큼 탄력적 운용이 가능하며 낭비요인을 제거할 수 있는 경우도 많다.

지출은 전시장 임차료, 회의실 임차료, 관리비 등과 같이 고정비적 성격을 가지는 경우와 홍보비, 행사운영비, 식음료비 등과 같이 변동비적 성격을 가지는 경우로 나눌 수 있다[1]. 이중 변동비적 성격을 가지는 지출의 경우가 주최자의 의지에

---

1 전시회 지출요인을 고정비와 변동비로 구분하는 것은 전시회 참가규모에 대해 손익분기점(BEP, Break Even Point) 분석에도 유용하게 사용할 수 있다.

따라 지출 규모의 조정이 가능한 경우이다.

지출예산은 전시회 및 주최자의 성격에 따라 그 범위와 종류가 다양하므로 일반적인 경우만 살펴 보기로 한다.

표 7-1 지출예산 항목 예시

항 목	내 용
행사장 임차료	전시장임대료, 부대시설, 세미나실임대료 등
관리비	폐기물처리비, 전기, 전화, 인터넷, 수도, 압축공기 등
광고선전비(국내)	신문, 전문지, 인터넷, 메일, TV, 라디오 등
광고선전비(해외)	해외광고비, 해외전시회 참가비, 바이어유치 · 초청비 등
홍보물 제작비	제작비, 인쇄비
외주공사비	전시장 내외부공사
전시정보화 구축비	웹페이지 구축 및 관리비, 등록시스템, DB구축비 등
행사운영비	행사요원 인건비(통역, 안내요원, 보안 등), 개막행사, 리셉션 등
학회, 세미나 개최비	연자 초청비 등
통신비	우편요금, 전화, Fax, 택배 등
업체유치경비	유치경비, 출장비, 분담금, 에이전트 수수료 등
전시회 인증비	국내 및 해외 전시회 인증비
경상비	사무실 임대료, 임직원 급여 등
예비비	

표 7-2 전시회 예산편성 예시

□ 수입예산

(단위 : 천원)

항 목	세부내역	금 액
전시회 참가비	부스수×단가	1,450,000
부대시설 수입	전기료, 전화료, 수도, 압축공기, 인터넷 등	150,000
입장료 수입		15,000
광고 수입	디렉토리 등 인쇄물 광고, 전시장 내외부 광고 등	15,000
협찬금		10,000
국고 보조금	정부 보조금, 지자체 보조금	50,000
기 타		10,000
합 계		1,700,000

□ 지출예산

(단위 : 천원)

항 목		세부내용	소 계
전시장 사용료		임대료, 관리비	290,000
전시 공사비		바닥공사, 전기, 내외장 등	90,000
행사 운영비		간담회, 개막식, 기념품 등	120,000
관리비, 인건비 등		운영비, 급료, 경상비 등	300,000
기 타		통신비, 유치분담금, 예비비 등	125,000
홍보비	국내	국내 매체 광고비	350,000
		국내 홍보자료 제작비 · 발송비	90,000
		유사 국내전시회 등 홍보부스 참가비	3,000
	해외	해외 매체 광고비	45,000
		해외 홍보자료 제작비 · 발송비	30,000
		해외전시회 홍보부스 참가비	42,000
		전시회 해외설명회 개최비	8,000
해외업체 및 해외바이어 유치비		해외업체, 해외바이어 등의 항공비 · 숙박비	77,000
		리셉션 개최비	10,000
		통역비	5,000
전시정보화 구축비		참관객 등록시스템 운영비 및 DB 구축비	25,000
		전시회 홈페이지 구축 · 보수비	13,000
시설설치 및 부대행사 운영비		편의시설 장치비	20,000
		부대행사 개최비	50,000
전시회 인증비		국내외 전시회 인증비	7,000
합 계			1,700,000

4. 전시회 예산 편성 방향

전시회 예산편성의 중요한 기능은 각종 계획을 보다 구체적으로 나타내는 데 있다.

전시회 예산은 수입과 지출로 구성되는데, 수입예산은 항목이 한정적이고, 불확실성이 크지 않아 어느 정도 추정이 가능하다. 일반적으로 전시회 수입의 대부분이 참가업체 부스참가비이므로, 수입예산의 편성은 과거의 결과자료를 토대로 미래 예측을 종합하는 작업이 이루어져야 한다.

지출예산은 전시회를 진행하는데 소요되는 모든 경비를 세분화한 항목으로, 전시회의 재정적인 능력과 목표를 종합적으로 고려하여 편성해야 한다.

지출예산 편성시 고정적으로 지출되는 비용을 파악하여 이것을 토대로 작성하는 것이 좋으며, 전체 예산을 고려하여 목표수익이 도달할 수 있는 수준으로 책정해야 한다. 목표수익에 미달할 것으로 예상되면, 변동가능한 지출예산의 사업을 축소하거나 수입예산을 높여 예산을 재편성하는 것이 바람직하다.

예산은 과거의 재무적 결과자료를 토대로 하여 전술한 각종 수입과 지출의 추정치를 근거로 하여 편성되는 것이다. 그러나 수입과 지출을 정확하고 신뢰할 수 있도록 추정한다는 것은 결코 용이한 일이 아니며, 따라서 예산을 편성한다는 것은 매우 복잡하고 힘든 과정이라고 할 수 있다.

전시회 예산은 중장기적 예측하에 책정되기 때문에 당연히 '불확실성'이 수반된다. 특히 전시회의 주수입원인 참가업체부스비, 광고비, 입장료 수입 등이 미리 확정되지 못하고, 중기적으로 시차를 두고 확정되는 불확실성으로 인해 현실적, 합리적으로 편성하기가 쉽지 않다. 따라서 이러한 불확실성을 제거하려는 노력이 중요하다고 할 수 있다.

결국 예산편성에 있어 가장 중요한 것은 효율성과 경제성에 초점을 맞추어 적은 비용으로 최대한의 성과를 거두어야 한다는 것이다. 따라서, 합리적인 예산관리를 위해서는 수입과 지출의 발생시기와 금액을 예상할 수 있는 예산을 편성하여 효율적으로 운영될 수 있도록 해야 한다.

5. 전시예산의 효율적 집행 및 관리

1) 의의 및 중요성

예산의 집행은 단순히 사전에 정해진 금액을 수납하고 지출하는 것만을 의미하는 것이 아니라 예산수립 후에 일어 날 수 있는 모든 과정과 결과를 의미한다고 할 수 있다. 이처럼 예산집행의 의미는 광범위하며, 예산수립의 과정은 예산의 집행을 보다 합리적이고 효과적으로 하기 위한 하나의 수단에 지나지 않는다고 할 수 있다.

예산집행에 있어 예산의 배정과 자금 수급이 사실상 일치하지 못하여 사업계획의 집행에 지장을 초래할 수 있고, 잘못된 예산집행으로 애초의 사업의도와는 달리

아무런 성과가 없는 결과를 초래할 수도 있다.

즉, 예산의 합리적인 집행은 전시회의 전 과정에서 성패를 좌우한다고 할 수 있다.

2) 효율적인 예산집행

예산이란 그 자체가 합리적이고 효율적으로 편성되는 것도 중요하지만, 주요 내용인 수입과 지출이 어떤 형태로 조달되고 어떤 목적을 위하여 지출되는가를 파악하여 관리하는 것이 무엇보다 중요하다. 즉, 예산 편성의 과정에서 설정된 목적을 달성하기 위해서는 예산의 집행을 보다 효율적으로 할 필요가 있다. 효율적으로 예산을 집행했다는 것은 전시회가 의도했던 목표 및 성과를 달성했다는 것을 의미한다.

예산낭비의 개념은 경제성 측면에서는 투입되는 비용의 최소화를 달성하지 못하고 오히려 초과한 것으로 볼 수 있다. 즉, '최소 비용으로 최대한의 성과'를 얻고자 하는 효율성의 이념에 반하는 것이다.

비효율적 예산지출 즉, 예산낭비의 대표적인 경우로는 당초 목적외 타 용도 전용, 수요를 감안하지 않은 예산집행, 불필요한 인원 운영, 용역수수료 과다지급, 중복투자, 원가계산의 잘못 등을 들 수 있다. 예산집행의 결과가 의도한 바와 다르게 엉뚱한 방향으로 흘러간다든지 불필요한 부문으로 투입되어 아무런 성과가 없는 등의 결과를 초래하는 것이다.

이러한 경우 외에도 많은 변수들이 적절한 예산의 분배를 방해하게 된다. 분배에 적절성을 상실한 예산 책정은 예산의 낭비를 불러온다. 예산의 낭비는 이러한 분배의 적절성 실패 이후에도 사업 운영의 실패 등 여러 결과로 나타날 수 있다.

예산 수립 후에 있어서도 시간이 경과함에 따라 여러 요인에 의해 변동되기 때문에 예산을 집행함에 있어 신축적으로 대응할 수 있도록 하여 필요에 따라 수정할 경우를 생각해야 할 것이다.

결론적으로 올바른 예산집행을 위해서는 예산집행단계에서 낭비요인을 확실히 제거하고, 적절한 분배를 위한 신축성을 유지하여야 하며, 여건이 변경되면 이를 합리적으로 조정하여야 한다. 또한 전시회 종료 후에는 소요예산의 정확한 정산, 수립예산과 집행예산의 차이 분석, 지출예산의 효과분석 등 예산집행의 사후관리에 힘써야 할 것이다.

 전시부스의 가격결정

1. 전시부스의 가격결정 방법

일반적으로 많이 사용되는 전시부스의 가격 산정 방법에는 원가 중심의 가격결정(비용에 기초한 가격결정), 소비자 중심의 가격결정(참가업체에 기초한 가격결정), 경쟁 중심의 가격결정 (경쟁전시회에 기초한 가격결정) 등이 있다. 물론 일부 정부나 자치단체의 자금지원에 의해 가격결정 요인이 모두 무시되는 경우도 있다.

1) 원가 중심의 가격결정(비용에 기초한 가격결정)

앞에서 언급한 전시회 지출예산에 들어가는 모든 비용을 충당하고, 목표로 한 이익을 낼 수 있는 수준에서 가격을 결정하는 방식으로 가격결정의 고전적 방식이다.

불필요한 가격 경쟁을 피할 수 있다는 장점이 있으나, 경쟁전시회나 참가업체의 반응을 고려하지 않고 전시 주최자가 임의로 가격을 결정한다는 문제점이 있다.

2) 소비자 중심의 가격결정(참가업체에 기초한 가격결정)

참가업체가 판단하는 전시회에 대한 평가, 가치와 그에 따른 수요를 바탕으로 가격을 결정하는 방법이다.

이러한 가치 중심적 가격결정은 먼저 참가대상업체가 해당 전시회에 대해 어느 정도의 가치를 부여하느냐와 그에 따른 지불의사가 어느 정도까지 있는지를 기반으로 가격을 결정하게 된다. 이러한 방법은 비용을 기초로 한 가격결정 방법보다 합리적이지만, 업체들의 판단가치를 객관적으로 측정하는 것이 쉽지 않다는 한계를 갖고 있다.

전시회의 가치를 높일 수 있다면 비용 중심의 가격결정보다 몇 배 높은 가격을 결정하더라도 참가업체는 그 가격을 받아들일 수 밖에 없다. 즉, 고가의 참가비 정책을 유지할 수 있는 것이다. 실제로 명품브랜드가 고가임에도 불구하고 잘 팔리는 이유는 제품의 원가에 상관없이 소비자들이 생각하기에 높은 가격을 지불할 만한 가치가 있다고 보기 때문이다. 최근 많은 주최자들이 전시회의 브랜드를 높이기 위해 많은 노력을 하고 기울이고 있는 이유이기도 하다.

3) 경쟁 중심의 가격결정(경쟁전시회에 기초한 가격결정)

유사전시회나 경쟁 전시회의 가격을 근거로 하여 전시회의 가격을 결정하는 방법이다. 자신의 비용 구조나 소비자의 수요보다 타 전시회의 가격을 보다 중요하게 생각하며, 보통 주된 유사전시회의 가격과 비슷한 수준에서 다소 높게 또는 낮게 책정하는 방법이다.

가격 결정 방법에 있어서 가격은 지출비용을 상회하고 수요를 고려하여 결정되어야 하지만 그렇지 못하는 경우도 많다. 일반적으로 가장 쉬우면서도 많이 활용하는 가격 결정 방법 중의 하나가 유사 전시회의 가격과 비슷하게 유지하는 것이다. 이것은 기존 시장에서의 위험을 최소화하기 위한 소극적인 가격 전략이며, 과점적 경쟁상황하의 가격전략이다. 자금상의 손실을 감수해야 하는 경우가 있어 전시회의 지속성에 문제가 생길 여지가 있다.

2. 기타 가격결정에 영향을 미치는 요인

기본적으로 전시부스의 가격은 소요비용, 참가업체의 지불의사, 경쟁전시회의 가격 등의 주요 요소에 의해 결정된다. 그러나 그 외에도 반영해야 할 간과할 수 없는 중요한 요소들이 많다고 하겠다.

금리변화, 물가상승률, 경기동향, 해당 산업의 동향 등 경제적 조건들도 가격결정에 강한 영향을 미친다. 또, 해외 참가업체를 위한 전시부스 가격산정의 경우 환율동향, 에이전트 수수료 등도 간과해서는 안 될 사항들이다.

3. 전시부스의 가격결정

결국 전시부스의 가격결정은 통합적 가격결정 즉, 비용 중심적 · 소비자 중심적 · 경쟁 중심적 가격결정 등의 세가지 방법을 모두 종합적으로 판단하여 결정하

는 것이 합리적이라고 하겠다. 즉, 전시부스의 가격결정은 계획된 사업목표 아래 원가와 수요를 예측하고, 업체들의 지불의사, 유사전시회의 경쟁환경 분석을 통하여 가격 책정 방법을 선정하여 최종 가격을 결정하여야 할 것이다.

하지만 현실적으로는 전시부스의 가격결정은 주최기관별로 재무전략, 마케팅전략에 따라 천차만별의 형태로 나타난다. 각기 주어진 여건과 환경속에서 나름의 방법들을 모색한 결과로 볼 수 있다.

경쟁이 심한 전시회의 경우 상대적으로 낮은 가격을 책정하여 짧은 기간에 큰 시장점유율 확보에 나서는 경우가 많다. 단기적인 매출증대보다는 시장점유율 확대로 더 높은 장기적 이익을 확보하려는 의도에서이다.

반대로, 적정한 가격이 산출되었더라도 상대적으로 높은 가격을 책정하여 타 전시회와 차별화하는 등 여러 가지 전략적 방법들이 사용되기도 한다.

4. 할인제도

주최자는 빠른 재원 확보, 참가업체의 지속적인 확보, 규모확대 유도, 효과적인 영업활동 등을 위하여 부스가격의 할인제도를 도입하기도 한다. 대부분의 전시회가 활용하는 제도로서 다양한 형태의 할인제도가 있으나, 여기에서는 일반적으로 활용되고 있는 할인제도만 다루기로 한다. 필수적인 정책이 아니며 주최자의 의도에 따라 활용하지 않는 경우도 있고, 많은 부분을 채택하는 경우도 있으나 통상 1~2개 이상의 할인제도를 채택하는 경우가 대부분이다.

1) 재참가사 할인

전시회 참가업체에게 인센티브를 주는 제도로, 참가업체의 지속적인 확보를 위하여 운영하는 제도이다. 할인의 범위는 보통 10% 내외로 책정하는 경우가 많다.

표 7-3 전시부스가격 할인제도 적용 예시

조기납입, 회원사, 규모별 할인 관련 자료

참가비 특전/Discount Program   **최대 27% 할인

구분/Category	내용/Contents	할인금액/Discount
신청기한 / Pre-registration	현장신청 2015. 11. 12(목)~20(금)까지 On-site Registration by Nov. 20(Fri), 2015	-360,000원 / -$240
	조기신청 2016. 4. 29(금)까지 Early-bird Reqistration from Nov. 23(Mon), 2015 ~April 29(Fri), 2016	-240,000원/$-240
참가횟수 / Number of Participation	전년 재참가 Re-participation (2015 Exhibitor)	-360,000원 / -$240
	5년 연속 참가 Participated every year (5 years)	-168,000dnjs/-$48
10부스 이상 / More than 10 booths	10부스 이상 / More than 10 booths	-48,000원 / -$480
특별프로그램 / Special Program	코너부스_3부스 이하 (개방면수 * 단가) Corner booth_Less than 3 booth (open side*unit price)	300,000원/$300

* 신청기한에 따른 할인은 접수일 기준으로 한번만 적용됩니다. The discount for the priod(on-site/early bird) can be only applied once upon your form submission date.
* 참가횟수/규모에 따른 할인은 해당되는 항목 모두 적용 가능합니다. Duplicate discounts applicable for the booth scale and number of participation.

2) 조기납입 할인

전시회의 경우 수입이 생기는 시점보다 지출이 발생하는 시점이 먼저 발생하는 경우가 많다. 조기납입 할인은 전시회 개최일을 기준으로 특정기간 이내에 참가비 전액을 현금으로 납부하는 경우에 할인을 해주는 제도로 주최자로서는 빠른 재원 확보를 통하여 재정적 여유를 가지고 홍보강화 등 안정적으로 전시회를 운영할 수 있는 제도이다. 할인의 범위는 통상적으로 10~20%정도인 경우가 많다.

3) 회원사 할인

협회, 조합 등 단체가 주최하는 경우에 회원사들을 대상으로 할인혜택을 주는 정책이다.

4) 규모별 할인

전시회에 대형부스로 참가하는 경우 할인을 해주는 정책이다. 예를 들어 30부스 이상은 5%, 50부스 이상은 8% 등 일정 규모 이상으로 참가시 혜택을 주는 방식이다. 다만, 전시회 매출에 악영향을 줄 수가 있고, 참가업체간 형평성 문제가 제기되는 경우도 발생할 수 있다. 따라서 음성적으로 시행하는 경우는 문제 발생의 소지가 있으므로 사전에 명확히 공지해야 한다.

5) 할인제도의 유용성 및 문제점

할인제도는 참가업체의 충성도를 높이고, 조기에 재원을 확보함으써 원활한 영업활동에 도움을 줄 수 있으며, 참가업체의 이탈을 방지할 수 있고, 전시회 규모 확대에 도움이 되는 등 여러 가지 유용한 면이 있다.

그러나 많은 할인제도와 할인율을 적용하다 보면 전시회 수지에 악영향을 줄 수 있으며, 업체간의 형평성 문제도 심심치 않게 발생할 수 있고, 할인 대상이 아닌 업체가 할인제도를 요구하는 경우도 발생한다. 금액적인 부분은 참가업체들에게는 민감한 사항임을 감안하여 적지 않은 운용의 묘가 필요하다고 하겠다.

협찬(스폰서십) **및 지원사항 이해**

1. 협찬 개요

스폰서십은 참가업체 부스참가비가 수입의 대부분을 차지하는 국내 전시산업 현실에서 또 다른 수입원이 될 수 있다는 점에서 중요한 수단이라고 할 수 있다.

현재 국내에는 전시스폰서십에 대한 연구가 미비한 관계로 정확한 개념정의가 없다. 일반적으로 전시회에 기업 또는 단체가 상업적 목적, 마케팅, 이미지 제고 등을 목적으로 전시회 주최측에 제공하는 재정적 또는 물질적 도움으로 이해할 수 있다.

2. 협찬의 종류, 목적, 효과

전시 선진국의 경우 스폰서십은 국내보다 훨씬 세분화, 체계화되어 있고, 금액 또한 현저한 차이를 보이고 있다. 여기서는 국내에서 일반적으로 이루어지고 있는 스폰서십에 대해서 서술하기로 한다.

1) 참가업체 스폰서십

기업이 스폰서십에 참여하는 목적은 기본적으로 회사의 이미지 홍보나 브랜드에 대한 인식과 이미지를 전시회를 활용하여 강화시키기 위해서 이다.

전시주최자가 일반적으로 제시할 수 있는 기업 스폰서십을 압축하여 예시하면,

- 사전 마케팅에 기업로고 명기(신문광고, TV광고, 전문지광고 등)
- 사전 전시회 홍보카달로그에 기업로고 명기, 광고배징(홍보용 리플렛, 초청장 등)
- 전시회 홈페이지 웹사이트 광고 및 노출

명칭(정부부처, 유관기관)

- 인쇄제작물에 기업로고 홍보
- 참관객 및 참가업체 네임택(목걸이줄)
- 외부 사인물에 기업로고 홍보(홍보탑, 육교현판, 가로등배너 외)
- 전시장 내외부 사인물에 기업로고 홍보(각종 배너, 유도사인, 등록대 등)
- 전시회 공식 카달로그에 기업로고 명기, 광고 배정
- 전시장과 컨퍼런스룸 등의 주요 장소에 기업명 노출
- 특별공간 제공(상담실, 홍보공간, VIP룸 등)
- 네트워킹 혜택(리셉션, 디너, 개막식, 비즈니스 매칭 등 참석혜택) 등을 들 수 있다.

개별적으로 판매하는 경우와 등급별로 나누어(ex.플래티넘스폰서십/골드스폰서십/실버스폰서십) 금액차이를 두는 경우가 많다.

서울카페쇼 — 기업홍보 프로그램

HOME › 서울카페쇼 › 참가기업 › 기업홍보프로그램

스폰서십 프로그램

구분	항목		신청내역	단가	비고
공식행사	Country/Company of the year			20,000,000원	
	Welcome Reception			10,000,000원	행사기간 중
온라인/모바일	공식 홈페이지		배너광고	2,000,000원	
	모바일 페이지		배너광고	1,000,000원	
	뉴스레터		배너광고	1,000,000원	
	Facebook	체험단 운영		2,000,000원	
		설문조사		2,000,000원	
		이벤트 상품노출		1,000,000원	
	App		배너광고	2,000,000원	
	온라인 프로모션 - 참가업체 미리보기		참가업체 소개	무료	신청기업에 한함
홍보물 I (전시장)	입구 현판		협찬사 로고 삽입	10,000,000원	행사기간중
	실내 대형배너		협찬사 로고 삽입	2,000,000원	
	실내 천정배너		협찬사 배너 제작	1,000,000원	
	등록 데스크		협찬사 로고 삽입	3,000,000원	
	참관객 출입증		협찬사 로고 삽입	10,000,000원	140,000개
	초청장		협찬사 로고 삽입	5,000,000원	200,000장

광고사례(신문, TV, 리플렛, 초청장, 기업로고, 육교현판, 디너, ETC)

스폰서십을 활성화시키기 위해서는 기업이 전시회에 스폰서를 함으로써 얻게 되는 혜택을 최대화하고, 또 이 내용을 적극적으로 홍보, 설득해야 한다. 관련업계와 참관객에게 기업의 노출을 최대화할 수 있어야 많은 스폰서를 유치할 수 있고 행사를 진행하는데 있어 재정적으로 도움이 될 것이다.

참여기업은 스폰서십을 통하여 브랜드 인지도 향상, 기업이미지 제고, 소비자인식의 변화, 표적마케팅 등 여러 효과를 누릴 수 있고, 주최자는 재정확보와 더불어 전시회의 질적 향상을 도모할 수 있다.

현재 국내 전시회에서 이와 같은 스폰서십이 점차 증가하는 추세에 있으며, 향후에는 기업들이 기업의 이미지나 제품에 맞는 세분화된 참가자를 타겟으로 한 스폰서십이 확대될 것으로 예상된다.

부대행사(오/만찬 – 경비절감)

2) 명칭후원

명칭후원은 정부부처, 정부유관기관, 해당 산업분야의 공신력 있는 단체에서 별도의 재정적 도움이나 서비스를 제공하지 않고 명칭만 사용하도록 하는 방식이다. 전시회의 각종 홍보물이나 사인물에 후원기관을 명기하여 전시회의 공신력을 얻도록 하는 방식이다.

3) 부대행사 후원

전시회를 개최하는 경우 전시회 이외에 개막 오찬/만찬, 환영 오찬/만찬 등 여러 부대행사를 계획하게 된다. 부대행사 후원은 이러한 부대행사에 특정 기업, 단체의 후원을 받아 진행하는 경우를 말한다. 이를 통해 후원기업은 기업 이미지를 향상시킬 수 있고, 주최자는 행사에 소요되는 경비의 부담을 줄일 수 있다.

3. 정부 및 지방자치단체의 전시회 지원제도

중앙정부나 지방자치단체에서는 관련 산업발전과 중소기업 육성을 위하여 전시회에 보조금을 지원해 주는 제도를 시행하고 있다.

먼저 중앙정부 지원금은 중소기업의 수출마케팅 기회제공, 국제경쟁력을 갖춘 국내전시회 육성 및 제반여건 조성을 위하여 산업통상자원부에서 시행하고 있다. 전시회 평가를 통하여 일정한 자격요건을 갖춘 전시회에 한하여 심사를 통하여 대상 전시회가 선정되며, 국고보조금의 대부분은 해외홍보비, 해외업체 및 바이어 유치비 등 해외마케팅에 사용하도록 용도를 제한하고 있다. 또한 각 부처별로도 관련 사업의 육성을 위하여 다양한 전시회 지원제도를 수립, 시행하고 있다.

　지방자치단체의 보조금제도는 중앙정부의 보조금과 유사한 형태로 시행되는 경우가 다수이며, 해당 지자체와 연관성이 있는 전시회에 지원한다.

연습문제

exercises

1. 전시회의 예산수립시의 고려사항으로 가장 적합하지 않은 내용은?

① 경제, 산업동향
② 전시주최자 역량
③ 참가업체의 관심사항
④ 협력업체의 경쟁구도

2. 전시회의 수입예산 항목중 가장 비중이 큰 항목은?

① 전시회 부스참가비
② 입장료 수입
③ 광고비 수입
④ 협찬, 지원금

3. 전시회의 지출예산중 변동비 성격이 가장 강한 부분은 ?

① 행사장 임차료
② 광고홍보비
③ 관리비
④ 사무실 임대료

4. 전시회 부스가격 결정방법중 가장 현실적인 방법으로 유사 전시회 가격을 참고하여 결정하는 방법은?

① 원가중심 결정방법
② 경쟁중심결정방법
③ 소비자 중심 결정방법
④ 마크업 가격결정 방법

연습문제 *exercises*

5. 전시 부스비 할인제도에 대한 설명중 적합하지 않은 내용은?

① 규모별 할인
② 조기납입 할인
③ 선착순 할인
④ 회원사 할인

6. 정부 및 지자체의 전시회 지원에 대한 설명중 맞지 않는 내용은?

① 해당 산업발전과 중소기업 육성
② 국제경쟁력 갖춘 국내전시회 육성
③ WTO체제에서는 인정 안되는 제도임
④ 해외 바이어, 업체 유치 등 주로 해외마케팅 활동에 사용

7. 전시회 지출항목의 고정비, 변동비 분해를 통해 적정 참가업체수^(부스수)를 산정하는 기법은?

① 투자수익률^(ROI)
② 통합예산 분석
③ BEP^(손익분기점) 분석
④ 동적 계획법

정답 1. ④ 2. ① 3. ② 4. ② 5. ③ 6. ③ 7. ③

전시회 성과측정 및 평가

Chapter 8

정의 및 목표

전시회 성과측정 및 평가의 필요성에 대한 이해를 토대로 성과분석 대상(전시주최자, 참가업체, 참관객)별로 평가항목 구성, 구체적인 측정방법, 성과분석 및 평가결과 활용방법을 학습함으로써 전시회 운영성과와 수익성을 높이는 전시회 전략기획 및 운영에 대한 역량을 높이는 것을 목표로 한다.

학습내용 및 체계

주요 항목	세부 내용	비 고
1. 전시회 성과측정 및 평가의 이해	• 전시회 성과측정 및 평가의 이해	
2. 전시회 성과측정 및 평가방법성	• 전시회 성과측정 및 평가방법 • 전시회 성과측정 및 평가대상 • 전시회 성과측정 및 평가항목	
3. 참가업체의 전시회 성과측정 및 관리	• 참가업체 전시회 성과측정 및 관리의 필요성 • 전시회 분석 및 선정 • 전시회 참가목표 개발 • 전시회 참가계획의 수립 • 전시회 참가성과 측정 및 관리	
4. 전시회 성과측정 및 평가의 활용도	• 전시회 성과측정 및 평가결과의 활용 • 효과성 및 효율성 성과지표의 활용	

학습 포인트

- 전시 성과측정 및 평가 필요성 및 방법에 대한 이해
- 전시시 성과측정 및 평가항목의 구성과 평가방법을 실제 사례를 통해 파악
- 참가업체의 전시회 참가성과 측정 및 관리방안에 대한 이해
- 전시회 성과분석 및 평가결과 활용방법과 효과성/효율성 성과지표에 대한 이해 증진

핵심 용어

전시회, 전시주최자, 참가업체, 참가자, 성과분석, 평가방법, 측정방법, 참가성과, 운영성과

01 전시회 성과측정 및 평가의 이해

전시회의 핵심기능은 해당 산업의 시장(marketplace)으로서의 역할이다. 한 전시회가 해당 산업에서 인정받고 성장하기 위해서는 비즈니스 창출 기능을 충실히 수행해야 한다. 즉, 전시회가 참가업체와 참관객에게 적극적으로 비즈니스 기회를 제공해야 하는 것이다. 전시회가 이러한 기능을 얼마나 제대로 수행하고 있는지, 어떤 면에서 부족한지 등을 평가하는 것은 전시회의 성장과 발전에 매우 중요한 요소이다.

전시회 성과측정 및 평가는 누가, 어떤 목적으로 수행하느냐에 따라 다양하게 나타난다. 예를 들어, 전시주최자는 자신의 행사의 가치를 높이고 발전전략 수립을 위한 기초자료를 확보하기 위해 성과분석을 실시할 것이고, 전시회 참가자(참가업체 및 참관객)는 전시회 참가를 위해 투자하는 비용 대비 어떤 이익을 얻을 수 있는지의 관점에서 평가한다. 그러나 모든 주체를 통틀어, 전시회 개최 전후로 체계적인 성과측정 및 평가를 실시하고 활용함으로써 목적달성 및 성과향상의 효과를 높일 수 있다. 전시회의 성공적이었던 부분과 실패했던 부분을 인지하는 것은 차후 행사에서 어떤 점을 보강하고 개선시켜야 할지에 대한 중요한 가이드라인이 된다. 따라서 전시기획사는 어떤 점들이 평가대상에 속하며, 어떤 평가방법이 사용되어야하는지에 대해 숙지해야 한다.

전 세계적으로 전시회 성과분석 및 평가에 대한 중요도와 관심이 더욱 높아지고 있다. 세계전시산업협회(UFI)는 전시회 성과분석 및 평가는 단순히 중요할 뿐만 아니라 반드시 시행해야 하는 필수적인 활동으로 강조한 바 있으며, 독일의 전시산업협회(AUMA), 영국의 투자무역청(UKTI), 미국의 전시산업연구센터(CEIR)와 같은 유수의 해외기관들이 전시회 성과측정체계 및 지표를 정교하게 개발하여 활용함으로써 사업적, 정책적 시사점을 도출하고 있다. 단순히 행사의 시작과 종료를 무사히 끝내는 것에서 더 나아가, 행사 참가자의 참가성과 및 만족도를 향상시키고 전시회의 지속적 성장을 위한 선순환 구조를 구축하려는 흐름 속에서, 체계적인 전시회 데이터 집계 및 관리, 성과측정지표 개발, 성과분석 및 평가체계 등에 대한 이슈는 더욱 중요해질 것으로 보인다.

전시회 성과측정 및 평가방법

1. 전시회 성과측정 및 평가대상

전시회 성과측정 및 평가는 전시회를 구성하는 세 가지 주체(전시주최자, 참가업체, 참관객)를 대상으로 '전시회 개최성과'와 '전시회 참가성과 평가'를 분석할 수 있다. 먼저 전시회 개최성과는 "전시회가 매년 어느 정도 성장, 발전하고 있는가?"와 관련된 것으로, 전시주최자를 대상으로 개최실적, 목표달성도, 전회대비 성장률 측면에서 평가한다. 전시회 참가성과는 "전시회가 참가업체와 참관객을 위한 기능을 얼마나 효과적으로 수행하고 있는가?"와 관련된 것으로, 이는 참가업체와 참관객을 대상으로 참가성과, 만족도 및 충성도를 분석하여 파악한다.

표 8-1 대상별 평가요소

조사대상	평가요소	세부내용
전시주최자	전시회 개최성과 분석	개최현황, 목표달성도, 성장률 분석 등
참가업체	전시회 참가성과(만족도) 분석	참가성과, 만족도, 충성도 분석 등
참관객		방문성과, 만족도, 충성도 분석 등

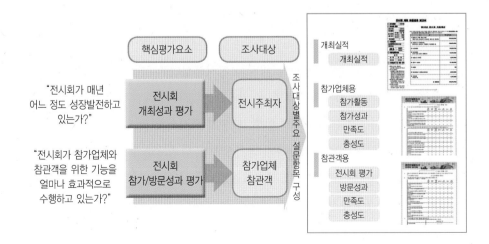

2. 전시회 성과측정 및 평가방법

전시회의 성과를 측정하고 평가하는 방법에는 여러 가지가 있는데, 가장 일반적으로 사용되는 방법은 설문지를 통한 평가이다. 그러나 전시회 개최에 대해 모든 각도에서 평가를 하고자 한다면 정량적 및 정성적 방법을 다양하게 활용할 필요가 있다.

1) 설문조사

설문조사는 주로 참가업체 및 참관객의 인구통계학적 정보, 만족도, 참가성과 및 기타 의견 등을 확보하고자 이용되는 방법으로, 행사 현장에서 또는 행사 종료 후에 시행할 수 있다. 설문조사는 조사대상의 타당성 확보가 중요하므로 전시주최자로부터 미리 참가업체 및 참관객의 데이터를 제공받아 조사대상 리스트를 확보하고, 효율적인 조사 진행 및 신속한 자료 수집을 위해 사전에 주최자에 설문내용을 전달하는 등 주최자와의 협조체계를 구축하는 것이 중요하다. 또한, 정확한 자료 수집을 위해 응답률 향상이 필수적이므로 응답률이 비교적 낮은 참가업체의 경우 교육받은 조사원이 현장에서 직접 설문을 시행함으로써 응답률을 높이도록 한다. 참관객의 경우 온라인 조사를 통해 응답자의 편의를 향상시킬 수 있으며, 이 때 일반참관객과 바이어의 구성을 고려하여 조사하면 향후 결과분석 시 유용한 함의점을 도출할 수 있다.

2) 인터뷰

인터뷰는 전시회 현장에서 전시주최자, 참가업체 및 참관객을 직접 만나 전시회에 대한 평가 및 의견을 확보하는 방법이다. 설문조사로는 알 수 없는 정성적인 정보를 얻을 수 있는 좋은 방법이 된다. 그러나 응답의 신뢰성이나 대표성을 높이기 위해서는 조사대상별 인구통계학적 정보를 고려하여 다양하게 구성하는 것이 좋다. 인터뷰는 전시회의 훌륭한 평가기회로 각 주체들 사이에서 이루어지는 개별적 그리고 쌍방향 커뮤니케이션 기회를 제공한다.

『Survey of Global Exhibition Agent Meeting』 _Overseas Agent_

Company Name	
Name		Title	

We appreciate your answering the questionnaire. This survey will employ as our valuable data for qualitative improvement of business meeting in the next year. It will take two to three minute.

Q1. What is your overall satisfaction in this event?
① Well-content ② Content ③ Average ④ Discontent ⑤ Very discontent

Q1-1. If you responded the first question with 'Discontent', which part were you mostly unsatisfactory?
① Overall facilities was very poor
② Registration and all procedures were complicated
③ The result from one to one business meeting was not satisfactory
④ Services provided(Hotel, Interpretation, Catering services, etc.) were very unsatisfactory
⑤ Others (_____)

Q2. What's your purpose of participation in the this event?
① In order to research Korean Exhibition Market
② In order to make overseas buyers and exhibitors participate in Korean exhibitions
③ In order to attract Korean enterprises in the exhibitions held in your country
④ In order to find cooperation partners for Korean exhibition Joint Venture
⑤ In order to find cooperation partners for Overseas exhibition Joint Venture
⑥ Others ( )

Q3. Have you gained a satisfactory result from the meeting today?
① Yes ② No

Q4. What is the most important factor you consider when choosing a cooperation partner?
1st : _____ , 2nd : _____ , 3rd : _____
① Scale of National economy
② Scale of Exhibition
③ Exhibition Items
④ Exhibition popularity
⑤ Korean PEOs popularity
⑥ Commission level
⑦ Others (_____)

Q5. Which content have you emphasized on during the meeting?
① To make overseas buyers and exhibitors participate in Korean Exhibitions
② To attract Korean exhibitors and introduce exhibitions held by your company
② To make Barter contract with Korean Exhibition Organizer
③ To make a cooperative relationship for Korean exhibition JV
④ To make a cooperative relationship for Overseas exhibition JV
⑤ Others (_____)

전시업체 설문조사 내용사례

인터뷰

3) 통계자료

해당 전시회와 관련한 통계자료를 통해 평가할 수도 있다. 여기에는 해당 전시회 뿐만 아니라 유사 전시회, 국내 전시회 관련 데이터(전시면적, 참가업체수, 참관객수(유료 등록자, 사전 등록자, 무료 등록자 등), 바이어수, 전시부스 임대현황) 및 해당 산업현황(품목, 트렌드, 정책 등)에 관한 정보가 포함된다. 이러한 통계자료의 연도별 추이를 살펴 본다면 전시회의 과거와 현재, 미래를 진단할 수 있는 더 좋은 평가방법이 될 수 있다.

4) 관찰

관찰은 두 가지 방법으로 진행된다. 하나는 약식 관찰(Informal Observation)[2]로 이 방법은 매우 간단하게 진행되는데, 참가자에게 전시회에 대해 어떻게 생각하는 지를 물어본다. 공식 관찰(Formal Observation)[3]은 회의실에 모니터를 설치하고 연사나 청중의 반응을 살핀다. 모니터링은 약식 관찰에 비해 훨씬 복잡하며 요약보고회의(브리핑 세션)를 필요로 할지도 모른다.

5) 스텝 회의

실무진 회의는 행사 종료 후에 이루어지는 것이 보통이다. 행사에 관계된 스텝들과 주최측의 담당자들이 이 회의에 참가하는데, 전시회에 대해 보다 객관적으로 비평할 수 있는 시간이다. 무엇이 잘못되었었는가? 무엇이 잘 되었는가? 이에 대해

---

2 형식을 차리지 않고 진행되는 관찰
3 형식을 차리고 진행되는 관찰

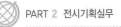

철저하게 기록하는 것이 다음 전시회 개최의 시작이라 할 수 있다.

3. 전시회 성과측정 및 평가항목

1) 전시회 개최성과 측정 및 평가항목

우선 전시회 자체가 어떤 성과를 산출했는지를 측정하기 위해 개최현황 분석, 목표달성도 분석 및 성장률 분석 등을 통해 평가할 수 있다. 전시주최자는 연도별로 행사의 주요 데이터(전시면적, 참가업체수, 부스수, 참관객수, 상담실적, 계약실적 등)를 체계적으로 관리함으로써 연도별 추이를 분석할 수 있다. 또한, 전시회 기획단계에서 주최자가 수립한 목표치 대비 실제 개최성과를 비교하고, 최근 3년 간 전시회 성장률을 분석함으로써 전시회 발전전략 수립의 기초자료로 활용할 수 있다.

목표달성도는 주요 항목별로 주최자가 전시회 개최 이전에 수립한 성과목표 대비 실제 개최실적을 비교분석하여 도출한다. 목표달성도가 100%라는 것은 목표실적과 실제 개최실적이 동일함을 의미하며, 목표달성도가 100% 미만인 경우는 목표미달, 100% 초과인 경우는 목표 초과달성을 의미한다. 목표달성도는 다음과 같이 산출한다.

$$목표달성도(\%) = 개최실적 / 목표실적 \times 100$$

전회대비 성장률은 주요 항목별로 전회 개최실적 대비 실제 개최실적을 비교분석하여 도출한다. 전회대비 성장률이 100%인 경우는 전회대비 실적이 2배로 증가

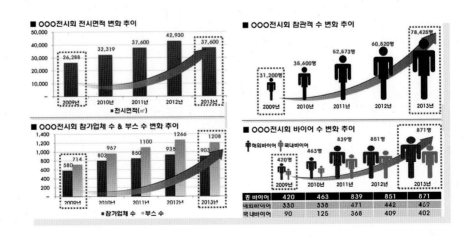

하였음을 의미하며, 성장률이 양⁺인 경우는 실적이 전회보다 성장하였음을, 성장률이 음⁻인 경우는 실적이 전회보다 감소하였음을 의미한다. 전회대비 성장률은 다음과 같이 산출한다.

전회대비 성장률(%) = (실제 개최실적 - 전회 개최실적) / 전회 개최실적 × 100

표 8-2 개최성과 평가항목

개최성과 평가항목	내용
개최현황 분석	• 참가국수 • 전시면적 : 총 전시면적, 순 전시면적 • 참가업체수 : 총, 국내, 해외 • 참가부스수 : 총, 국내, 해외 • 참관객수 : 총, 국내, 해외 • 상담실적(내수, 수출) : 상담건수, 상담액 • 계약실적(내수, 수출) : 계약건수, 계약액
목표달성도 분석	• 주요 항목의 성과목표 분석 • 주요 항목의 목표달성도 분석
성장률 분석	• 주요 항목의 연도별 성과추이 분석 • 주요 항목의 전년 대비 성장률 분석

2) 전시회 참가성과 측정 및 평가항목

참가업체 및 참관객이 전시회 참가를 통해 어떤 혜택을 누리고, 얼마나 만족했으며, 어떤 점이 불편했는지에 대해 파악하는 것 또한 전시회 성과측정의 중요한 부분이다. 먼저 참가업체의 참가성과 측정은 참가활동 분석, 참가성과 분석, 만족도 분석 등 총 3가지 항목을 통해 이루어질 수 있다.

표 8-3 참가업체 참가성과 평가항목

참가업체 참가성과 평가항목	내용
참가활동 분석	참가목표설정, 사전 · 현장 · 사후프로모션, 부스직원교육, 참가성과 관련 항목
참가성과 분석	홍보성과, 고객발굴성과, 상담실적, 계약실적, 관계 개선성과, 정보수집성과 관련 항목
만족도 분석	만족도, 지속참가의도, 타인추천의도 관련 항목

표 8-4 참가업체 설문항목 예시

참가업체 대상 설문항목(예시)	약칭
1) 전반적으로 매우 좋은 성과를 거두었다.	전반적 성과
2) 우리 회사가 거둔 전시회 참가성과에 만족한다.	전체 만족도
3) 우리 회사 및 상품의 인지도가 상당히 높아졌다.	인지도 향상
4) 우리 회사 및 상품의 이미지가 상당히 개선되었다.	이미지 개선
5) 많은 신규 유망고객을 발굴하였다.	신규 고객발굴
6) 신규 유망고객과 새롭게 관계를 구축하였다.	신규 관계구축
7) 기존 고객과 상당한 상담실적(sales lead)을 확보하였다.	기존 고객상담
8) 신규 고객과 상당한 상담실적(sales lead)을 확보하였다.	신규 고객상담
9) 기존고객에게서 상당한 계약주문 실적을 거두었다.	기존 고객계약
10) 신규고객에게서 상당한 계약주문 실적을 거두었다.	신규 고객계약
11) 기존 고객과의 관계가 개선되었다.	기존 고객관계 개선
12) 우리 회사 핵심고객과의 관계를 개선하였다	핵심 고객관계 개선

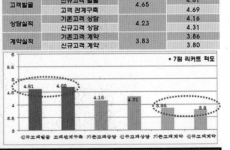

○○○ 전시회의 참가업체 만족도 및 충성도 분석결과

■ 설문 응답업체 평균 만족도/충성도 비교
• 참가업체 평균 전시회 만족도는 4.74점. 충성도의 경우, '지속참가여부' : 5.21점, '타인추천의향' : 5.14점.

구분		광주 Ace Fair 평균
만족도		4.74
충성도	지속참가여부	5.21
	5.18	
	타인추천의향	5.14

■ 전시회 참가성과 평균
• 참가업체의 전시회 참여성과는 '고객발굴'이 4.65점으로, 상담(4.23점)과 계약실적(3.83점) 보다 각각 0.42점, 0.82점 높게나타남.

구분		광주 Ace Fair 평균
고객발굴	신규고객 발굴	4.61
	4.65	
	고객 관계구축	4.69
상담실적	기존고객 상담	4.16
	4.23	
	신규고객 상담	4.31
계약실적	기존고객 계약	3.86
	3.83	
	신규고객 계약	3.80

– 응답업체의 만족도는 4.74, 충성도는 5.18 수준으로 나타남.
*참고: 2013 경기도 지원전시회(32건) 평균 만족도: 4.45 / 충성도: 4.64
– ○○전시회 응답업체는 신규고객발굴/ 고객관계구축 측면에서 높은 점수(4.61점/ 4.69점)를 부여한 반면, 계약성과 측면(기존계약, 신규 계약)에서는 저조한 점수(3.86점/3.8점)를 부여함.

3) 참관객에 대한 성과측정 및 평가

참관객의 참가성과 분석은 전시회에 대한 평가, 방문성과 분석, 만족도 분석 등 3가지 항목으로 이루어질 수 있다. 전시회 현장 및 사후 온라인설문조사를 통해 데이터를 수집하고 분석하도록 한다.

표 8-5 참관객 참가성과 항목

참관객 참가성과 평가항목	내용
전시회에 대한 평가	산업기여도, 업계대표성, 전반적 평판, 서비스수준, 사전홍보, 정보제공, 부대행사, 관람편의, 직원친절, 시설편의 관련 항목
방문성과 분석	방문성과 관련 항목
만족도 분석	만족도, 지속 참관의도, 타인 추천의도 관련 항목

표 8-6 참관객 설문조사 예시

참관객 대상 설문조사(예시)	약칭
1) 이 전시회는 ○○○○○산업의 발전에 기여한다.	산업기여도
2) 이 전시회는 ○○○○○산업의 대표적인 전시회다.	업계대표성
3) 이 전시회는 전반적으로 좋은 평판을 얻고 있다.	전반적 평판
4) 이 전시회는 보다 좋은 서비스를 제공하기 위해 노력하고 있다.	서비스수준
5) 사전 홍보를 통해 전시회 프로그램 및 일정을 잘 알고 있다.	사전홍보
6) ○○○○○의 최신기술/제품/정보를 제공한다.	정보제공
7) 다양한 부대행사(세미나, 이벤트 등)가 잘 구성되어 있다.	부대행사
8) 전시회를 관람하기에 편리하다.	관람편의
9) 전시장 내 안내요원(직원)들의 서비스에 만족한다.	직원친절
10) 전시장 내 안내시설이 잘 되어 있다.	시설편의
11) 이 전시회 방문에 대해 전반적으로 만족한다.	전반적 만족도
12) 이 전시회 방문성과가 매우 좋았다.	방문성과

OOO전시회의 참관객 참가성과 분석 결과

■ 참관객 전시회 평가

- 참관객은 거시적 측면에서, 전시회 개최가 콘텐츠산업 발전에 기여하는 항목에 평균 5.24(7점 척도)로 가장 높게 평가함.
- 전시회 운영관련 평가의 경우, 전시회 내 각종 서비스를 참관객 평균 5.09점, 바이어 5.46점으로 평가한것으로 나타남.
- 가장 낮은 평가를 받은 부분은 시설편의 부분으로 참관객 평균 4.69점으로 나타났음.

구분	참관객 평균	일반참관객	바이어
산업기여도	5.24	5.21	5.44
업계대표성	4.99	4.98	5.08
전반적평가	5.05	5.03	5.17
서비스수준	5.09	5.04	5.46
사전홍보	4.85	4.83	4.96
정보제공	4.98	4.99	4.92
부대행사	4.71	4.64	5.16
관람편의	4.69	4.63	5.12
직원친절	4.78	4.71	5.25
시설편의	4.69	4.61 <	5.25
평균	4.9	4.9	5.2

■참관객평균 ■일반참관객 ■바이어

설문지 구성 및 제작 시 주의사항

1) 구체적으로 질문한다.

질문은 한 가지 주제를 다루면서 구체적이어야 한다. 지나치게 일반적이거나 범위가 넓은 질문을 하면 참가자들이 제공하는 정보는 그만큼 효용가치가 떨어지게 된다. 예를 들어, "본 전시회에 대해 어떻게 평가하십니까?" 라는 질문을 했을 때 대답하기 곤란한 경우가 발생한다.

2) 참가자들이 응답하기 쉽도록 제작한다.

설문지는 가급적이면 가장 관련이 있는 질문들만 포함시켜 짧게 만든다. 응답자들은 오랫동안 생각을 해야 하는 질문의 경우 무시하거나 무성의하게 대답하는 경우가 많다. 질문의 방향이나 내용, 객관식 답들이 모두 간결하고 명료해야한다. 작성자에 따라 그 의미가 다르게 해석될 수 있는 내용은 피한다. 설문지를 작성하는 데에 필기구가 필요하다면 반드시 여분을 준비하여 모든 참가자들이 설문지 작성에 어려움이 없도록 한다.

3) 설문지 회수가 용이하도록 한다.

현장에서 설문지를 걷고자 한다면 참가업체의 경우 각 부스를 꼼꼼히 점검하고, 누락되는 부스가 없도록 확인해야 한다. 가능하다면 스텝들이나 자원봉사자들이 전시장 출구에 서 있거나 회수함을 설치함으로써 참가자가 직접 설문지를 제출하도록 하는 것이 좋다. 설문지를 집에서 작성하여 우편으로 부치도록 한다면 주소가 미리 기입된 봉투에 우편비용은 수신자가 부담하도록 해야 설문지 회신율이 높아질 것이다.

4) 설문지 제작에 신중해야 한다.

설문을 통해 주요 행사, 일정, 장소, 전시회 내용 등에 대한 평가가 가능하고 참가자들의 인구통계학적 정보를 수집할 수 있도록 한다. 설문지를 제작할 때에는 읽기 쉬운 글자체를 고르고 설문지 전체에 걸쳐 동일한 글자체를 사용한다. 한 페이지에 들어갈 질문의 개수를 제한하고 각 질문 사이에 빈 공간을 충분히 두어야 한다. 특히, 주관식 질문의 경우는 답을 작성할 공간을 제공하여야 한다. 그러나 얻고자 하는 정보의 유형에 따라 달라지겠지만 최대한 주관식 질문은 피하는 것이 좋다. 주관식은 분류하기도 어렵고 참가자들이 대답하는 데에 오랜 시간이 걸려 무시하는 경우가 많기 때문이다. 객관식이나 정도를 나타내는 옵션이 주어질 경우, 1 = 매우 좋음, 2 = 좋음, 3 = 보통, 4 = 나쁨, 5 = 매우 나쁨 등으로 그 수를 제한한다. 이와 같이 정도를 나타내는 옵션을 줄 때 홀수보다는 짝수로 정하면 대부분의 사람들이 3=보통을 고르는 것을 방지할 수 있다. 지속적으로 개최되는 행사일 경우에는 매년 설문지에 같은 질문을 포함함으로써 시간이 흐름에 따라 전시회에 어떠한 변화가 있었고 어떠한 트렌드가 형성되었는지에 대해 알 수 있다.

 참가업체의 전시회 참가성과 측정 및 관리

1. 참가업체의 전시회 참가성과 측정 및 관리의 필요성

전시주최자가 자신의 행사의 가치를 높이고 지속적으로 발전시키기 위해 성과 측정 및 평가를 시행한다면, 참가업체는 전시회 참가를 위해 비용을 지출하기 때문에 투자 대비 이익(ROI)의 관점에서 평가할 것이다. 참가업체는 전시회 참가를 결정하는 순간부터 적정 전시회 선정을 위해 준비하고, 구체적이고 계량적인 참가목표를 수립하며, 사후 참가성과의 체계적 분석 및 평가를 통해 참가성과를 극대화시켜야 한다. 세계전시산업협회(UFI)는 참가업체의 전시회 참가성과 측정 및 관리가 필수적인 이유를 다음과 같이 설명한다.

① 투자 타당성을 제시할 수 있다. : 전시회 참가에는 막대한 예산이 소요된다. 그러한 예산의 투자 대비 성과가 어느 정도 있는지를 분석하고 평가함으로써 현재 해당 기업이 전시회에 참가하는 것이 타당성을 갖고 있는지 판단할 수 있다.

② 적합한 전시회를 선별할 수 있다. : 전 세계에 셀 수 없이 많은 전시회가 열리고 있다. 수많은 전시회들은 당연히 제각기 상이한 특성을 가지고 있다. 전시회 참가성과를 측정함으로써 각 기업이 참가하기에 적합한 최적의 전시회를 선별할 수 있다.

③ 참가업체의 내부역량을 제고할 수 있다. : 최적의 전시회를 선별하여 참가하는 것만큼 중요한 것이 참가업체의 자체적인 전시회 개최 전 프로모션, 현장 프로모션, 전시회 종료 후 사후관리 활동이다. 기업은 전시회 참가성과를 분석하고 평가함으로써 이러한 활동이 제대로 수행되고 있는지를 파악할 수 있고, 보다 효과적으로 전시회 참가활동을 수행할 수 있다.

④ 전시회 참가목표를 달성하기 위해 참가업체 직원의 활동을 독려할 수 있다. : 전시회 참가를 통해 실질적인 성과를 창출하기 위해, 직원들에게 정확히 어떤 '성과'를 창출하고자 하는지 정확히 알려주고, 향후 해당 항목의 성과가 반드시 측정될 것임을 인지시킨다. 구체적인 목표를 공유하고 평가하게 되면 전

시참가 부스직원에게도 동기유발 요소가 되어 이들이 보다 적극적으로 전시
회 활동을 하도록 독려할 수 있다.

이처럼 참가업체가 참가목표 및 성과를 극대화하기 위해서는 체계적이고 객관적
인 성과측정 및 관리가 필요하며, 이러한 분석과정은 아래와 같이 4단계로 구분된다.

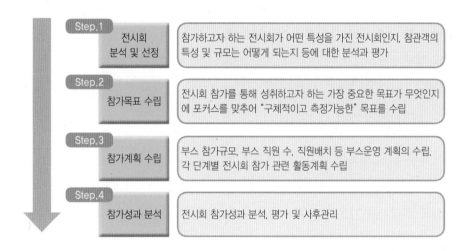

2. 전시회 분석 및 선정

참가업체가 전시회를 선정하는 가장 중요한 기준은 참관객이다. 기업이 필요로
하는 적합한 사람들이 전시회에 참가하는지에 대한 파악이 중요하다. 이를 위해 참
가업체는 전시주최자를 통해 참관객의 인구통계학적 특성, 직위, 산업분류, 구매력
에 대한 세부정보를 얻어야 한다. 이러한 자료를 활용하여 전시회 참가를 통해 발굴
및 접촉할 수 있는 잠재고객의 규모 및 특성에 대한 분석, 평가가 이루어져야 한다.

전시회 분석 시 가장 중요한 사항은 해당 전시회가 참가업체의 잠재고객을 접촉
할 수 있는 기회를 얼마나 제공할 수 있는지 파악하는 것이다. 잠재고객이란, 총 참
관객 중에서 자사의 상품 및 서비스에 높은 관심을 갖는 참관객의 비율을 말한다.
잠재고객 규모 계산법은 아래와 같다.

1단계 : 총 참관객 × 목표 참관객 비율(%) = 목표 참관객

2단계 : 목표 참관객 × 제품관심도 = 잠재고객

목표참관객 비율은 전체 참관객 중에서 참가업체의 목표고객에 해당하는 비율로, 전시주최자가 제공하는 참관객 등록정보 중 회사분류나 담당업무분류 내용(참관객의 회사, 어부, 직무별 분류)을 참고하여 간접적으로 추정한다. 제품관심도는 총 전시회 참관객 중 해당 상품에 관심이 높은 참관객의 비율로, 전시주최자가 제공하는 참관객에 대한 등록정보(전시회 개최결과 보고서) 가운데 전시회 품목별 참관객 비율 관련 데이터를 활용하여 분석한다. 참관객의 관심분야에 대한 정보가 제품관심도에 해당된다고 할 수 있으며, 대략적인 수치만을 추정할 경우에는 산업평균 수치를 이용할 수도 있다.

3. 전시회 참가목표 수립

세계전시산업협회는 전시회 성과측정 및 평가시스템에서 가장 중요한 것이 3가지 있다면 첫째도 목표, 둘째도 목표, 셋째도 목표라고 말한다. 참가업체가 전시회 참가목표 및 성과지표를 세부적으로 정립하지 않는다면 제대로 된 평가가 이루어질 수 없다. 이때 참가목표는 최대한 구체적이면서도 측정 가능해야 한다. 구체적이고 계량적으로 측정된 전시회 분석데이터는 향후 전시회에 투자할 예산을 편성할 때에도 유용한 지침이 될 수 있다.

표 8-7

참가목표	참가목표의 구체화
세일즈리드 창출	전시회 잠재고객을 기준으로 현실적인 세일즈리드 수 결정 각 리드 당 얼마나 많은 지출을 할 것인지 결정
현장계약 체결	회사의 잠재력에 근거하여 예상 주문금액 결정
이미지전환 혹은 강화	변화시키고자 하는 회사이미지가 무엇인지 결정 (예 : 합리적 가격의 서비스 → 최고 수준의 서비스)
언론보도	언론 보도하고자 하는 대상매체 선정
신상품 소개	어떤 상품을 소개할지, 목표고객이 누구인지 결정
경쟁업체정보 수집	어떤 경쟁업체를 평가할지, 어떤 정보를 수집할지 결정
기존고객 접촉	누구를 만나서, 무엇을 할지(예) 신상품 프리뷰) 사전에 결정

4. 전시회 참가계획 수립

전시회 참가목표를 수립했다면, 이제 세부적인 참가계획을 수립해야 한다. 여기에는 부스규모, 부스직원수, 부스설치, 전시상품 및 서비스, 투입예산 등의 세부적인 내용이 포함된다.

○○전시회 참가계획서

┐ 신청 전시회 주요 현황

구 분			내 용
1. 전시회명	국 문 명		
	영 문 명		
	영문약어		
2. 개최기간			
3. 개최장소	국 가 명		
	도 시 명		
	시 설 명		
4. 전시면적	총 전시면적		
	순 전시면적		
5. 참가업체	참가국 수		
	참가업체 수		
	부스 수		
6. 참 관 객	참가국 수		
	총참관객 수		
	순참관객 수		
7. 전시품목	주 요 전 시 품 목	①	
		②	
		③	
		④	
		⑤	
	출 품 품 목	①	
		②	
		③	
8. 참가비용	부스가격		
	총 참가비용		
9. 잠재고객 규모 분석	목표참관객수		
	제품관심도(PI)		
	잠재고객수		
10. 고객접촉비용 분석			

□ 참가목표 및 주요 활동계획

1. 전시회 참가목표 설정	
목 표 항 목	성 과 목 표
①	
②	
③	
④	
⑤	
⑥ (예) 세일즈리드 창출	유효(B급 이상) 세일즈리드 50건 창출
⑦ (예) 신상품 홍보	신규 고객 대상 신상품 시연 30회 시행
⑧ (예) 신시장 개척	신규 해외바이어 100명 발굴
⑨ (예) 브랜드인지도 제고	업계 상위 5대 잡지에 신상품 소개기사 5회 게재

2. 부스 운영계획	
① 부스참가규모	( ) 부스
② 투입인력규모	( ) 명

3. 예산 계획	
① 부스임차료	
② 부스설치비(장치,가구,전기 등)	
③ 운송료	
④ 프로모션비(사전,현장,사후 등)	
⑤ 여행경비(항공,숙박,식사 등)	
⑥ 기 타	
⑦ 합 계	

4. 주요 활동계획
① 사전 프로모션 활동 (광고, 홍보, 우편발송, 이메일, 주요인사 초청 등)
② 현장 프로모션 활동 (부스내 활동, 홍보물/기념품 배포 등)
③ 사후 프로모션 활동 (요청자료 제공, 사후 연락, 사후 미팅 등)

5. 전시회 참가성과 측정 및 관리

전시회 평가를 위한 참가목표를 세우는 것만큼 중요한 것이 전시회 평가의 사후관리이다. 전시회 참가성과 측정을 통해 기존에 수립한 각각의 목표들이 어떻게 달성되었는지를 평가하고 기록해 두어야 한다. 참가목표 및 평가체계를 설정한 것과 더불어, 이를 기록하고 분석하는 작업이 중요하다. 이러한 기록이 향후 전시회, 혹은 타 전시회의 데이터와 비교·분석된다면 전시회 운영의 가이드라인이 될 수 있다.

전시회 참가성과 보고서

1. 전시회 개최현황

1. 전시회명				
2. 개최일시	·	3. 개최장소		
4. 참가업체	개국 업체	5. 참 관 객	개국	명
6. 목표고객수		7. 잠재고객수		

2. 전시회 참가현황

① 부스 참가규모	( ) 부스
② 투입인력 규모	( ) 명
③ 총 지출비용	( ) 원

3. 전시회 참가활동 현황

① 사전 프로모션 활동 (광고, 홍보, 우편발송, 이메일, 주요인사 초청 등)
② 현장 프로모션 활동 (부스내 활동, 홍보물/기념품 배포 등)
③ 사후 프로모션 활동 (요청자료 제공, 사후 연락, 사후 미팅 등)
④ 기타 활동 현황 (경쟁사 활동, 부스위치 문제 등)

4. 전시회 참가성과

1) 참가목표 대비 성과 비교

참 가 목 표	참 가 성 과
①	
②	
③	
④	
⑤	
⑥ (예) 유효(B급 이상) 세일즈리드 50건 창출	58건 창출
⑦ (예) 신규 고객 대상 신상품 시연 30회 시행	25회 시행
⑧ (예) 신규 해외바이어 100명 발굴	90명 발굴
⑨ (예) 업계 상위 5대 잡지에 신상품 기사 5회 게재	4회 게재
[Notes]	

2) 주요 참가성과(실적)

해외바이어 발굴성과	① 바이어 발굴건수	
현장 상담성과	② 총 상담건수	
	③ 유효 상담건수	
	④ 총 상담금액	
현장 계약성과	⑤ 현장 계약건수	
	⑥ 현장 계약금액	
사후 계약성과	⑦ 사후 계약건수	
	⑧ 사후 계약금액	
총 계약성과	⑨ 총 계약건수	
	⑩ 총 계약금액	

3) 이번 전시회 참가성과에 대해 전반적으로 만족하십니까?

매우불만족 --------------------------- 보통이다 --------------------------- 매우 만족

①	②	③	④	⑤	⑥	⑦

4) 이 전시회에 다시 참가할 의향이 있으십니까?   □ 예   □ 아니오

5) 이 전시회 참가를 다른 업체에게도 추천하십니까?   □ 예   □ 아니오

[제언 및 기타]

전시회 성과측정 및 평가의 활용

1. 전시회 성과측정 및 평가결과의 활용

전시회 성과분석의 결과는 단순히 서류작업에 머물러서는 안된다. 분석결과가 전시회 운영에 적극적으로 반영되어, 주최자의 전시회 운영능력을 향상시키고 효율적인 전시회 참가를 지속시키기 위한 노력으로 이어져야 한다. 전시회 성과분석 결과는 다양한 형태로 활용되어 전시주최자에게는 전시회 발전전략수립의 기초자료로 활용될 수 있으며, 참가업체와 참관객에게는 전시회 참가성과 및 효과지표로 활용될 수 있다. 또한 정책적으로는 정부 지원전시회의 선정 근거를 마련하는 방향으로 활용될 수 있다.

전시회 성과측정 및 평가를 위해 확보된 데이터를 활용하여 국내 전시회 현황과의 비교, 유사 전시회와 비교 등 입체적 분석을 추가적으로 수행함으로써 행사의 경쟁력을 파악하고 장기적인 발전방안을 수립하는데 기여할 수 있다.

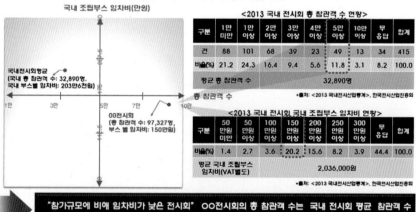

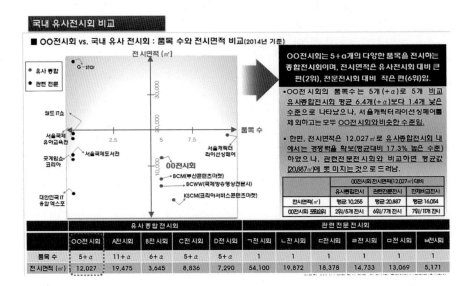

국내 유사전시회 비교

	유사 종합 전시회				관련 전문 전시회					
	OO전시회	A전시회	B전시회	C전시회	D전시회	ㄱ전시회	ㄴ전시회	ㄷ전시회	ㄹ전시회	ㅁ전시회	ㅂ전시회
품목 수	5+α	11+α	6+α	5+α	5+α	1	1	1	1	1	1
전시면적 (㎡)	12,027	19,475	3,645	8,836	7,290	54,100	19,872	18,378	14,733	13,069	5,171

2. 효과성(effectiveness) 및 효율성(efficiency) 성과지표의 활용

최근 전시회 성과측정 및 평가의 방법이 더욱 정교해지고 다양하게 개발되는 가운데, 세계적으로 전시회의 효과성(effectiveness) 지표를 확인하는 것에서부터 시작하여 효율성(efficiency) 지표를 산출해내는 것으로 전시회의 평가 및 분석을 마무리하는 추세가 나타나고 있다. 효율성 지표의 분석을 통해 참가업체, 주최자 등 전시회 이해관계자들은 전시회 성과의 양적인 발전 뿐만 아니라 질적인 발전을 도모할 수 있다.

ROI는 가장 대표적인 효율성 지표로 전시회 분석 뿐만 아니라 여러 분야에 걸쳐 경제성을 파악하는 지표로 활용되고 있다. ROI는 순이익을 투자비용으로 나눈 값으로 계산된다. 예를 들어 전시회를 위해 1백만 달러를 지출했고, 1.2백만 달러의 매출을 달성한 경우, ROI는 20%가 된다. 투자수익률은 가장 널리 통용되는 경영성과 지표인 만큼, 그 어떤 지표보다 전시회 평가의 객관적인 지표로 활용될 수 있으며, 회사 전체의 차원에서 재무적인 판단을 할 때에도 '이번 전시회가 얼마나 효율적이었는가'를 판단할 때 유용한 분석방법이 될 수 있다.

$$ROI = [전체\ 매출(혹은\ 수익)-투자비용] / 투자비용$$

표 8-8 성과지표

참가성과	평가기준	A전시회	B전시회
효과성지표 (effectiveness)	바이어 발굴건수	10,000명	12,000명
	유효 상담건수	5,000건	6,000간
	상담액	10,000,000달러	12,000,000달러
	총 계약건수	100건	120건
	총 계약액	2,000,000달러	2,400,000달러
효율성지표 (efficiency)	총 비용	500,000달러	100,000달러
	바이어발굴비용	16달러/명	27달러/명
	유효상담 창출비용	50달러/건	83달러/건
	계약 창출비용	250달러/건	417달러/건
	BCR	10.0	8.0
	ROI	9.0	7.0

연습문제

1. 전시회 성과측정 및 평가에 관한 설명으로 가장 잘못된 것을 고르시오.

① 전시회 성과측정 및 평가는 누가, 어떤 목적으로 수행하느냐에 따라 비교적 유사하게 나타난다.

② 전시주최자는 자신의 행사의 가치를 높이고 발전전략 수립을 위한 기초자료를 확보하기 위해 성과분석을 실시한다.

③ 참가업체는 전시회 참가를 위해 투자하는 비용 대비 어떤 이익을 얻을 수 있는지의 관점에서 평가한다.

④ 전시회 개최 전후로 체계적인 성과측정 및 평가를 실시하고 활용함으로써 목적달성 및 성과향상의 효과를 높일 수 있다.

2. 전시회 성과분석 및 평가와 관련된 해외 동향에 관한 설명으로 가장 적합한 것을 고르시오.

① 세계전시산업협회(UFI)는 전시회 성과분석 및 평가는 중요하지만 실제로 시행하는 것은 선택적인 옵션이라고 강조한다.

② 독일전시산업협회(AUMA), 영국투자무역청(UKTI) 등 해외기관들도 전시회 성과 측정체계와 지표를 개발하는 과정에 있다.

③ 전시회 참가자의 참가성과 및 만족도를 향상시키고 전시회의 지속적 성장을 위한 선순환 구조를 구축하려는 흐름 속에서 성과측정 및 평가는 보다 중요해질 전망이다.

④ 전 세계적으로 표준화된 전시회 성과분석 및 평가체계가 구축되어 활용되고 있다.

3. 전시회 성과분석을 위한 다음 자료수집 방법 중 정성적인 자료를 얻을 수 있고, 쌍방향 커뮤니케이션 기회가 있는 것은?

① 설문조사(Survey)

② 전시회 통계자료

③ 인터뷰(Interview)

④ 관찰법(Observation)

연습문제

exercises

4. 전시주최자를 대상으로 한 성과분석 및 평가에 대한 다음 설명 중 가장 거리가 먼 것은?

① 전시회 개최성과는 "전시회가 매년 어느 정도 성장, 발전하고 있는가?"와 관련된 것으로, 전시주최자를 대상으로 개최실적, 목표달성도, 전회대비 성장률 측면에서 평가한다.

② 전시주최자는 행사의 주요 데이터^(전시면적, 참가업체수, 부스수, 참관객수, 상담실적, 계약실적 등)를 체계적으로 분석함으로써 전시회 개최현황을 분석할 수 있다.

③ 목표달성도는 주요 항목별로 주최자가 전시회 개최 이전에 수립한 성과목표 대비 실제 개최실적을 비교분석하여 도출하는데, 산출식은 "목표달성도^(%) = 개최실적 / 목표실적 X 100"이다.

④ 전회대비 성장률은 주요 항목별로 전회 개최실적 대비 실제 개최실적을 비교분석 하여 도출하는데, 산출식은 "전회대비 성장률^(%) = 실제 개최실적 / 전회 개최실적 X 100"이다.

5. 참가업체를 대상으로 한 성과분석 및 평가에 대한 다음 설명 중 가장 거리가 먼 것은?

① 참가업체를 대상으로 한 참가성과 분석은 전시회가 참가업체를 위한 기능을 얼마나 효과적으로 수행하고 있는가?"와 관련된 것으로, 전시회 참가활동, 참가성과, 만족도 등 총 3가지 항목을 분석하여 측정한다.

② 참가업체의 참가활동 분석은 부스설치, 부스물품 반입, 부스직원 교대, 부스철거 등으로 이루어진다.

③ 참가업체의 참가성과 분석은 홍보성과, 고객발굴성과, 상담실적, 계약실적, 관계개선 성과, 정보수집성과 관련 항목으로 이루어진다.

④ 참가업체의 만족도 분석은 만족도, 지속참가의도, 타인추천의도 관련 항목으로 이루어진다.

6. 참관객을 대상으로 한 성과분석 및 평가에 대한 다음 설명 중 가장 거리가 먼 것은?

① 참관객을 대상으로 한 성과분석은 전시회가 참관객을 위한 기능을 얼마나 효과적으로 수행하고 있는가?"와 관련된 것으로, 전시회에 대한 평가, 방문성과 분석, 만족도 분석 등 총 3가지 항목을 분석하여 측정한다.
② 참관객의 전시회에 대한 평가는 산업기여도, 업계대표성, 전반적 평판, 서비스수준, 사전홍보, 정보제공, 부대행사, 관람편의, 직원친절, 시설편의 관련 항목으로 구성된다.
③ 참관객 대상 성과분석을 위한 자료는 전시회 현장에서 설문조사를 통해 수집하는 것이 가장 효과적이다.
④ 참관객의 만족도 분석은 만족도 외에 지속 참관의도, 타인 추천의도 관련 항목 등 충성도 분석도 병행하는 것이 좋다.

7. 다음 중 조사를 위한 설문지 구성 및 제작과 관련된 설명으로 맞지 않는 것은?

① 질문내용이 너무 상세하거나 구체적이면 곤란하다.
② 설문지를 작성하기 쉽게 참가자와 관련성 있고 간결한 질문으로 구성한다.
③ 설문지를 제작할 때에는 읽기 쉬운 글자체를 고르고 설문지 전체에 걸쳐 동일한 글자체를 사용한다. 또한, 한 페이지에 들어갈 질문의 개수를 제한하고 각 질문 사이에 빈 공간을 충분히 두어야 한다.
④ 현장에서 설문지를 걷고자 한다면 참가업체의 경우 각 부스를 꼼꼼히 점검하고, 누락되는 부스가 없도록 확인해야 한다.

8. 전시회 성과측정 및 평가는 전시회를 구성하는 3개 주체를 대상으로 이루어진다. 이 3개 주체에 해당하지 않는 것은?

① 전시주최자
② 전시 에이전시
③ 참관객
④ 참가업체

연습문제 exercises

9. 다음 중 참가업체가 자사의 전시회 참가성과를 측정하고 관리해야 하는 필요성에 대한 설명으로 잘못된 것을 고르시오.

① 전시회 투입예산 대비 성과가 어느 정도 있는지를 분석하고 평가함으로써, 현재 해당 기업이 전시회에 참가하는 것이 타당성을 갖고 있는지 판단할 수 있다.

② 개별 전시회별로 참가성과를 측정함으로써 각 기업이 참가하기에 가장 적합한 최적의 전시회를 선별할 수 있다.

③ 기업은 전시회 참가성과를 분석하고 평가함으로써 이러한 활동이 제대로 수행되고 있는지를 파악할 수 있고, 보다 효과적으로 전시회 참가활동을 수행할 수 있다.

④ 직원들에게 전시회 참가성과 측정항목에 대해 정확히 알려주고, 향후 반드시 측정한다는 것을 인지시키면, 부스직원이 너무 부담을 가지기 때문에 되도록 지양하는 것이 좋다.

10. 다음 중 참가업체가 참가할 전시회를 선정하는 과정에서 가장 중요한 기준은 무엇인가?

① 전시회 총 개최면적과 부대 프로그램

② 전시회에 참가하는 참가업체의 총 규모와 수

③ 자사의 제품이 관심이 있는 잠재고객의 규모

④ 전시회에 방문하는 참관객의 총 규모와 수

11. 전시회 참가목표 수립에 대한 다음 설명 중 적절하지 않은 것은?

① 세계전시산업협회(UFI)에 의하면 전시회 성과분석 및 평가를 위해 가장 중요한 활동이 전시회 참가목표의 수립이다.

② 참가업체가 전시회 참가목표 및 성과지표를 세부적으로 정립하지 않는다면 제대로 된 평가가 이루어질 수 없다.

③ 참가목표는 최대한 구체적이어야 하지만, 반드시 측정 가능해야 하는 것은 아니다.

④ 구체적이고 계량적으로 측정된 전시회 분석데이터는 향후 전시회에 투자할 예산을 편성할 때에도 유용한 지침이 될 수 있다.

정답 1. ① 2. ③ 3. ③ 4. ④ 5. ② 6. ③ 7. ① 8. ② 9. ④ 10. ③ 11. ③

9 Chapter

해외**전시회** 참가운영

정의 및 목표

해외전시회 참가는 수출 판로를 개척하고자 하는 기업에게 바이어 상담, 시장정보 획득, 인적 네트워크 강화 등의 효과를 낼 수 있는 최적의 마케팅 수단이다. 해외전시회 참가기업을 위해 우수전시회 선정 및 참가 계획수립, 다양한 해외전시회 참가 지원제도 활용 및 올바른 사후관리 및 참가성과 평가에 대한 중요성을 제시하고 이를 통해 해외전시회 참가업체가 수출에 좋은 결과를 얻을 수 있는 가이드 역할을 하고자 한다.

학습내용 및 체계

주요 항목	세부 내용	비고
1. 참가 해외전시회 선정	• 해외전시회 참가 필요성 • 해외전시회 선정요건	
2. 해외전시회 참가 사전준비사항 및 절차	• 해외전시회 참가 사전준비사항 • 해외전시회 참가 현장준비사항	
3. 해외전시회 참가 지원제도 이해	• 해외전시회 단체참가 지원제도 • 해외전시회 개별참가 지원제도	
4. 해외전시회 참가성과 평가관리	• 해외전시회 사후관리 • 해외전시회 참가성과 평가	

학습 포인트

● 해외전시회 참가 필요성 및 선정요건에 대한 이해
● 해외전시회 참가 사전, 현장 준비사항에 대한 계획 수립
● 해외전시회 참가 시 지원제도에 대한 이해를 통한 기업별 활용 제안
● 해외전시회 사후관리 및 참가성과 평가를 통한 최적의 방법 모색

핵심 용어

전시회 선정요건, 참가사전준비, 참가현장준비,
참가지원제도, 사후관리 및 평가

참가 해외전시회 선정

1. 해외전시회 참가목표 설정

1) 해외전시회 참가목적

현재 세계적으로 연간 약 5만 건 이상의 전시회가 개최되고 있으며 이중 우수 전시회를 선정하여 참가하기란 쉽지 않다. 각 기업의 참가 목표에 가장 부합하는 전시회를 선정하기 위해서는 우선 각 기업에 맞는 목표를 설정하여야 소기의 성과를 이룰 수 있다. 참가목표는 크게 시장개척, 시장조사, 홍보 및 인적네트 구축 등으로 분류할 수 있으며 세부 목적들은 아래와 같다.

시장개척	시장조사	홍보 및 인적 네트워크 구축
• 새로운 해외 바이어 발굴 • 기존 거래처와 거래확대 및 관계 강화 • 신규 에이전트, 딜러, 유통업체 발굴 • 투자가, 사업 파트너 발굴	• 자사 제품에 대한 경쟁력 파악 • 제품 및 해당 산업 동향 파악 • 신제품에 대한 고객 반응 파악 • 경쟁국 또는 경쟁기업의 마케팅 노하우 습득	• 자사 및 제품 홍보 • 인적 네트워크 구축 • 언론 노출 • 기존 거래선에 대한 신뢰 제고 • 지자체, 조합, 협회 등 수출 유관기관, 현지 공관 및 언론관계자와의 관계 구축

2) 해외전시회 참가 계량 및 비계량 목표

전시회 참가를 통한 목표는 계량 목표와 비계량 목표로 분류된다. 계량 목표는 실현 가능한

① 전시회 기간 중 만날 바이어 수

② 수출 상담이 이루어지는 국가 수

③ 예상되는 계약체결 목표

④ 세일즈 대리점 계약 목표

⑤ 상품 및 산업정보 수집 목표 등이며,

비계량적 목표는

① 어떤 참관객들에게 어떤 상품을 중점 홍보할 것인가

② 어떤 경쟁업체를 평가하고 무엇을 알아낼 것인가

③ 전시회 참가를 통해 기업 이미지를 어떻게 변화시킬 것인가

④ 어떤 프로그램으로 참관객들을 부스로 유인한 것인가

⑤ 부스를 어떻게 장치할 것인가 등이다.

이러한 목표를 세우고 전시회 참가 후 얼마만큼 성과를 올렸느냐를 평가하여 차기 전시회도 계속 참가할 것인지 중단할 것인지를 결정하게 된다.

대부분의 국내 기업들은 시장개척 수단의 일환으로서 전시회에 참가하지만 전시회가 가져다 주는 그 이외의 부대 성과를 얻기 위해서도 마케팅 전략을 시현할 수 있는 장으로 활용하여야 한다. 따라서 전시회 참가 목적이 정해졌으면 그 다음에는 구체적인 해외전시회가 선정되어야 한다.

2. 해외전시회 선정조건

다수의 전시회 중 최종적으로 연간 참가할 소수의 전시회를 선정하기 위해서 고려해야 할 사항은 전시회 참가 목적과 목표에 부합하는 전시회인지, 마케팅을 위해 지역 및 시기적으로 최적의 전시회인지, 전시회 성격(전문, 종합, 일반전시회)이 마케팅 확보에 도움이 되는 전시회인지를 확인하여야 한다. 또한 전시회 데이터나 개최 현황을 면밀히 검토하여 전시주최자, 개최횟수, 전시면적, 국가별 참가업체 및 참관객 수, 인증 여부 및 참가업체 만족도, 언론 홍보 및 보도 정도, 주요 참가업체 및 동종 업체의 참가 여부, 세미나 및 이벤트 등 부대행사 등을 점검해야 한다. 또한 주최국과 인근국들의 정치, 경제 상황을 파악하고 있어야 하며 아울러 개최 장소, 지역 및 전시상의 지명도도 체크해야 한다.

1) 해외 전시회 선정 시 주요 체크 포인트

① 자사의 전시회 참가 목적과 목표에 부합되는 전시회인가?

② 전시회 개최 기간 중 인근 국가에서도 유사 전시회가 개최되고 있는가?

③ 전시회가 해당 국가에서 어느 정도 위상을 차지하고 있는가?

④ 국내외 경쟁기업들이 참가하는가?

⑤ 전시회 개최국가의 정치, 경제 상황은 어떠한가?

⑥ 장기적으로 지속 참가가 예상되는 전시회인가?

⑦ 전시회 개최국 및 인근 국가들에서 자사 제품에 대한 경쟁력은 어떠한가?

2) 해외 전시정보 관련 사이트

① KOTRA 운영 www.gep.or.kr : 약 4천개의 전시 정보, 시기, 장소, 분야별로 검색가능

② 중소기업중앙회 운영 www.sme-expo.go.kr

③ 한국농수산식품유통공사 http://www.at.or.kr

④ 독일전시협회 운영 www.auma.de^(약 5천개 전시정보 검색 가능)

⑤ M+a expo Data Base www.expo.database.com

⑥ 미국 Exhibitor magazine www.exhibitoronline.com , TSNN www.tsnn.com

⑦ 홍콩 Global Sources www.globalsources.com

 ## 02 해외 전시회 참가 사전 준비사항 및 절차

1. 해외전시회 참가 사전 준비사항

해외전시회에 참가하여 성공을 거두기 위해서는 특별한 준비가 필요하다. 참가 계획을 세우고 나서부터의 사전 마케팅 활동은 해외전시회 참가 자체의 성공 여부가 결정될 만큼 중요하며, 바이어^(또는 잠재고객)가 해외전시회에 참가하여 자사의 전시부스를 찾도록 하기 위해서도 사전 홍보활동은 매우 중요하다.

1) 사전준비절차

① 준비절차 : 참가목적 및 목표설정(1년 전) → 참가 대상 전시회 선정(11개월 전) → 예산 수립 및 확보(11개월 전) → 참가신청 및 부스 예약(6~11개월 전) → 항공권 및 숙박 예약(2~6개월 전) → 전시품 준비 및 발송(2~6개월 전) → 사전 마케팅(3개월 전) → 전시회 참가 및 현장 마케팅 → 전시품 반송 → 참가결산 및 사후 마케팅

② 예산수립 전 고려사항

구분	고려사항	장점	단점
참가형태	개별참가	• 본인이 원하는 전시회 자체 선정 가능	• 많은 예산 투입 • 전시회 참가 모든 과정 본인이 직접 수행
	단체참가	• 예산 절감 • 파견기관에서 전시회 참가과정 상당부분 대행	• 단체가 파견하는 전시회로만 참가 국한 • 개인행동 제약 • 국내 경쟁기업들과 같이 참가할 수도 있음 • 경쟁률이 높은 전시회는 탈락 가능성 높음
부스형태	조립부스	• 예산 절감 • 부스에 대해 신경 쓸 필요 없음	• 개성 있는 부스 설치 불가
	독립부스	• 자사의 특성을 살릴 수 있는 개성 있는 부스 설치 가능 • 부스 위치 선정 시 유리 (일부 전시회) • 많은 참관객 집객 효과	• 많은 비용 소요 • 일정 규모 이상의 부스 임차 의무 • 전문장치업체 직접 선정 및 계약
예산형태	외부지원예산	• 예산 절감	• 지원기관의 예산집행 지침 준수 및 사후증빙서 제출
	자체예산	• 자사 의도대로 예산 집행 가능	• 전시회 참가에 따른 모든 경비 자체 부담
파견인원	1명	• 예산 절감	• 동시다발 바이어 방문 시 응대 어려움
	2명 이상	• 동시다발 바이어 방문 시 응대가능 • 분업을 통해 업무 효율화	• 비용 증대

③ 해외전시회 참가를 위한 예산 산출내역

비목	세부내역
국외여비	항공임, 숙박비, 식비, 일비
임차료	전시장 임차료, 차량 및 비품(전시대, 의자, 테이블, 사무용기기 등) 임차료
지급수수료	통역원, 안내원
운송비	전시품 발송비, 현지운송 및 통관비
장치비	부스 장치비, 국내 장치지원물 제작비
운영비	통신비(전화, 인터넷, 팩스, 특송), 소모품비, Utility사용비(전기, 전화, 인터넷, 청소, 수도, 가스, 압축공기, 청소 등)
마케팅 및 광고선전비	해외시장조사 대행비, 전시회 디렉토리 광고 게재료, 전문잡지광고료, 판촉물 구입, 현지 세미나 등 부대행사 참가비
도서인쇄비	회사 카탈로그제작비, 바이어 초청장, 자료구입비
해외활동비	바이어 접대비, 리셉션, 세미나 개최비

2) 해외바이어 발굴

외국과의 무역거래에 있어 비용과 위험을 줄이고 이익을 극대화시키기 위해 해외의 구매 잠재력을 가진 고객을 찾아내는 것은 기호에 맞는 상품 개발 및 효과적인 마케팅을 사전에 준비하기 위해 필요하다. 사전 마케팅을 위한 신규 바이어 명단은 전시주최자 보유 참관객 명단(Attendee List), 관련업종 발간 자료, 기존 전시회 디렉토리, 기관 및 협단체 보유 바이어리스트 등의 방법으로 발굴할 수 있다.

① 해외바이어 발굴방법

발굴방법	장단점	발굴방법	장단점
무역업체 명부(Trade Directory)	• 바이어 DB 획득용이(장점) • 실제 거래협상 및 계약 체결 실적 저조(단점)	내한 외국바이어 상담	• 수출유관기관, 지자체 주도 초청바이어 상담
해외지사 활용	• 대기업에 국한된 방법(장점) • 중소기업 활용은 불가능(단점)	시장 개척단 무역전시회	• 수출유관기관, 지자체 공동관 참가 • 개별 전시회 참가
수출유관기관 거래알선	• 해외 지사화 사업 • 시장개척단 참가지원 • 해외 바이어 수출 상담회 참가 • 해외시장 정보 수집 및 배포 활용 • 해외시장 조사의뢰	기타 방법	• 기존 거래처 소개 • 주한 외국대사관 (상무관), 상공회의소 • 국제입찰, 타 업체와 제휴 등

② 해외바이어 접촉방법

바이어 명단이 확보되면 이메일로 초청장을 발송하는데 이메일에는 전시회 개요, 회사소개 및 연락처, 참가 시 부스 방문 요청, 출품 예정 전시품 소개, 거래희망 의사와 부스 위치 그리고 방문 시 혜택 등이 포함되어야 한다. 이러한 이메일은 전시회 개최 2~3개월 전에 발송한 후, 회신이 없으면 2~3주 후에 재발송하는 것이 바람직하다. 특히, 관심을 표명한 바이어에게는 전시회 출품제품에 대한 구체적인 정보를 송부한 후, 부스에서의 상담을 약속한다. 초청장은 현재 고객, 미래 타켓 고객, VIP 예상 고객 및 전년 전시회 참가 고객 등으로 구분하여 작성하되 전시회 무료 입장권을 동봉하거나 방문 기념품을 증정하는 등 인센티브를 제시하면 더 큰 효과를 기대할 수 있다. 이외 전시회 공식 디렉토리에 광고를 게재하거나 전시장내에 배너 광고, 현지 신문 및 산업관련 잡지 광고 및 보도자료 배포 등도 좋은 사전 마케팅 수단이 될 수 있다. 또한 전시회의 컨퍼런스 및 신제품 설명회 참여하여 사전 홍보를 할 수 있다.

2. 해외전시회 현장 준비사항

1) 현장준비절차

전시장 위치 및 교통편 확인 → 전시품 도착 여부 확인 → 부스 확인 및 설치 → 전시품 진열 → 통역 및 안내원 관리 → 부스 운영 및 상담 → 전시품 처리 → 철거 → 상담요원의 정보수집 활동

2) 운영상담

전시회 기간 중 핵심이 되는 활동이 전시 부스 운영과 상담이다. 최대한 많은 바이어 중에서 가능성이 있는 바이어인지 아닌지를 순간적으로 판단해야 하며 동시에 같은 전시회에 참가한 경쟁업체들과 경쟁을 하여야 한다. 통역 및 안내원은 상품에 대한 충분한 교육을 시키도록 하고 가능성이 있는 바이어에 집중하여 최대한 예의를 갖추고 진지하게 상담해야 한다. 전시회 참가에서 향후 성약을 위해 상담일지 작성은 매우 중요하다. 상담일지에는 바이어와 상담한 직원 이름, 상담일자 및 시간, 바이어 성명/기업명/부서/연락처(명함), 관심제품명, 향후 바이어가 더 얻고자 하는 정보, 향후 바이어와 재 미팅기간, 향후 조치 요망사항, 바이어 중요도 및 시급성 등을 꼼꼼히 정리한다.

해외 전시회 참가 지원제도 이해

1. 해외전시회 단체참가 지원제도

해외전시회는 국제적으로 인정된 정부의 합법적 기업지원 수단으로, 각국의 해외전시회 참가지원사업은 대부분 정부부처나 국영무역진흥기관에서 지원하여 자국기업의 해외시장 개척 및 국제경쟁력 강화의 기회를 제공하고 있다. 우리나라는 중앙정부의 단체 해외전시회 참가지원과 관련하여 산업통상지원부는 KOTRA를 통해, 중소기업청은 중소기업중앙회를 통해 지원하고 있다. 각 기업들은 통상 전시

회 개막 5~6개월 전부터 참가 신청을 해야 하며 참가비용(임차료, 장치비, 전시품 운송료, 공동수행기관 관리비)의 최대 50%까지 국고 지원이 가능하다. 각 지방자치단체에서 지역 내 공장 등록기업 및 수출실적이 해당 지자체로 집계되는 기업들을 대상으로 부스 임차료, 통역비 및 항공임 등을 전부 또는 일부 지원하고 있다.

1) 해외전시회단체참가지원제도(중앙정부)

구분		산업자원부	중소기업청	농림수산부	문화체육관광부
단체참가지원	관리기관	KOTRA	중소기업중앙회	농수산물유통공사	국민체육진흥공단
	지원횟수	약 100회	약 100회	약 50회	약 5회
	지원내역	임차, 장치, 운송비 최대 50% 국고지원 + 해외마케팅 100% 지원	업체당 1천만원 이내 임차, 장치, 운송비등 공통경비 50% 국고지원	임차, 장치(중소기업100%, 대기업 70%), 운송비(200만원 한도내 100%지원, 신선농산물 한함)	임차, 장치비 전액, 운송비 1CBM(편도), 공동통역지원
	참가분야	업계수요중심, 유망대형 전시회	업계수요중심,틈새, 세분화 품목	업계수요중심, 식품 분야	업계수요중심, 스포츠 용품
홈페이지		www.gep.or.kr	www.sme-expo.go.kr	www.at.or.kr	www.kspo.or.kr

2) 해외전시회 단체참가지원제도(지자체)

구분	내용
사업정의	지자체(서울, 경기, 인천 등)별 관내 업체 대상 자체 해외마케팅 지원 프로그램 운영
지원형태 및 횟수	단체관 약 250여회(이중 60%는 KOTRA, 중기청 참가 한국관과 중복), 특별전, 개별지원
예산원	각 광역 및 기초 지자체(기업지원과, 국제통상과, 국제협력과 등)
수행기관	중소기업진흥공단 지방본부, 무역협회 지역본부, 각 지방 테크노파크, 각 지방 중소기업지원센터, 각 구청 *서울의 성우 각 구청(강남구, 영등포구 등)에서도 관내업체 대상 전시회 지원

3) 해외전시회 선정기준

전시회 참가고객 만족도 평가결과, 전시회별 수요조사, 전문전시회 인증실적, 수출 품목 성장성, 현지시장 적합성, 국가정책기여도, 신청단체기관 수행능력 등

4) 해외전시회 단체참가신청방법

① 단체관 참가신청 방법 : 지원기관 모집 중 전시회에서 신청 → 공동수행기관 담당자의 접수확인 → 참가신청금 납부 및 입금증 송부 → 선정업체 심사 후 선정결과 통보 → 참가비 잔금 납부 → 전시회 참가

② 단체관 참가신청 제출 서류 : 해외전시회 참가신청서, 전시품목 상세서, 신청 기업의 카달로그 또는 제품설명서(영문 및 국문자료), 사업자등록증 사본, 기업 선정 시 가점처리 사항의 증빙서류, 해외전시회 참가를 위한 각서, 기타

③ 단체관 참가 신청기업 평가기준 : 공동수행기관 평가 기대성과, 제조기업여부, 정부기관 인증서 취득여부, 사전예약 여부, 전시품목의 현지 시장성, 현지 시장 수출경험, 해당전시회 참가여부 등

2. 해외전시회 개별참가 지원제도

한국관이나 단체관이 아닌 개별 기업들이 단독으로 해외전시회에 참가할 경우 지원해 주는 제도로 지원금은 참가 후에 지급된다.

1) 해외전시회 개별참가지원제도

KOTRA	지자체	문화체육관광부
• 사업명 : 해외전시회 참가 지원 • 시행기관 : KOTRA 해외전시팀 • 신청: 글로벌 전시포털(GEP) • 지원 범위 : 기업당 700만원 한도	• 사업명 : 해외전시회 개별 참가지원 • 지원범위 : 기업당 최대 400만원/50개사 내외모집 • 지원제한 : 정부기관 및 지자체 단체관 참가전시회	• 사업명:개별전시회 참가 지원 사업 • 지원범위 : 20개사/기업당 600만원 한도 • 지원제한:글로벌화 지원 산업 2,3 단계 기업 대상

2) 해외전시회 개별참가신청방법

① 개별 참가 신청 방법 : 신청서 원본 및 증빙서류 제출 → 심사 → 선정업체 확정 → 전시회참가 → 및 증빙서류 제출 → 지원금 교부
② 개별 참가 증빙서류 : 해외전시회 개별참가, 각서, 부스임차 인보이스, 참가비 납입증명서, 부스배치도 및 참가기업 디렉토리, 부스 전면 사진, 사업자등록증, 법인 은행계좌 사본

 04 해외전시회 참가성과 평가관리

1. 해외전시회 사후관리

해외전시회 사후 마케팅 활동을 위해서는, 실제 전시회 기간 중의 마케팅활동에 대한 정확한 자료와 세일즈 결과에 대한 정리가 필요하다. 전시회 참가는 목표했던 고객 그룹으로부터 반응을 파악하고 시장조사를 실시하는데 중요한 기회를 제공한다. 실제 방문한 고객의 명단 파악 및 관리를 비롯하여 전체적인 전시회 성과에 대한 평가가 반드시 이루어져야 한다. 이러한 성과 평가는 차기 전시회 참가를 설정할 때 매우 중요한 요소로 활용할 수 있다. 전시회 참가 홍보 및 초대장 발송 등이 효과적인지는 발송 초대장 수와 부스에 찾아온 방문객 수를 비교함으로써 확인할 수 있다. 비용대비 효율성을 평가할 때는 중장기적으로 바라보는 것이 필요하다. 전시회 성과를 단순히 계약액으로만 평가하는 경우에는 다른 많은 전시회 참가의 이점을 간과하고 계약액이 적다는 것만으로 차기 전시회에 참가하지 않는 우를 범할 수도 있다. 따라서 단기적으로 평가를 내리지 말고 좀더 신중해야 한다. 전시회 참가목적을 다른 방법으로도 달성할 수 있는지에 대한 여부와 비용이 얼마나 들 것인지에 대해서도 고려해 보고, 여러 가지 방법을 이용하여 전시회 참가에 따른 총괄적인 성과를 평가해야 한다. 이를 통하여 치후에 참가하는 전시회에서는 더욱 큰 효과를 거둘 수 있도록 해야 할 것이다.

1) 해외전시회 사후마케팅 절차

전시회에서 이루어진 새로운 고객과의 만남은 단지 시작에 불과한 것이다. 발굴된 신규 거래선과 거래가 성사될 때까지는 여러 차례의 접촉이 추가로 필요한 만큼 관계가 계속 이어질 수 있도록 세심한 배려를 해야 한다. 철저한 후속작업은 전시회 참가를 결정할 때 설정했던 여러 가지 목표를 달성하는데 중요한 역할을 한다. 귀국 후 1주일 안에 전시회 기간 중 만난 모든 바이어들에게 감사 편지(Thanks Latter)를 보낸다. 전시회 개최 전 작성된 유치대상 바이어 명단, 전시회 기간 중 부스를 방문한 참관객과의 상담일지 및 카드 리더기를 통해 입수한 모든 참관객 정보를 종합해 바이어 명단을 정리하고 지속적으로 관리해야 한다. 특히, 상담일지를 근거로 각 바이어들과 상담 과정에서 바이어들에게 약속한 추가 자료(가격표, 샘플, 카운터 샘플, 상품설명서, 도면, 제품사진 등)를 기한 내 보내준다.

전시회 참가 후 실제 성약까지는 통상 3개월 내지 6개월 정도가 소요되며 1~2년 이상 걸리는 경우도 있다. 성약 단계까지 왔다가 무산되는 경우도 많고 무산된 것으로 여기고 잊고 지냈는데 한참 시간이 지나 주문하겠다고 연락오는 경우도 있으므로 쉽게 포기하지 않도록 한다. 따라서 집요함과 신뢰 구축이 성약에서 가장 중요한 자세라고 할 수 있다. 가능성이 높은 바이어들은 가능하다면 시간 내 방한을 권유하거나 전시회 참가 국내기업이 현지를 재방문하여 신뢰관계 구축과 함께 보다 심도 깊은 상담을 하도록 한다. 현지를 재방문할 때는 전시장에서 처음 만났던 국내기업 직원과 함께 보다 직급이 높은 상사가 동행하는 것이 좋다.

일부 바이어들은 처음부터 외상거래, 독점 에이전트를 요구하는 경우도 있는데 이는 절대 피해야 할 것이다. 그 바이어에 대한 마케팅 능력, 재무상태, 신용도 등을 철저하게 조사한 후 결정을 내려야 한다.

전시회 직후 감사서신 발송 → 영업담당자 전화 → 영업담당자 대면 → 기술담당자 대면 → 제안서 제출 → 계약체결 → 성과분석

2) 해외전시회 주요 성과 분석 항목

① 전시장에서 바이어들이 관심을 보인 제품과 이유는
② 자사 제품에 대해 바이어들의 평가

③ 부스를 찾아 온 바이어들의 특성 분류

④ 전년 대비 이번 전시회의 전체적인 개최 규모 및 내방 바이어 수

⑤ 일자별, 시간대별 부스를 찾아 온 바이어 수 분석

⑥ 전시장에 나온 신제품들의 특성, 디자인, 소재, 주요 성능

⑦ 전년 대비 시장의 변화와 그 요인

⑧ 전체적인 상품 트랜드 및 향후 시장 전망

⑨ 틈새시장을 발견했는지, 있다면 그 공략 방안은?

⑩ 새로이 부상하는 국가와 시장을 잃어가고 있는 국가, 그리고 그 요인

⑪ 주요 경쟁업체들의 참가 유무 및 참가 규모

⑫ 사전 마케팅 활동이 어떤 효과가 있었는지?

⑬ 사전 약속한 바이어들의 실제 방문 결과

⑭ 당초 목표 대비 실적(바이어수, 상담의 질, 성약 및 계약, 정보 수집건 등)

⑮ 전년도 참가 성과와 비교 분석

⑯ 신제품 소개 성과

⑰ 기업 브랜드 이미지 제고 여부

⑱ 경쟁기업들의 성과 및 의견

⑲ 참가 규모 및 파견 인원의 적정성

2. 해외전시회 참가성과 평가

전시회 참가 전 수립한 목표 대비 참가 성과를 분석한다. 전시회 참가 후 성과 분석을 하지 않는다면 참가했던 전시회가 좋은 전시회였는지 아닌지 판단하기 어려우며 지속적인 참가결정을 내리기도 쉽지 않다. 아울러 전시회 참가 후 현지에서 수집된 정보와 상담했던 바이어에 기초하여 시장의 변화를 읽어야 한다. 항목별로 분석을 통해 최소한의 예상보다 저조한 성과를 거두지 않거나 향후 가능성이 발견되어야 해당 전시회를 계속 참가하게 되는 것이다.

05 해외 전시회 참가 준비 체크리스트

해외 전시회 참가 체크리스트는 전시회 참가를 준비하는 기업 그리고 전시회를 주최하거나 주관하는 입장에서 필수적인 부분의 준비라고 할 수 있다.

여기서는 참가하는 기업 입장과 전시회를 준비하는 입장에서 두가지 부분에서 체크리스트를 살펴 보고자 한다.

1. 참가기업 입장에서의 체크 리스트

전시회를 자주 참가하는 기업조차도 해외 전시회를 준비하며 필요한 부분을 정리한 체크리스트가 없는 경우가 대부분이다. 이 부분은 기업이나 전시회를 담당하는 담당자들이 경험에만 의존하거나 중요성 자체에 대한 인식의 부족에 기인한다. 특히 담당자의 경험에만 의존할 경우 담당자의 퇴사 이후에는 회사에 전시회에 대한 어떤 노하우도 남지 않고 기록되지 않는 문제가 발생하고 그 부분은 고스란히 회사의 손실로 남게 된다.

또한 전시회에 대한 많은 경험을 가지고 있는 담당자들 역시 세세한 부분에 대한 준비가 많이 부족한 것을 실제 현장에서는 많이 볼 수 있게 된다. 따라서 전시회 참가 시에는 세세한 체크 리스트를 통한 준비가 해외 전시회 참가에 성과를 얼마나 가져올 것인가라는 부분에 중요한 역할을 한다. 참가업체의 측면에서는 전시회 참가 전, 참가 기간 중, 참가 후로 나눌 수 있다. 다음은 그에 따른 체크리스트 샘플이다. 다음 샘플은 각 기업의 상황에 따라 일부 변경하여 사용할 수 있다.

기간	항목	업무 내용
전시회 前	부스 임차	Target 시장조사
		전시회 및 기간 확인 : 전시회 특성 분석/임차료 및 등록비 확인
		전시회 선택 : 참가 면적 결정, 부스 타입 선택
전시회 前	부스 임차	전시회 참가에 따른 전체 예산 계획 수립
		신청 접수 및 임차 료납부
		부스위치결정
		참가업체 필수서류 제출 : 디렉토리, 출입증, 상호간판 등
	부스 장치	주요 참가품목 결정
		품목 배치 구상 : 집기가구, 전기, 컴프레스 에어 등 확인, 홍보물 구상 및 준비
		집기 가구 주문 제작 및 주문 완료: 최소 한달 전에 준비 완료
	운송	전시품 결정 : 실물전시 or 카달로그 전시 선택
		운송사 견적 요청 : 해상 or 항공 등 운송 일정 확인 및 비용/전시 후 물품 처리 결정
	항공 및 숙박	출장 일정 확정
		항공 및 숙박 예약
		비자 필요 여부 확인
		관련 예약 및 비용 납부
	출장 준비	전시회 초청장 발송 : 현지 거래처 및 주요 고객들에게 전시회 방문 요청 및 미팅 일정 약속
		상담 및 DP 관련 소품 체크
		통역원 및 안내 요원 고용 여부
		명함 및 상담일지 준비 / 기념품 준비
		현지 비즈니스 문화 사전 숙지(특히, 금기사항 등 숙지)
		홍보물 준비
전시회 기간 中		디스플레이 기간 : 운송 물품, 주문한 집기 가구 확인, 물품 배치, 다과 및 음료 준비
		전시회 기간 : 방문객 상담/차후 전시회 참가 여부 결정 및 사전 예약
		전시회 마지막 : 전시품 정리, 반송 물품 반출 준비
전시회 後		감사 이메일 발송 : 부스 방문 관련한 감사 인사 및 제품 문의 관련한 회신
		결과 보고 작성 : 상담 방문객 수 및 상담내용, 전시회 특성 및 주요 사항

위에서 언급한 부분들은 반드시 수행하고 체크해야 할 부분들이다. 이 부분 역시 국고지원을 통한 단체관 참가 역시 다뤄야 할 부분이지만 이 경우에는 주관단체에서 대부분의 스케줄을 조정하고 진행하기에 다루지 않기로 하고 개별 참가의 입장에서 모든 부분을 진행할 경우 위주로 설명하고자 한다.

1) 전시회 참가 전

① 부스 임차

🎧 전시회의 선정

부스 임차에서 가장 중요한 부분은 전시회의 선정이다. 전시회를 참가 결정하기 전 자사의 제품이 가고자 하는 시장에 맞는지에 대한 시장 조사가 먼저 선행되어야 한다. 어떤 국가, 어떤 지역의 시장이 자사 제품의 수출 가능성을 가지고 있는지를 파악하여야 한다. 단순히 전시회의 크고 작음이 아니라 자사의 제품 및 목표에 맞는 시장의 선정이 가장 중요하다. 나머지 부분들은 모두 차후에 이루어지고 결정해야 할 부분이다.

대부분 전시회의 명성이나 규모에 따라 전시회를 선호한다. 하지만 큰 전시회일수록 유명 전시회 일수록 상대적으로 많은 경쟁이 있음을 인지해야 한다. 따라서 Target 시장에 대한 분석은 필수적이며 그 이후에 전시회의 선정이 뒤따른다. 대다수 국가에서는 1개 산업에 1개 전시회가 존재하지만 그렇지 않은 경우 어떤 전시회를 참가해야 하는지에 대한 전시회의 선정 작업이 필요하다.

1개 국가에 다수의 전시회가 존재할 경우 주최자의 경험, 전시회의 역사 그리고 관람객 분석 및 참가업체 분석 등이 필요하다. 주의해야 할 부분은 단체관을 구성하는 국가관이 있는 전시회가 내게 꼭 맞는 전시회는 아니라는 점을 반드시 고려해야 한다.

🎧 예산계획 수립

부스는 몇 부스를 참가할 것인가를 결정하기 전에 전체 예산 부분 계획을 미리 확정해야 한다. 그러한 계획없이 전시회를 준비하다 보면 예상하지 못한 비용의 지출이 따르고 전시회에 많은 예산이 투입되고는 한다.

따라서 전시회를 결정하기 전에 목표 바이어의 숫자는 예산 수립에 중요한 요인이다. 최소 1개 바이어와의 미팅 시간을 20분으로 잡는 경우, 참가자 1인의 최대 미팅 인원 수는 시간당 3명, 점심시간을 제외한 전시시간을 통상 6시간으로 계산할 경우 참가자 1인이 상담할 수 있는 최대 바이어의 수는 쉬는 시간 없이 미팅을 진행할 경우 최대 18명이다. 쉬는 시간을 제외한다면 최대 15명으로 가정할 경우 15명 X 전시기간이 된다.

여기에 목표 미팅 바이어 숫자가 많은 경우 그에 맞는 파견 인원수가 결정되어야한다. 또한 부스에서의 상담만이 최선은 아니므로 해외 전시회에서는 타 참가기업의 제품에 대한 분석 및 시장 동향 파악도 해외 전시회 참가의 중요한 요인이다. 따라서 1개 전시회에는 기본적으로 2명의 파견이 필요하다고 보여진다.

목표 상담 숫자와 파견 인원이 정해졌을 경우 이들의 움직임, 차지하는 최소 면적 등에 따라 부스내 필요 공간이 정해진다. 그 외에 전시품을 디스플레이할 공간 역시 필요하며 상담 테이블 및 의자가 차지하는 면적 그리고 인포메이션 데스크가 차지하는 면적 등이 고려되어야 한다. 그러한 과정을 거쳐서 필요한 전시회 참가 면적이 결정되어야 하며, 이러한 과정을 거치면 전시회에 필요한 공간 및 파견 인원 그리고 운송의 여부가 자연스럽게 결정이 된다.

그 후에 최초 전시회 참가에 따라 설정한 예산과 비교하여 해당 분야별로 줄이거나 늘리는 과정을 거치게 된다.

② 항공 및 숙박

항공 및 숙박 부분에서 중요한 것은 비용이다? 아니다?

항공과 숙박은 대다수의 기업이 비용절감에 초점을 맞추고 결정하지만, 제반 사항을 고려하여 결정하여야 하는 항목이다. 적절한 항공과 숙박의 선정은 전시회 참가의 효과를 증대하거나 감소시키는데 중요한 역할을 한다.

앞서 언급한 것처럼, 단순 비용 절감이 목적은 아니다. 항공과 숙박이 전시회 참가자의 전시회 상담효과를 극대화하는 부분에 포커싱이 되어 있는지 고려해야 한다.

단순 비용의 절감을 위해서 전시장과 몇 시간씩 떨어져 있는 곳에 호텔을 정하는 것이 과연 효과적인지 그리고 항공료기 싸다고 해서 몇 시간씩 공항에서 소비하고 몇 군데를 돌아가는 것은 담당자의 전시회 미팅에 어떠한 영향을 미치는 지 고려해야 한다.

또한 예상하지 못하게 전시회 종료 후에도 상담이 필요한 경우가 생기게 되는데 이러한 부분까지도 충분히 고려되어야 한다.

③ 출장 준비

🎧 초청장의 활용 및 미팅 사전 약속

대부분의 전시회 담당자들이 바쁘다는 이유로 또는 전시 주최측이 홍보를 대신 해주겠지라는 막연한 기대감만을 가지고 전시회를 참가하는 경우가 있다.

주최자는 광의의 홍보를 진행하겠지만 참가기업은 각자에 맞는 바이어 초청 등은 스스로 해야한다는 점을 사전에 숙지해야 한다.

🎧 상담 및 DP 관련 소품 준비

각자 DP 및 상담에 필요한 각종 소품들은 사전에 준비해야 한다. 전시장에서는 구할 수도 없을 뿐더러 구할 수 있더라도 추가적으로 비용이 발생한다. 그렇기 때문에 상담일지, 명함, 문구류, 포장관련 소품 등을 챙길 수 있는 기업 고유의 체크리스트가 필요하다.

2) 전시회 참가 후

전시회 기간 중에 그리고 전시회 종료 후에도 체크리스트는 반드시 필요하다.

당연히 이 모든 것을 체크해야 할 부분이지만 결과보고서의 작성도 중요한 과정이다. 전시회 준비과정에서부터 전시회 종료 후까지 모든 것이 기록으로 남아야 한다. 여기에는 실제 항공 및 호텔 부분에 대한 평가까지도 담겨있어야 차후 다른 담당자가 전시회 준비를 하더라도 이 결과보고서를 가지고 전시회를 준비한다면 보다 효과적인 전시회 참가가 될 것이다. 하지만 대부분의 경험은 전시회 참가 담당자의 머릿속에만 기록되어 있다. 회사들은 다시 처음부터 반복을 하는 일들이 많이 벌어지곤 한다.

따라서 결과보고서의 작성 및 보관은 가장 중요한 체크 포인트라고 할 수 있다.

2. 주관사 입장에서의 체크 리스트

전시회 주관사나 에이전트 입장에서 해외 전시회는 작은 규모의 국내 개최 전시회라고 봐도 될 듯하다. 에이전트 또는 주관사가 참가신청서만을 넘겨주고 세일즈에 따른 커미션을 받는 작은 부분의 역할에 만족한다면 체크리스트의 의미는 없다고 본다.

기간	업무 내용	필수	선택
전시회前	전시회 개최지 해당 시장 분석 후 전시회 계약 여부 타진	○	
	주최자와 에이전트 계약 진행	○	
	전시회 프로모션 진행	○	
	보도 자료 배포		○
	신청서 접수	○	
	주최측과 참가기업간의 조율을 통해 부스 배정	○	
	주최측 인보이스 접수 후 참가업체에 전달 (혹은 자체 인보이스 발행 후 참가업체에 전달)	○	
	부스 임차료 납부 확인	○	
	해당국가 출장자의 비자 필요 여부 확인		○
	비자가 필요하다면, 소지하고 있는지 여부		○
	참가 기업의 출장자가 비자를 소지하고 있지 않다면, 주최측을 통한 초청장 등의 서류 지원 업무		○
	운송 일정 체크 및 안내		○
	exhibitors manual 안내 및 각종 order form 중 필수 및 선택 제출 서류 안내		○
전시회前	추가 order에 따른 인보이스 발행 및 해당 비용 납부 안내		○
	전시회 참가 최종 안내(현지 정보 등)		○
전시회 기간中	전시회 출장		○
	전시회 개막 전 참가기업이 준비 사항 현장 체크 지원		
	주최자와 차년도 전시회 관련 논의 및 네트워킹		
	전시회 참관을 통한 관련 시장 트렌드 조사		
	전시회 개최 관련 보도 자료 작성 및 배포		○
전시회後	주최자에 Commission Claim 발송	○	
	전시회 결과 자료 확인 및 참가 업체에 배포		○

대부분 체크 리스트에 언급한 내용은 제목 그 자체로 충분히 이해가 된다. 여기서는 전체적으로 몇 가지만을 언급하고자 한다.

참가업체 담당자들을 대상으로 하는 체크리스트에서도 회사별 시장 상황에 대한 분석이 필수적이듯이 전시회 주관사 또는 에이전트 역시 시장 상황에 대한 분석은 필수적이다. 다만 기업들의 시장 분석과는 달리 거시 경제 지표, 산업의 트랜드, 향후의 수요 등에 대한 분석이 반드시 따라와야 한다라는 점이 강조된다고 하겠다.

1) 전시회 프로모션

과거와는 달리 빠르게 변화하는 시장 환경 속에서 프로모션의 툴 역시 달라져야 한다. 산업의 특성에 맞는 프로모션 툴이 개발되고 그 적합성 여부에 대해 끊임없이 확인하고 변경해 가는 과정이 필요하다. 광의의 프로모션에 있어서 산업별로 아직도 팩스를 통한 프로모션이 적합한 경우도 있고 이메일 또는 여타의 수단을 통한 프로모션이 적합한 경우도 있다. 참여대상 기업들과 지속적인 관계를 유지하고 있는 경우에는 직접적인 이메일 또는 방문이 가장 효과적일 수 있다. 또는 국내 유사 전시회 참가 또는 참관을 통한 홍보 보도자료 배포, 블로그/SNS 마케팅, 홈페이지 등 다양한 방법이 시도되고 있다. 최근 들어 페이스북 또는 인스타그램 등 다양한 SNS 툴을 이용한 프로모션 역시 시도되고 있다. 이 모든 것들이 산업별 특성에 맞게 시도되어야 한다 라는 점에서 프로모션 전에 충분히 고려해야 할 포인트이다.

2) 전시회 출장 동행시

전시회에 다수의 기업이 참가하거나 단체관 참가를 주관하는 경우 통상 전시회에 동행 출장을 통해 에이전트 또는 주관사는 기업들의 참가지원을 하게 된다.

이때 반드시 확인하고 체크해야 할 부분은 전체적인 전시회의 만족도 부분이다. 참여기업들이 보는 만족도와 주관사가 보는 만족도 부분은 다른 경우가 많은데 그 차이점이 무엇인지 왜 그런 차이가 발생을 하는지에 대한 정확한 확인과 분석이 필요하다. 그 괴리점 사이에는 업체들이 얼마나 전시회를 충실하게 준비했는지에 따라 만족도가 달라지기 때문이다. 이외에도 참여기업들의 요청 사항 등 전체적인 의견을 수렴하는 과정이 필요하다. 주관하는 주관사 또는 에이전트의 전체적 전시회

평가에서도 전시회에 대한 평가는 차기년도 전시회 준비에 필수적이다. 이러한 종합적 의견들이 주최측과의 미팅 또는 네트워크를 통해 전달되고 반영될 수 있도록 해야 한다.

주관사 또는 에이전트가 단순하게 전시회가 크다는 이유로 또는 주관사 또는 에이전트의 수익만을 위해 전시회를 기관에 추천하고 언론에 성과를 호도하는 일은 지양해야 할 부분이다.

3) 사후관리

전시회 종료후에 주최측의 공식 결과 보고서를 바탕으로 참여기업과의 사후 커뮤니케이션 역시 놓쳐서는 안될 부분이다.

주관사와 전시 참여 기업간의 전시회 결과에 대한 교류는 지속적 고객관리 측면에서 또 전시회의 지속적 프로모션이나 신규 전시회 및 시장 발굴에 중요한 역할을 한다.

4) 결론

참여기업 그리고 전시회 주관사 또는 에이전트가 가장 놓치기 쉬운 부분은 자신이 알고 있다라고 간과하는 부분에서 시작된다. 알고 있다 하더라도 체크 리스트를 통해서 빠짐없이 준비한다면 참가기업은 전시회의 참가 성과를 보다 높일 수 있으며 주관사 또는 에이전트들도 주요 목적인 참여기업의 성과 제고라는 부분에서 일조할 수 있기 때문이다.

참여기업, 주관사, 에이전트 모두 이러한 체크리스트상 가장 쉬운 부분에서의 출발이 모두가 원하는 전시회의 만족도 향상에 주된 포인트라는 점을 잊지 말아야 할 것이다.

연습문제 *exercises*

1. 해외 전시회의 참가 목표 내용 중 해당하지 않은 것은?

① 해외 바이어 발굴 　　　　② 제품 및 해당 산업 동향 파악

③ 인적 네트워크 구축 　　　　④ 해외여행

2. 해외전시회 사전준비절차 중 빈칸에 맞는 것은?

> 참가목적 및 목표설정→참가신청 및 부스 예약→항공권 및 숙박 예약→전시품
> 준비 및 발송→(　　　)→전시회 참가 현장 마케팅→참가결산 및 사후 마케팅

① 사전 마케팅 　　　　② 예산 수립 및 확보

③ 참가 대상 전시회 선정 　　　　④ 전시품 반송

3. 해외 전시회 선정 시 주요 체크 포인트가 아닌 것은?

① 외부 지원예산 유무

② 전시회 개최국가의 정치, 경제 상황

③ 국내외 경쟁기업들이 참가여부

④ 자사 제품의 경쟁력

4. 다음 중 가장 많은 개수의 해외 전시회 정보를 보유하고 있는 웹사이트는?

① 독일전시협회(www.auma.de)

② M+a expo Data Base(www.expo.database.com)

③ TSNN(www.tsnn.com)

④ Global Sources(www.globalsources.com)

5. 해외전시회 참가 시 단체참가의 장점은?

① 단체가 파견하는 전시회로만 참가 국한

② 파견기관에서 전시회 참가과정 상당부분 대행

③ 국내 경쟁기업들과 같이 참가할 수도 있음

④ 경쟁률이 높은 전시회는 탈락 가능성 높음

연습문제   exercises

6. 수출유관기관을 통한 신규 해외바이어 발굴의 방법이 아닌 것은?

  ① 해외 지사화 사업
  ② 해외지사 활용
  ③ 시장개척단 참가지원
  ④ 해외 바이어 수출 상담회 참가

7. 해외전시회 단체참가 신청 시 선정 요건 중 가장 중요하지 않은 것은?

  ① 제조기업여부
  ② 정부기관 인증서 취득여부
  ③ 전시품목의 현지 시장성
  ④ 기업의 직원 수

8. 다음중 해외전시회 개별참가 지원기관이 아닌 곳은?

  ① 산업자원부   ② 문화체육관광부
  ③ 지자체   ④ 기획재정부

9. 해외 전시회 개별참가 지원 시 결과보고 증빙서류가 아닌 것은?

  ① 참가비 납입증명서
  ② 부스배치도 및 참가기업 디렉토리
  ③ 여행 경비 인보이스
  ④ 부스전면사진

10. 해외전시회 사후마케팅 절차 중 가장 먼저 해야 할 업무는?

  ① 영업담당자 전화   ② 제안서 제출
  ③ 기술담당자 대면   ④ 감사서신 발송

정답   1.④ 2.① 3.① 4.① 5.② 6.② 7.④ 8.④ 9.③ 10.④

전시회 위기관리

정의 및 목표

전시회는 준비기간에 비해 짧은 행사일정, 많은 사람들이 모이는 프로젝트성 사업이다. 따라서 그 속성상 잠재적으로 위기상황이 발생할 가능성이 높으며 그 피해는 인명, 재산, 브랜드이미지 손실 등 여러 가지 결과를 초래할 수 있다. 이에 위기에 대해 이해하고 전시회 개최 전에 위기관리 계획 수립을 통해 그 영향력을 최소화하도록 준비해야 할 필요가 있다.

학습내용 및 체계

주요 항목	세부 내용	비고
1. 전시회 위기관리	• 위기란 무엇인가 • 위기관리란 무엇인가 • 위기관리 계획 세우기	
2. 위기관리 계획 수립의 5요소	• 위험인식 • 위기관리팀의 조직과 팀원의 교육 • 모든 우발 사건에 대한 계획 • 시행　　• 평가	
3. 위기관리 4원칙	• 완화　　• 대비　　• 조치　　• 보고	
4. 전시회의 일반적 위기요소	• 전시회 내재 위기 • 전시회 외부 위기	
5. 위기관리계획 사례	• 전시장 시설의 점검 및 위기관리 • 위기관리 인력의 배치와 교육 • 보안 계획　　• 식중독　　• 화재 • 의료 응급상황 • 폭력, 테러, 대립의 위기관리 • 전시회 보험 가입 • 전시회 위기관리 전담팀 구축	

학습 포인트

• 위기와 위기관리에 대한 개념 이해
• 위기관리 계획수립의 5요소 및 4원칙
• 전시회에서 위기요소의 이해
• 전시회에서 위기관리 계획사례 연구

핵심 용어

위기, 리스크, 위기관리, 위기관리 계획, 응급상황, 화재, 테러, 보안

01 전시회 위기관리

1. 위기란 무엇인가?

위기는 전시회를 중단 또는 취소시킬 수 있는 원인, 금전적인 손해, 물리적 또는 환경적 피해, 브랜드 가치나 공적 이미지 손상을 가져 올 수 있는 요인을 말한다. 직원이나 관련자의 사망이나 중대한 상해를 초래할 수 있는 예기치 않은 사건도 물론 포함된다.

이러한 위기 요소와 위기 상황은 전시회 전 과정을 통해 언제든지 일어 날 수 있다. 전시회 기획 시 자금을 조달하는 계획에서부터 전시장을 확보하고 계약하는 과정, 참가업체를 모집하고 참관객을 유치하는 과정, 전시품의 반입과 전시회 준비과정, 전시회가 진행 중일 때와 전시회 종료 후 전시품의 반출에 이르기까지 전시회의 모든 국면에 항상 위기 상황이 발생할 개연성이 있다고 보아야 할 것이다.

- 위험(risk): 일반적으로 손해가 발생할 가능성을 의미하며, 어떤 개체에 영향을 미치는 사건이 발생할 수 있는 상황적 변화
- 비상사태(emergency): 위협이 발생할 정도로 부상, 사망의 인명피해나 시설파괴 또는 조직의 일상적 활동에 방해나 지장의 원인이 되거나 현실화된 상황
- 위기(crisis): 조직의 명성, 이익, 운영에 막대한 영향을 미치는 중대한 사건 또는 조직운영, 브랜드, 명성, 신뢰, 사업목표를 위협하는 사건
- 재난(disaster): 엄청난 피해 또는 손실을 야기하는 갑작스럽고 예상치 못한 재앙과 같은 사건

위기와 재난의 차이는 상황이 조직 내부에 기인하는 것인지 또는 조직 외부에 기인하는 것인지에 달려있다. 즉 위기는 사건의 원인이 관리시스템 결여와 변화에 대한 적응실패 등과 같이 조직이 자초한 상황인 것에 반하여, 재난은 조직이 통제할 수 없는 갑작스럽고 예측불가능한 대이변에 처해 있는 상황을 의미한다(신창열, 2016).

2. 위기관리란 무엇인가?

전시회를 기획하는 과정은 전시회의 바람직한 목표를 제시하는 과정이지만 예기치 않은 사건에 대비하는 것 또한 전시 기획의 정상적인 과정임을 잊어서는 아니 될 것이다. 왜냐하면 전시회는 특정 장소, 특정 기간이라는 혼잡한 상황에서 다양한 사람이 만나고 비즈니스와 참관이 이루어지는 장소이기 때문이다. 위기 관리는 예기치 않은 일들에 대한 계획을 수립하고 이에 대비하여 효과적으로 현장 위기관리시스템과 보안 계획을 수립하는 것을 말한다. 훌륭한 위기관리 계획은 양호하고 순조로운 상황을 예상하는 대신에 상황이 얼마나 악화될 수 있는지를 가정하여 이에 대한 대비를 하는 것을 말하며 전시 기획자는 그들의 행사에 구체적으로 어떠한 위험이 따를지, 어떻게 이러한 위험들을 관리하거나 제거할지를 판단해야 하는 것이다.

3. 위기관리 계획 세우기

위기관리 계획은 사람, 전체 행사 및 개인의 소중한 자산에 미치는 손실을 피하거나 최소화하는 것을 목표로 하기 위한 일련의 결정을 도와주는 프로그램이다. 위기관리 계획 수립의 목적은 전시회 준비에서 철거까지 복잡하고 스트레스가 심한 상황에서 예기치 못한 위기 상황이 닥칠 때 전시회 운영진이 허둥대지 않고 사려있고 질서있는 결정을 내리도록 돕는 것이다. 위기관리는 조직 내의 많은 사람들의 참여를 필요로 한다. 최고 경영진, 홍보팀, 운영, 기술 지원 등 모든 인적 자원이 최소한 위기관리계획의 일부가 되어야 한다. 해당 분야 및 현장 직원들은 대개 위기 상황을 현장에서 최초로 직면하게 된다. 위기관리계획이 수립되어 있지 않으면 위기 상황을 책임감 있게 대처하지 못하고 회의만 거듭하면서 시간을 끌다가 광범하게 뻗어나가는 파급효과로 인해 걷잡을 수 없는 손해를 초래하게 된다. 위기에 대한 계획은 '만약의 상황'에 대한 전반적인 시나리오를 작성하는 것을 의미한다. 위기관리계획이 수립됨으로써 발생할 위기를 미리 방지하거나 최소화하게 될 것이다.

위기관리계획을 수립할 때는 세부사항을 작성하는데 시기와 주의를 요하는데 다음과 같은 과정과 원칙을 인지해야 한다.

02 전시회 위기관리 계획 수립의 5요소

전시회 위기관리는 하나의 체계적인 과정이다. 이 과정은 계획을 수립하고 일관성 있게 적용해야 효과적일 수 있다. 이 과정은 본질적으로는 연속적이나 실제에 있어서는 반복적이다. 즉, 이 과정이 종료되면 결과적으로 과업이 완성되는 일회성 활동이 아니라는 의미다. 또한 위기관리는 지속적이고 역동적인 활동이어야 한다. 왜냐하면 전시회를 둘러싼 위기는 긴급성과 우선순위 차원에서 끊임없이 발생, 확대, 수습, 전환, 변동하기 때문이다. 이러한 위기관리 과정은 사전에 대책을 강구하고 순환적이며 커뮤니케이션을 원활하게 만들고 미래를 예측하면서 계획하는 속성을 가져야 한다. 아래 [그림]의 위기관리 과정은 가장 널리 인정받고 있는 모델이다.

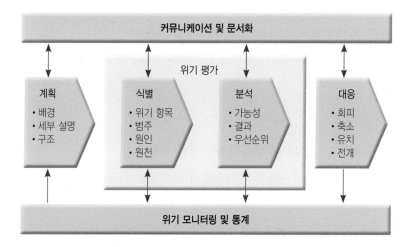

전시회 위기관리자는 과정이나 절차를 결정하고 위기를 관리할 수 있는 계획을 마련하여야 한다. 전시회와 연관된 위기를 식별하고 분석하여 위기를 평가해야 한다. 위기를 어떻게 처리할지에 대한 의사결정은 사전에 준비하여야 한다. 위기의 처리 방법은 효과적인지, 위기 자체가 통제되는지, 만일 그렇지 않다면 위기 관리 과정의 다양한 부분을 반복해서 위기상태를 계속 모니터링 해야 한다. 모든 위기와 관련된 문서화는 차기 전시회의 위기관리 과정에 도움을 주고자 기록하는 것이 필요하다. 위기관리 과정의 범위는 전시회의 규모나 유형에 따라 다를 수 있으나, 연

속적이고 반복적인 그 본질은 변하지 않는다.

위기관리계획은 위기를 식별, 평가, 처리, 추적, 커뮤니케이션, 문서화하기 위하여 체계적이고 지속적인 접근법을 개발하고 유지하는 것이다. 이처럼 조직화되고 종합적이며 상호작용을 하는 전략적인 계획은 어떤 활동이 발생할 것인지, 어떤 노력이 조직화되어야 하는지, 이에 필요한 자원은 무엇인지, 더불어 조건, 상황 또는 결정에 영향을 미치는 전제사항을 구체화하여 수립하여야 한다.

위기관리계획을 수립하는 내용은 다음과 같다.

· 해당 전시회를 위한 전반적인 위기관리전략과 활동에 대한 계획을 수립한다.
· 위기관리에 대한 정책과 절차를 정의한다.
· 어떻게 위기관리 과정을 수행할 것인지를 결정한다.
· 해당 전시회의 규모나 유형에 적합한 위기관리활동을 계획한다.
· 위기관리 담당자를 선정하고 역할과 책임을 정의한다.
· 전시회에 사용할 위기 확률 및 영향에 대한 기준을 정의한다.
· 위기를 감시하고 통제하는 방법을 정의한다(신창열, 2016).

1) 위험인식(Risk Awareness)

전시기획자는 한 전시회에 내재된 일반적인 위험을 인식해야 하고 전시회와 연관되어 예상되는 모든 위기를 미리 파악해서 대비책을 수립해야 한다. 위험 인식은 위협 분석(threat analysis)과 취약성 분석(vulnerability analysis)의 조합이다. 위협 분석은 유발하기 쉬운 위험을 가장 유사하게 평가하고 시뮬레이션해 내는 것이다. 위험을 확인하여, 그 심각성의 정도를 확인하고 이들의 대처 방법을 연구해야 한다. 취약성 분석은 특정한 자연적 혹은 인위적인 위험이 발생할 가능성을 평가하는 것이다.

또한 위기관리 계획의 시행은 전시기획자 혼자서 할 수 없는 것이기 때문에 전시기획자의 위험 인지에 대하여 관련자(전담팀)들도 같이 인식하는 이해와 동의의 과정이 필요하다.

2) 위기 관리팀의 조직과 팀원의 교육(Education)

위기관리 전담팀을 구성하고 위기관리 전담팀의 지휘 책임자를 임명하여 전담팀을 교육시켜야 한다(별도 '전시회 위기관리 전담조직 구축하기'편 참조).

3) 모든 우발 사건에 대한 계획(Planning)

모든 우발 사건과 다양한 상황에 대처하기 위한 계획이 수립되어야 한다.

4) 시행(Execution)

수립된 계획이 바르게 실행되는지 테스트해 보아야 하며 시행기간 동안에는 모든 구성원이 각자의 역할을 인지하고 있어야 한다.

5) 평가(Evaluation)

위기관리 계획은 행사 중 또는 종료 후 평가 되어야 하며 평가 시 새로운 위기 요소를 추가 하거나 잠재 위기 요소를 반영하고 계획을 개선시킨다.

03 전시회 위기관리 4원칙

일반적으로 통용되고 있는 위기관리의 범위는 4단계 접근 방식으로 보통 재난수명주기라고 하며 완화, 대비, 대응, 복구단계로 진행된다. 사전활동 단계인 완화와 대비는 잠재적인 위협의 평가와 위협이 발생했을 때 다루는 능력을 포함한다. 반응활동 단계인 대응과 복구는 어떤 사고나 상황에 대응할 필요가 있을 때 착수하는 활동과 사고나 상황에 대응할 필요가 있을 때의 결과를 다룬다.

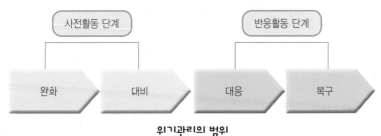

위기관리의 범위

1) 완화(경감,Mitigation)

발생될 수 있는 사건을 미연에 방지하거나 위험을 최소화시키기 위한 일련의 규칙과 규정,지침 등을 말한다.

2) 대비(준비성,Preparedness)

예상되는 사건이 발생하는 것을 줄이기 위한 모든 행동 조치로 계획적인 회피 이론에 기초한다.

3) 조치(반응, Response)

사건발생시 또는 그 직후 손실을 줄이기 위해 행한 조치를 말한다.

4) 보고((Rporting)

위기 상황 발생시 일어난 일들에 대해 서면 증거를 포함하여 문서화하여 최종 결정자에게 보고한다. 위기관리 계획은 위기관리 계획의 5가지 요소와 위기관리 4가지 원칙으로 종합된다.

 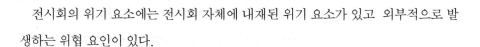

04 전시회의 일반적 위기 요소

전시회의 위기 요소에는 전시회 자체에 내재된 위기 요소가 있고 외부적으로 발생하는 위협 요인이 있다.

1.전시회 내재 위기

1) 참가업체의 자기만족

전시회 참가업체는 각종 위기요소를 주최사가 잘 알아서 처리할 것이라고 믿거나 또는 주최자가 관리하는 용역회사가 책임지고 해결할 거라고 믿으며 발생한 위기 상황에 대해 안일하게 생각하고 안주한다. 한 행사에 많은 수의 전시 관련업체들이 있기 때문에 모든 회사를 모니터링하거나 모든 상황을 통제하는 것은 실제로 불가능하다.

전시참가업체는 사전설명회를 통하여 전시품 도난이나 부스 장치의 위험성 감소 방법에 대한 교육을 사전에 받아야 한다.

2) 다양한 사람들

전시회는 다양하고 서로 모르는 사람들이 한자리에 있으므로 서로에 대한 이해가 부족하여 위기가 발생하는 요소가 있다.

3) 전시물품 운송

전시회 개최 국가의 세관에서 전시물품이 제 시간에 통관되지 못하여 전시물품 없이 전시회가 개막되는 경우가 있다. 사전에 통관을 위한 대비가 불충분한 경우이고 또 다른 운송지연 사유로는 부주의한 화물의 포장, 표시, 라벨링 등의 문제도 있다.

4) 장소와 시설

전시장 시설이 안고 있는 다양한 위기요소들로서, 하역장에서 하역차량의 접근성 문제, 전시장 바닥의 허용하중, 엘리베이터, 에스컬레이터의 안전성이나 수용능력, 전기, 급배수 등의 유틸리티 문제, 물품보관 문제, 도어의 잠금 문제 등에서 전시회의 내재위기 요소가 있다.

5) 마감 시간

전시회의 속성상 시간에 쫓기는 전시품 반입 및 철거 일정으로 전시회 개막 전과 철거시에는 매우 혼잡스럽다. 장치업체, 전기업체, 도배업체, 카페트업체, 서비스품목 임대업체들이 모두 동시에 뒤섞여 혼란과 피로와 스트레스를 초래한다. 참가업체의 늦은 도착도 위기 요인이다.

6) 임시인원에 대한 교육 미흡

장치나 철거 기간 중 필요한 공사 인원, 전시기간중 전시 참가업체의 도우미 또는 등록 업무나 경비·보안 업무에 필요한 임시직 인원에 대해 집합적이고 심층적인 위기 관리 교육을 실시할 기회가 없이 전시회를 진행하는 것이 위기요소가 될 수 있다.

7) 부스디자인

개방형 부스의 전시품이 도난에 취약하고 바닥의 요철, 카페트의 걸림, 디스플레이 타워, 유리 칸막이 등은 안전 위험을 수반하는 위기 요소이다.

8) 현장서비스 음식물

현장에서 잘못 조리된 음식으로 일어나는 식중독 사고는 큰 위기 요소이다.

2. 전시회 외부 위기

전시회의 크기, 위치 또는 전시 운영자의 능력과 무관하게 모든 전시회는 여러 유형의 위협, 즉, 자연 재해, 인위적 재해 또는 우발적/기술적 재해에 노출되어 있다. 여기에서도 취약성 영역을 분석하고 발생할 수 있는 관련 위험에 대한 계획을 세우는 것이 중요하다. 다음과 같은 예들이 있다.

1) 자연 재해

- 허리케인 / 태풍 / 지진 / 홍수 / 토네이도 / 겨울 폭풍 / 해일 폭풍
- 산사태 / 눈사태 / 들불 / 화산 폭발 / 가뭄
- 전염병 (조류독감, 메르스)

2) 인위적 재해

- 폭탄 / 소요 / 갈취 / 도난 / 화재 / 기금 유실 / 납치 / 항거
- 오염 (핵, 생물학 또는 화학적) / 사이버 공격

· 기관시설의 의도적 파괴 / 핵, 화학, 생물학적 공격
· 규제/입법 ^(자국 보안/유럽 연합) / 정치적 상황

3) 우발적 /기술적 재해

· 사이버 공급정지 / IT 시스템 충돌 / 전자 정보 전송 불능
· 대형 화재 / 건물 붕괴
· 댐의 파손 / 통신, 하수도, 수도, 전력 두절 / 교통 중단
· 참석자 또는 핵심 직원의 예기치 않은 사망이나 질병

 05 위기 관리 계획의 사례

1.전시장 시설의 점검 및 위기관리

1) 전시장 시설의 이해

전시장 홈페이지를 통하던지 전시장 건설도면을 확보하여 시설물에 대한 기본 구조를 먼저 파악한다. 전시장 전체에 대한 구조도를 이해하고 있는 상태에서 시설 물들의 규격, 규정 등을 이해해야 한다. 전시장은 주로 전시회가 개최되는 전시 공간, 화물을 싣고 내리는 로딩독, 전시장 출입구, 일반 내방객의 진출입 동선 그리고 전시장의 여러 편의시설 등이 있으며 이에 따른 사용의 제한이나 규정을 이해하고 제반 위험 요소들을 파악해야 한다.

① 비상구 위치를 파악하며 전시장 최대 수용인원에 맞는 비상 탈출구의 최대 수 용인원을 계산하고 과도한 방문객으로 인해 전시회가 위험할 경우 입장자 수 를 제한한다.

② 비상 탈출구와 대피로에 장애물이 있는지 확인한다.

· 비상 탈출구에 장애물이 있는 경우 전시장 안전관리팀과 상의하여 이를 제

거하거나 다른 장소로 이동할 수 있도록 한다.

- 전시품 또는 전시 시설물이 장애물이 될 경우 참가업체 및 주최자가 이를 이동할 수 있도록 한다.
- 화물출입구에 혼잡 요인이 있는지 파악한다. 화물 출입구가 혼잡한지 차량이 몇 대가 들어 올 수 있는지 파악하여 혼잡이 불가피할 때는 업체별로 차량이 전시장 화물 로딩독에 진입하는 시간을 할당해 준다.

③ 소방시설 및 응급시설을 확인한다

- 소방시설이 전시장에 있는지 파악하고, 부족할 경우 관계 당국 또는 주최자가 임의로 소화전을 구비한다
- 소방비상 진입로를 확보한다.
- 응급처치실, 환자 대기실을 숙지하고 미리 공지한다.
- 안전에 대한 여러 시설물 위치를 확인해야 한다. 예를 들어 소화전 위치, 비상구 위치 등
- 전시장 바닥의 허용 하중에 따라 중량 전시품이 있는지 확인한다.
- 전기 시설물에 대한 안전사항을 파악한다. 기계 전시회의 경우 전력공급이 잘못될 경우 전시품 고장의 원인이 되고, 전시품이 고가일 경우 막대한 피해를 초래한다.

2) 전시회 개최전 전시장의 안전 점검

행사 주최자는 전시회 개최전(보통 1주일, 전시도면 신고기간)에 전시장 안전 담당자(홀매니저)와 같이 안전점검 리스트에 따라 전시장 동선을 순시하는 시간을 가져야 한다.

2. 위기관리 인력의 배치와 교육

1) 근무지별 운영요원의 인원 계획을 수립하고 인력을 배치한다.

(인력배치 현황 예)

위험 요소	배치 인력	
	내부인원(전문인원)	외부인원
참가업체 관리(주최자 사무실)	5	1
참가업체 관리(현장 사무실)	2	5
전시장 출입관리	1	3
화물 출입구	1	4
운송	3	5
등록	2	10
매표	1	5
전시장 관리	2	10
전시장내 홀별 참가업체 관리	2	8
응급 환자 처리	3	0
위생관리	2	2
위험물 관리	2	2
부스 설치 관리	1	
전기안전 관리	3	
소음 관리		1
식음료		2
도난	2	
세관	1	2
전시회 종료후 시건 관리		4
기타	1	

주) 외부인원이라 함은 자원봉사자, 아르바이트 요원 .용역업체 인원 등

2) 운영요원은 전시장을 순시하여 전시장 외부, 내부 그리고 전시홀 및 화물차량, 소화전, 전기시설, 출입문 등 전시회와 연관되어 있는 모든 위치를 파악하며 전시책임자는 파트별 교육 매뉴얼을 통해 이들을 교육한다.

① 전시회 운영요원을 위한 교육 매뉴얼 작성 예

업무	체크 사항	결과 보고 및 위험 요소
주최자 사무실	참가업체 부스 위치 확인	다른 회사 부스위치에 시공할 수도 있다.
	참가업체 참석 여부 파악	참가업체가 전시날짜 혼동하는 경우 발생
	독립부스 부스 위치 확인	틀린 부스 공간에 시공할 수도 있다.
	독립부스 시공시 위험 관리	구조물이 넘어 가거나 위험물 다룰 수도 있다
	참가업체 디스플레이 확인	전시품이 손상될 수도 있다.
	바닥 마감 확인	사람이 걸려 넘어 질 수 있는 요인 제거
	상호 간판 확인	오타로 인한 항의 사전 방지
	비품 신청 확인	비품 신청이 상의할 경우 항의 사전 방지
	기타	기타 위험요인을 파악한다.

3. 보안(경비) 계획

1) 보안 위기관리 계획의 개요

행사에 있어 보안(경비) 확립은 매우 중요하다. 행사의 특성을 예상하여 방문객이 얼마나 많은지, 행사의 형태(어린이 출입되는 행사인지, 경호가 필요한 의전을 요하는 행사인지), 행사가 개최되는 도시 및 행사장 위치, 전시홀의 용도(호텔 볼룸인지, 야적장인지,전문전시장인지)에 따라 혹은 행사장내의 사무실, 라운지, 로비 및 회의실 등의 시설 기능에 따라 어떤 보안(경비)이 필요한지 성격을 규명해서 보안계획을 수립한다.

2) 보안 업무의 협력체제 확보

전시기획자가 보안 위기관리 계획을 수립할 때는 시설업체(전시장)의 권한내리인(홀매니저), 전시장의 용역 보안업체, 행사 주최자 용역 보안업체, CCTV 관리업체, 등록 및 일반 서비스 계약업체 등과 협력체제를 갖추어야 하고 관할경찰서와도 긴밀한 관계를 유지한다.

3) 보안 구역에 따른 보안 요원 배치

보안담당자의 관리구역을 정하고 근무위치를 확립한다. 전시홀별, 회의실 구역, 화물 출입구, 에스컬레이터, 엘리베이터, 내방객 등록지역과 AV 장치가 있는 곳 등 구역에 따라 보안 요원을 배치한다.

4) 보안 요원의 근무시간

근무 시간은 행사 일정과 행사 진행시간, 참관객 규모 또는 특별 행사유무에 따라 정한다. 보안구역 특성상 24시간 근무가 필요한 곳이 있다.

5) 보안 요원의 복장

보안요원은 청결하고, 매력적이며 전문적인 느낌을 주는 유니폼을 입어야 한다. 이들이 경찰관 스타일이나 군인 스타일의 자켓과 넥타이가 반드시 필요한 것은 아니다. 이러한 판단은 행사의 성격에 따라 결정한다.

보안요원

6) 보안임무에 대한 행동 요령

담당 구역에 따라 보안직원이 행동해야 하는 요령, 그들의 관할 및 권한에 대하여 명확한 임무를 부여한다. 보안 직원의 권위가 단순해 보일 수 있으나 행사의 경비와 보안은 행사의 목적을 달성하기 위해 행하여져야 한다. 보안 직원들이 출입자들의 배지를 확인하고, 문을 감시하거나 출입을 통제하는 접수원으로만 임무를 한정할 것인가? 또 다른 임무가 있을 것이가를 검토한다.

7) 보안감독^(반장)의 선임

훈련되고 경험있는 보안 감독이 전체 보안 근무자를 지휘,감독해야 한다. 성격이 온화하고 용모는 단정해야 하며 신뢰할 수 있고 책임감 있는 사람을 선임해야 한다. 또한 업무를 잘 숙지해서 전체 보안직원에게 임무 배치를 하고 행사 도우미, 등과도 업무 협조가 되는 능력을 갖추어야 한다. 모든 보안 직원에 대해 수시로 모니터링하여 직원들이 주기적 휴식시간을 어떻게 가지며 임무교대는 어떻게 하는지에 대해 행사기획자에게 보고해야 한다.

8) 지휘소 구성

지휘소는 보안운영의 중추이다. 이곳은 전체 보안운영의 조정이 행해지는 곳이다. 이곳에서 보안직원은 지시를 받기 위해 보고하고, 사고 보고가 서류로 작성되고 보관되며, 분실물이 보관되고 있는 곳이다. 장소는 전시홀 내 또는 그 근처가 될 수 있으며 일반적으로 24시간 동안 직원이 배치되어 있는 것이 원칙이다.

9) 물품 보관소 제공

물품보관소

물품보관장소는 전시참가자들이 야간에 안전한 보관을 위해 귀중품을 맡길 수 있는 곳이다. 귀중품들은 안전한 컨테이너 또는 출입금지실에 보관되며 보안 직원은 24시간 동안 근무한다. 일부 행사에서는 개인별 자물쇠와 키를 제공한다.

10) 코트와 가방 보관 장소 제공

겨울행사의 경우 전시참가자는 호텔에서 두터운 외투를 입고 가방을 들고 전시장에 출근한다. 사람이 붐비는 부스에 코트나 가방을 둘 곳이 없는 경우에 대비하여 관리 직원이 상주하는 코트와 가방의 보관소는 전시참가자들에게 편리한다. 또한 분실물이나 도난물의 위험을 감소시키는데 도움이 된다.

11) 만남의 장소 제공

어린이가 동반되는 전시회에는 미아 보호소가 운영되듯이 때로는 성인들이 잃어비린 친구와 다시 만날 수 있는 만남의 장소를 지정하여 안내할 수 있다.

12) 배지(목걸이) 시스템 개발

효과적인 배지 시스템은 성공적인 보안 프로그램에서 가장 중요한 핵심 사항이다. 배지의 기본 원칙은 전시홀에 들어가는 모든 사람들은 승인된 배지를 착용해야 한다는 것이다. 출품업체인지 방문객인지 방문객 중에서도 직종별 배지가 다르고 해외 바이어와 VIP 배지 등이 따로 있다. 보안담당 직원이 여러 가지 다른 배지 유형을 확인할 수 있도록 실제 배지와 리본을 첨부한 배지 보드를 준비하여 옆에 두는 방법이 있다.

13) 고충처리 규정과 사고보고 규정을 만든다.

고충 처리 방법 및 고충 처리 권한을 가진 자에 관한 명확한 정책이 있어야 한다. 전시장에서 일어나는 도난, 손해, 저작권 침해, 언쟁이나 파괴에 대한 모든 사고 보고를 작성하고 조치 방법을 강구해야한다.

14) 전시품 반출의 승인 절차를 확립한다.

많은 전시자들은 매일 행사가 끝난 후 중요한 상품을 철거하기도 한다. 이것은 필요한 일이나 경비원은 도난품과 구별할 수 없으므로 행사 주최자는 정상적 철거임을 보장하기 위해 반출 규정을 시행하여야 한다.

주최사무실 직원은 배지와 신원을 확인하고 간단한 반출인증서를 발급한다. 이 반출인증서는 행사가 끝날 때 핸드 캐리 항목을 철수하는데 경비원에게 제시하고 반출할 수 있다.

일반전시회 행사는 방문객에게 직접 제품을 판매하므로 행사장소에서 가지고 나가는 모든 제품에 대해 도난품이 아님을 확인하기 위한 인증 시스템 설립이 필요하다. 할인매장에서처럼 포장하지 않은 제품에 대해 영수증을 보여주는 정책을 수립하는 것도 아이디어가 된다. 이런 정책을 시행할 경우 입구에 안내문을 붙여서 전시장 방문객들에게 미리 알려야 한다.

15) 보안 협력 업체와의 계약시 유의점

① 계약서에는 투입인원, 근무시간, 역할 등을 명시하여 계약한다.
② 계약서에는 사고 발생시 대처 책임과 과실에 대한 배상 조항을 삽입한다.
③ 보안업체의 책임에 의한 사고에 대비해 책임보험증권을 제출토록 한다.

4. 식중독

식중독은 행사장에서 발생하기 쉬운 가장 흔한 사고들 중 한 가지이다. 대부분의 전시회는 행사 기간 동안 행사장에 음식 서비스 영역을 지정한다. 조리실과 서비스 지역이 임시 가설된 곳이기 때문에 위생 상태가 좋지 못하여 항상 식중독 위기발생의 위험이 있다. 불행히도, 음식 관련 질병의 증상이 감기의 발병과 매우 유사하기 때문에 쉽게 식중독으로 진단되지 않으며 초기 진단의 실패로 방치되어 집단 식중독이 발생한다면 행사는 치명적인 피해를 입을 수 있다.

1) 식품 제공업체의 주방을 정기적 현장 검사의 일부로 만든다.

① 현장의 청결, 음식 저장, 쓰레기 및 위생 처리를 점검한다.
② 사전에 케이터링 업체 계약시 최근에 위생 위반으로 검거된 적이 있는지 확인한다. 음식 준비와 취급에 관해 염려되는 경우, 식중독 사고에 대한 특별 조항을 계약서에 포함시킨다.
③ 음식 상황을 지속적으로 모니터링하고 안전 문제를 지시한다.

2) 모든 음식을 완전히 익히도록 한다.

날달걀(신선한 샐러드 드레싱이나 달걀 반숙), 날 생선(초밥), 생고기 또는 덜 익힌 고기를 포함하는 요리를 제공하지 말 것.

3) 교차 오염을 막기 위해 별도의 그릇/접시로 음식을 제공할 것

별도의 청결한 주방기구를 각 접시마다 사용하도록 하여 음식의 교차 오염을 방지한다. 생고기와 가금류에 사용한 주방기구와 도마는 다른 음식에 사용하기 전에 완전히 세척해야 한다.

4) 부패 방지 냉장 시간을 점검한다.

개방 컨테이너를 포함하여, 음식은 1시간 이상 상온에 방치하지 말 것.

지속적인 냉장을 필요로 하는 음식은 얼음과 함께 보관하거나 제공 접시는 자주 바꿔줘야 한다.

5) 청결은 항상 강조되어야 한다.

모든 신선한 과일과 야채는 제공하기 전에 완전히 닦아 물을 뺀다. 음식 준비와 제공 영역은 항상 청결을 유지해야 한다. 음식 취급자는 음식을 취급할 때마다 비누로 손을 닦고 헹궈야 한다. 쓰레기와 상한 음식은 음식 서비스 또는 준비 영역에 있어서는 안된다.

5. 화재

1) 화재법규 준수

모든 공공 시설에는 전시회를 위해 장소를 임대할 때 지켜야 하는 화재 규정이 있다. 장치공사시 불연재 사용이나 소화전 가림 방지, 부스내 가스 사용 금지 등 행사 기획자는 행사장의 평면도, 특정 디스플레이 요소 또는 제품에 관하여 화재 법규를 준수해야 한다.

2) 사전 설명회를 통한 화재법규 교육

행사 주최자는 사전 설명회에서 모든 사람들에게 시설의 화재 안전 절차를 문서로 만들어 제공해야 한다. 또한 린징 검시로써 예방을 시작하며, 장치 시설이 모든 화재 규정에 부합하는지를 확실히 하기 위해 화재 안전 점검목록을 작성 이용한다.

3) 핵심 점검사항(일부)

① 출입 영역의 조명과 비상구 표지 부착이 잘 되어 있는지 여부

② 행사장 주변에 소방서가 있는지 여부

③ 화재 경보가 양호한가?

④ 가연성 물질, 복층 전시물 화재 대책 등 화재 규정은 전시자 매뉴얼에 포함되어야 한다.

화재교육

6. 의료 응급상황

① 응급의료센터 운영

행사 진행 장소와 가까운 곳에는 전시장에 전시품이 반입되기 전부터 현장 응급처치반이나 의료 센터가 설치되어 운영되어야 한다. 이곳에는 응급 치료를 할 수 있는 의료 직원이 근무해야 하며 전시품 철수 이후 마지막 사람이 떠날 때까지 운영되어야 한다.

전시장 내 응급의료센터

의료 직원은 기본 응급처치 및 심폐소생술(CPR)을 행할 수 있어야 하며, 자동심장제세동기(AED) 사용 방법과 기본적 인명 구조 방법, 상해 또는 질병의 진단 방법을 알아야 한다. AED의 보관 장소에는 어떤 응급 상황이 AED를 필요로 하는지에 관한 설명, 이를 사용하는

사람에 대한 교육, 장비관리절차가 쉽게 접근할 수 있고 눈에 띄는 표시로 되어 있어야 한다. 필요시 전시장에는 앰뷸런스가 대기하고 있어야 한다.

2) 위험 폐기물 처리

위험 폐기물 처리는 처리가 실패했을 경우 의료 응급 상황을 초래하므로 여기에서 언급한다. 위험 폐기물은 간단한 세제부터 유독성의 물질에 이르기까지 다양하다. 위험 폐기물은 교육을 받은 전문가에게 맡기는 것이 위기관리의 핵심이다.

7. 폭력, 테러, 대립의 위기 관리

1) 폭력과 테러 행위

전시 기획자는 행사를 기획할 때 2001년 9월11일의 뉴욕의 테러와 2015년 11월 13일 파리 테러까지 염두에 두어야 한다. 폭력과 테러 행위는 전시회 기간 중에 흔하게 발생하지는 않지만, 오늘날의 불안정한 국제적 분위기에서 행사 중단의 잠재력을 가지고 있다. 이러한 사고를 방지하기 위해 주최자가 취할 수 있는 수단은 거의 없으며, 행정부와 책임 관료가 사전에 입수한 정보에 따라 이벤트를 폐쇄해야 하는지 또는 개최 예정지를 옮겨야 하는지 그들의 판단에 따르지 않을 수 없는 것이다.

일반적인 폭력의 경우 지역 경찰서와의 연락망 구축 등 위기 관리 방법을 기획하고 있어야 한다.

2) 데모

최근의 세계 무역, 동물 권리 및 환경에 대한 격렬한 항거가 빈발하고 있고 특정 행사가 NGO 등 활동 그룹의 타겟이 될 수 있다. 데모는 일단의 사람들이 플래카드, 문서, 노래, 고함 및 행진 또는 연좌 농성을 통해 한 그룹에 대해 피케팅을 하거나 항의하도록 조직하는 경우이다. 데모는 허가를 받고 데모자들이 행사의 정상적 진행을 방해하지 않는다면 일부 재판 관할권에서는 합법이다. 논란에 연루된 정치적 인사가 행사장에서 연설하거나 행사와 관련된다면 반대파의 데모가 발생할 수

있다. 이럴 경우 초청한 게스트, 전시 업체나 참관객은 피해를 보므로 추가적인 보안이 필요할 수 있다.

3) 대립(Confrontations)

대립은 행사 진행을 방해하려는 반대 그룹의 시도로 인해 발생한다. 대립은 종종 데모에서 확대되기도 한다. 행사기간 데모가 발생할 우려가 있다는 정보를 입수하면 이 지역의 전문가가 행사 위기 관리팀의 일원으로 회의에 참석하도록 하는 것이 현명한 방법이다. 또한, 경비원을 추가로 고용해야 하며, 지역 경찰서에 통지하고 모든 이벤트 참가자의 안전을 보장하기 위한 필요한 조치를 취해야 한다. 대립은 전시참가자 사이에서도 발생할 수 있다. 전시참가자의 매뉴얼에 경쟁관계 회사에 대한 전시장 내에서의 행위에 대해 규칙으로 포함시키는 것이 좋다.

8. 전시회 보험가입

1) 재정적 손실의 방어 수단

보험은 매우 중요하며 모든 위기관리계획의 필수적인 부분이 되어야 한다. 보험은 전시회가 위기 상황으로 인해 초래할 수 있는 재정적 손실에 대한 방어 수단이므로 피보험자의 사업 계획 안에서 수락 가능한 한도가 설정되어야 한다.

보험 계약에서는 보험 책임의 명확한 기술이 수반되어야 한다.

2) 행사 보험

전시회, 국내회의, 국제회의, 공연, 음악회 등 각종 행사를 기획하거나 주관하는 단체가 그러한 행사와 관련하여 행사 기간중의 사고로 행사에 동원된 시설물에 생긴 재물손해, 행사진행 요원 및 행사 참가자, 기타 제3자의 인명피해, 그리고 행사가 취소되거나 연기 변경됨으로써 발생하는 비용손실을 포괄적으로 담보하는 상품이다. 나라에 따라 포괄적 담보 상품을 취급하는 보험사가 없는 곳도 있다.

3) 행사보험의 상품특징

① 행사취소, 배상책임, 상해, 재물손해 담보 중 원하는 담보만 선택하여 가입 가

능하며, 보험사에 따라 취급되지 않을 수도 있다.

② 행사 기획자의 안정적인 행사진행을 보장한다.

③ 다양한 보상을 통한 재무적 안정성을 도모할 수 있다.

4) 행사보험 보장내용

① 행사취소(가입이 까다롭고 보험료가 비쌈)

피보험자가 주관하는 행사의 전부 또는 일부를 취소, 단축, 연기, 다른 장소로의 이동 또는 포기를 함으로 인해 피보험자가 접적으로 입은 순손실 보상

② 배상책임(가장 많이 가입하는 항목)

피보험자가 소유 또는 관리하는 시설의 결함, 피보험자가 공급하는 제품, 또는 그와 관련한 업무상의 과실로 인하여 제3자의 신체 또는 재물에 피해를 입힌 경우 피보험자가 피해자에게 지는 법률상의 손해배상책임을 보상

③ 상해

행사에 참가하는 행사진행요원, 전문직 직원 및 임시용역 직원 등의 행사와 관련된 업무수행 중 입은 신체 상해보상

④ 재물손해

주최측에서 소유, 임차, 관리하는 각종 전시장 구축물, 시설, 집기비품, 전시물품 등 재물에 발생할 수 있는 화재, 폭발, 파손 등의 손해를 포괄적으로 보상함

5) 참가자 보험

보석전이나 앤틱전, 명화전 등과 같이 전시품 보호가 중요한 행사의 경우 행사 기획자들은 종종 전시참가자에게 보험을 요구하거나 부스 비용의 일부로서 그들의 전시참가자들을 위해 보험을 구매하기도 한다. 전시참가자가 개별 보험을 들어야 한다고 기획할 경우 행사 기획자는 그들의 공식 참가업체 매뉴얼에 보함시켜 보

험가입 신청을 준비할 수 있다.

6) 보험청구

모든 보험 회사는 보험 계약자가 임의의 청구 또는 사고를 보험자에게 시의 적절히 통지할 것을 의무 사항으로 하며, 그렇지 않으면 담보 범위는 "늦은 통지"로 인해 거부될 수 있다. 통지는 보험 대리인을 통하면 된다. 피보험자는 요구 사항, 통지, 소환 및 기타 법원 절차를 보고할 의무가 있다. 제출하는 사고 보고서에는 전체 사고에 대한 설명 뿐만 아니라 목격자의 진술도 포함되어야 한다. 피보험자는 보고서에서 유책 사항, 과실이나 책임의 인정을 피해야 한다. 단순히 사실을 진술하며 불필요한 정보를 덧붙이지 말아야 한다.

7) 추가적 피보험

행사 기획자는 서비스 이행에 대해 하청업체와 계약을 하므로 하청업체의 업무로 인한 손실에 대해서는 보험 청구를 초래할 위험이 거의 없다. 그러나 행사기획자가 하청업체가 보험사와 맺은 보험증서에 추가적인 피보험상태가 되도록 하는 것이 중요하다. 그러나 전시회 개최국가에 따라서 보험 상품과 법률관행이 다를 수 있으므로 보험 전문가와 법률 전문가의 조언을 받도록 한다.

보험 담보 범위, 보험증권 상에 열거되는 방식 및 각자가 책임지는 대상 활동 등에 대해서도 보험 전문가와 법률 전문가의 조언을 받도록 한다.

9. 전시회 위기관리 전담팀 구축

1) 전시회 위기관리 전담조직의 구성

전담팀을 구성하여 역할을 분담한다. 조직의 구성원은 각자 전시장 및 전시장 주변상황을 분담하여 분석하고 잠재적 위험 요소를 밝혀내고 이 위험요소를 완화하고 사전에 제거하는 것이 위기관리의 첫 번째 일이다.

팀장은 현존하는 위험 요소들을 살펴보고 잠재적 위기요소들이 어떤 것들이 생길지 측정해 본다.

2) 전시회 위기관리 전담조직의 구성의 과정

① 팀 리더 및 유능한 팀원 2-3명으로 구성한다.

② 다양한 위기상황과 각 상황에 대한 대응방안의 우선순위를 정하며 대응빙안에는 누가 책임을 지는지, 대응방안에 따른 후속 통신규정, 보고체계, 행동 양식을 규정한다.

안전상황실

③ 내부통신규정을 정하며 이 규정에는 현장직원, 의료팀, 보안팀, 시설관리팀 등으로부터 빠른 시간내 정보를 받을 수 있어야 한다(무전기,셀폰등 이용).

④ 사건 발생 시 필요한 정보 및 데이터를 제공받기 위한 보고체계를 구축한다.

⑤ 개최지의 지리적 위치, 개최시간, 전시 참가자 및 관람자들의 불평사항을 규정하여 확인하고 후속조치를 개발한다.

⑥ 모든 직원에게 응급상황에서는 어떻게 행동해야 하는지 사전 교육을 하고 행사 개최 전 모의실행을 한다.

⑦ 우발적으로 발생할 사건에 대비하고 어떤 요소든 당연한 것으로 받아들이지 않는다.

⑧ 위급상황 대처의 일관성을 갖기 위해서는 전시장의 위기대처 방안을 활용한다. 행사의 심각한 상황 즉 개최 연기 또는 취소를 결정하는 사람을 미리 지정 또는 인지하여 그 결정권자의 결정에 따른다.

⑨ 전시장에 따라 지정된 장소에서 자세한 철수 계획을 세우고 보호해야 하는 우선순위는 사람, 전시회, 그리고 자산 순이다.

3) 전시회 개최 전 위기관리팀 구성원 파악

전시회에서 위기관리에 대처하기 위한 팀을 구성하기 위해서는 내부, 외부적으로 팀을 꾸려야 하는 구성원에 대해서 먼저 파악한다.

표 10-1 위기관리팀 구성원

내부인력	외부인력
최고 경영자	지역 경찰
행사관리자	소방서
운영요원	전시장 방재팀, IT 기술 지원팀, 보안 · 경비 업체, 시설물 대표자, 전기 지원팀, 홍보팀 , 기타

4) 전시회 개최 전 위기관리팀 구성원의 업무분담 및 비상연락망 구축

전시회 개최전 위기관리팀 구성원별로 업무 분담하고, 업무에 맞는 교육을 실시한다. 또한 위기관리팀 전체의 비상연락망을 구성함으로써 항시 대응체제를 구축한다.

표 10-2 화재발생시 대응 및 행동요령 예시

긴급상황	대응 및 행동요령
운영요원 행동요령	• 화재발생을 인지하면 비상연락체계에 따라 신속하게 화재발생을 보고한다. • 운영사무국은 전 운영요원에게 상황을 전파하고, 소방서 등 유관기관에 화재발생 신고를 한다. • 운영요원들은 참관객을 침착하게 출입구로 유도한다. • 참관객이 일시에 출입구로 집중되지 않도록 침착한 상황 설명과 대피 안내 방송을 실시한다.
신고요령	• 침착하게 전화 119번을 누른다. • 화재의 내용을 간단 · 명료하게 설명한다. • 화재 위치를 알린다.(예시, 킨텍스 1전시장 1홀) • 소방서에서 알았다고 대답할 때까지 전화를 끊지 않는다. • 휴대전화의 경우, 사용 제한된 전화나 개통이 안된 전화도 긴급신고 가능 • 119는 화재신고는 물론 인명구조, 응급환자이송 등을 요청하는 번호이다.

긴급상황	대응 및 행동요령
참관객 대피요령	• 불을 발견하면 '불이야'하고 큰소리로 외쳐서 다른 사람에게 알린다. • 화재경보 비상벨을 누른다. • 전시장 밖으로 최대한 대피한다. • 낮은 자세로 운영요원의 안내를 따라 대피한다. • 불길 속을 통과할 때에는 물에 적신 헝겊이나 수건으로 몸과 얼굴을 감싼다. • 출입문을 열기 전에 문손잡이를 만져본다. 손잡이를 만져 보았을 때 뜨겁지 않으면 문을 조심스럽게 열고 밖으로 나간다. 그러나 손잡이가 뜨거우면 문을 열지 말고 다른 길을 찾는다. • 대피한 경우에는 바람이 불어오는 쪽에서 구조를 기다린다. • 밖으로 나온 뒤에는 절대 안으로 들어가지 않는다. 그러나 다른 출구가 없으면 구조대원이 구해줄 때까지 기다린다. • 옷에 불이 붙었을 때에는 두 손으로 눈과 입을 가리고 바닥에서 뒹군다.
소화기 사용요령	• 소화기를 불이 난 곳으로 옮긴다. • 손잡이 부분의 안전핀을 뽑는다. • 바람을 등지고 서서 호스를 불쪽으로 향하게 한다. • 손잡이를 힘껏 움켜쥐고 빗자루로 쓸듯이 뿌린다. • 소화기는 잘 보이고 사용하기에 편리한 곳에 두되 햇빛이나 습기에 노출되지 않도록 한다.
소화전 사용요령	• 소화전함 상부의 기동용 버튼 또는 발신기 버튼을 누른다. • 한 사람은 소화전함 내 노즐과 호스를 꺼내 불이 난 곳으로 향하게 한다. • 다른 사람은 호스의 접힌 부분을 펴주고 노즐을 가지고 간 사람이 물 뿌릴 준비가 되었으면 소화전함 내 개폐밸브를 왼쪽(반시계 방향)으로 돌려 개방한다. • 노즐을 잡고 불이 타고 있는 곳으로 물을 뿌린다.

표 10-3 응급환자 대응 및 행동요령 예시

긴급상황	대응 및 행동요령
운영요원 행동요령	• 먼저 신속하게 피해상황을 파악하고 119에 신고한다. • 119 구급요원들이 구급활동을 원활하게 진행할 수 있도록 운영사무국은 모든 운영요원에게 상황을 전파하고 구급대원의 진입통로를 확보한다. • 긴급을 요하는 환자의 경우 우선 구급활동이 가능한 운영요원을 투입하여 응급조치 한다(4홀 하역장 응급차 대기). • 구급에 동원되지 않은 운영요원은 관중이 동요하지 않도록 현장질서를 유지 한다. • 현장조사 등 수사 활동에 대비하여 현장을 보존한다.
단계별 응급처치 요령	① 의식확인 • 가볍게 어깨를 두드리며 "여보세요, 괜찮으세요?"라고 말한 다음 반응을 살펴본다. ② 구조요청 • 의식이 없다고 판단되면, 즉시 119에 신고하여 장소, 전화번호, 환자발생 상황, 필요한 응급처치 등을 연락한다. ③ 기도유지 • 의식을 잃은 환자는 혀가 뒤로 말려 기도가 막힐 수 있으므로 환자의 머리를 뒤로 제치고 턱을 들어 기도를 유지한다. • 사고로 경추(목뼈)가 손상될 가능성이 있거나, 소아의 경우 턱만 살며시 들어준다. • 호흡이 있으면 호흡하기 편한 자세로 변경한다. ④ 호흡확인 • 기도를 유지한 상태에서 눈으로 가슴의 움직임을 관찰하고, 귀로는 호흡을 들으며 뺨의 촉감을 이용하여 호흡 유무를 5~10초 이내로 확인한다. • 호흡이 없거나 공기의 흐름이 느껴지지 않으면 환자를 바르게 누인 다음 입안의 이물질을 제거한다. • 2회의 인공호흡을 실시하여 이물질에 의한 기도 폐쇄가 있는지 확인한다. ⑤ 인공호흡 • 환자가 숨을 쉬지 않으면 인공호흡을 실시한다. ⑥ 맥박확인 • 목의 양측에 있는 경동맥을 손으로 만져 맥박의 유무를 확인한다. • 10초 이내에 확인해야 하고(심정지 확인을 위해 10초 이상 허비해서는 안 된다는 의미), 성인은 경동맥, 소아는 팔꿈치의 상완동맥이 잘 만져진다. • 맥박이 있으면 인공호흡을 계속 실시하면서 1분마다 맥박을 다시 확인한다.

긴급상황	대응 및 행동요령
단계별 응급처치 요령	⑦ 흉부압박 • 맥박이 없으면 환자를 평평하고 단단한 바닥에 수평자세로 눕히고 흉부 압박을 시작한다. • 쉽게 흉골의 가운데를 압박하면 되지만, 좌우의 갈비뼈가 만나는 곳에서 두 손가락 정도 위쪽이 정확한 위치이다. ⑧ 재평가 • 심정지환자가 질식 등 호흡성 원인으로 심정지가 발생하였다고 판단되는 경우에는 5cycles(약 2분)의 심폐소생술을 시행한 후 응급의료체계에 연락한다.

표 10-4 건물 정전시 대응 및 행동요령 예시

긴급상황	대응 및 행동요령
건물내 정전시 운영요원 행동요령	• 참관객이 동요하지 않고 조명이 들어올 때까지 제자리에서 대기할 수 있도록 침착하게 안내를 실시한다. • 화재, 붕괴, 전기사고 등에 의한 정전이 아닌지 원인조사를 위하여 상황을 보고체계에 의해 신속하게 전파한다. • 전시장 홀매니저 및 장치업체에 신속히 복구 요청을 하고, 신속히 복귀됨을 참관객에게 안내하고 유형에 따라 다소 시간이 소요될 수 있으므로 동요방지를 위해 각 위치별 운영요원에게 안내를 지시한다. • 정전원인을 구체적으로 인지할 수 있을 때까지 참관객 대피유도를 자제한다(이기간 동안 운영요원은 손전등 등 안내용 장비를 갖추고 비상위치로 이동).
건물내 정전시 운영요원 행동요령	• 장기간 정전복구가 불가능하여 참관객을 대피시켜야할 경우 비상구에서 가까운 참관객부터 천천히 대피하도록 안내한다. • 모든 참관객이 대피 완료할 때까지 운영요원은 정위치에서 안내한다. • 대피 완료 후 잔류하거나 부상당한 참관객은 없는지 확인한다.
건물붕괴 시 운영요원 행동요령	• 장내 참관객들이 당황하지 말고 침착하게 대피할 수 있도록 안내 방송과 함께 각 위치별 운영요원들에게 무전을 통해 대피를 지시한다. • 대피요령 및 비상구 위치 등을 지속적으로 안내 방송을 실시한다. • 엘리베이터 홀이나 계단실 같이 견디는 힘이 강한 벽체가 있는 곳으로 임시 대피를 유도한다. • 혼잡으로 인한 인명 사고가 발생하지 않도록 대피 동선을 확보한다

긴급상황	대응 및 행동요령
긴급상황 발생시	• 피해 상황을 파악, 인명피해 발생 시 먼저 신속하게 119에 신고하고 긴급 구조 활동을 추진한다. • 119 구급요원들이 구급활동을 원활하게 진행할 수 있도록 운영사무국은 모든 운영요원에게 상황을 전파하고 구급대원의 진ㆍ입출통로를 확보한다. • 긴급을 요하는 환자의 경우 우선 구급활동이 가능한 운영요원을 투입하여 응급조치한다. • 구급에 동원되지 않은 운영요원은 관중이 동요하지 않도록 현장질서를 유지한다. • 참관객 대피를 요하는 경우, 일시에 군집되지 않도록 출입구 쪽 참관객부터 순차적으로 대피토록 유도한다. • 안전한 지역까지 피신할 수 있을 때까지 참관객 안내를 실시한다.

연습문제 *exercises*

1. 다음은 전시회의 위기 및 위기관리 계획에 대한 설명이다. 이 중 올바른 것은 무엇인가?

① 전시회 위기관리라 함은 전시기간 중 발생할지 모르는 만약의 상황에 대하여 전반적인 시나리오를 작성하는 것이므로 전시회 개최 진 또는 준비 단계에서 발생할지 모르는 위험 사항을 가정하여 위기관리 계획에 포함시킬 필요는 없다.

② 전시회 위기관리는 위험인식에서 출발하는데 위험인식은 위험 요소를 분석하고 어느 부분이 취약한 것인가를 파악하는 것이다.

③ 위기관리는 예기치 못한 위기 상황속에서 신속한 판단을 내려야 할 필요가 있으므로 조직내의 많은 사람이 참여하기 어려운 상황에서 경영층이 담당하게 된다.

④ 전시회의 위기관리 대상은 전시회를 중단 또는 취소시킬 수 있는 원인, 금전적 손해, 물리적 환경적 피해, 인적 상해를 초래할 사건 등과 같이 손실 규모가 측정 가능한 것이어야 하며 전시회의 브랜드 가치 하락과 같은 추상적 요소는 배제한다.

2. 전시회 위기관리 계획수립의 5요소 중 설명이 올바르지 못한 것은?

① 전시기획자의 위험 인식에 대하여 관련자(전담팀)들도 같이 인식하는 이해와 동의의 과정이 필요하다.

② 위기관리 전담팀에 지휘 책임자를 임명할 필요는 없다.

③ 우발 사건과 다양한 사건에 대한 계획과 시행이 포함된다.

④ 위기관리 계획은 사후 평가를 통해 새로운 위기 요소를 추가하거나 잠재 위기 요소를 반영한다.

3. 전시회의 위기관리 계획 수립의 요소가 아닌 것은?

① 위험에 대한 인식

② 위기 관리팀의 조직

③ 다양한 위기에 대한 대처 계획 수립

④ 예산 편성

연습문제

exercises

4. 전시회의 위기 요소에는 전시회 자체에 내재된 위기요소가 있고 전시회 운영자와 무관하게 외부적으로 맞게 되는 위기 요소가 있다. 아래에서 외부 위기 요소에 해당하는 것은?

① 전시 참가사는 주최자와 용역회사가 알아서 할 것이라는 믿고 안일하게 생각함.
② 세관에서 전시품 통관이 지연되어 전시품 없이 전시회를 오픈함.
③ 전시회 도우미, 등록업무나 경비업무의 임시요원에 대한 교육 미비
④ 정치적 상황 변동이나 새로운 규제입법이 생김

5. 위기관리에서 전시장 시설의 숙지는 매우 중요한 요소이다. 전시장 시설 중 위기관리팀이 가장 먼저 점검해야 할 부분은?

① 전시장 바닥의 허용 하중　　　② 전시장 하역장의 위치
③ 비상구 위치 및 비상 탈출로의 확인　　④ 전시장 관람객 출입구 위치

6. 다음은 위기관리 인력의 배치 및 운용에 대한 설명이다. 적절치 않은 것은?

① 근무지별로 운영요원의 필요 인원수를 파악하여 배치하되 봉사자, 아르바이트 등의 외부인원을 배지할 수도 있다.
② 전시책임자는 파트별로 교육 매뉴얼을 만들어 현장 근무자를 교육한다.
③ 경비 인원은 경찰관 스타일이나 군인 스타일의 쟈켓과 넥타이를 착용한디.
④ 보안 책임자의 감독이 선임되어야 한다.

7. 전시장에는 바이어 및 관람객을 위한 카페테리아를 운영하는 경우가 많다. 그와 관련된 위기에 대한 대처에 적절치 못한 것은?

① 음료나 음식의 조리 시 사용되는 조리기구의 청결을 수시로 점검한다.
② 음식은 1 시간 이상 상온에 방치하지 않는다.
③ 케이터링 업체를 선정할 때 최근 위생 위반으로 적발된 적이 있는지 확인한다.
④ 전시장내 간이 식당에서 안전히 익히지 않은 달걀 반숙이나 생고기를 판매할 수도 있다.

정답　1. ② 2. ② 3. ④ 4. ④ 5. ③ 6. ④ 7. ④

REFERENCES

1. 나일주·임철일·이인숙 공저(2003), 기업교육론, 학지사
2. 산업통상자원부 2015 무역통상 진흥시책
3. 소방방재청 공연 행사장 안전 매뉴얼
4. 신창열, 이벤트 리스크관리, 도서출판청람, 2016
5. 우리나라 중소수출기업의 해외바이어 발굴 방법과 그 성과에 관한 연구
6. 이규은·이영선 공저(2014), 직업기초능력의 이해와 개발, 동문사
7. 이홍민(2013), 핵심인재 역량개발, 중앙경제
8. 전시기획론 2012 가을문화사 LIG 손해보험_행사보험 안
9. 전시기획론2012 가을문화사 Canadian Association of Exposition Management
10. 조기창(2013), 전시마케팅기법, 도서출판 두남
11. 중소기업 해외전시회 참가준비 이렇게 한다, 중소기업중앙회
12. 킨텍스(2014), 한 권으로 배우는 전시회 기획, 여백미디어
13. 한국농수산식품유통공사 aT 국제식품박람회 참가 지침서
14. 한국산업인력공단(2013), 국가직무능력표준: 회의기획, 전시기획, 이벤트기획
15. 한국직업능력개발원(2013), 직업기초능력 영영 및 성취기준 연구
16. 허진·고미영 공저(2013), MICE산업 전문인력의 핵심역량모델 구축, 관광학연구
17. 황희곤·김성섭 공저(2014), 미래형 컨벤션산업론, 백산출판사
18. CEM Learning Program, Crisis Prevention & Management 2006, IAEE
19. Christine Kay and John Russette(2000), Hospitality-management Competencies: Identifying Managers' Essential Skills, CORNELL Hotel and Restaurant Administrative Quarterly
20. Lyle M. Spencer & Signe M. Spencer(1993), Competence At Work, JohnWiley & Sons
21. Philip Kotler, Kevin Keller 공저(2008), Marketing Management, Prentice-Hall
22. Richard E. Boyatzis(1982), The Competent Manager, JohnWiley & Sons
23. Steven·Lanny·Kenneth·Manuel(2001), Managerial competencies and the managerial performance appraisal process, Journal of Management Development

전시마케팅 및 운영론

PART 3

CONTENTS

전시회 광고 및 홍보

11 Chapter

정의 및 목표

전시회 마케팅 활동으로서 참가업체 및 참관객을 유치하기 위한 광고, 홍보 개념과 특성을 이해하고 다양한 광고, 홍보 채널 운영전략은 물론 환경장식물 및 인쇄물에 대한 제작방안을 살펴봄으로써 효과적인 전시회 광고, 홍보 전략을 수립하도록 한다.

학습내용 및 체계

주요 항목	세부 내용	비 고
1. 전시회 광고, 홍보 이해	• 전시회 광고, 홍보의 개념 및 특성 • 전시회 광고, 홍보의 종류	
2. 광고 기획	• 광고 대상설정, 예산 수립 및 매체선정 • 광고 제작 및 집행, 참가업체 광고	
3. 홍보 기획	• 홍보전략 수립 및 컨텐츠 구성 • 언론 홍보 및 해외 홍보	
4. 환경장식물 및 인쇄물 제작 관리	• 환경장식물 형태 및 제작, 설치 관리 • 전시회 인쇄물 종류 및 제작 방안	
5. 광고홍보 성과평가	• 광고 홍보의 성과 측정 및 분석 방안	

학습 포인트

- 전시회 광고 홍보 개념 및 특성 이해
- 다양한 전시회 광고, 홍보 채널 및 세부 운영전략 이해
- 전시회 현장 환경장식물 설치 방안과 홍보인쇄물 제작 방안 습득
- 광고, 홍보 실행전략 및 성과 측정 방안 이해

핵심 용어

전시회 마케팅, 전시회 광고 및 홍보, 광고 및 홍보채널, 홍보캠페인, 환경장식물, 인쇄물

01 전시회 광고 및 홍보의 이해

1. 전시회 광고 및 홍보 개념

전시회 광고 및 홍보는 참가업체를 유치하고 참관객을 모집하기 위해 잠재고객을 대상으로 다양한 광고 및 홍보 채널을 통해 해당 전시회를 널리 알리는 커뮤니케이션 활동을 말한다. 하지만 참가업체 유치는 광고와 홍보 보다는 주로 주최자의 직접적인 영업활동을 통해 이뤄지기 때문에 통상 전시회 광고 및 홍보는 참관객을 모집하기 위한 활동으로 이해되고 있다. 전시회 기획에 있어서 과거에는 주최자에게 실질적인 수입을 보장하는 참가업체 유치가 중요했지만 지금은 전시회에 적합한 참관객을 모집하는 것이 가장 중요한 항목으로 인식되고 있다. 즉, 구매력 높은 양질의 참관객(바이어)이 많이 방문하는 전시회에 우수한 업체들이 많이 참가하기 때문에 전시회 광고 및 홍보의 중요성이 날로 강조되고 있어 주최자는 많은 예산을 투입하여 광고 및 홍보활동을 전개하고 있다.

앞서 살펴봤듯이 전시회 광고와 홍보는 참가업체와 참관객을 유치하기 위한 활동으로 비슷하게 이해될 수 있지만 집행 형태와 비용 유무에 따라 개념을 다르게 정의할 수 있다. 먼저 광고는 전시주최자가 광고주로서 다양한 광고채널에 유료로 비용을 내고 메시지를 전달하는 행위를 말한다. 광고 채널에는 4대 매체라고 하는 TV, 라디오, 신문, 잡지를 비롯하여 옥외광고, 온라인광고, 모바일광고 등이 있다. 흔히 4대 매체를 ATL(Above the line), 그 외 매체를 BTL(Below the line) 이라고 칭하기도 하는데 일방향으로 정보가 전달되는 전통적인 ATL보다 쌍방향 커뮤니케이션이 가능한 BTL 광고의 중요성이 커지고 있는 상황이다.

반면 홍보는 넓은 의미에서 주최자가 전시회를 알리기 위해 하는 모든 커뮤니케이션 활동을 말하는데, 이 때 광고도 홍보 활동에 포함된다. 실무적인 차원에서 전시 홍보는 홈페이지, SNS, 인쇄물, 환경장식물 등의 전달 수단을 통해 전시회를 알리는 일반 홍보와 각종 매체에 무료로 전시회에 대한 보도를 유도하는 언론 홍보(Publicity)로 구분된다. 정보통신 기술의 발달로 전시회를 알릴 수 있는 홍보 수단은 갈수록 다양해지고 있는데 특히 모바일을 통한 홍보가 중요시되고 있다. 언론 홍보는 다른 유료 광고수단과 비교하여 무료라는 장점이 있지만 기사화되는 내용을 통제할 수 없다는 단점도 있다. 고객의 신뢰도 차원에서 볼 때는 신뢰도가 낮은 광고는 비용 대비 효과가 낮은 편이고 신뢰도가 높은 보도기사는 효과는 높지만 노출가능성이 낮다.

한편 주최자는 자사의 상황에 따라 광고와 홍보업무를 직접 수행하기도 하고 전문 광고대행사나 홍보대행사의 서비스를 받기도 하는데 홍보 영역은 홍보컨셉 기획, 보도자료 작성, 기자 접촉 등 전문화된 인력의 서비스가 필요하기 때문에 비용이 발생함에도 불구하고 대행사 이용이 증가하는 추세이다.

2. 전시회 광고 및 홍보의 종류

1) 전시회 광고의 종류

① 방송 광고

방송광고는 크게 TV광고와 라디오 광고로 나뉜다. TV광고는 공중파 TV와 종합편성채널(종편), 케이블TV, 인터랙티브 TV(VOD) 등으로 세분화되는데 15초 또는 20초 분량의 광고를 만들어 매체사에 제공하면 정해진 시간에 광고를 상영하는 시스템이다.

② 지면 광고

지면 광고에는 신문광고와 잡지광고가 있다. 신문은 종합지와 경제지, 전문지로 나뉘고 잡지는 내용 기준으로 일반지, 생활지, 여성지, 전문지 등으로 나뉘는데 전

지면광고 예시

시회 성격 및 타깃에 맞는 매체를 선정하여 광고를 진행한다.

잡지 광고

③ 온라인 광고

온라인 광고에는 배너 광고, 검색어 광고, 커뮤니티 광고 등이 있고 최근에는 SNS를 활용한 바이럴(입소문) 마케팅의 중요성이 강조되고 있는데 광고 형태가 아닌 고객들간의 구전 형태이기 때문에 신뢰도가 높은 장점이 있다.

④ 모바일 광고

모바일 광고에는 단문(SMS), 장문(LMS) 및 멀티미디어 메시지(MMS)가 전통적인 형태의 광고이고 최근에는 스마트폰 기반의 어플리케이션 광고와 모바일 웹 배너광고, 모바일 키워드 검색 광고 등을 많이 집행하고 있다.

⑤ 옥외 광고

옥외광고에는 육교현판, 대교현판(한강교량), 현수막, 선전탑, LED 전광판 광고 등이 있는데 설치 지점 해당 지자체의 허가를 받아야 되지만 일반 민간행사의 경우 허가가 쉽지 않아 불법광고물로 철거되는 경우가 있기 때문에 사전에 충분히 알아보고 설치해야 한다. LED 전광판 광고는 대형 건물 옥상에 설치된 전광판에 광고를 송출하는 시스템인데 입지에 따라 광고효과가 다르므로 유동인구와 교통량이 많은 곳을 선정해야 한다.

⑥ 교통수단 광고

교통수단 광고에는 버스, 지하철, 택시, 기차 등에 그래픽 광고물을 부착하는 형식으로 진행되고 차량 내의 TV 및 디스플레이에 동영상 광고를 상영하기도 한다.

2) 전시회 홍보수단의 종류

① 홈페이지

전시회를 가장 쉽게 널리 알릴 수 있는 홍보수단이다. 과거에는 PC기반의 인터넷 홈페이지가 주로 활용되었지만 최근 모바일 기기의 발달로 모바일 웹사이트도 동시에 운영한다. 또한 시기별 전시회 진행 상황을 알리는 뉴스레터를 제작하여 잠재 참관객에게 발송하기도 한다.

② SNS

페이스북, 트위터, 링크드인 등 SNS를 통한 개인간의 정보 전달 및 공유가 활발해지면서 전시회의 바이럴 홍보수단으로서 SNS 홍보의 중요성이 강조되고 있다.

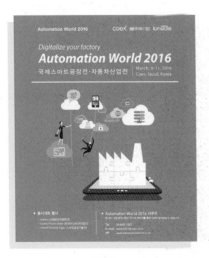

인쇄물

③ 모바일

1인 미디어의 시대라 불릴 만큼 모바일 기기의 보급이 확대됨에 따라 전시회 별로 전용 어플을 만들거나 기존의 전시회 입장관리 어플을 통해 전시회를 홍보하고 참관객 사전등록 및 회원가입을 받기도 한다.

④ 인쇄물

전시회 참가안내 브로셔, 리플렛, 초청장, 디렉토리 북 등 다양한 인쇄물을 통한 전시회 홍보가 이뤄지고 있고 최근에서 잡지형태의 인쇄 홍보물도 늘어나고 있다.

⑤ 제휴 홍보

해당 전시회 산업 분야의 주요 업체, 매체, 협단체, 커뮤니티 등 다양한 조직들과
의 전략적 제휴를 통한 홍보를 말한다.

⑥ 언론 홍보

전시회를 소개하는 보도 자료를 작성하여 각종 매체의 담당기자에게 전달함으
로써 기사화되도록 한다.

언론 홍보

⑦ 환경장식물

전시회 현장의 각종 배너와 싸인물 등을 통해 전시회 분위기를 붐업 시키고 전시
회가 개최되고 있음을 알리는 역할을 한다.

 02 광고 기획

1. 광고대상 설정

광고 기획의 첫 번째 업무는 광고 대상을 설정하는 것이다. 전시회 광고를 하는
목적은 많은 참관객을 모집하는데 있다. 많은 참관객을 모집하기 위해서는 먼저 헤

당 전시회에 적합한 잠재 고객군, 즉 광고 대상(Target)을 설정해야 한다. 광고 대상을 설정하는 방법은 전시회 성격에 따라 나누는 것이다. 먼저 비즈니스 위주의 전문전시회(B2B)는 해외 바이어 및 동종업계 종사자와 전문가들을 대상으로 삼아야하는데 연구, 개발, 구매, 영업, 마케팅 등 직군에 따라 비중을 두어 광고 대상을 세분화할 수도 있다. 일반전시회(B2C)는 최종 소비자들을 대상으로 하는데 성별, 연령별, 지역별, 관심사항별로 세분화하여 광고 대상을 설정할 수 있다.

2. 예산 수립

광고 예산의 수립은 전시회의 개최 횟수, 참관객 수, 전체 예산 규모, 주최자의 투자 여력 등에 따라 달라질 수 있다. 신규전시회는 인지도가 낮아 많은 예산을 투입하여 광고할 필요가 있지만 전체 예산 규모가 적다보니 충분한 투자를 못하는 경우가 많다. 참관객이 많아야 좋은 전시회로 평가받고 결국 많은 수익을 창출할 수 있으므로 전시회 개최 초기부터 과감한 투자가 필요하다. 일반적으로 주최자들은 광고 예산으로 전체 지출 예산 중 적게는 15%, 많게는 30%까지 집행하고 있다.

3. 광고매체 선정

광고 대상과 예산이 정해졌다면 적절한 매체를 선정해야 한다. 비용 대비 최고의 광고효과를 누릴 수 있는 매체선정이야 말로 광고기획에 있어서 가장 중요한 부분이리 할 수 있다. 광고 매체의 선정은 광고대상 설정에서 살펴봤듯이 전시회의 성격에 따라 달라질 수 있다. 전문전시회(B2B)는 불특정 다수를 대상으로 하는 방송매체보다는 특정 산업군의 종사자들이 많이 구독하는 인쇄매체에 집중할 필요가 있으므로 해당 분야의 전문지나 경제지, 기술지 등을 선정해야 한다. 해외 참가업체 및 바이어 유치를 위해서는 해외 매체광고도 집행해야 한다. 일반전시회(B2C)는 최대한 많은 사람에게 노출될 수 있도록 TV, 라디오 등 방송을 중심으로 하고 온라인, 모바일 등 고객과 쌍방향으로 소통할 수 있는 인터랙티브 광고에도 집중할 필요가 있다. 전시회 성격에 따라 매체 선정이 달라지긴 하지만 최대한 많은 고객에게 광고가 전달되도록 다양한 포트폴리오 구성이 중요하다. 현재는 정보통신 기술의 발달로 하루가 다르게 새로운 광고매체가 나타나고 있는 상황이므로 전시 기획자들은 항상 자신의 전시회를 효과적으로 알릴 수 있는 광고매체 발굴에 심혈을 기울여야 한다.

4. 광고 제작

매체별 광고 제작은 해당 분야의 전문회사에게 맡기는 것이 일반적이다. 특히, 방송광고의 경우 전문 프로덕션에 의뢰하여 콘티 작성, 촬영, 녹음, 편집 등의 과정을 거쳐 광고를 완성해야 한다. 인쇄매체나 온라인, 모바일 광고의 경우 내부 디자인 인력이 있을 경우는 직접 제작할 수도 있고, 없을 경우엔 외부 디자인 회사에 의뢰하여야 한다. 아무리 좋은 매체에 나가더라도 광고의 완성도가 낮을 경우 전시회에 안 좋은 영향을 끼칠 수 있으므로 항상 광고 퀄러티 유지를 위해 힘써야 한다.

전문지 광고

5. 광고 집행

광고 집행은 대부분 광고대행사를 통해서 한다. 특히 방송광고의 경우 공영방송인 KBS, MBC 등은 한국방송광고공사(KOBACO)를, SBS와 케이블채널 등 민영방송은 민간 미디어랩을 통해 광고를 집행한다. 지면 광고는 주최자의 상황에 따라 매체사에 직접 집행하기도 하고 대행사에 의뢰하기도 한다. 광고대행사는 광고 매체의 선정 및 제작, 집행까지 주최자를 대신해 전체적인 광고 업무를 담당한다.

6. 참가업체 광고

참가업체 광고는 관련 업체 담당자들에게 노출되어야 하므로 주로 전문지나 경제지 등의 지면광고를 통해 실시한다. 집행 시기도 참관객 모집광고가 대략 전시

회 개최 2~3개월 전부터 시작된다면 참가업체 유치 광고는 길게는 1년 전, 짧게는 6개월 전부터 시작된다. 즉, 전년도 전시회가 끝난 시점부터 차기 전시회를 광고하는 셈이다. 해외광고의 경우 해외 전문지를 이용하기도 하지만 주로 관련 산업의 해외 유명 전시회의 디렉토리 북에 광고를 게재하기도 한다. 이때 양 전시회 간의 협약을 통해 각 전시회의 디렉토리 북에 바터광고(무료 교환광고) 형식으로 진행하는 것이 일반적이다.

 03 홍보 기획

1. 홍보 전략 수립

전시회를 효과적으로 홍보하기 위해서는 전략 수립이 선행되어야 한다. 기존 전시회와 달라진 점은 무엇인지, 경쟁 전시회와의 차별점은 무엇인지, 우리 전시회만의 강점은 무엇인지를 발굴하여 다양한 홍보 활동을 통해 고객에게 전달해야 한다. 또한 여러 홍보수단 간에 유기적인 상승효과가 날 수 있도록 홍보 컨텐츠를 만들되 제작물의 컨셉이나 디자인 구성, 컬러 등을 통일하여 일관성 있는 홍보 메시지를 구성할 필요가 있다.

2. 홍보 컨텐츠 구성

1) 홈페이지

전시회 홈페이지는 해당 전시회에 대한 가장 많은 정보를 담고 있는 홍보 수단이다. 전시회에 대한 정보를 찾고자 하는 참가업체나 참관객은 대부분 홈페이지를 방문하여 원하는 정보를 습득한다. 따라서 가장 기본적인 전시개요부터 전시도면, 부대행사 등 정확하고 다양한 컨텐츠로 구성되어야 한다. 홈페이지의 구성 방법은 주최자마다 다르지만 일반적으로 다음과 같은 내용으로 구성된다.

① 전시회 개요

전시회의 가장 기본적인 정보이다. 전시회 소개, 행사 명칭 및 개최 목적, 개최 일정 및 장소, 주최 및 후원기관, 개최규모 및 전시품목, 주최자 소개 등으로 구성된다.

② 참가업체 관련

관련 업체가 전시회 참가에 필요한 정보를 담는다. 부스안내 및 참가비용, 신청 관련 서류, 전시회 규정 및 신청 절차, 부대시설(전기, 인터넷, 급배수 등), 전시 도면, 진행 일정 등 세부사항들로 구성된다. 전시 협력업체 및 주최자 연락처를 넣기도 한다.

③ 참관객 관련

참관객이 전시회를 방문하는데 필요한 정보이다. 관람 안내 및 입장 절차, 무료 사전등록 및 회원가입 안내, 전시장 위치 및 교통, 숙박 및 주변 관광안내, 참가업체 리스트 등으로 구성된다.

④ 지난 전시회

직전 전시회 또는 과거 몇 년간 개최되었던 전시회의 개최 결과에 대한 내용이다. 참가업체 및 참관객 수, 참가성과 등 결과보고서와 행사 사진 및 동영상 등으로 구성된다.

⑤ 고객센터

주최자가 알리는 각종 공지사항, Q&A, FAQ, 언론사 취재진에게 알리는 보도자료 등으로 구성되고 1:1 문의 게시판을 운영하기도 한다.

⑥ 부대행사

전시회와 관련된 각종 부대행사에 대한 소개이다. 관련 세미나 및 컨퍼런스, 이벤트, 개막식, 경품 행사 등의 내용으로 구성된다.

2) 뉴스레터

전시회의 최근 진행상황 및 향후 일정, 신청업체 홍보 내용 등을 담아 과거 참가 업체나 참관객, 잠재 고객들에게 보냄으로써 전시회가 차질 없이 준비되고 있음을 알리고 나아가 잠재 고객들이 참가신청을 서두르거나 사전등록 신청을 할 수 있도록 유도하는 역할을 한다.

3) 모바일 및 SNS

지금은 1인 미디어 시대라고 할 만큼 모든 사람들이 스마트폰, 태블릿 PC 등 모바일 디바이스를 이용하고 있다. 데스크톱 PC 기반의 인터넷 홈페이지를 통해 전시회 정보를 습득하고 무료 사전등록을 하던 것이 기존 방식이었다면 지금은 모바일을 이용하는 것이 일반적이다. 그래서 전시 주최자들은 전시회별로 전용 어플을 만들어서 서비스를 하기도 하고 기존의 전시회 입장관리 어플을 통해 전시회를 홍보하고 참관객 사전등록 및 회원가입을 받기도 한다. 이제는 모바일을 얼마나 효율적으로 활용하는가에 따라 전시회의 성패가 갈릴 정도가 되었다.

현재 고객들에게 가장 빠르고 정확하게 또한 쌍방향으로 반응을 체크하면서 정보를 전달할 수 있는 수단이 모바일 기반의 SNS 홍보이다. 전시회 홍보는 제품 홍보와는 달리 무형의 서비스를 알리는 것이기 때문에 신뢰도가 상당히 중요하다. 잠재 고객들은 주최자가 일방적으로 전달하는 광고 및 홍보 컨텐츠를 잘 믿지 않기 때문에 고객 간에 전시회 정보를 소통하게 만드는 것이 모바일 & SNS 전략의 키포인트(Key Point)이고 바이럴 마케팅의 핵심이다.

SNS 서비스 채널로는 페이스북, 트위터, 블로그 등이 있다. 현재 많은 전시 주최자들이 SNS 채널에 계정을 만들어 전시회 홍보를 진행하고 있다. 하지만 앞서 언급하였듯이 전시회 홍보의 핵심은 신뢰성 확보이고 그것은 고객들 간의 정보 교류에서 나온다는 점을 감안한다면 전시회 담당자보다는 고객들이 스스로 컨텐츠를 만들어 올리게 하고 소통하게 만드는 것이 중요하다. 프로페셔널한 느낌보다는 조금은 부족하지만 재미있고 부담없이 소통할 수 있는 컨텐츠가 SNS 상에서는 통한다는 것이다. 이것은 전시회별로 서포터즈를 조직하고 운영하는 방식으로 해결할 수 있다. 파워 블로거 급에 해당되는 고객들을 선발하여 교육하고 전시회 홍보 미선을 부여하고 평가한 후 상응하는 대가를 지불하는 방식이다. 이 방식은 주로 일반전시회들에 적용하기에 알맞다. 많은 비용이 드는 매체 광고보다 빠르고 효과적으로 전시회를 홍보할 수 있는 좋은 방법이 바로 모바일 기반의 SNS 홍보이다.

반면 해외 참가업체나 바이어를 유치해야 하는 전문전시회 주최자는 링크드인(LinkedIn)을 활용하는 것이 바람직하다. 링크드인은 가입자가 1억 명이 넘는 세계 최대 비즈니스 소셜미디어다. 가입자들은 서로 네트워킹을 하면서 신규 거래선 및 바이어 발굴, 신규시장 개척 및 시장조사, 비즈니스 파트너 물색을 하고 있다. 자신의 직장과 업무 경력까지 공개해야 되기 때문에 개인 기반의 SNS보다 신뢰도가 높을 수밖에 없다. 전문전시회 주최자의 경우 해당 산업의 국내외 전문가와의 네트워킹을 통해 인맥을 확장하고 신뢰를 쌓아 간다면 전시회를 쉽게 알릴 수 있다. 특히 해외마케팅 예산이 부족한 국내 전시주최자 입장에서는 링크드인이 저비용 고효율의 해외 홍보 수단이 될 것이다.

3. 언론 홍보

1) 홍보조직 구성

국내 전시주최자들의 인적 구성을 보면 보통 2~3명이 한 팀이 되어 전시기획부터 홍보 마케팅, 행사운영, 수지정산까지 모든 업무를 처리하는 방식이다. 그러다 보니 내부에 언론홍보 전담조직을 갖추기 힘들어 한 명의 담당자가 기본적인 보도자료를 작성하여 언론사에 배포하는 정도로 홍보업무가 그치고 만다. 문제는 그렇게 해서는 좋은 기사가 나올 수 없다는 것이다. 방법은 전문 홍보대행사를 활용하는 것이다. 홍보대행사는 주최자를 대신하여 전략 수립부터 보도자료 작성 및 기자 접촉, 현장 프레스센터 운영까지 모든 홍보업무를 주관한다. 대행료가 발생하지만 전문조직이 참여함으로써 주요 매체에 기사화될 가능성이 높기 때문에 비용 대비 효과는 충분할 것이다.

2) 전략 수립

국내 전시주최자들은 매체 광고에 비해 언론 홍보에 많은 비중을 두지 않는 편이다. 하지만 잠재 고객들은 기사화된 내용을 상당히 신뢰하고 그로 인해 해당 전시회에 대해 호감을 갖기 때문에 중요한 부분인 것은 확실하다. 관건은 어떻게 기사화할 것인가의 문제이다. 그래서 전략이 필요하다. 먼저 해당 전시회에 대한 평가와 분석이 필요하다. 전시 참가업체나 참관객을 대상으로 전시회의 장단점 등을 인터뷰해서 그 결과에 맞는 홍보메시지를 구성해야 한다. 해당 산업의 기술동향과 마케팅 트렌드 또는 핫이슈는 무엇인지, 새롭게 선보이는 제품과 기술은 무엇인지, 경쟁전시회와의 차별점은 무엇인지 등을 자세하게 파악해서 홍보 핵심 포인트와 키워드를 생성하고 이에 맞게 일관성 있는 홍보 실행 전략이 필요하다.

3) 보도자료 작성 및 기자 접촉

보도 자료는 개최 보도자료, 기획 보도자료, 단신, 결과 보도자료 등 그 시기와 필요에 맞는 내용으로 작성해야 한다. 특히 주최자 입장에서만 작성할 것이 아니라 직접 기자들과의 미팅을 통해 어떠한 내용을 취재하고 싶은지를 파악해서 그들의 니즈에 맞는 보도 자료를 제공할 때 기사화될 확률이 상당히 높아진다. 아울러 해당 산업의 현재 주요 동향 및 통계자료, 서베이(Survey) 자료 등이 포함된 트렌드 리포트를 작성하여 제공하면 기사를 통해 인용하기도 한다. 방송 보도의 경우 내용은 물론 전시회 관련 영상이 기사가 판단할 때 충분히 보도될 가치가 있는지를 면밀히 점검하고 자료를 전달해야 한다.

4) 현장 운영

전시 주최자는 전시장에 방문한 취재진을 위한 프레스센터를 설치해야 한다. 프레스센터는 각종 보도자료(Press kit) 및 행사 안내 자료를 비치하고 취재진의 기사 작성 및 송고를 위한 제반 시스템을 갖추어야 한다. 하지만 전시회가 오픈되면 주최자 담당자들은 참가업체 및 참관객 응대, 행사 운영 등으로 매우 바쁜 시간을 보내기 때문에 현장 취재진 응대 및 프레스센터 운영 등은 홍보대행사에게 맡기는 것이 좋다. 다만 주최자 인터뷰가 필요한 경우에는 내용을 잘 숙지한 후 응하면 된다.

4. 해외 홍보

1) 홍보물 발송

해외업체 및 바이어 유치가 필요한 전문전시회의 경우 각종 홍보물을 제작해 발송해야 한다. 기존 고객 빛 잠새 고객 DB를 작성하여 참가안내서, 리플렛, 초청장 등을 보내고 뉴스레터를 통해 진행상황을 알리기도 한다.

브로셔

2) 홍보부스 운영

해당산업의 해외 유명 전시회에 홍보부스를 설치하여 현지 참가업체 및 참관객을 대상으로 홍보를 진행한다. 대부분 주최자 간의 협약을 통해 무료 교환부스(Barter Booth)를 이용한다.

3) 해외 매체 광고 및 보도자료 배포

해외 주요 매체를 대상으로 광고를 게재하고 기사화되도록 보도 자료를 보낸다. 또한 홍보부스와 마찬가지로 해외 유명 전시회 디렉토리 북에 무료 교환광고를 게재하기도 한다.

4) 해외 에이전트 운영 및 업무 제휴

해외 전시주최자나 마케팅 전문회사를 현지 에이전트로 운영하면서 참가업체 및 바이어를 유치할 수 있는데 이때 유치 실적에 따라 수수료를 지급해야 한다. 또한 해외 유명 매체나 협단체 등과의 전략적 제휴를 통해 홍보 및 유치 업무를 서로 도와주기도 한다.

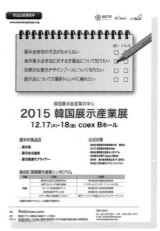

보도자료

환경장식물 및 인쇄물 제작 관리

1. 환경장식물 제작 관리

전시회 환경장식물이란 행사가 개최되는 전시장에 설치되는 현판, 배너, 싸인물 등을 지칭하는 것으로 행사 현장 분위기를 붐업시키는 홍보채널로서의 역할 뿐 아니라 참관객들의 행사장 입장 및 동선을 유도하는 기능(Way Showing)도 수행한다. 각 전시장들은 각자의 시설에 맞는 환경장식물 설치 규정을 마련하고 있는데 사이즈(Size), 설치 위치 및 수량, 설치 방법 등을 포함하고 있다. 따라서 전시 주최자들은 자사의 전시회가 열리는 전시장의 규정을 잘 숙지하여야 한다. 환경장식물의 제작 및 설치는 각 전시장에 등록되어 있는 전문 업체를 선정하여 진행하여야 하며 대부분의 업체들이 옥외광고물도 같이 취급한다. 한편 전시장 외벽 및 인접 도로에 설치되는 홍보배너 및 선전탑 등은 해당 지자체의 옥외광고물 설치 관리 조례에 의거 불법 광고물이 될 수도 있으니 사전에 불법 여부를 반드시 확인하여야 한다. 환경장식물의 종류는 다음과 같다.

1) 입구현판

전시장 입구에 걸리는 현판으로 행사명, 개최일시 및 장소, 주최 / 주관 / 후원 / 협찬 등 행사 추진기관의 로고로 구성된다. 일부 전시장의 경우 LED 전광판으로 운영하기도 한다.

입구현판

2) 현황판

전시장 입구에 설치되는 행사 안내판으로 입장하는 참관객들이 숙지해야 할 정보들로 구성된다. 행사 개요, 전시 도면(Floor Plan), 참가업체 리스트, 부대행사 프로그램, 참관객 현재 위치 등이 포함한다.

3) 난간배너

전시장 로비 벽체 및 난간에 설치되는 배너로서 전시장 입구를 화살표를 통해 안내하고 입장 방법을 설명한다.

4) 외벽배너 및 가로등 배너

전시장 건물 외벽 및 인근 도로 가로등에 설치되는 배너로서 유동인구 및 차량을 대상으로 행사 개최를 홍보하는 역할을 한다.

5) 내부배너

전시장 내부 천정 및 벽체에 설치되는 배너로서 전시장 구역 및 특별관 표시, 편의시설 안내, 차기 행사 안내, 협찬사 광고 게재 등의 역할을 한다.

6) 유도싸인(X-배너)

전시장 입구 및 부대행사장, 홀별 이동 동선 안내 등 참관객을 유도하는 역할을 한다.

가로등 배너　　난간 배너

7) 안내 구조물

전시장 내부 여러 곳에 설치되어 전시장 도면 및 현재 위치 안내 역할을 한다.

8) 선전탑

전시장 인근 도로에 설치되어 이동차량을 대상으로 행사 개최를 홍보하는 역할을 한다.

선전탑

2. 인쇄물 제작 관리

인쇄물은 과거 전시회를 홍보하는 가장 중요하고 강력한 수단이었다. 하지만 정보통신 기술을 발달로 인터넷, 모바일을 통해 방대한 정보를 빠르고 정확하게, 또한 쌍방향으로 고객의 반응을 체크하며 전달하는 것이 가능해지면서 인쇄물을 통한 전시회 홍보는 점점 축소되는 것이 사실이다. 그래도 전시 주최자들은 여전히 기본적인 인쇄 홍보물을 제작하여 전시회 사전, 현장, 사후 홍보용으로 사용하고 있다. 인쇄물의 종류는 다음과 같다.

참가안내서

1) 참가안내서(브로슈어)

참가안내서는 참가업체 유치홍보를 위한 인쇄물이다. 전시회 기본정보, 관련 산업 통계자료, 홍보 메시지, 참관객 정보, 참가신청서 및 참가규정, 전시 도면(Floor Plan), 참가비용 및 신청절차, 주최자 연락처 등이 게재되어 있다.

2) 포스터

가장 기본적인 전시회 홍보 인쇄물이다. 행사 전에는 관련 협회, 단체와의 제휴를 통해 회원사들에게 배포하여 홍보할 수 있고 관공서의 협조를 빌어 지하철역, 지정 거치대 등에 부착할 수도 있다. 행사 중에는 전시장에서 활용된다.

포스터

3) 초청장

참관객 유치를 위한 가장 강력하고 직접적인 홍보 수단이다. 전시회 상황에 따라 수 만장에서 수 십 만장 까지 제작하기도 한다. 최근에는 스마트폰을 활용한 모바일 초청장을 많이 활용하게 되면서 종이 초청장 제작 수량이 감소되는 추세이다.

초청장

4) 디렉토리(Directory)

전시참가업체에 대한 상세 정보를 수록하고 있는 책자 형태의 인쇄물이다. 회사명, 주소, 전화번호, 회사 및 전시품 안내 등이 포함되어 있고 최근에는 매거진(Magazine) 형태로 제작되어 전시회 관람 팁(Tip), 주요 전시품 세부정보, 업계 동향 등 심층 정보를 제공하고 있다.

5) 리플렛

전시회 소형 안내 자료로 쇼 가이드(Show Guide)라 불리기도 한다. 디렉토리가 참가업체 세부 정보를 담고 있다면 리플렛은 전시회 개요 및 전시도면, 참가업체 리스트, 부대행사 프로그램 등을 포함하고 모든 참관객들에게 배포한다.

6) 데일리뉴스(Daily News)

일반적으로 전문전시회에서 제작되는 타블로이드 신문 형태 인쇄물로 전시회에서 발생하는 각종 뉴스를 수록하고 있는데 매일 또는 격일로 발행된다. 보통 매체를 보유하고 있거나 편집 대행을 하는 전문 업체에 제작을 의뢰한다.

7) 결과보고서

전시회 종료 후 전시회 결과자료를 모아 놓은 인쇄물이다. 참관객 통계, 상담 및 계약실적, 언론 노출 뉴스 클리핑 등이 포함되어 있고 당해 전시회 참가업체에게 배포하고 차기 참가업체 유치 시에 활용하기도 한다.

05 광고 홍보 성과평가

전시회 광고, 홍보의 목적은 많은 참가업체와 참관객을 유치하기 위함이다. 특히 전년 대비, 또는 평년 대비 얼마나 많은 참관객을 유치하였는지, 나아가 구매력 높은 참관객이나 바이어가 어느 정도 방문해 참가업체의 상담 및 계약실적이 높였는지가 성과 측정의 핵심이다. 성과 측정의 방법은 참관객 데이터 분석 및 참가업체 설문조사가 있다. 먼저 전시회 등록관리 업체를 통해 정리된 참관객 DB 분석을 통하여 전체 참관객 수, 국가 및 지역별 참관객 수, 관심분야 및 관람 목적, 전시회 인지경로 등을 파악함으로써 주최자의 광고, 홍보 활동이 참관객 모집에 얼마나 영향을 미쳤는지 알 수 있다. 아울러 분석을 통해 나온 결과를 바탕으로 차기 행사 타깃 설정 및 매체 선정 등 개선된 광고, 홍보활동을 전개할 수 있다. 참가업체 설문조사를 통해서는 상담 및 미팅건수, 거래 상담액 및 계약액, 바이어 유치 희망 지역 및 사업형태, 기타 주최자 상대 요구사항 등을 파악할 수 있다.

언론 홍보의 성과 측정도 중요한데 다음과 같은 방법으로 진행한다. 먼저 뉴스 클리핑을 통해 전체적으로 몇 건의 보도가 이루어졌는지, 오프라인 매체와 온라인 매체의 비율은 어떠한지, 기사형태는 무엇인지 등을 파악할 수 있다. 두번째로 보도된 내용을 분석하는 것이다. 단순 개최 보도가 다수이겠지만 간혹 긍정적인 기사나 비판적인 기사가 나올 수도 있는데 그러한 기사가 나온 원인이 무엇인지 분석하여 홍보효과 극대화 및 리스크 관리에 활용해야 한다. 세번째로 홍보대행사를 활용했을 경우 수립된 홍보 전략이 적절했는지, 언론에서의 관심은 어느 정도였는지, 실제 취재 및 보도된 부분이 있었는지 등을 측정하고 분석한다면 향후 대행사 선정 및 홍보전략 수립에 도움이 될 것이다.

연습문제 *exercises*

1. 다음 광고채널 중 전통적인 4대 매체^(ATL)에 속하지 않는 것은?

① 라디오 광고   ② 잡지 광고
③ 모바일 광고   ④ 신문 광고

2. 다음 중 BTL 광고의 특징이 아닌 것은?

① 고객과의 쌍방향 커뮤니케이션이 가능하다
② 동시에 불특정다수를 상대로 하는 광고가 가능하다
③ 광고 현장에서의 고객 반응을 바로 체크할 수 있다
④ 최신 트렌드에 맞는 새로운 광고 채널을 발굴할 수 있다

3. 다음 중 언론홍보^(Publicity)의 장점이 아닌 것은?

① 고객의 신뢰도를 확보할 수 있다
② 기사화되는 내용을 통제할 수 있다
③ 유료 광고에 비해 무료로 홍보활동이 가능하다
④ 원하는 홍보내용을 고객에게 상세히 알릴 수 있다

4. 전시회 광고예산 수립 시 고려해야 할 항목이 아닌 것은?

① 목표 관람객수
② 전체 예산규모
③ 주최자 투자여력
④ 개최 시기

5. 전시회 광고매체 선정 방법 중 올바른 것은?

① 비즈니스 전시회는 불특정다수를 상대로 하는 방송광고가 적합하다
② 퍼블릭 전시회는 종합지보다 경제지 광고가 유리하다
③ B2B 전시회는 전문지나 기술지를 선정해야 한다
④ 전시회 종류와 상관없이 노출도가 높은 방송광고 위주로 편성한다

6. 퍼블릭 전시회 광고타깃 선정 시 고려해야 할 항목이 아닌 것은?

① 연령   ② 성별
③ 지역   ④ 업무 직군

연습문제

7. 광고 제작 및 집행과정에 대한 설명 중 바르지 않은 것은?

① 방송광고 제작은 전문 프러덕션에 의뢰한다
② 광고의 퀄러티보다는 노출도가 중요하기 때문에 최대한 많은 매체를 확보한다
③ KBS, MBC 등 공영방송은 한국방송광고공사를 통해 광고를 집행한다
④ 광고대행사는 매체의 선정은 물론 제작, 집행까지 업무를 수행한다

8. 다음 중 해외 참가업체나 바이어를 유치해야 하는 무역전시회 주최자에게 가장 적합한 SNS 채널은?

① 페이스북　　　　　　　② 트위터
③ 링크드인　　　　　　　④ 블로그

9. 전시회 홍보채널로서 SNS에 대한 설명으로 바르지 않은 것은?

① 고객들에게 빠르고 정확하게 홍보내용을 전달할 수 있다
② 일방적으로 전달되는 광고에 비해 신뢰도가 높다
③ SNS 컨텐츠는 프로페셔널한 완성도가 가장 중요하기 때문에 고객들이 서로 컨텐츠를 만들고 소통하는 것은 통제해야 한다
④ 전시회 서포터즈를 통한 바이럴 채널로서 활용가치가 높다

10. 전시회 환경장식물의 종류를 아는대로 쓰시오

11. 방송사의 위탁을 빋아 광고주에게 광고를 판매해주고 판매수수료를 받는 회사를 일컫는 말은?

정답　1. ③ 2. ② 3. ② 4. ④ 5. ③ 6. ④ 7. ② 8. ③ 9. ③
10. 입구현반, 현황판, 배너, 유도싸인, 선전탑 **11.** 미디어랩

전시회 참가업체 유치 및 관리

Chapter 12

정의 및 목표

고객 발굴과 사전 마케팅 활동의 중요성을 이해하고 영업대상이 되는 고객의 특성별로 고객을 분류하여 이에 맞는 현장 유치 마케팅 활동을 할 수 있으며, 참가업체 계약, 관리 및 서비스 개발을 통해 장기적으로 안정적인 전시회 성장의 기틀을 마련할 수 있다.

학습내용 및 체계

주요 항목	세부 내용	비 고
1. 타켓목표 설정	• 전시회 고객의 분류 • 전시회 타겟 고객의 설정	
2. 데이터베이스 구축	• 타겟 고객의 발굴 • 데이터베이스 구축	
3. 사전마케팅 활동	• DM(Direct Mail) • TM(Telemarketing) • 전시회 세일즈 키트 제작	
4. 현장마케팅 활동	• 현장 영업계획 수립 • 방문 마케팅	
5. 참가업체 계약 및 관리	• 참기업체 계약 • 참가업체 관리	
6. 해외업체 유치마케팅	• 타겟국가의 설정 • 에이전트의 활용	

학습 포인트

- 전시회 고객에 대한 이해
- 전시회 타겟에 맞는 고객의 발굴 및 데이터베이스 구축
- 사전마케팅과 현장마케팅에 이해와 활동
- 참가업체 계약, 관리 및 참가업체 서비스 개발
- 해외업체 유치마케팅 방법의 이해

핵심 용어

고객, 유치활동, 영업, 마케팅, 계약, 관리

타겟목표의 설정

1. 전시회 고객의 분류

전시회의 고객이란 전시회 주최자의 관점에서 행사에 참가하는 모든 사람을 의미한다. 일반적으로 전시회 참가업체, 바이어(참관객)뿐만 아니라 협찬사와 후원기관, 정부기관, 언론사 등의 종사자를 일컫는다.

좀 더 세분하여 보면, 전문전시회(Trade Show)의 관점에서 전시회 참가업체에 해당되는 고객은 제조업체와 유통업체, 서비스 전문기업 등이며, 일반전시회(Consumer Show)에 해당되는 고객은 소매업체와 최종 소비자를 찾는 제조업체 등이 고객으로 분류될 수 있다. 또한, 바이어(참관객)에 해당되는 고객은 전문전시회의 경우 해당 전시회의 산업군 내 최종 사용자 및 딜러, 판매상(대리점) 등을 말하고, 일반전시회에서는 최종 소비자(End-users)를 고객으로 분류할 수 있다(The art of show., S.L.Morrow).

2. 전시회 타겟 고객의 설정

전시회 타겟 고객은 전시회주최자가 전시회를 기획하면서 세웠던 참가업체 유치 목표 또는 바이어(참관객) 유치 목표를 달성하기 위한 참가업체 고객군과 바이어(참관객) 고객군을 말한다.

따라서, 전문전시회(Trade Show)의 관점에서 해당 산업군의 제조업체와 전문 유통업체, 서비스 전문기업이 타겟고객이 된다. 제조업체는 대기업과 이들의 협력업체, 수출입기업, 중소기업, 스타트업 기업 뿐만 아니라 관련 연구소, 테크노파크 및 산업단지 입주사 등이 포함된다. 전문 유통업체에는 양판유통점, 수출입판매 대리점 뿐만 아니라 유통관련 온라인 및 오프라인 채널 등도 포함되며, 서비스 전문기업에는 해당 산업군의 제조 및 유통 전문가 그룹, 금융 및 법률자문 그룹, 협회, 단체, 조합 및 학회 등이 포함된다.

일반전시회(Consumer Show)의 관점에서 해당 산업의 소매업체와 유통업체 그리고 최종 소비자를 찾는 제조업체가 타겟고객이 된다. 이때에는 참가업체가 최종 소비자를 직접 겨냥하고 있으므로 다양한 업체가 존재하며, 최근 온라인과 오프라인의 경계를 넘나드는 O2O(Online to Offline) 채널 등도 여기에 포함된다.

따라서, 전시회의 타겟 고객을 설정하기 위해서는 전시주최자 입장에서 전시회가 전문전시회 성격인지, 일반전시회 성격인지를 확인한 뒤 이에 맞는 유치마케팅 목표를 세우는 전략이 필요하다.

 ## 02 데이터베이스 구축

1. 타겟 고객의 발굴

전시회 고객을 발굴하는 것은 전시회 개최를 위한 가장 기초적인 작업이다. 전시회의 성격이 전문전시회이건 일반전시회이건 전시회의 참가대상이 되는 잠재고객인 참가 대상업체를 발굴하는 것은 중요하다.

전시회에 대한 타겟 고객을 발굴하는 방법으로,

첫 번째, 경쟁전시회가 존재하는지의 여부이다. 경쟁전시회가 존재한다면 경쟁전시회에 참가한 업체 디렉토리와 홈페이지를 통해 과거 참가업체의 데이터베이스를 확보할 수 있다.

두 번째, 전시회와 관련된 분야의 협회, 단체의 회원명부, 무역편람 업체정보 등이 있다.

세 번째, 전시회와 관련된 세미나, 이벤트, 공모전 및 전시회 사전등록 과정을 통해 얻을 수 있으며, 이 정보는 매우 좋은 양질의 데이터베이스가 된다.

네 번째, 전시회 개최 이력이 있는 경우, 과거 참가업체 정보, 뱃지 발급 과정을 통해 외주를 준 등록업체를 통하여 얻게 되는 정보는 훌륭한 타겟고객 발굴의 원천이 된다.

다섯 번째, 인터넷, 전문지 매체 광고업체, 사설기관이 업체정보도 타겟고객 발굴의 좋은 원천이 될 수 있다.

2. 데이터베이스 구축

전시회의 고객 발굴 원천들로부터 고객을 발굴하면 이를 참가업체 유치 마케팅으로 활용하기 위해 자료들을 사용하기 편하게 관리하여야 하는데 이를 데이터베이스 구축이라고 표현한다.

데이터베이스 구축은 작업과정이 시간이 많이 소요되고 힘들지만 DM(Direct Mail), TM(Telemarketing), 현장마케팅의 기초가 되므로 간과할 수 없으며, 항상 최신 자료로 갱신되어야 한다.

기초적인 데이터베이스 구축 작업은 아래의 과정에 따라 이루어 진다.

첫 번째, 회사명, 대표자, 대표 연락처, 홈페이지, 주소, 생산제품 및 서비스 등 기본 정보이다. 이와 같은 정보로는 DM을 할 수 없으나, TM을 통해 정보를 상세화하게 되면 영업을 위해 사용할 수 있는 데이터베이스 구축의 기초단계가 된다.

두 번째, 전시회 담당자 또는 홍보, 영업, 마케팅 담당자, 담당자의 연락처, 이메일이다. 이와 같은 정보로는 TM을 할 수 있으며, DM이 가능한 단계가 된다.

기본적인 데이터베이스는 대상 기업과의 접촉을 통해 아래의 내용으로 점진적인 정보 상세화 작업을 진행하여야 한다.

첫 번째, TM을 통해 유치 대상기업이 전시회 참가이력이 있는지의 정보를 확보할 필요가 있다. 이를 통해 대상 기업을 아래와 같은 등급으로 분류하고 그에 맞는 대응 계획을 세우도록 하여야 한다.

등급	내용	대응계획
A	적극적인 참가 의사 표현	조기방문 후 계약 유도
B	전시회 정보 요청	맞춤형 정보 제공
C	전시회 낮은 관심	경쟁사 마케팅 동향 제공
D	전시회 무관심	전시회 다양한 혜택 안내

두 번째, 유치 대상기업에 대한 접촉 이력과 반응을 데이터베이스에 히스토리 형식으로 남겨 놓아야 한다. 이 과정을 통해 지속적인 참가업체 관계관리가 형성될 수 있으며, 맞춤형 정보 제공이 가능하게 된다.

3. 데이터베이스 관리

전시회의 데이터베이스는 고객으로부터 기본정보 제공 및 마케팅 동의를 얻어 관리되어야 한다. 공정거래위원회는 전화권유 판매자의 영업행위로부터 소비자를 보호하기 위해 [전화권유판매 수신거부의사 등록시스템] www.donaotcall.go.kr을 구축하고 한국소비자원에 위탁 운영하고 있는데, 수신동의를 얻지 못하고 텔레마케팅 등의 영업행위를 하다 소비자가 고발하게 되면 과태료를 부과받게 된다.

따라서 데이터베이스는 항상 최신의 자료로 관리되어야 하지만 소비자의 의사에 반하여 사업자가 권리행사를 하는 것을 엄격하게 제한하고 있음을 인지하고, 전화권유판매 수신거부등록시시템에 반드시 등록하여 텔레마케팅의 대상이 되는 고객이 수신거부의사를 표현한 고객인지 항상 확인하여야 한다.

또한 이를 보완하기 위해서는 직전년도 참가업체 및 참관객 등록시 동의를 구하는 단계를 거쳐 데이터를 유지, 관리하도록 하여야 한다.

 03 사전마케팅 활동

1. DM(Direct Mail)

DM은 전통적으로 가장 저렴한 광고 방법이면서, 전시회주최자 뿐만 아니라 모든 마케터에게 선호되는 마케팅 툴로 알려져 있으며, 다음과 같은 장점을 가지고 있다.

첫째, 사전에 동의 없이 참가업체에게 전시회 개최 계획을 전달할 수 있는 가장 쉽고 경제적인 방법이다.

둘째, DM은 전시회의 기획단계에서 마케팅, 전시회 종료 후까지 지속적으로 참가업체와 연결될 수 있는 채널이 된다.

셋째, DM의 컨텐츠에 따라 다양한 형태로 전달되기도 하는데 때로는 리플렛으로, 참가안내서로, 결과보고서의 컨텐츠로 구성된다. 이처럼 DM을 통해 참가업체에게는 전시주최자의 의사를 전달할 수 있다.

넷째, 참가업체의 반응을 즉각적으로 확인할 수 있으며 이를 통해 그 효과를 곧바로 확인할 수 있다. 즉, 전시회의 ROI(Return On Investment)를 측정하는데 도움이 된다.

DM은 접근하기 쉬운 마케팅이지만 반드시 갖추어야 할 몇가지 구성 요소가 있다. 이 요소들이 부족할 경우, DM을 통한 성공적인 참가업체 유치마케팅을 진행하기 어렵다.

첫째, DM을 수신하는 참가업체의 주소, 수신인이 정확해야 한다. 아무리 좋은 내용이라고 하더라도 정확한 수신처가 있어야 전달될 수 있다. 특히, 글로벌 기업, 대기업, 여러 사무소를 갖춘 기업의 경우에는 올바른 DM 수신처가 필요하다.

둘째, DM에는 참가업체에게 제시하는 내용이 간결하면서도 명확하게 표현되어야 한다. 즉, 전시회에 참가할 때 주최측의 홍보계획을 포함하여 참가업체가 얻게 되는 혜택이 자세히 표현되어야 하며, 참가에 따른 비용 및 조건 등이 정확하게 들어가 있어야 한다. 특히, DM에는 수신자가 특별한 혜택을 입은 것으로 느낄 수 있는 조기참가에 대한 혜택도 포함되어야 한다.

셋째, DM을 수신하는 담당자와 커뮤니케이션을 할 수 있는 자료를 넣어두는 것도 중요하다. DM이 일방이 아닌 쌍방의 커뮤니케이션 도구로서 활용하도록 하는 것이다. 즉, 명함을 넣거나 전시회와 관련된 SNS 방법, 참가업체의 요구사항을 청취하고 전시회에 반영할 수 있는 툴을 만들어 보내는 것이다. 이것은 새로운 전시회 커뮤니티를 구성하는 첫 단추가 된다.

2. TM(Telemarketing)

데이터베이스가 구축되면 DM(Direct Mail)을 통하여 전시회의 참가대상업체에게 전시회의 개최 의도를 알리는 것이 중요하지만, 때로는 TM(Telemarketing)을 통해 전시회를 알리게 된다. TM이란 전화를 통해 전시주최자가 전시회 참가대상업체에게 전시회의 기획 의도를 전하고 전시회의 참가의사를 확인하는 일련의 과정을 말한다.

TM을 통해 전시회 유치 마케팅을 하는 과정은 간단하지만 다음의 세가지 과정은 전시주최자가 반드시 점검해 보아야 한다.

첫번째, TM은 직접하거나 통제할 수 있는 환경에서 진행하여야 한다. 통상적으로 전시회를 주최하는 사무국에서는 외주를 주거나 임시직원을 고용하여 TM을 하기도 하는데 이는 바람직하지 않은 방법이다. TM은 담당자의 성향, 경력에 따라 그 성과가 상당한 차이를 보이는 마케팅 툴인데, 임시직에게 제대로 된 스크립트를 제공하지 않거나, 외부에 맡겨 결과만을 수신하는 경우에는 전시주최자의 마케팅 의도를 전달하지 못해 왜곡된 결과를 가져오는 경우가 많아 당초 목표로 한 TM의 성과를 제대로 달성하지 못할 수도 있다.

두번째, TM은 DM 및 방문마케팅과 함께 이루어져야 한나. 비록, 전시회 참가의사를 밝히지 않은 동일 산업군내 업체라 하더라도 전시회 개최 초기에는 그 업체에게 DM을 통해 전시회를 알리는 활동이 필요하고, TM을 통해 방분가능 의사를 타진한 뒤, 방문마케팅을 통해 참가의사가 없더라도 전시회에 대한 관심을 가질 수 있도록 현장을 방문하는 것과 연계되도록 하여야 한다. 이러한 활동을 통해 전혀 관심을 보이지 않는 기업도 전시회에 대한 인지도, 이미지가 개선되면서 향후 전시회 참가에 대한 기대를 갖도록 할 수 있기 때문이다.

세번째, TM은 초기에 구축해 놓은 데이터베이스를 최신 자료로 유지시켜 주는 역할을 하며, 참가 대상업체에 대한 상담기록이 남겨질 수 있도록 유지되어야 한다. 전시회 참가업체 유치활동은 일회성에 그치지 않아야 하고, 담당자가 변경되어도 전시회에 대한 기획 의두는 일관되게 유지되어야 하므로 TM을 통한 참가대상업체의 상담기록은 항상 최신의 상태로 유지되도록 갱신되어야 한다.

3. 전시회 세일즈 키트 제작

전시회 영업자료는 전시회에 대한 정보와 가치를 함축적으로 표현해야 하며 동일 산업군의 최신 트렌드, 시장조사 및 분석자료가 간결하게 표현되도록 하여야 한다. 또한, 전시회의 성격, 가치, 바이어(참관객)의 구성 및 전시회를 참가함으로써 얻게 되는 홍보효과인 브랜드 인지도, 이미지 제고 효과 등이 표현되어야 한다. 그리고, 경쟁전시회와의 차별성이 강조되도록 하면서 참가업체의 참가에 대하여 의사결정자 입장에서 판단하기 쉽게 제작되어야 한다. 이를 위해 텍스트 위주보다 통계자료, 일러스트레이션, 그래프와 같은 그림도구가 사용되기도 한다.

전시회 영업자료의 종류는 미디어의 발전속도에 따라 다양하게 변하기도 하지만 기본적으로는 전시회에 대한 정보전달에 중점을 둔 참가안내서와 전시회 참가업체 유치를 지원하기 위한 뉴미디어를 활용한 뉴스레터 등은 공통으로 제작하고 있다.

전시회 영업자료에 들어가야 되는 컨텐츠는 다음과 같다.

참가안내서는 표지, 참가안내 정보, 참가규정 및 계약서로 구성된다. 표지는 전시회에 대한 명칭, 일정, 주최기관에 대한 정보가 간략하게 포함되어 있으며, 보통 전시회 포스터 내용과 유사한 내용이 들어 있다. 참가안내 정보에는 전시회의 기획의도를 담고 있는 초청 메세지, 전시회 개요, 시장분석자료, 바이어(참관객) 정보, 홍보계획, 전시분야, 참가시 혜택을 볼 수 있는 내용이 들어가야 한다. 이때 경쟁전시회와의 차별성을 부각하는 의도를 가지고 제작하여야 한다. 마지막으로 참가프로세스 및 참가신청서, 참가규정 및 계약에 대한 법률적인 내용도 포함되어야 한다.

전시회 영업자료로 뉴스레터는 전시회에 대한 기본정보와 전시회에 대한 소식지 역할을 할 수 있도록 제작되어야 한다. 따라서, 최근 업계 동향, 전시회 참가 신청현황이 포함되어야 하며, 전시회 참가

세일즈 키트

현장마케팅 활동

시 혜택(인센티브), 조기참가시 참가업체에 대한 추가적인 홍보효과, 신제품 발표시 홍보 효과 등을 시계열로 표현하면서 전시회가 진행되어 가는 과정을 전시회 개최전까지 지속적으로 안내할 수 있도록 하여야 한다. 이처럼 뉴스레터는 마케팅 단계에서 영업을 지원하는 역할을 충실하게 할 수 있도록 제작되어야 하며, 최근에는 뉴미디어의 발전을 통해 주기적인 이메일 뿐만 아니라 모바일, SNS를 통해 전시회 진행과정을 알리고 있다.

이외에도 영업자료 제작에는 전시회 개최 초기, 전시회 개최 의도를 알리기 위해 제작하는 리플렛, 포스터 등이 있으며, 현수막, 현판, 거리 배너 등을 통해 전시회에 대한 개최계획을 알리기도 한다.

4. 현장설명회(로드쇼)

전시회 현장설명회는 사전마케팅 활동의 일환으로 실행되기도 하며, 현장마케팅 활동의 일환으로 진행되기도 한다. 이러한 구분은 기간에 따른 구분이며 그 내용이 세일즈마케팅을 위한 수단이라는 데에는 이견이 없다.

전시회 현장설명회는 참가업체 및 바이어의 대상이 되는 고객을 한 장소에 모아 놓고 전시회 개최계획, 사례발표를 통한 성공적인 전시회 참가 방법 및 홍보수단에 대한 정보의 제공, 전시회 참가 및 마케팅 전략과 같은 세션을 통해 전시회 참가부터 사후관리에 이르는 종합적인 정보를 제공한다. 기존의 참가업체에게는 전시회에 대한 확신을 심어주고 전시회 참가를 주저하고 있는 기업에게 전시회 참가에 대한 확신을 심어주는 수단이다. 따라서, 전시회 현장설명회는 고객의 근접거리에서 최소 2~3시간 동안 전시회에 대해 홍보함으로써 전시회에 대한 인지도 및 이미지를 높이는 매력적인 수단이다.

이와 같은 현장설명회를 성공적으로 개최하기 위해서는 몇가지 사항을 고려하여 추진하여야 한다.

첫째, 설명회가 개최되는 지역 및 장소의 선정이다. 현장설명회는 전시회 관련

고객(참가업체, 바이어 및 산업전문 기자)이 접근하기 좋은 장소에 전시회 주최자가 찾아가서 개최하는 형태의 마케팅 활동이므로 통상 그 지역에 있는 고객이 잘 알고 있는 랜드마크가 되는 호텔, 컨벤션센터 등에서 개최하게 된다.

둘째, 고객관점에서 설명회 일정을 선정하여야 한다. 참가업체 입장에서 가장 바쁜 제품 출시 막바지 또는 휴가기간에 실시하게 되면 아무리 좋은 행사라도 설명회에 참가하기 어렵다. 따라서 고객의 입장에서 참가하기에 적당한 시기를 택하여야 한다.

셋째, 전시회 현장 설명회는 통상 주최자가 모든 비용을 부담하므로 장소 임대비, 식음료비, 참가자 선물 등을 포함하는 비용을 고려하여야 하며 이는 전체 마케팅 비용 내에서 투자수익율을 고려하여 지출이 되도록 계획을 짜야 한다.

넷째, 설명회 참가자의 범위와 방법이다. 통상 협회의 경우, 회원사를 중심으로 공문을 발송하여 행사계획을 알리기도 하지만 대부분의 경우, 지역신문, 전문지 등에 행사계획을 알리고, 텔레마케팅을 통해 참가를 독려하면서 설명회 초대장을 송부하는 등 일련의 준비과정이 필요하다. 이때 지역의 범위, 참가자 범위를 정하여야 하며, 식음료, 이벤트, 주차권 지급 등의 계획이 별도로 있다면 그 비용을 고려하여 그 범위를 정하고 추진하여야 한다. 이때 참가자 방법에 대하여도 적정 비용하에서 광고계획을 수립하도록 계획을 짜야 한다.

다섯째, 설명회에 참가하는 마케팅 영업자료 뿐만 아니라 과거 전시회 참가업체 중에서 성공사례를 발표할 기업을 선정하고, 참가기업에 확신을 심어줄 수 있도록 주최자가 아닌 업계, 학계의 전문가를 연사로 선정하는 것도 전시회 설명회를 성공적으로 개최하기 위해서 매우 중요하다.

전시회 현장설명회를 해외에서 개최할 경우에는 그 지역의 해외파트너, 에이전트, 현지 언론사 및 Kotra와 같은 정부기관과 협력하여 진행하거나 해외 유명전시회에 참가하여 오찬 및 만찬과 같은 행사의 스폰서를 하면서 관련 기업을 초청하여 전시회에 대한 종합적인 정보를 제공하거나 선도기업들과 상담 기회를 통해 전시회 참가를 권유하는 방법도 매우 효과적인 방법이 될 수 있다.

04 전시회 현장 마케팅 활동의 이해

1. 현장영업계획 수립

현장마케팅 활동에 앞서 전시주최자는 영업목표를 설정하여야 한다. 그런데 영업목표는 전시회 참가업체, 스폰서업체, 바이어^(참관객)에 따라 그들이 전시회에 참가하는 목적이 다르기 때문에 이를 정확하게 파악하여 영업계획을 수립하여야 한다.

첫째, 참가업체의 전시참가 주 목적은 신제품 홍보, 제품의 모니터링, 고객과의 네트워킹 및 경쟁사 동향 파악으로 알려져 있다. 그러나 이들을 종합하면 참가업체는 판매를 목적으로 참가한다는 것이다.

둘째, 스폰서의 전시회 참가목적은 브랜드 이미지 제고와 잠재고객 확보를 목적으로 스폰^(협찬)을 하면서 전시회에 참가하는 것이다. 결국, 이들의 전시회 참가 목적은 잠재고객 확보이다.

셋째, 바이어^(참관객)은 신제품 및 서비스 정보 파악, 넓은 선택의 기회, 직접 체험을 통한 확인, 제품과 서비스의 트렌드 파악, 네트워킹 확대를 위해 참가한다. 이들의 목적은 참가업체로부터 제공되는 제품과 서비스에 대한 리스크를 회피할 목적으로 전시회를 참가하는 것이다. 따라서, 전시회 주최지는 이들의 전시회 참가 목적에 맞는 영업전략을 짜서 현장영업을 하는 것이 필요하다.

참가업체 유치를 위한 현장영업을 위해 전시회주최자는 이미 구축된 데이터베이스를 통해 DM^(Direct Mail)과 TM^(Telemarketing)의 단계를 거쳐 영업대상이 되는 참가 가능 업체의 성향을 다음과 같이 네가지로 분류하여야 한다.

첫째, 최초 참가업체이다. 이들의 성향은 전시회에 대한 높은 기대감을 갖고 있으나, 전시회에 대한 정보가 부족한 경우이다. 이들을 위한 영업전략은 참가업체가 원하는 전시회의 방향을 파악하고, 왜 참가해야 되고, 어떻게 참가해야 하는지에 대한 전시회 참가 컨설팅을 해 주는 것이 필요하다.

둘째, 재참가 업체이다. 이들의 성향은 전시회에 대한 높은 충성도를 가지고 있으며, 전시회에 대한 다른 대안이 없는 경우이다. 이들에 대한 영업전략은 네트워크와 인센티브 제공 및 친밀도를 강화하는 스킨십 기회를 자주 갖도록 하고, 재참가에 대한 다양한 혜택을 부여하며, 전시회 참가 이후 지속적인 후속조치(Follow-up)를 통해 마케팅 성과를 낼 수 있도록 데이터를 제공하는 영업전략이 필요하다.

셋째, 과거 참가업체이다. 이들의 성향은 전시회 자체에 대한 불만으로 현재는 불참한 경우이거나 홍보, 운영 및 주최자에 대한 불만으로 전시회에 참가하고 있지 않은 경우이다. 이들에 대하여는 전시회에 대한 경쟁열위 부분을 파악하고, 불만을 개선할 수 있는 컨텐츠를 보강하여 안내하거나 다양한 인센티브를 제공하는 방법이 적용되어야 한다. 또한, 기존 참가업체와 같이 전시회, 세미나, 포럼 및 로드쇼 등에 꾸준히 초대하거나 전시회 개최시 이벤트 행사에 초청하여 꾸준한 관계를 갖도록 하는 영업전략이 필요하다.

넷째, 잠재 참가업체이다. 이들의 성향은 경쟁전시회에 대한 충성도가 큰 경우이거나 현재 개최예정인 전시회가 가지고 있는 홍보수단으로는 만족할 수 없거나 전시회가 수용할 수 없을 정도로 성장하고 있는 참가기업의 경우이다. 따라서, 전시회의 차별적인 강점을 부각하고 기존 참가업체의 성공사례를 부각하거나 전파하고 참가에 따른 다양한 혜택을 제안하는 영업전략이 필요하다.

2. 방문마케팅

영업목표가 설정되고 참가업체에 대한 성향이 파악되었다면 방문마케팅을 실시할 수 있는데, 이에 앞서 영업조직을 구성하고 이들을 훈련시키는 것이 필요하다.

영업조직은 정규직원과 계약직원 및 수수료를 받는 에이전트로 나누어 구성할 수 있으며, 이들은 영업의 난이도, 숙련도, 영업범위 및 일정을 고려하여 영업대상을 부여하여야 한다. 어떠한 영업자라도 전시회에 대한 확신이 있어야 하며, 영업자에 대하여는 참가신청시 할인율, 참가업체에 제공할 수 있는 맞춤형 서비스 등 사전에 정한 범위 내에서 일정한 현장 영업 권한을 부여하는 것이 좋은 성과를 가

방문 마케팅

저오기도 한다.

참가업체 현장영업시, 가장 필요한 것은 전시회의 경쟁력 있는 요소를 논리적으로 풀어내는 것이 중요한데, 이를 영업에서는 USP(Unique Selling Points)라고 하며, 이는 전시회의 경쟁우위 요소를 간결하게 풀어내는 것을 의미한다. 따라서, 전시회의 USP를 구성하는 방법을 알아내야 하는데 이는 다음과 같다.

첫째, 경쟁 전시회와의 차별화 요소를 찾아야 한다. 차별화 요소로는 경쟁전시회 대비 가격, 브랜드 인지도 및 이미지, 바이어 초청과 같은 질적 요인, 국제적인 인지도, 홍보 노출효과, 주최자의 평판 및 전시회가 제공할 수 있는 서비스 요인등 다양하다.

둘째, 전시품목(분야) 및 콘텐츠의 다각화 요소를 찾아야 한다. 경쟁전시회와 비교하여 단순 제품이 아닌 전 공정을 아우르는 통합 솔루션을 제공하는 행사이거나 온라인과 오프라인이 결합된 행사로 판로의 다각화를 이룰 수 있는 요인 등이 여기에 해당한다.

셋째, 가격리더십이다. 이는 저가의 가격을 의미하는 것이 아니고 적정 수준의 품질을 유지하면서 시장에서 통용될 수 있는 수준의 가격을 의미한다. 따라서, 전시주최자로서 높은 수준의 서비스를 제공할 수 있다면 그에 걸맞는 수준의 가격을 책정할 수 있는 수준도 가능하다는 것을 의미한다.

위와 같은 영업목표를 갖춘 훈련된 영업조직이 USP를 갖추고 현장영업에 투입되는데, 이 과정에서 가장 필요한 것은 전시주최자가 의도한 바를 잘 전달히여 침가대상 업체를 설득하여 영업의 성과를 가져오는 것이 아닌 참가대상 업체가 원하는 정보를 제때에 제공해 주어 그들의 판단으로 전시회에 참가하도록 하여야 한다는 것이다. 즉, 참가업체의 의도대로 전시회를 참가하게 하고 영업자는 그들의 판단을 지원하는 역할에 그치면 참가업체의 참가 만족도가 높아질 수 있다.

 참가업체 계약 및 관리

1. 참가업체 계약

전시주최자는 잠재 참가대상업체가 전시회에 참가의사를 밝히면, 전시회 참가에 따른 규정을 준수하고 아울러 참가비 등을 입금받는 절차를 진행하게 되는데 이를 참가업체와의 참가계약이라고 한다.

통상적으로 참가계약은 전시회 참가규정을 숙지하고 이를 받아 들이겠다는 참가신청서, 전시회 참가에 따른 소정의 계약금 입금증, 세금계산서 발행을 위한 참가업체의 사업자등록증이 기본적으로 필요하게 된다.

이때 참가규정에는 행사의 명칭, 참가에 따른 비용과 위약에 대한 내용, 전시회 위치 배정, 참가비 입금에 대한 사항, 전시장에서의 금지 사항 등 전시회를 참가하면서 기본적으로 숙지하여야 할 사항들과 참가자의 명의를 다른 업체에게 양도, 전대하지 못하도록 하여 전시회의 질적인 저하를 막는 사항들이 포함되어 있다.

참가비는 계약금 및 잔금으로 구분하여 납부하도록 되어 있으며, 계약금은 전체 참가비의 50%를 통상적으로 징구하고 있는데, 참가신청서 제출과 동시에 또는 7일 이내에 입금을 하는 것을 원칙으로 하고 있다. 잔금에 대하여는 입금을 명시하기도 하지만 아무리 늦어도 전시회 개막일 전에 입금하는 것을 원칙으로 한다.

전시회 참가신청과 입금이 완료되면, 전시회 주최자와 참가업체는 비로소 전시회 참가에 대한 계약이 완료된 것으로 본다. 이 과정에서 참가비 입금에 대한 세금계산서를 주고 받는 행위는 상호간의 거래가 완전하게 성립되었음을 증명하는 역할을 하며, 계약상대자로서의 권리와 책임의 의무를 지게 된다.

2. 참가업체 관리

전시주최자는 참가업체가 참가비 입금 등을 통해 계약이 완료되면 참가업체와의 관계 강화를 위한 홍보지원, 참가자 혜택 제공을 위한 서비스 개발, 참가업체가 참여할 수 있는 프로그램 안내 등 다양한 참가업체 관리활동을 하게 되는데 이를 참가자를 위한 CRM(Customer Relationship Management) 활동이라고 할 수 있다.

참가업체를 위한 관리활동 영역에는 최초 참가업체를 위해서 다양한 참가 컨설팅이 제공되어야 한다. 이러한 활동에는 해당산업 동향(수요, 기술, 신제품, 경쟁사 동향 등), 부스설치에 대한 내용, 비품렌탈 안내, 신제품 홍보에 대한 기회 제공 안내, 디렉토리 광고 안내, 무료 초청장 지급을 통한 참가업체 고객 초청서비스 안내, 주차비 지원서비스 등이 있다.

재참가업체를 위하여는 부스배정의 우선권, 조기참가신청에 따른 참가비 할인 서비스 등이 추가될 수 있다.

또한, 모든 참가업체를 위한 서비스에는 공식 디렉토리 이외에도 별도의 브랜드북을 제작하거나, 에이빙뉴스, 킨텍스TV와 같은 매체를 통해 참가업체 무료홍보를 지원하거나 VPR(Video Press Release) 자료를 만들어 관련업계에게 동영상으로 참가업체를 홍보하거나 별도의 수출상담장 개설과 무료 통역서비스 제공을 통해 거래를 지원하고 전체 참가업체만을 위한 휴게공간을 만들어 주는 등의 활동이 포함된다.

이외에도 선도 참가업체을 위해서 전시회 개최기간 식사대접을 하거나 종료 후 별도의 워크샵 형태를 통해 관련업계의 미팅을 주선하거나 체육활동을 하는 등 참가업계 관계강화 활동은 장기적으로 전시회의 내적인 친밀성을 강화하는 역할을 해준다.

 06 해외업체 유치마케팅

1. 타겟국가의 설정

전문전시회를 개최하면서 전시회 주최자는 해외업체 유치마케팅을 위해서는 시장분석을 통해 전시회에 참가할 가능성이 높은 국가를 선정하여야 한다. 그 기준은 국내에 진출하고자 하는 의사를 가진 국가를 알아야 하고 이런 국가들을 해외업체 유치를 위한 타겟국가로 설정한다.

타겟국가의 설정은 전시주최자로서 통계에 의존하여야 하며, 그 방법은 국가 수출입 통계를 이용하는 것이 가장 빠른 방법이다. 전시품의 HS Code(Harmonized System Code)[1]를 알면 효과적이고, 이에 따른 수입 통계를 보면, 국내 수입량이 크거나 크게 늘고 있는 국가의 경우, 국내에 진출의사가 큰 국가이거나 국내에 이미 유통채널을 확보하고 있는 경우가 많으므로 이를 역추적하여 타겟국가를 설정할 수 있다.

반대로 수출 통계를 보면, 국내의 제품이 경쟁력을 가지고 수출할 수 있는 시장이 있거나, 그 현지시장에서 국내 제품에 대한 물량이 늘어나고 있는 추세로 국내 제조사의 현지 유통을 원하는 딜러를 바이어(참관객)으로 유치할 수 있는 가능성이 크므로 타겟국가는 통계를 이용하여야 한다.

타겟국가가 설정되면 해외업체 유치를 위해 다음과 같은 접촉을 하여야 한다.

첫째, 국내에 주재하고 있는 상공회의소, 무역진흥기관, 영사관 등을 통해 타겟 국가에 대한 정보를 획득하고 전시회에 대한 정보를 정보를 주기적으로 제 공하여야 한다. 이들의 특징은 자국의 업체를 홍보하고 진출시키며, 비즈니 스 활동을 잘 할 수 있도록 지원하는 역할을 하기 때문에 전시회에 대한 정 보제공은 그들에게 좋은 업무를 할 수 있는 기회가 될 수 있다.

둘째, 타겟국가에 파트너가 될 수 있는 업체나 전문법인을 구하는 것이다. 이에 대한 정보는 코트라같은 믿을 수 있는 정부기관의 도움을 받아 얻을 수 있 으며, 이러한 정보획득 활동에는 약간의 비용이 수반될 수 있으나 이러한 정보는 얻는 것은 매력적인 수단이 된다.

셋째, 참가업체 유치를 위한 해외 지사나 대표부를 직접 설치하는 일이다. 그러 나, 이 방법은 가장 강력한 업체유치 수단이 될 수 있으나 단기적으로 많은 비용이 수반될 수 있다.

---

1 HS Code : 국제 통일상품 분류체계에 따라 무역거래상품을 총괄적으로 분류한 품목분류코드

2. 에이전트의 활용

타겟국가 설정에 이은 참가업체 유치활동에서 일반적으로 활용되고 있는 방법은 참가업체 유치를 전문적으로 해줄 수 있는 에이전시를 구하는 방법이다. 이러한 에이전시 정보는 경쟁전시회의 해외영업망 정보를 통해 얻을 수 있으며, 세계적인 선진 전시회에 공개된 해외영업조직과 연락하여 직접 에이전트 역할을 해줄 수 있는지를 문의할 수 있다.

그러나, 요즈음에는 전시컨벤션과 관련된 다양한 국내외 컨퍼런스, 세미나, 전시회를 통해 정보를 얻거나 현장에서 에이전트 대상들과 상담을 통해 직접 계약을 맺고 활동을 하게 되는 경우도 있다. 이와같은 정보를 얻을 수 있는 대표적인 행사 및 기관에는 IAEE, UFI, CEMA, PCMA 등이 있다.

이러한 에이전트를 활용할 경우에는 참가업체 유치에 대한 일정한 수수료를 지급하는 것이 일반적이며, 별도의 계약에 의하여 에이전트 활동에 대한 소정의 고정성 활동비^(전화비, 여비/교통비), 임시직 고용을 위한 비용을 주는 경우도 있다.

에이전트의 대상이 되는 법인에는 유사 전시회 주최자, 전문 에이전트 뿐만 아니라 여행사, 운송사, 전문매체사, DM 발송사, SNS 전문대행사 등이 될 수 있으며, 유사 전시회의 주최사로부터 퇴사한 전직 직원, 동종업계 오피니언 리더 등도 대상이 될 수 있다.

에이전트를 제대로 활용하기 위하여는 유치활동 수수료를 차등하는 방법이 적용될 수 있다. 즉, 많은 부스를 유치할수록 수수료율을 높이는 방법이다. 또한, 일정 부스 이상 유치시에는 고정성 활동비를 추가로 지급하고, 일정 수 이상의 부스를 유치할 경우, 전시회 개최시 에이전트를 초청하는 등의 인센티브를 제공하는 방법이 있다.

이와 같은 타겟국가를 설정하고 에이전트를 통해 해외업체를 유치하는 것은 전시회의 국제화, 전문화, 대형화를 위해 반드시 필요한 일이며, 전시회 브랜드 인지도 및 이미지 개선을 위해서도 필요한 업무프로세스이다.

연습문제   *exercises*

1. 반도체전시회(Trade Show)에서 타겟이 되는 참가업체의 고객이 아닌 것은?

① 반도체 생산기업   ② 핸드폰 제조사

③ 핸드폰 악세사리 판매상   ④ 반도체 매거진

2. 전문전시회(Trade Show)의 고객발굴 원천이 될 수 없는 것은?

① 무역업체편람   ② 협회 회원명부

③ 전문지 광고업체 DB   ④ 페이스북 친구 명부

3. DM(Direct Mail)의 장점으로 볼 수 없는 것은?

① 비용이 많이 소요된다.

② 한꺼번에 대량으로 보낼 수 있다.

③ 다양한 영업자료를 보낼 수 있다.

④ 영업결과를 쉽게 파악할 수 있다.

4. TM(Telemarketing)의 경우, 전시회 주최자는 어떤 점을 중요시 하여야 하는가?

① 항상 최신의 자료를 유지하도록 전시회 상담기록을 남긴다.

② 전시회에 대한 객관성을 유지하도록 TM(Telemarketing)은 외부업체 또는 임시직원에게 맡긴다.

③ TM(Telemarketing)으로 모든 영업을 할 수 있다는 신념을 가지고 TM(Telemarketing)에만 전념한다.

④ 외부에서 제공한 TM(Telemarketing)의 자료를 바탕으로 모든 마케팅을 종료한다.

5. 세일즈 영업자료 중에서 참가안내서에 포함되지 않아도 되는 내용은?

① 전시회 개요   ② 참관객의 자격

③ 전시회 홍보계획   ④ 전시회 참가안내

6. 현장영업을 위한 USP로 채택될 수 없는 것은?

① 많은 영업조직   ② 높은 인지도

③ 많은 바이어   ④ 높은 주최자 평판

연습문제   exercises

7. 전시회 참가규정에 포함되는 내용은?

① 홍보기관 정보   ② 바이어 초청 정보

③ 협력업체 정보   ④ 주최자 정보

8. 전시회 참가신청을 한 업체에 대하여 정보를 제공하고 서비스를 개발하여 고객 관계관리를 하는 것을 무엇이라고 하는가?

① ROI   ② COO

③ CRM   ④ CEO

9. 해외업체 유치를 위해 해외업체에 대한 정보를 얻을 수 있는 기관이 아닌 것은?

① 각국 상공회의소   ② 각국 무역진흥기관

③ 전문매체   ④ UFI

10. 해외업체 유치를 위한 에이전트로 활용할 수 없는 대상은?

① 여행사   ② 항공사

③ 전문매체사   ④ 전직 경쟁전시회 주최자

정답   **1.** ③ **2.** ④ **3.** ① **4.** ① **5.** ② **6.** ① **7.** ④ **8.** ③ **9.** ④ **10.** ②

전시회 참관객 유치 및 관리

13 Chapter

정의 및 목표

전시회를 방문하는 참관객의 유치 계획 수립, DB구축, 관리, 유치마케팅 및 상담회에 대한 전반적인 소개로 양질의 참관객을 유치 방법을 제시하고 전시회를 통한 내수 및 수출 제고를 촉진할 수 있다.

학습내용 및 체계

주요 항목	세부 내용	비고
1. 참관객 유치 계획 수립	• 참관객의 정의 • 참관객 유치 계획 수립 방법	
2. 참관객 DB 구축 및 관리	• 참관객 DB의 중요성 • 참관객 DB 구축 방법 • 참관객 DB 관리 방법	
3. 참관객 유치 마케팅	• 참관객 유치 마케팅의 주체 • 참관객 유치 마케팅의 종류	
4. 바이어 상담회	• 바이어 상담회의 정의 • 상담회 사전 준비 • 상담회 현장 준비 • 상담회 사후 관리	

학습 포인트

- 참관객의 정의 및 유치 계획 수립 단계 이해
- 참관객 DB의 중요성을 이해하고 DB 구축 및 관리방법 도출
- 참관객 유치의 주체를 바로 알고 마케팅 방법을 이해하여 전시회에 적용
- 바이어 상담회의 정의 이해 및 상담회 사전준비, 현장준비, 사후관리 요령과 온라인 매칭 운영 방법 제시

핵심 용어

- 참관객, 유치마케팅, 바이어상담회, DB관리, 사후관리

참관객 유치 계획 수립

1. 참관객 정의

참관객(또는 참관객, Visitor)이란 제품ㆍ기술 정보 취득, 구매ㆍ기술상담 또는 일반관람 등을 목적으로 전시회를 방문하는 사람으로서 전시주최사업자가 개최하는 전시회에 소정의 등록절차를 통하여 전시장에 실제로 입장한 사람이며, 방문 목적에 따라 크게 바이어(또는 구매자)와 일반 참관객(또는 일반인)으로 구분할 수 있다. 바이어는 소속기관 및 기업의 사업상 목적이나 직업적인 관심을 가지고 전시회를 방문한 참관객, 일반 참관객은 개인적인 관심으로 방문한 참관객(한국전시산업진흥회, 국내전시 인증제도 운영지침)이다.

2. 참관객 유치 계획 수립

참관객의 질(Quality)은 참가업체의 재참가와 직접적인 연관이 있다. 대부분의 전시회는 수익창출을 위하여 전시회 개최 전까지 참가업체 모집에 심혈을 기울이지만, 장기적인 관점에서 전시회의 유지 및 성장을 위해서는 참가업체 유치보다 참관객 유치에 우선하여야 한다. 양질의 참관객 유치는 차기 전시회 참가업체 모집에 소요되는 마케팅 및 홍보비용과 시간을 줄일 수 있으므로 효과적인 참관객 유치 계획을 수립한다.

1) 참관객 유치 계획 수립을 위한 사전조사

참가업체가 만족하는 참관객 유치¹를 위해서는 참가업체의 니즈(Needs)를 파악해야 한다.

---

1 참관객(또는 참관객) 수 산정 기준(국내전시인증제도 운영지침)
  · 참관객수는 전시회 입장을 위해 입장료를 지불하거나 등록과정을 거쳐 입장한 참관객을 뜻하며, 등록은 하였으나 전시장에 입장하지 않은 참관객은 포함하지 않는다.
  · 등록과정을 거쳐 입장한 참관객의 작성된 등록 신청서, 이메일 및 전화번호 정보가 누락되었을 경우, 참관객이 전시회에 방문하지 않은 것으로 간주된다.
  · 참관객은 전시회 기간 동안 방문 횟수에 상관없이 입장객 또는 등록사 1명당 한 번만 집계한다.
  · 참가업체의 직원, 전시회 운영을 위해 고용된 자, 해당 전시장 관계자 등은 제외한다.

참관객

참가업체 니즈는 전시회 기간 또는 종료 후 설문 및 방문조사를 통해 파악하며, 이 조사에는 수요산업군, 수출희망국가, 광고 및 홍보 매체 선호도 등을 포함하며, 니즈는 참관객 유치 계획에 반드시 포함시켜 이행해야 참가업체의 만족도를 높이고 전시회가 성공할 수 있다.

2) 참관객 유치 계획 수립

참관객 유치 계획에는 참관객 유치 목표 및 기본방향, 타겟 산업군 및 국가, 목표에 대한 수행 계획, 예산 등을 포함하여 구체적이고 명확하게 그리고 현실적으로 수행가능한 계획을 수립한다. 계획 수립은 참가업체 모집 전에 확정되어 참가업체 모집시 참관객 홍보 계획이 참가안내서 및 홈페이지에 병행 홍보되어야 한다. 또한 수립된 유치계획 이행 중 내외부적인 환경요인 등으로 빙향수정이 불가피할 경우에는 수정된 계획을 수립한다.

아울러 참관객 유치는 소비재 및 자본재 등 전시회의 성격에 따라 불특정 다수를 위한 대중(Public)홍보와 특정인을 위한 타겟(Target)홍보로 구분하여 계획을 수립한다.

① 참관객 유치 목표(해외참관객 포함) 및 유치기본 방향

국내·해외바이어, 국내·해외 일반 참관객을 구분하여 총 유치목표 참관객 수의 목표를 수립한다. 참가업체 및 참관객 설문조사 등을 통해 파악된 문제점 및 개선사항을 반영한 참관객 유치에 대한 기본방향을 설정하며, 해외 선진 전시회 및 다른 전시회 사례를 벤치마킹하여 참고할 수 있다.

② 타겟(Target) 산업군 및 국가

사전 조사된 참가업체가 희망하는 산업의 참관객, 수출희망국가, 해당산업 소비 및 수입규모증가 국가 등을 참고하여 타겟 산업군 및 타겟 국가를 선정한다.

③ 목표 수행 계획

- 기존 보유 참관객 DB 수정 및 신규DB 구축
- 구축된 참관객 DB를 이용한 이벤트 개최 등 참관객 사전등록 유도 결정
- 참관객 사전등록 유도를 위한 기간별 광고·홍보매체 종류 및 홍보시기 결정
- 수요업종 협단체, 해외수입자 단체, 수요자 단체 등 참관객 에이전트 네트워크 구축

④ 예산 수립

참관객 유치에 배정된 예산 내에서 검증되고 효과적인 참관객 유치 방법을 도출하여 예산을 수립한다. 바이어 초청비는 인증전시회에 한하여 국내전시회 개최지원 대상사업을 통해 해외마케팅비(해외업체 및 바이어 유치비, 해외홍보비, 전시정보화구축비, 시설설치 및 부대행사 운영비)의 일부를 심사를 통해 지원받을 수 있다. 전시 종료 후에는 지출된 예산별 결과 평가가 반드시 필요하다.

 참관객 DB 구축 및 관리

1. 참관객 DB 중요성

참관객 유치 마케팅은 참관객 DB를 기본으로 하며, 이 DB의 정확성에 따라 주최자의 정보 전달 성공률이 제고되어 참관객 유치의 승패가 좌우된다. 따라서 DB의 구축과 그룹핑을 통한 분류, 주기적 관리를 통한 고객분류에 따른 맞춤형 CRM(Customer Relationship Management, 고객관계관리) 마케팅이 가능하다.

2. 참관객 DB 구축

신규 DB 구축을 위해 참관객 유치 계획 수립시 결정된 타겟 산업군 및 국가에 대한 DB 확보에 포커스를 맞춘다. 이들에 대한 DB 확보 방법은 다음과 같다.

① 타겟 산업군의 국내 · 외 협회 및 단체의 회원사 정보 입수
② 타겟 산업군 및 국가의 전시회 참관 및 홍보부스 운영을 통한 참가업체 및 홍보부스 방문객 명함 수집
③ 타겟 산업군 및 국가의 전시회 디렉토리 정보 조사
④ 타겟 국가의 에이전트 발굴를 통한 바이어 유치 네트워크 확보
⑤ 타겟 국가의 전시회 설명회를 통한 명함 입수
⑥ KOTRA를 통한 타겟 국가의 DB 입수
⑦ 전시회 참가업체의 해외 딜러 조사

3. 참관객 DB관리[2]

효과적인 CRM(고객관계관리) 마케팅을 위해서는 참관객 DB관리가 필수이며 기존 보유 DB의 보정, 특성별 그룹핑이 필요하다. 또한 참관객 관리는 신규 참관객 DB를 구축하고 과거 전시회를 방문한 이력이 있는 기존 참관객 DB를 보정하는 것도 중요하다.

1) 참관객 DB 보정

과거 전시회 방문 참관객의 정보(소속, 부서, 전화번호, 이메일 등)는 부서의 이동, 이직, 신규입사 등으로 인해 수시 변동되므로 주기적으로 참관객 정보를 보정해야 한다. 기존 참관객 보유 DB수가 방대하므로 TM센터를 내부적으로 운영하거나, 외부용역을 통한 전문 TM센터에 의뢰할 수도 있다.

---

2 각종 컴퓨터 범죄와 개인의 사생활 침해 등 정보화사회의 역기능을 방지하기 위하여 개인정보보호 법률이 강화되면서 DB(Data Base)의 유출 방지 및 DD를 이용한 마케딩에 주의하여야 하며 개인정보보호에 대한 외부교육을 반드시 받도록 한다.

2) 참관객 DB 그룹핑

구축된 참관객 DB를 기존·신규, 참관년도, 관심품목, 직위 및 지역 또는 전시회에 대한 충성도에 따라 기존 DB, 신규 DB, 잠재 DB로 그룹핑을 실시한다. 그룹핑의 1차 목적은 맞춤형 정보전달을 통한 사전등록 유도이며, 최종 목적은 전시회 참관 유도이다.

또한 구축된 잠관객 DB중 주최사의 마케팅을 통한 사진등록시 이들에 대해서도 상기 방법외에 참관목적을 추가하여 그룹핑을 실시한다. 이를 위해서는 참관객 사전등록이 참관객 유치의 바로미터라 할 수 있을 정도로 중요하다. 전시회 개최의 근본적인 목적은 전시회를 통한 참가업체 및 참관객의 내수 및 수출거래 창출로 인한 해당 산업 및 관련 산업의 육성이므로 참관객 사전등록자에게 참관목적 및 관심품목을 근거로 해당 참가업체의 정보를 제공하여 전시회 참관을 유도한다.

표 13-1 전시회 바이어 및 일반 참관객 사전등록을 통해 입수할 수 있는 정보

정보 항목	정보 내용
직업 구분	회사원, 전문직, 서비스직, 자영업, 학생 등 직업을 표시한다.
참관 목적	구매조사, 상품·기술정보 수집, 신규 거래선 확보, 차기전시회 참가여부 결정, 일반 관람, 제품·기술 구매, 기존거래선 방문 목적을 기재한다.
전시회 인지경로	초청장, 인터넷, 전자 우편, 유관 기관 및 단체, 전시회 홈페이지 등 전시회를 알게 된 경로를 물어본다.
관심 분야	해당 전시회 품목군 중 관심 있는 분야를 파악한다.(예: 카메라, 액세서리, 프린터, 소프트웨어 등)
이전 참관 여부	전시회에 대한 충성도를 파악하기 위한 방문 횟수(예: 1회, 2회, 3회 이상 등)를 물어본다.
인적 사항 정보	사전 등록자의 연령, 성별, 거주 지역 등을 파악한다.
이메일, 뉴스레터 수신 동의	전시회 주최자가 발송하는 전시회 관련 이메일, 뉴스레터를 받을지 동의를 구한다.
개인 정보 활용 동의	「정보 통신망 이용 촉진 및 정보 보호 등에 관한 법률」에 따라 개인 정보 활용 동의 약관을 제시하고 사전 등록자의 동의를 구한다.

출처 : NCS 전시회 학습모듈 중 고객 유치 관리 내용 발췌

참관객 유치 마케팅

1. 참관객 유치 마케팅의 주체

참관객 유치는 주최자에 의한 효과적으로 검증된 마케팅 수단에 의한 성과외에 참가업체의 참관객 공동 유치 노력을 통해 양질의 구매력 높은 참관객을 유치할 수 있다. 참가업체가 원하는 참관객은 참가업체가 주최자보다 더 잘 알고 있다. 이를 위해서는 주최자가 진행하는 참관객 유치를 위한 추진 사업에 대하여 적극적인 동참을 유도해야 한다.

표 13-2 SIMTOS 참가업체 및 주최자의 참관객 유치 비교

구분	유치 참관객수	비율
참가업체	19,319명	19.6%
주최자	79,057명	80.4%

2. 참관객 유치 마케팅 종류

참관객 유치 마케팅은 참관객 사전등록자 유치를 위한 마케팅과 사전등록자 대상 전시회 참관을 유도히는 마케팅으로 구분하여 이 두 종류의 마케팅의 방법은 약간 상이하다.

사전등록자 유치 마케팅은 그룹핑되어 구축된 참관객 DB를 타겟하는 온라인 마케팅, 지역별 수요자별 타겟 마케팅 및 참가업체 공동 마케팅으로 구분한다. 사전등록자 대상 전시회 참관을 유도하는 마케팅은 사전등록자의 참관목적, 관심품목 등에 따른 맞춤형 eCRM(Electronic Customer Relationship Management, 인터넷고객관계관리) 마케팅으로 수행한다.

1) 사전등록자 유치 마케팅 중 온라인 마케팅

참관객 유치초반 마케팅 적중률을 제고하기 위하여 그룹핑된 참관객 DB 중 최근

전시회 방문 참관객, 전시장에서 가까운 지역의 참관객 등 가장 성공확률이 높은 참
관객부터 마케팅을 시작한다.

① 온라인 뉴스레터 발송

　매월 전시회 소식, 참가업체 정보 및 전시품 현황, 사전등록 혜택, 전회 개최결과
(해외는 해당산업의 한국시장 현황 및 한국소개 자료 추가) 등을 포함한 뉴스레터를 송부하여 전시회
에 대한 사전등록을 유도한다. 한편 클릭수와 개봉수가 낮은 뉴스레터 콘텐츠는 차
기 송부시 내용을 보강한다.

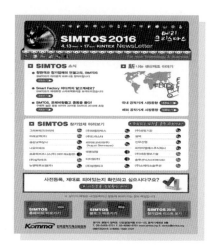 

SIMTOS 뉴스레터(Newsletter)

② 해외 유관 전시회와의 상호 홍보협력

　홈페이지 배너광고, 발간물 지면광고, 홍보부스 운영 등 상호 WIN-WIN하는 홍
보협력 체제를 구축한다.

2) 지역별 수요자별 타겟 마케팅

① 수요자 밀집지역·산업단지의 운행버스 외벽과 현수막 게시대, 라디오 광고
　　시행
② 한국 전시회에 대한 인지도 제고를 위한 신흥시장 해외설명회 개최
③ 참관객 유치를 목적으로 한 국내·외 전시회 홍보부스 운영

④ 해당산업 신흥수요시장 단체 및 수요자/딜러와의 연계한 바이어 초청

3) 참가업체 공동 마케팅

① 참가업체 공장, 회사내 해당 전시회 참가를 알리는 현수막 홍보

② 전시회 및 참가업체 로고가 부착된 쇼핑백 홍보

③ 무료 초청장 홍보

④ 참가업체 홈페이지내 전시회 배너 홍보

4) 사전등록자 대상 전시회 참관 유도 마케팅

① 맞춤형 eCRM 마케팅

사전등록자의 참관목적, 관심품목 등에 따라 참가업체 정보 및 전시품 현황, 전시장 오는 방법, 주차장 안내, 부대행사 안내(해외업체의 경우 한국정보, 항공권 및 호텔 예약 정보, 시티투어 안내 등 포함) 등을 뉴스레터를 송부하여 상담회 및 부대행사 참가를 유도한다.

SIMTOS 참가업체 공동 마케팅 사례

또한 참가업체 정보 이해도 제고를 위하여 참가업체 동영상을 제작하거나 참가업체로부터 전달받아 송부할 수도 있다

 04 바이어 상담회

1. 바이어 상담회 정의

바이어 상담회란 전시회 참가업체와 바이어간 전시품목의 구매, 판매를 위한 상담을 의미하며 이외 연구개발, 기술이전 등의 기술협력과 투자, 합병, 매각 등 재정협력까지 확대될 수 있다. 상담회는 바이어의 국적에 따라 국내바이어 상담회와 해외바이어 상담회로 구분하며 상담시기에 따라 사전 상담회, 현장 상담회 및 사후 상담회로 구분된다.

2. 상담회 사전준비

상담회 개최에 중요한 부분은 참가업체 및 바이어간 시간 낭비를 없애기 위하여 매칭오류(Matching error)를 최소화하여야 한다. 매칭오류를 최소화하기 위해서는 상호 관심사항을 정확히 파악해야 하는데 상호 관심사항은 아래와 같다.

표 13-3 매칭오류 최소화를 위한 조사 항목

대상	조사 항목
참가업체	세부 출품품목, 수요산업, 홈페이지, 구사가능 언어, 국내외 상담 담당자, 수출희망국가
바이어	관심품목, 방문목적, 산업분류, 부서, 홈페이지, 국가명, 구사가능 언어

관리자는 상호 관심사항 파악, 상담신청은 상담회 참가업체 및 바이어를 대상으

로 시간, 장소에 제약을 받지 않고 실시간 확인이 가능한 온라인 매칭(Matching) 프로그램을 통하여 진행한다. 매칭(Matching)완료 시 주최자는 참가업체 및 바이어의 상담 시간 확보를 위하여 상담을 많이 할 수 있는 효율적인 스케줄을 사전에 확정하며, 전시회 현장에서는 참가업체 부스내에서 전시품을 확인하면서 상담을 진행한다.

또한 사전, 현장 및 사후상담의 연속성 유지를 통한 계약 체결을 위하여 전시기간 중 주최자에 의한 해외바이어 상담회의 통역지원은 지양하며, 외국어 가능자, 해외용 제품안내서 및 해외전담팀 보유 등 수출능력을 보유한 업체에 한해 상담을 주선한다.

온라인 매칭(Matching)의 기본조건은 참가업체와 바이어의 일방적인 상담신청이 아닌 상호 승인에 의하여 상담이 이루어져야 한다.

1) 온라인 매칭(Matching) 프로그램 구성요소

상담회에서 가장 중요한 항목은 참가업체 출품품목과 바이어의 관심품목의 세분화를 통한 매칭률 제고이다. 상호 매칭 실패를 최소화하기 위해서는 출품품목 및 관심품목을 최대한 세분화시켜야 한다.

품목 세분화를 위해서 관련 협회·단체의 자문, 유사 국내 및 해외전시회 전시품 카테고리(Category) 벤치마킹 및 관련규격 등을 참고한다. 그러나 기본적으로 주최자의 전시회 품목에 대한 산업적 지식이 필수적으로 필요하다.

온라인 매칭(Matching) 프로그램 메뉴 구성은 참가업체 및 바이어 리스트, 매칭현황, 타임테이블, 공지사항 등으로 구성하며, 세부적으로 매칭현황(성사, 대기, 실패), 매칭세부 리스트(매칭현황별 참가업체 및 바이어 리스트), 매칭업체 리스트, 상담신청 등으로 구성한다.

SIMTOS 2016 온라인 매칭 프로그램 관리자 스크린

｜세부 취급품목

절삭기계(3)	절단기계	성형기계	제조자동화	공구	측정기 및 계측기	부품	제조 엔지니어링 소프트웨어

용접기	로봇	소재	3D 프린팅	기타

CAD

☐ 2D CAD software ☐ 3D CAD software ☐ 역설계 소프트웨어 ☐ 전기설계 소프트웨어 ☐ 제어설계 소프트웨어 ☐ 판금설계 소프트웨어
☐ 금형설계 소프트웨어 ☐ 공장설계 소프트웨어 ☐ 기타

CAM

☐ CAM 소프트웨어 ☐ CAM 자동화 소프트웨어 ☐ NC데이터 최적화 소프트웨어 ☐ 공구형상관리 소프트웨어 ☐ 기타

CAE - 공법해석

☐ 사출해석 소프트웨어 ☐ 소성해석 소프트웨어 ☐ 판재성형해석 소프트웨어 ☐ 주조해석 소프트웨어 ☐ 열처리해석 소프트웨어
☐ 용접해석 소프트웨어 ☐ 표면처리해석 소프트웨어 ☐ 전자장 해석 소프트웨어 ☐ 도장 및 실링해석 소프트웨어 ☐ 기타

CAE - 성능해석

☐ 범용구조해석 소프트웨어 ☐ 충돌/성형해석 소프트웨어 ☐ 유동해석 소프트웨어 ☐ 다물체동역학 해석 소프트웨어 ☐ 소음/진동해석 소프트웨어

SIMTOS 2016 출품품목 및 관심품목(3단계 505종)

상담회 온라인 매칭 프로그램의 구축이 완성되면 참가업체 및 바이어를 대상으로 상담회 참여조건, 방법 및 혜택에 대해 참가업체 설명회 등을 통하여 소개하고 참여를 유도한다.

3. 상담회 현장 준비

상담회는 참가업체의 부스에서 제품 실물을 보며 상담토록 하기 위하여 참가업체는 상담 바이어를 충분히 고려한 상담테이블과 의자, 제품 및 회사 안내서, 음료, 다과, 주차권, 명함, 기념품 및 상담일지 등을 필수적으로 갖추게 한다. 참가업체가 정해진 상담 시간에 부스 내에 상주토록 상담시간 전에 공지하도록 하며, 바이어도 상담 시간전에 전시장에 도착할 수 있는지 확인하여야 한다. 상담운영 요원이 바이어가 전시장에 도착하면 참가업체 부스로 안내할 수도 있다.

SIMTOS 상담회 모습

4. 상담회 사후 관리

상담회 준비만큼이나 상담회 사후관리가 중요하다. 상담이 종료되면 참가업체 및 바이어로부터 상담결과를 취합한다. 상담결과는 주기적으로 관리하여 계약까지 성사되는지 확인하여야 한다. 아울러 전시주최자는 성공사례를 도출하여 차기전시회 참가업체 및 참관객 모집시 적극 활용해야 상담회의 최종 목적을 달성할 수 있다.

연습문제 exercises

1. 제품·기술 정보 취득, 구매·기술상담 또는 일반관람 등을 목적으로 전시회를 방문하는 사람을 의미하는 단어는?

① 전시참가업체   ② 전시시설사업자
③ 참관객   ④ 전시주최사업자

2. 전시회의 장기적인 관점에서 전시회의 유지 및 성장을 위하여 가장 중요한 사항은?

① 참가업체 유치   ② 참관객 유치
③ 비용 절약   ④ 참가비 수금

3. 전시회의 성공을 위하여 참가업체의 만족도를 높이고자 참관객 유치 계획에 반드시 포함시켜 이행해야 할 사항은?

① 참가업체 니즈(Needs)   ② 입장료
③ 참가비   ④ 주최자 조직 구성

4. 참관객 유치 마케팅의 기본으로 정확성에 따라 주최자의 정보 전달 성공률이 제고되어 참관객 유치의 승패가 좌우되는 것은 무엇인가?

① 참가업체 DB   ② 참관객 DB
③ 전시장 위치   ④ 홍보매체

5. 참관객 DB를 그룹핑(Grouping)하는 1차 목적은 맞춤형 정보전달을 통한 사전등록 유도이다. 최종 목적은 무엇인가?

① 전시회 참관 유도   ② 참가업체 유치
③ 전시장 홍보   ④ 입장료 수입 창출

연습문제
exercises

6. 참관객 유치는 주최자에 의한 효과적으로 검증된 마케팅 수단에 의한 마케팅뿐만 아니라 적극적인 동참을 유도해야 하는 대상은 누구인가?

① 전시장   ② 참가업체
③ 대중매체   ④ 학생

7. 참관객 유치를 위한 계획 수립에 포함되지 않는 것은 다음 중 무엇인가?

① 참관객 유치 목표   ② 해당산업의 수출규모 증가 국가
③ 목표 수행계획   ④ 예산

8. 참관객 신규DB(data base) 확보 방법이 아닌 것은 무엇인가?

① 타겟(Target) 국가의 에이전트 발굴
② 참가업체의 해외딜러 조사
③ 전시장 등록업체 조사
④ 전시회 설명회를 통한 명함 입수

9. 참관객 유치 마케팅 중 해당하지 않는 것은 무엇인가?

① 사전등록자 대상 온라인 뉴스레터 발송
② 국내 · 외 전시회 홍보부스 운영
③ 개인정보 활용 동의를 받지 않은 기존 참관객 대상 TM
④ 참가업체에 의한 무료초청장 홍보

10. 상담회 개최에 있어 참가업체와 바이어간 매칭 오류 최소화를 위한 조사항목이 아닌 것은 무엇인가?

① 바이어의 관심품목
② 참가업체의 구사가능 언어
③ 참가업체의 세부 출품품목
④ 바이어의 수출희망 국가

정답   **1.** ③ **2.** ② **3.** ① **4.** ② **5.** ① **6.** ② **7.** ② **8.** ③ **9.** ③ **10.** ④

전시회 현장운영 및 관리

정의 및 목표

전시회의 현장운영에 대한 제반 절차 및 요령을 이해하고, 전시장 현장 특성에 맞는 효율적 전시회 운영을 통하여 전시회 참가업체 및 참관객을 대상으로 원활한 서비스를 제공토록 함으로써 전시회 마케팅 등 비즈니스를 제고시키는 계기를 만들고자 한다.

학습내용 및 체계

주요 항목	세부 내용	비 고
1. 사전 현장운영계획 수립	• 전시장 운영 매뉴얼 안내 • 전시장 운영관련 주요 사항 이해 및 고지	
2. 전시장 시설, 유틸리티 이해	• 전시장 주요 시설 이해 – 법정 제한구역, 층고, 하중 등 • 전시장 유틸리티 이해 – 전기, 전력, 공기, 급배수, 인터넷 등	
3. 전시장치 및 시설공사 이해	• 전시장치 공사 및 디자인 • 조립부스 공사 이해 • 전기, 급배수, 공기시설, 바닥공사	
4. 전시장 현장사무국 및 협력업체 운영 관리	• 전시장 현장사무국 운영 • 협력업체 선정 및 관리 • 산업폐기물 관리 및 처리 • 사고방지를 위한 현장지원	
5. 선시장 전기, 전력 및 조명의 이해	• 전시장 전기의 이해 • 부스 조명의 형태와 종류	

학습 포인트

• 전시회 현장운영 개념 및 인식
• 전시장의 시설 및 유틸리티 이해
• 협력업체 선정 운영 및 현장 사무국 설치 운영에 대한 이해
• 산업폐기물 관리 및 사고방지 대책 운영

핵심 용어

전시장 현장운영, 전시장 시설 및 유틸리티, 협력업체 선정 및 운영, 현장사무국 운영

사전 운영계획 수립

1. 작업신고 및 설치공사 승인

1) 신고 절차

전시장 내에서의 모든 작업은 시공업체 명의로 전시장 사용개시 14일 전까지 작업신고서를 제출하여야 하며 업종별 작업신고 시 제출서류는 〈표 4-1〉과 같다.

표 14-1 업종별 작업신고 시 제출서류

업 종	작업신고시 제출서류	비 고
전시디자인 설치	시공부스 도면 각1부(3D컬러 투시도, 평면도, 입면도, 전기도면), 구조검토계산서, 방염확인서	마감재표기 온라인신고
전기시설	작업신고서, 현장대리인계 각 1부	온라인신고
급배수	작업신고서, 급배수설치 도면 각 1부	온라인신고
경 비	경비원배치 신고서, 근무일지 각 1부	오프라인
광고사인물	광고사인물 설치시안 각 1부	온라인신고
리 깅	작업신고서 및 리깅 구조물 하중 표시 도면 1부 구조검토계산서 필히 제출	온라인신고

2) 승인 절차

전시장운영업체는 시공업체가 제출한 작업신고서를 검토한 후 적합여부를 판단하여 설치 승인 또는 변경을 요청할 수 있다. 변경을 요청받은 경우나 변경하고자 하는 시공업체는 변경된 설계도면을 첨부하여 재승인을 받아야 한다. 전시장운영업체가 설계도면을 검토하여 설계변경 등의 조건부 승인을 하였으나 그 조건에 부합하지 않게 시공된 경우 전시참가업체 부스의 전시작동용 전력공급을 중단할 수 있다.

2. 전시장 운영 일반사항 및 임대료

1) 일반 운영사항

전시주최자는 소화전과 비상구는 사용에 지장이 없도록 공간을 확보하며, 전시장 앞과 뒤쪽의 황색선 안쪽으로 장치물을 설치해야 한다. 또한 작업신고와 동일한 시공을 원칙으로 하며, 변경할 경우 즉시 승인을 득하여야 하며, 구조상 안전하고, 독립적으로 자립할 수 있는 구조물로 시공한다. 각 연결부위는 각기 최대한 안전하게 체결하도록 하며 공사 현장 작업자는 현장안전을 위하여 안전모 등의 보호 장구를 착용하여야 하며, 현장대리인은 전시장내 모든 작업자를 대상으로 안전교육을 실시한 후 공사현장에 투입하여야 한다. 또 수주한 용역의 제공은 등록업체가 직접 수행하며 일괄 하도급 및 명의대여는 금지한다.

서비스협력(등록)업체가 아닌 참가업체의 자체시공은 원칙적으로 불가하나 다음 사항의 경우에 한하여 전시장운영자의 승인을 득한 후 시공할 수 있으며, 작업신고 등 공사와 관련된 제반 사항은 등록업체와 동일하게 처리한다.

① 회사 내에 자체 인테리어팀이 있어 직원이 직접 시공하는 경우(사업자등록증에 실내 장식, 광고물 제작, 가구제조 등의 종목이 등재)

② 시스템 자재를 보유하고 있는 경우(계약서, 타 행사상 또는 지난 행사 사진 등의 증빙자료 제출)

③ 인테리어 자체가 전시품인 경우

2) 소음레벨 및 작업제한사항

전시장의 소음레벨은 야간 65dB, 주간 75dB 이상의 경우 주위 전시부스의 동의를 구해야 하며, 최고 80dB를 초과할 수 없다.

전시장치물은 각 시공업체 작업장에서 제작하고, 전시장 내에서는 장치물의 조립 등 전시장치완공에 따른 공사만 시행하여야 한다. 모든 작업은 안전관리상 전시장 시공부스 내에서 실시하여야 하며, 전시장내 통로, 전시장밖, 주차장 입구, 외부진입통로에서의 일체의 작업 및 재료의 적재행위를 금지하고 있다. 장치공사를 위하여 벽면 등 전시장 시설물에 못이나 철사 등으로 고정할 수 없으며, 특히 벽면에 도배 또는 페인팅, 스프레이 작업 등을 하지 못하도록 되어 있다.

3) 전시장 임대료

전시주최자는 전시장 계약체결 시 임대료의 20%, 사용개시일 180일 전 30%, 사용개시일 7일 전에 나머지 50%에 해당하는 임대료와 부가가치세 해당금액을 임대인에게 현금으로 납입한다. 전시주최자가 정당한 사유 없이 본 계약을 파기하는 경우 기 납입된 임대료는 환불하지 않는다(동 임대료는 무이자로 한다).

전시주최자는 임대차계약서에 정한 임대료(부가가치세 제외)를 해당일까지 납부치 않을 경우, 미납된 금액에 한하여 지체한 날로부터 납부일까지 연 12%의 지체상금을 가산, 납부하여야 한다. 한편 전시장 사용규모 및 일정확정을 받은 주최자는 전시장운영자의 사전 승인 없이 그 면적의 전부 또는 일부를 전시참가자 이외의 타인에게 양도하거나 전대할 수 없도록 하고 있다.

02 전시장 시설 및 유틸리티 이해

1. 전시장 주요 시설 이해

1) 전시장 하중

전시장 하중(floor load)은 전시장별 건축물 바닥이 견디는 하중으로 제곱미터당 표시하고 있다. 코엑스는 1.5톤/m² 이하로 제한하중을 두고 있으며, 킨텍스의 경우 바닥하중을 3.0톤/m²으로 두고 있다. 제한 하중 초과시 하중분산 방안을 검토한 구조계산서 제출 승인후 물품 등을 반입 설치하여야 한다.

2) 전시장 층고

시설물 제한높이는 전시부스 설치시 해당 전시장에서 규정하는 높이(보통 5m) 이하로 시공하여야 한다. 단, 주최측의 높이 조정 요청시 구조물의 구조계산서 제출 승인을 득한 후 제한높이를 초과 시공할 수 있다.

3) 전시장 통로 및 비상구

전시장 통로는 전시 부스간 통로폭을 말하며 참관객 및 피난시 대피폭은 최소 3m 이상을 확보하여야 한다. 전시장내 비상구는 화재 또는 비상시 대피할 수 있도록 상시 오픈 유지 관리한다. 전시장내 기둥 및 벽면에 소화전설비가 설치된 장소는 장치물, 적재 등을 설치할 수 없으며 비상시 사용할 수 있도록 항시 유지 관리해야 한다.

4) 천장 및 리깅

천장에는 원칙적으로 전시 및 선전광고용 물체 등을 설치할 수 없다. 다만, 배너 등 경량물인 때에는 전시장운영자의 사전승인을 받아 설치할 수 있다. 포인트 호이스트(리깅) 작업 시에는 1point당 제한 중량을 초과하여서는 안되며 사전에 구조검토계산서를 전시장에 제출하여야 한다. 포인트 호이스트(리깅)에 매달리는 트러스 재질은 원칙적으로 알루미늄 소재 계열로 제작하여 설치하여야 한다. 트러스에 라이트 및 무빙라이트 등 액세서리를 부착할 때에도 고정 볼트 외에 안전고리를 추가로 설치하여 이중으로 안전을 확보하여야 한다.

포인트 호이스트(리깅) 작업 시 작업 반경내 하단에서 일체의 다른 작업을 하여서는 안되며 반드시 안전요원이 상주하여야 한다. 트러스 등 구조물 작동에 필요한 전기공사는 각 전시장에 등록된 전기업체를 통해 시공하여야 한다.

표 14-2 홀별 포인트 호이스트(리깅) 설치 현황

홀 별	리깅 설치 수량	중량하중/1기당
A홀	12EA(1기당 4point)	500kg(125kg/1point)
C홀	12EA(1기당 4point)	600kg(150kg/1point)

자료 : 코엑스 홈페이지 전시장 평면도 참조

5) 지게차

전시물품 운송에 있어 전시장 운영규정(코엑스 운영규정 제35조 중량전시품 반입제한)에 의거 전시장 내 반입 시 1.5톤 이상 전시품에 대하여 사전 승인 여부를 확인한 후 반입하여야 한다. 전시품 운송시에는 매연이 발생되지 않는 충전식 지게차를 사용하여야 한다.

6) 화물 로딩덕(Loodng dock)

화물 로딩덕이란 전시 관련제품, 장치공사 자재 등의 화물 운반 및 하역, 전시준비, 철거시 화물차 주차장으로 사용하는 장소를 말한다. 또한 대형화물차 및 물품 운반이 용이한 장소이며 전시장과 인접장소에 하역장을 두어 전시품 운반, 하역 등 편의를 제공하는 공간을 말한다. 화물운반의 지원시설, 지게차 등 하역, 전시장치 공사시 필요한 유압사다리, 화물트럭 등 물류관련 화물운송에도 적합한 공간으로 활용된다.

7) 부대시설 : 주최자 사무실 등

전시 임대기간 중 전시주최자가 전시업무에 필요하여 사용하는 사무공간을 말한다. 전시장운영자는 전시회의 원활한 운영을 위해 전시주최자에게 임대기간 동안 주최자 사무실, 창고, 도우미휴게실 등을 무상으로 제공한다. 부대시설의 운영 및 관리는 전시주최자의 책임 하에 이루어져야 하며, 임대기간 종료 시 원상 복구하여 전시장운영자에 반납하여야 한다.

부대시설은 주최자 직원의 상주공간이며 현장 업무관리를 통한 전시준비, 전시회 운영, 철거 등 지원서비스 사무실로 사용하는 부분으로 각종 기자재를 설치하여 운영한다(예. 인터넷, 전화, 복합기등 현장지원 업무에 필요한 부분 설치 운영). 전시장 안내방송 설비는 해당 전시장에서 설치하여 참관객 안내방송 필요시 주최측이 사용한다. 창고, 다용도실, 도우미실 등은 전시장이 보유하고 있는 지원시설을 제공받아 전시주최자가 이용하는 편의시설로 물품보관 및 스텝대기실, 휴게실 등 지원시설 공간을 말하며 임대기간 중 주최측이 관리운영하고 종료 후 원상복구하여야 한다.

또한 전시주최자는 전시참가자 및 참관객들에게 응급조치가 필요할 경우 의무실 공간을 제공한다. 전시장운영자는 전시회 성격 및 참관객 수를 고려하여 전시장 내에 외무신이 필요하다고 판단 시 전시주최자에게 의무실 운영을 요구할 수 있다.

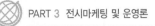

2. 전시장 유틸리티 이해

1) 전원

전시장 부스 조명, 작동 등 장치물에 필요한 전력을 공급하는 것을 말한다. 전시품 전력구분 용량은 단상, 삼상 3가지로 구분한다.

전시품조명용 : 단상220V 60Hz _____ kW

전시품작동용 : 단상220V 60Hz _____ kW

삼상220V 60Hz _____ kW

삼상380V 60Hz _____ kW

※ 24시간 전원(상시공급용) 예) 특수기계, 냉장고

2) 압축공기, 급배수 설비

압축공기는 공기압력을 이용한 전시품 작동에 필요한 압력을 공급하여 전시품을 작동하게 하는 시설을 말한다. 전시장 기계설비 중 압축 콤프레서, 급수 공급펌프는 전시장 트렌치에 설치된 배관을 통해 전시부스내 기계 및 설비에 필요한 적정한 압력 및 급수를 공급하는 장치이다. 배수시설은 부스내 주방시설, 물탱크 등 물을 사용하고 퇴수할 수 있는 설비를 말하며, 전시장 시설 배수관을 통해 처리한다.

3) 인터넷, 전화 시설

전시참가업체 지원시설의 하나로 전시부스, 라운지 등 전시참가업체가 전시기간 중 업무 및 결재 등 목적으로 해당전시장 인터넷을 구축, 설비를 통해 부스내 설치하여 사용하는 것을 말한디. 전화는 업무간 연락체계로 부스내 통신 및 결제수단 등으로 사용하고 있다.

부대시설 사용료는 주최측에 사전신청하고, 주최측이 정한 시공사가 설치, 철거한다. 사용자는 해당비용을 지불하는 방식으로 운영하고 있으며, 전시장 지원시설 설치 공사는 해당 전시장에서 운영하는 서비스 협력업체를 통해 전시장에 작업 신고 후 설치, 철거한다.

전시장치 및 시설공사 이해

1. 전시 디자인 및 공사

1) 준비공사

독립부스에 시공하는 모든 목재는 방염 처리되었거나 불연성 자재를 사용토록 하고 있다. 후방염일 경우 전문방염업체가 직접 시공하여야 하며, 목재의 경우 앞, 뒷면 등 전체를 방염 처리하며, 비방염품은 전시장 내에 일체 반입할 수 없다. 천과 커튼류의 경우 선방염제품만 사용 가능토록 하고 있다.

부스 시공 시에는 안전관리를 위하여 전시장 벽면, 칸막이, 구조물에서 1m 이상 안전통로 확보 후시공하여야 하며 기존시설물에 고정하여 설치할 수 없다. 전시장 내 소화전 설비, 비상구, 전기EPS 출입문 및 화장실 입구는 전시부스나 부대시설을 설치할 수 없도록 하고 있다. 또한 소화전으로부터 10m 거리에서 15° 이상 소화전 표시등 확인 및 문 개방이 가능토록 하고 있다.

전기톱, 전기 대패, 용접기, 전기 그라인더 및 산소 절단기는 전시장 내에서 사용할 수 없고 반입을 금지한다. 단, 전시장내 컴프레서는 단상 2kW 이하인 경우 사용이 허가되며 단상 2kW 이상은 작업 전원을 별도 신청하여 사용할 수 있다. 천장이 막히는 구조의 경우 자체적으로 소화 가능한 소화설비를 설치하여야 한다(10㎡ 당 1개 이상).

2) 전시행사

전시부스 통로 폭은 3m 이상을 원칙으로 하며, 통로에는 긴급 피난 시 방해가 되는 설비, 전시품 등을 설치할 수 없다. 장치공사업체는 행사당일 개문과 동시에 시공부스의 이상 유무를 확인한다. 만약 문제가 있을 경우 즉시 조치하여 안전사고를 미연에 방지해야 한다.

위험물을 전시장에 반입, 반출코자 할 때에는 위험물전시품반입(반출)허가신청서를 제출하여 전시장외 승인을 받아야 하며, 승인을 받은 출품 수량 외의 위험물을 전시장 내에 반입할 수 없다. 위험물 취급에 관한 제반사항은 소방법령 및 고압가

스 안전관리법에 따라야 한다.

2. 전시장 층고 및 천장공사

1) 천장공사 및 높이 제한

일정 층고 이상을 초과하는 전시부스는 다음과 같이 전시 부스를 전시장내에 설치할 수 없도록 하여 시설물의 높이를 제한하고 있다. 단 주최자의 요청 시에는 제한 높이를 조정할 수 있으며 주최자의 높이 제한을 우선 적용한다(단, 5m 초과 시 구조계산서 제출).

표 14-3 코엑스 전시부스 제한높이 예시

홀명	Hall A(1층)	Hall C(3층)		Hall B(1층)		Hall D(3층)		로비
실명	1~4실	1~4실	2,3실 중앙부	1, 2실	SS실	1, 2실	SS실	-
제한높이	5m	5m	5m	5m	4m	5m	4m	3m

2) 복층공사

전시회는 단층을 원칙으로 하되, 다음의 경우, 전시부스를 복층으로 설치힐 수 있다. 그리고, 전시부스 설치신청서와 구조계산 근거자료를 전시장 사용개시일 14일 전까지 온라인 신고 시 함께 제출하여야 한다. 복층 시공시, 복층면적은 1층 시공(전시부스 구조물 바닥) 면적의 1/2 이내로 하며, 전시부스 복층 벽면은 2면 이상 시야가 확보될 수 있도록 시공되어야 한다. 전시부스 칸막이는 둘레의 1/2 이상을 개방시켜야 하며, 복층세단의 폭은 1.2m 이상으로 하여야 한다.

복층 부분 상층의 천장은 개방하여야 하며, 복층 출입구는 넓이 0.9m 이상으로 피난방향으로 열려야 하며, 입구 앞 상단에는 충전식 비상 조명등을 설치하여야 한다. 복층 내부에는 보행거리 10m마다 소화기를 비치해야 한다. 천장에 10m²당 1개 이상의 자동확산소화기를 설치하여야 한다.

구조계산 자료의 내용과 시공이 상이할 경우 구조계산을 재검토하여 전시장 운영자의 승인을 득한 후 시공하며, 공사 완료 후 구조기술사의 안전 확인서를 제출하여야 한다.

3. 조립부스 공사(트러스, 블록 및 시스템 등)

구조상 흔들림이 심하거나 장 스판의 경우에는 보강하거나 버팀대 등을 추가 설치한다. 시스템 구조물이 내부의 조명 설치로 인해 변형되거나 붕괴되지 않도록 하며, 구조물 이동시 바닥이나 기존 시설물이 파손되지 않도록 조치한다.

1) 목공사

목재공사는 외부에서 시공하여 전시장내에서는 조립만 하여야 한다. 합판, MDF 등 전시구조물의 경우 내외부에 방염 처리하여 필증을 제출한다(단, 샌드위치패널, 스티로폼은 반입 및 시공 절대 불가). 시트지, 벽지의 시공의 경우 선방염 제품을 사용하여야 한다. 전시장 내에서는 페인트 작업은 부분적 보수의 경우 해당 전시장 운영자의 승인 후 시행하여야 한다(수성 페인트만 가능).

부득이하게 전시장내에서 목재의 부분적이 시공이 필요한 경우 사전에 전시장 운영자의 승인을 득한다. 전동 톱이나 대패를 사용할 경우 분진을 흡수할 수 있고 안전장치가 있는 공구만 사용 가능하다. 공사 시 발생되는 분진이나 폐기물은 즉시 처리한다. 유성페인트, 신나 등 인화성 물질은 반입 및 사용할 수 없다. 비닐계통의 재질은 사용할 수가 없다. 가로재의 경우 수직재나 브라켓에 얹히고 시공하여야 한다. 전시구조물이 중량물일 경우 사전협의에 따라 필요시 구조 계산서를 제출하여야 한다.

2) 유리공사

구조물 중에서 유리는 철거 시 시공업체가 먼저 안전하게 수거 반출하여야 한다. 상부에 설치되는 유리나 바닥에 설치되는 유리는 안전을 고려하여 안전 강화 유리로만 시공하여야 한다(유리에 안전유리 표시 필)

3) 조경공사, 조형물공사

건초류, 플라스틱, 비닐류 등은 방염제품을 필히 사용하여야 한다. 물을 사용한 조경공사의 경우 물 공사에 준하여 시행한다. 모래, 흙, 자갈 등을 사용할 경우 바닥에 보양을 철저히 시행한 후에 후속 공정을 한다.

4) 시멘트공사

바닥에 보양을 철저히 하여 시멘트, 물시멘트, 모래, 자갈, 물 등이 바닥에 닿지 않도록 시공하여야 한다. 전시장 내에서 바닥 비빔은 절대 금지하며(고무통. 플라스틱 통 등을 사용), 현장시공의 경우 건비빔하여 분진이 발생치 않도록 하여야 한다.

주위에 오염이 되지 않도록 보양과 차단을 철저히 한 후 시공한다. 시공 시 발생되는 벽돌, 블록 등 폐기물은 즉시 수거하여 반출하여야 한다. 철거할 경우 바닥에 합판과 파이텍스 등으로 보양하여 바닥을 보호하도록 한다.

5) 중량물공사

공사시행 14일 전에 공사와 별도로 전시장측과 협의하여 구조계산 여부를 판단해야 한다. 중량물을 반입할 경우 중장비의 부양높이를 최소한으로 하며, 중량물을 자체적으로 운전하여 반입할 경우 최대한 서행하여 진입토록 한다. 사전에 구조물(전시품)에 대한 제원을 전시장 운영자에 제출하여 구조계산 여부를 확인하고 필요시 구조계산시를 제출하여야 한다.

4. 전기시설 공사

1) 준비공사 시

전시장내 모든 전기공사는 어떠한 경우에도 무자격자가 시공할 수 없다. 동력간선 시공업체는 전시 참가업체별 신청용량을 충분히 확인하여 시공한다. 참가업체 부스에 부착하는 분전반은 내방객의 이동통로나 밀폐된 장소에 설치하여서는 안 된다.

할로겐 조명기구는 과열로 인해 코팅부분이 손상되지 않는 기구를 사용하여야 한다. 전시장내 동력, 전열, 조명, 배선 Cable은 전선의 허용전류에 60% 이상 시공하여서는 안된다. 220V 노출콘센트 설치 시 비접지 콘센트는 사용할 수 없다.

전시장내 배선공사 시 전기용량, 전압, 전류 관계없이 1V 전선 및 PVC 비닐 코드선은 사용할 수 없다. 부스에 공급할 메인 전원은 CASE 없는 노퓨즈브레이커(No fuse breaker)만 부착하여서는 안된다.

부스 내 전열 및 조명 메인전원은 누전차단기(ELB)를 설치 시공한다. 전시행사 준비 시 자체시공 업체에 대하여 감리(발전차 제외)는 일체 할 수 없으며 전기시설 등록업체가 직접 시공하여야 한다(단, 조명기구는 제외). 전시동력 시공사는 행사 시 주최자가 정한 시간 내에 모든 작업을 완료하고 전시회 개최에 지장이 없도록 전력을 공급하여야 한다.

트렌치, 맨홀의 커버를 사용할 경우 프레임에 쌓인 이물질을 청소하여야 한다. 공사업체는 부스 내 24시간 전원 설치공사 접수 시 작업신고서에 별도로 24시간 전원 사용량 및 용도 등을 반드시 표시하여 제출하여야 한다. 상기 절차를 무시하여 행사 중에 발생한 사고에 대한 손해배상 및 모든 책임은 공사업체가 진다.

2) 전시행사 시

간선 시공업체는 전시장 개문과 동시에 주최자의 승인 후 전력을 공급하고 부스별 전원 이상 여부를 확인한다. 독립부스 시공업체는 개문과 동시에 시공부스의 조명 및 전시동력을 확인하고 문제되는 부분은 신속히 처리한다. 간선 시공업체는 전시준비, 기간 및 종료 시 전시장 내에 상주하여 수시로 이상 유무를 확인해야 한다.

3) 전시철거 시

전시행사 종료 시 전시동력 차단 전에는 절대 작업을 시작하여서는 안된다. 철거 작업 중 램프를 파손하여서는 안 된다. 행사용 자재 철거 시 기존시설물 손상여부를 확인하며 이상이 있을 경우 홀 매니저와 사후조치를 협의한다. 행사장내 트렌치를 정리하고 홀 캡은 반드시 원위치시켜야 한다. 철거 시에 잔재물이 남아 있을 경우 장치업체와 관계된 업체들이 공동으로 책임진다.

5. 급배수, 압축공기 공사

1) 기본 사항

시공자는 모든 시공자재를 KS규격 또는 그 이상의 제품을 사용하며 급배수, 압축공기 전시장 실별 맨홀위치를 정확히 기재하여 전시장 운영자에게 제출한다. 급수배관 및 압축공기용 배관 자재는 상용압력의 2배 이상의 재질을 사용하여야 한다.

고압호스 연결 시 호스니플 전용 제품을 사용하여야 하며 호스밴드는 규격 제품을 사용한다. 배관 및 호스 등 접속작업이 끝난 후 반드시 누설검사를 실시한다. 배수관은 가능한 짧게 시공하고 배관내 배수가 원활하도록 시공한다. 배관의 가장 낮은 위치에 퇴수밸브를 설치하여 퇴수할 수 있도록 배관을 시공한다. 배관은 원칙적으로 트렌치 내부로 매립하여 시공하는 것을 원칙으로 하고 매립부에서의 이음매 접속은 피해야 한다. 중간밸브는 비상 시 신속히 개폐할 수 있도록 노출하여 고정 설치한다.

시공자는 전시기간 중 매일 전시 종료 시에 필히 중간밸브를 닫은 후 퇴실해야 한다. 시공업체는 전시행사준비 기간부터 철거기간까지 현장대리인을 선임하여 상주시켜야 하며, 급배수 설비 및 압축공기설비 공급 담당 부서와 상시연락체계를 유지하고 참가업체 사용자에게 비상연락처를 알려주어 사고 발생 시 신속하게 대응하여야 한다.

급배수 시공자재 이외에 사고 발생 시 응급처치를 할 수 있도록 흡착포를 상시 보유하여야 한다. 시공업체는 급배수 배관 설치부터 철거까지의 모든 공정을 직접 시행하여야 하며 급배수 사용업체(참가업체)에게 안전사항을 충분히 공지하여 사용자 부주의로 인한 사고가 발생하지 않도록 현장관리에 만전을 기하여야 한다.

2) 전시행사 시

시공업체는 개문과 동시에 급배수/압축공기 시공업체 부스에 누설현상이 있는지 확인하고 이상이 없을 시 주최자의 승인에 따라 물과 공기를 공급한다. 시공업체는 행사기간 중 매일 행사 종료시간 직전에 설치장치의 이상 유무를 확인한다. 누수사고 시에 시공업체는 신속하게 흡착포를 사용하여 사고를 수습하고 사고 현장에 차단봉을 설치하여 일반 참관객의 안전을 확보하여야 하며 빠른 후속조치를 취하여 피해가 확산되는 것을 방지하여야 한다.

3) 전시철거 시

급수를 차단하여 누수를 방지하고 배수관 내에 물은 퇴수 조치한다. 배관 내 우유 등의 잔존물로 인해 전시장 내에 악취가 나지 않도록 적절히 조치하여 철거하여야 한다.

6. 친환경운영 및 바닥공사

전시주최자는 친환경 자재 및 재활용 자재를 적극 활용하여 전시장운영자의 친환경 정책에 적극 동참하여야 한다. 전시장 내부 통로공간의 경우 파이텍스 및 카펫을 설치하지 않는 것을 원칙으로 하되, 행사 성격상 필요한 경우에는 사전에 전시장운영자와 협의하여 승인을 얻어야 한다.

카펫 시공시에는 들뜸이나 밀림이 일어나지 않도록 처리한다. 보양비닐이나 테이프는 반드시 해당 전시회 철거 시 모두 제거되어야 한다. 시공 후나 철거 후에 카펫의 잔재물을 전시장이나 통로 등에 방치할 수 없다. 카펫, 파이텍스, 타일카펫 등은 선방염 처리된 제품을 사용하여야 한다. 전시장내에서는 라텍스 접착제를 사용하여야 하며 테이프를 사용하여서는 안된다. 시공업체는 전시 중이라도 카펫과 파이텍스의 상태를 수시로 점검하고 보수하여야 한다.

7. 광고안내물 설치 및 가스기구 사용

1) 광고안내 시설물 설치

광고안내 시설물 설치는 설치기준 및 설치요령에 따른다. 사용자가 전시회 홍보를 위한 아치, 현수막, 안내 입간판 등 구조물이나 시설 등을 설치하고자 할 때에는 배치도 및 설계도를 전시장 사용개시 14일전까지 전시장운영자에 제출하여 승인을 받아야 한다. 단, 비상구, EPS출입문, 소화전설비 및 화장실 입구 부분에는 광고안내 시설물을 설치할 수 없다.

2) 가스기구 사용

전시장 내부에 휴대용 부탄가스의 반입을 금지하며, 전시주최자는 LPG가스 이용이 부득이하게 필요할 경우 정해진 구역내에서 전시장운영자의 설비를 이용하여 서비스를 받을 수 있다. 전시부스내에서 전기조리기구^(인덕션 등)는 사용 가능하나 통상 14일 전에 전시장운영자와 협의하여 승인을 얻어야 한다.

04 전시장 현장사무국 설치 및 협력업체 운영

1. 전시장 현장사무국 설치 운영

1) 현장 사무국 운영

현장사무국은 전시장 장치공사부스 운영관리에 필요한 현장지원 서비스 공간을 구축하여 참가업체에게 필요한 제반 서비스를 제공하거나 안내하는 공간을 말한다. 참가업체 지원설비 요청시 부스시공에 필요한 부분 및 전시기간 중 전기, 전화, 가구렌탈, 주차 등 물품지원 및 전시지원을 원활하게 제공하는

현장 사무국

서비스 공간이다. 운영기간 중 비상상황에도 현장에서 적절한 조치를 취할 수 있도록 대기하여 한다. 또한 서비스 제공에 필요한 사무기자재 및 기술인력을 배치하여 참가업체가 요청하는 서비스에 적극 지원할 수 있도록 하고 있다.

2) 부가서비스 신청

전시기간 중 참가업체가 주최측에 사전 서비스 신청서에 급배수, 가구렌탈, 인터

넷, 전화 등 부대시설을 사전 신청하여 전시기간 중 사용하는 것을 말한다. 부대시설은 주최측이 선정한 업체를 사용하고 사용료는 주최측이 정한 요금표에 의거 비용정산을 한다. 현장에서 추가 신청할 경우 현장운영 사무국에 신청할 수 있다

3) 등록 및 행사준비

전시회 참가등록은 사전등록(인터넷, 모바일 등 활용) 및 전시장 현장등록으로 구분하고 있다. 전시장 로비에 설치되어 있는 현장 작성대 시스템을 이용하여 개인, 단체가 참관객을 위한 주최측이 제공하는 시스템을 운영하는 것을 말한다.

사전등록인 경우 해당전시 홈페이지 및 모바일에 사전 등록하고 현장에서 입장카드를 받아 전시장 입장을 할 수 있다. 현장등록의 경우 현장에 작성대 등록관련 사항을 작성하여 등록대에 제출하고 입장티켓을 받아 전시장 입구를 통해 입장하여 전시회를 관람한다.

전시회 행사준비는 전시회 참가업체가 공사 발주 의뢰한 시공이 완료되면 부스 및 상호간판 등 서비스 요청사항을 확인, 공사완료를 체크한다. 이에 주최측은 부스내 전원, 집기 등을 공급하고 참가업체는 자사홍보 및 제품 전시디스플레이를 완료하고 참관객 입장시간에 맞추어 전시회 오픈준비를 사전에 마친다.

4) 경비

전시 준비기간 중에는 화재, 안전사고 및 시설물 훼손을 예방하고 출입자를 관리한다. 전시 준비, 개최기간 중에는 수시로 안전순찰을 실시하여 흡연자를 통제하고 이상 유무 발견 시 주최자 및 홀매니저에게 즉시 보고한다.

5톤 이상의 중량물을 적재한 대형 화물 차량의 진입을 제한하고 제한된 전동공구를 사용하는 작업자를 발견하였을 때는 공사를 일시 중단시키고 홀매니저에게 보고한 후 지시에 따른다.

전시 개최기간 중에는 참관객의 질서를 유지하고 친절한 안내 자세로 근무에 임하며, 전시품 반출 및 장치물 철거 시 출입자 관리를 철저히 하여야 한다. 주차관리실과 협조하여 입·반출차량의 원활한 소통을 위하여 현장을 통제 관리한다.

2. 협력업체 선정 및 운영

전시장운영자는 전시장의 안전관리 및 효율적 운영을 위하여 행사 개최를 위한 제반 설계(감리 포함), 시설조성, 해체 및 복구 등을 직영으로 하거나 서비스 협력업체를 운영하여 전시장의 효율적 운영을 도모할 수 있도록 하고 있다. 서비스협력업체는 등록업체와 서비스(출입신고)업체로 구분할 수 있는데, 등록업체는

① 전시디자인설치업체
② 전기시설업체로 나뉜다.

그리고 서비스(출입신고)업체는

① 가구 및 비품 임대업체
② 운수통관업체
③ 카펫 및 파이텍스 설치업체
④ 철거업체
⑤ 급배수/압축공기 설치업체
⑥ 경비업체
⑦ 지게차업체
⑧ 등록시스템업체
⑨ 광고사인물업체
⑩ 리깅업체
⑪ 조립목공업체
⑫ 매표업체 등으로 구분 운영중에 있다.

서비스 협력업체(전시장 등록업체 홈페이지 공고)는 한국전시산업진흥회 온라인 등록시스템(http://cnc.akei.or.kr) 회원 가입 후 서류접수 등 등록업무를 진행한다. 등록 자격요건은 업종에 따라 매출실적(기준 기간 실적 증빙서류), 선정방법, 계약기간, 등록시 제출서류 등을 별도로 정하고 있다. 계약이행보증금은 보증금대체증권(업종별 등록보증금액)으로 대체하고 있으며, 전시장별로 전시산업진흥회 온라인 시스템을 통한 서류 접수, 계약 체결하고 해당 전시장은 업종별 홈페이지에 게재하여 서비스 협력업체를 관리한다.

3. 철거 및 산업폐기물 관리

1) 철거

현장 내 작업자의 안전모 및 안전화 착용을 계도한다. 목재 구조물 해체 시 바닥 충격에 유의하여 보양 후 해체작업을 한다. 안전사고 발생시 부상자를 신속히 후송하고 후속조치를 취한다. 유리, 모래, 흙, 부스러기 등을 철거할 경우 바닥을 보양하고 시행한다. 철거 시에 잔재물이 남아 있을 경우 철거업체의 책임으로 한다. 1차로 집게차 등의 장비를 이용하여 구조물을 해체한 후 인력을 이용하여 마무리 작업을 하여야 한다. 철거시 안전관리자를 배치하여 사고를 미연에 방지한다.

2) 산업폐기물 관리

전시장에서의 폐기물은 전문전시장에서 배출되는 파이텍스, 코팅된 종이류, 목재류 등 전시준비 및 철거시 발생되는 재활용되지 않는 폐기물로, 관련 법규에 의거하여 특별처리가 필요한 유해성 폐기물을 말한다. 폐기물 처리는 배출자 비용부담 원칙에 의해 폐기물 처리는 반입자^(참가업체, 장치사 등) 처리를 원칙으로 하고, 기타 공동폐기물은 배출자^(전시주최자) 비용부담으로 처리업체에 위탁 처리함을 원칙으로 하며, 폐기물 처리절차는 다음과 같다.

① 디자인설치 및 참가업체 배출
② 청소업체 재활용쓰레기만 수거하여 반출
③ 주최자 승인 후 모든 쓰레기 수거 반출
④ 쓰레기 처리업체 분류작업^(재활용과 전시폐기물)
⑤ 분리된 전시폐기물 계량작업
⑥ 종량제 봉투 작업 후 최종처리장으로 반출
⑦ 주최자 및 홀매니저 확인
⑧ 비용청구

4. 사고방지를 위한 현장지원

1) 사고방지 예방

전시장 작업현장에서 전시부스 설치, 전기, 기타 업종 작업인력의 안전을 위해 경비, 홀매니저가 사고를 미연에 방지하고자 현장관리를 실시하고 있다. 전시회 준비시 작업자는 안전모를 착용하고 작업토록 하고 있으며, 전시 준비 및 철거시 안전 안내방송을 실시하여 전시부스업체 현장대리인의 관리감독하에 안전한 시공할 수 있도록 상주하며 관리하고 있다. 전시장운영자는 '안전관리부분 평가제'를 도입하여 현장관리를 강화하고, 쾌적하고 사고 없는 안전한 전시장을 조성하고자 노력하고 있다.

2) 사용자 손해배상책임

사용자가 고의 또는 과실로 화재, 도난, 파손, 기타 사고를 발생케 하여 전시장 또는 타인에게 손해를 입힌 때에는 사용자가 배상책임을 진다. 전시물품 등에 대한 보험가입은 사용자의 책임으로 한다. 전시주최자는 전시기간 중 전시참가업체 및 참관객의 사고에 대비하여 전시장운영자가 요청하는 영업배상책임보험에 가입하여 만약의 사고에 대비하여야 한다.

3) 응급상황 발생시 조치

사고 발생 시 사고 현장에 도착하여, 상태가 경미한 경우에는 전시장 의무실로 안내하며 중상일 경우에는 119구급차나 병원 구급차를 요청하여 신속하게 환자를 이송하여야 한다. 사고자의 인적사항과 사고내용, 시간 등을 정확하게 기록한다. E/L, E/S 고장 발생 시 중앙감시반에 즉시 신고하여 내방객의 불편을 최소화 한다. 화재 발생 시 신속하게 선 조치하고 상황을 전시주최자와 홀매니저에게 보고한다(가능한 한 초기 진압). 항상 비상통로를 확보하여 내방객의 안전한 대피를 유도한다.

표 14-4 안전관리 위반 세부 기준표(전시디자인설치)

NO	위반내용	처리
1	현장대리인 미 상주	확인서
2	작업 부스내 공사안내문 미 부착	확인서
3	작업자 안전모 미착용	확인서
4	전시장 시설물 파손	확인서
5	바닥 미 보양 및 흡진기 미 사용 퍼티 및 사포 작업	확인서
6	소방시설 관련 법규 위반(소화전 패쇄 시공, 확산소화기 미설치)	확인서
7	작업신고서 미 제출(공사 진행 후 제출 포함)	확인서
8	전시장내 허가 없이 전동기구(전기톱, 그라인더) 사용	확인서
9	공사 중 발생한 쓰레기(폐기물) 방치	확인서
10	오픈(준공) 청소 미 시행(전시장 통로로 배출)	확인서
11	자재 불법 적치(전시장 통로, 화물 하역장 등)	확인서
12	전시 종료 후 유리 미 철거 및 현장에서 파손	확인서
13	행사 종료 일 지정 시간 미 준수하며 행사장 입실, 작업 진행	확인서
14	안전교육(간담회) 미 참석	확인서
15	구조계산서, 구조안전 확인서 미제출 (복층, 리깅)	주의
16	비방염 자재 시공	주의
17	기한 내 미 부스 미 철거	주의
18	신나, 유성페인트 등 위험물 반입, 토치, 용접작업등 전시장내 위험물을 수반한 작업 시행	주의
19	장치물 부스높이 제한 미 준수 (코엑스규정, 주최자규정)	주의
20	전시장 내 흡연	주의
21	동일 위반사항(확인서 작성 후) 계속 시행	주의
22	안전사고 발생	확인서~경고
23	전기공사 안전관리 소홀로 화재 사고 발생	주의~경고
24	부스공사 미 완료(공사 중단)로 인한 참가업체 행사 지장 초래	경고
25	전시구조물 붕괴	경고~출입정지
26	등록업체의 과실로 인하여 행사 중단 등 행사에 중대한 영향을 초래한 경우	출입정지

전시장 전기, 전력 및 조명 이해

1. 전기

최근 참가기업의 전시 마케팅이 강화되고 차별성을 강조하여 다양한 IT기술이 적용되고 있고 독특한 조명을 이용한 연출이 일반화되고 있어 안정적인 전기 공급 및 오류 예방이 중요해 졌다. 전시기간 중 조명이 안 들어오거나 전시품 시현 과정 중 전기 작동이 안되어 중단되는 사태가 발생된다면 그 피해는 감당하기 어려울 것이다. 그러므로 사전 전기 용량 파악 및 안전한 간선작업을 실시하여 과부하가 일어나지 않게 여유 있는 전기 작업이 필수적이다. 전기 시공은 반드시 각 전시장의 협력업체로 등록되어 있는 전문 유경험 업체를 통해 시공하여야 하며 전시장내 동력, 전열, 조명, 배선 케이블은 전선의 허용전류에 60% 이내로 한다. 또한 전략 소요량이 적은 LED 조명 활용이 권장되며 전기 누전 등 전시기간 중 발생될 수 있는 전기 사고에 대비하여 규격품을 이용하고 시공 후 전시회 개최전 시운전이 실시된다.

2. 부스 조명의 형태와 종류

기본부스는 일반적으로 부스 내부를 밝게 해주기 위한 스포트라이트 3개가 설치된다. 하지만 조명광이 머무는 곳에 참관객의 시선이 머물기 때문에 특정 제품 또는 이미지에 비춤으로 시야를 더 집중시킬 수 있고 그 밖에 시연, 동선 등을 고려해 필요한 공간을 연출할 수 있도록 더 많은 종류의 조명을 비용부담하여 설치할 수 있다.

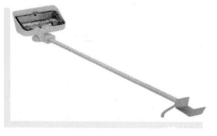

HQI 조명

MR 조명

B.L 매입 조명

스포트라이트 조명

일반적인 부스조명의 종류로 HQI(Hydrargyrum Quartz Iodide)는 실내에서 높은 조도가
필요한 경우 설치해 특정공간을 밝게 해 주고 MR은 일정한 부분만을 집중적으로
빛을 주어 진열장의 품목을 더욱 돋보이게 하며 B.L 매입등은 작은 구멍을 뚫어 기
구를 매입해 밝게 하는 효과가 있고 스포트라이트는 일반적인 기본부스 내부를 밝
게 해주는 역할을 한다.

연습문제

1. 디자인설치업체의 작업신고시 필요한 제출 서류에 해당하지 않는 것은?

① 방염확인서   ② 구조검토계산서(필요시)

③ 시공부스 도면   ④ 급배수설치 도면

2. 설치공사 승인 절차에 대한 설명으로 적절한 것은?

① 전시장운영업체는 시공업체가 제출한 작업신고서를 검토한 후 적합여부를 판단하여 설치 승인 또는 변경을 요청할 수 없다.

② 변경을 요청받은 시공업체는 변경된 설계도면을 첨부하여 재승인을 받아야 한다.

③ 전시장운영업체가 설계변경 등의 조건부 승인을 하였으나 그 조건에 부합하지 않게 시공된 경우라 할지라도 전시참가업체 부스의 전시작동용 전력공급을 중단할 수 없다.

④ 설치 변경을 하고자 하는 시공업체는 따로 재승인을 받을 필요 없이 변경된 설계도면만을 제출하면 된다.

3. 등록된 서비스협력업체가 아닌 참가업체의 자체시공이 허용되는 경우에 해당하지 않는 것은?

① 회사 내에 자체 인테리어팀이 있어 직원이 직접 시공하는 경우

② 시스템 자재를 보유하고 있는 경우

③ 인테리어 자체가 전시품인 경우

④ 긴급히 시공 일자를 맞춰야 할 경우

4. 시공업체의 작업제한사항으로 올바른 설명이 아닌 것은?

① 장치공사를 위하여 벽면 등 전시장 시설물에 못이나 철사 등을 사용하여 고정 할 수 있다.

② 전시장치물은 각 시공업체 작업장에서 제작해야 한다.

③ 전시장내 통로, 전시장 밖, 주차장 입구, 외부진입통로에서의 일체의 작업 및 재료의 적재 행위를 금하고 있다.

④ 벽면에 도배 또는 페인팅, 스프레이 작업 등을 할 수 없다.

5. 코엑스의 전시장 하중으로 올바른 것은?

① 1.0톤/㎡   ② 1.5톤/㎡

③ 2.0톤/㎡   ④ 2.5톤/㎡

연습문제   *exercises*

6. 천장 및 리깅에 대한 설명으로 적절하지 않은 것은?

① 천장에는 원칙적으로 전시 및 선전광고용 물체 등을 설치할 수 있다.

② 배너 등 경량물의 경우 전시장운영자의 사전승인을 받아 설치할 수 있다.

③ 포인트 호이스트에 매달리는 트러스 재질은 원칙적으로 알루미늄 소재 계열로 제작하여 설치하여야 한다.

④ 트러스 등 구조물 작동에 필요한 전기공사는 코엑스에 등록되지 않은 전기업체를 통해서도 시공이 가능하다.

7. 철거 및 산업폐기물 관리에 대한 설명으로 적절하지 않은 것은?

① 목재 구조물 해체 시 바닥충격에 유의하여 보양 후 해체작업을 해야 한다.

② 철거 시에 잔재물이 남아 있을 경우 철거업체의 책임으로 한다.

③ 전시장에서 배출되는 폐기물의 처리는 전시장운영 측의 자체적인 비용부담으로 처리한다.

④ 전시장에서의 폐기물은 파이텍스, 코팅된 종이류, 목재류 등 전시준비 및 철거시 발생되는 재활용되지 않는 폐기물 및 관련 법규에 의거하여 특별처리가 필요한 유해성 폐기물을 말한다.

8. 부스 시공에 대한 설명으로 적절하지 않은 것은?

① 독립부스에 시공하는 모든 목재는 방염 처리를 하거나 불연성 자재를 사용해야 한다.

② 부스 시공 시에는 안전관리를 위하여 전시장 벽면, 칸막이, 구조물에서 1m 이상 거리를 두고 시공하여야 하며 기존시설물에 고정하여 설치할 수 없다.

③ 필요한 경우 전시장 내 소화전 설비, 비상구, 전기EPS 출입문 및 화장실 입구에 전시부스나 부대시설을 설치 할 수 있다.

④ 전기톱, 전기 대패, 용접기, 전기 그라인더 및 산소 절단기는 전시장 내에서 사용할 수 없고 반입을 금지한다.

정답   1. ④ 2. ② 3. ④ 4. ① 5. ② 6. ④ 7. ③ 8. ③

전시 실무 영어

정의 및 목표

전시산업에서 영어는 기본적인 커뮤니케이션 도구이다. 전시회는 전세계적인 무역, 마케팅을 위한 플랫폼이므로 기초적인 영어를 바탕으로 참가업체, 참관객을 유치하고 홍보, 설득할 수 있는 역량이 요구된다. 따라서 이번 장에서는 전시산업에서 통용되는 기본 영어단어, 영어표현 등을 학습하고 각종 서식, 표현 사례를 통해 학습을 하고자 한다.

학습내용 및 체계

주요 항목	세부 내용	비 고
1. 전시 실무용어 개요	전시주최자, 참가업체, 참관객 간 표현 학습	
2. 전시용어 정리	A~Z까지 관련 용어 학습	
3. 전시 실무 사례	• 전시회 참가 초청서식 • 전시부스 확정 통보 • 전시장내 소음 규정 • 전시회 추가 규정 • 전시회 참가 체크리스트	
4. 전시 실무커뮤니케이션	• 참가업체 유치 • 전시주최자의 전시회 소개 • 전시부스 방문객과의 대화	

학습 포인트

• 전시산업에서의 주요 용어 이해
• 상황, 목적별 수요 영어표현 습득
• 영문 서식, 상황 등에 대한 사례 학습

핵심 용어

전시영어, 무역영어, 커뮤니케이션 스킬

전시 실무 용어 개요

영어로 전시회 관련 용어를 살펴보기 전에 전시주최자, 참가업체 그리고 참관객의 입장에서 전시산업에 대한 본격적 논의(Getting Down to Trade Show Business)에 대한 영어 표현들을 간단히 살펴 본다.

> Today's successful trade show organizers are recognizing the importance of smaller, more targeted events; building closer relationships with exhibitors; and developing appeal for increasingly discerning attendees.

[해석]

오늘날 전시주최자들은 성공한 전시회란 규모가 보다 작고 대상 목표가 뚜렷한 행사라는 점의 중요성을 인식하고, 전시참가업체들과 보다 긴밀한 관계를 구축하며, 점차 현명해진 전시참가자들에게 어필하는 방법을 개발하고 있다.

> So perhaps it is not surprising that the show manager's job has gotten more complex, with more emphasis on the need to provide value to both exhibitors and attendees. It's about return on investment (ROI), about building an attendance base and creating a productive environment.

[해석]

그래서 전시주최자의 업무가 전시참가업체와 전시참관객 모두에게 가치를 제공해 주어야 할 필요성을 더 많이 강조하면서 더욱 복잡해진 것도 놀랄 일이 아니다. 그들의 업무가 투자수익률 증대, 참가자 정보 구축 그리고 생산적인 환경조성인 것이다.

Strong relationships between exhibitors and show organizers are crucial in making the show a worthwhile experience. While in the past it was more of a dictatorial relationship, organizers are now starting to realize the importance of working more closely with exhibitors. It needs to be a joint marketing effort.

[해석]

전시회를 가치 있는 경험이 되도록 하기 위해서 전시참가업체와 전시주최자 간의 튼튼한 관계 확립이 매우 중요하다. 과거에는 주최자들이 좀 더 독재적인 관계를 가졌었던 반면, 오늘날 그들은 전시참가업체와 보다 긴밀한 관계를 갖는 것이 중요하다는 것을 깨닫고 있다. 즉, 공동의 마케팅 노력이 필요한 것이다.

While getting leads and selling products are still important, exhibiting companies are also looking at creating brand awareness and are more concerned with the quality of buyers rather than quantity. They are relying on the trade show organizer to bring in the high-quality buyer.

[해석]

전시참가업체는 제품에 대한 리즈를 얻어내고 판매하는 것이 여전히 중요하지만, 브랜드 인지도 창출을 유도하기도 하며, 구매자의 양 보다는 질에 더 관심을 갖는다. 그들은 질적으로 우수한 구매자들을 전시회에 불러들이게 하는데 전시주최자에게 의존한다.

Just as exhibitors have more tightly focused objectives today, so do attendees. While they often have less time to spend at trade shows than in years past, they are coming to shows much better prepared for getting business done.

[해석]

오늘날 전시참가업체들이 보다 더 명확한 목표에 초점을 맞추어 전시에 참가하듯 참관객들도 그러하다. 몇 년 전에 비해 참관객들은 전시회에 참가하고 있는 시간은 종종 줄어든 반면, <u>참가 목표 달성을 위한</u> 준비는 훨씬 더 훌륭하게 하고 전시회에 참관하러 온다.

 ## 전시 용어 정리

A aisle: 통로; assign a booth: 부스 위치를 할당하다; at-show: 전시회 개최 동안; attendance figure: 참가자 수; attendee: 참가자;

B banner: 현수막;

C charge: 비용을 청구하다; commodity: 상품;

D delivery schedule: 배송 일정; demo: 시연; deposit: 계약금; dismantling: 철거; draw up a contract: 계약서를 작성하다; drayage: 전시관련 물품을 임시창고 ^(warehouse)와 전시장 사이에 전달하는 운송;

E exhibit: 전시물, 진열품; exhibit builder: 전시장치업체; exhibitor: 전시참가업체; exhibitor directory: 전시회 안내 및 전시참가업체 목록집; exhibitor prospectus: 전시 참가업체에게 보낼 안내문;

F floor traffic: 전시장 내 관람객의 통행량; flooring material: 바닥재; follow-up: 후속조치; free gift certificate: 무료상품권;

G general ^(service) contractor: 전시관련 총괄서비스 제공계약 업체; giveaway: 무료로 주는 기념물; gratis: 무료로;

H hard data: 확고한 자료; hookup: 연결; horizontal show: ^(폭넓게 관련업체를 많이 참가시키는) 수평적 전시; hospitality suite: 환대행사를 하는 거실이 딸린 특실; hot prospect: 장래 단골이 될 가능성이 아주 높은 고객;

I installation: 설치; invitation-only: 초대한 사람만 들어올 수 있음;

L late-payment charge: 늦게 지불하여 내는 연체금; layout: 배치^(도), 설계도; lead-management: ^(판매제의에서 최종 구매에까지 이끄는) 리드 관리; leads: 리즈^(판매시작에서 최종 구매에까지 이르게 하는 판매 예상 건); literature: 인쇄물; logistics: 물류;

M mailer: ^(선전용의) 우송 광고지; mega show: 초대형 전시; move-in: 반입; move-out: 반출;

O on display: 전시 중인; on time: 제때에; outlay: 경비, 지출액;

P packaging: 포장하기; payment schedule: 지불일정; post-show: 전시회 개최 후; pre-show: 전시회 개최 전; price quotation: 가격 시세^(표), 견적 액수; proposal request: 제안요청서; prospect: 단골고객이 될 것 같은 사람; purchasing: 구매;

R referral: 추천의뢰; registration: 등록; rental fee: 임대료; return on investment ^(ROI): 투자수익률;

S sales pitch:판매에 열 올리기; sales representative: 영업사원; showcase: 전시^(진열)하다, ^(신인, 신제품 등을)소개하다; show provider: 전시관련 서비스 제공업체; signage: 안내게시물; site visit: 현장 답사; specification: 시방서; staffing: 직원배치하기;

T trade show organizer: 전문 전시 주최자; traffic: ^(부스들을) 들러 오가는 것;

U unit price: 단가;

V vertical show: ^(출품 범위는 좁으나 전문성에 있어) 깊이가 있는 수직적인 전시회;

전시 실무 사례

해외 전시회에 참가 또는 해외업체를 유치하게 위해서는 수차례의 의사소통이 요구된다. 이번 장에서는 전시회 프로세스별로 이루어지는 실제 영문 사례를 살펴보고자 한다.

1. 전시회 참가 초청서식

INTERNATIONAL BEAUTY EXPO

AUTUMN EDITION : 09/04-06/2016
PLACE : AREA A : B/C, CHINA IMPORT &EXPORT FAIR COMPLEX
SCALE : 260,000 SQUARE METERS
ORGANISER : GUANGDONG BEAUTY AND COSMETIC ASSOCIATION

As the wind vane of Chinese beauty and hairdressing cosmetics industry, China(Guangzhou) International Beauty Expo has successfully held 44 tradeshows twice a year since 1989. The organizer has just announced that there will be three tradeshows per year from year 2016, March and September in Guangzhou at the China Import and Export Fair Exhibition Hall and in May in Shanghai at National Exhibition &Convention Center(Hongqiao). It is the tradeshow for the industry in the world, with annual exhibition area reaches 660,000 square meters, covering the whole industry chains from B2B, B2C, OEM, and complete coverage manufactories. The Expo has attracted companies from all over Chinese, Asia, Europe, US and Northern America. It is not only an important event for trading but for professional training and informative industry forums are held during the event. Not only cosmetology and hairdressing professional training schools, anti-aging centre, world renown surgeons and scientists are represented by their countries' official Chambers of Commerce and associations to share ideas on this platform.

China International Beauty Expo(Guangzhou) gathers well-known international brands as well as key players of the beauty industry under one proof. It is recognized as an ideal one-stop platform for traders of the industry. The Expo is also known for its rich calendar of special events, including demonstrations, forums and seminars covering various subjects on beauty, hair, spa, packaging, etc. conducted by specialists and elites from leading industry associations, media and enterprises. The fair is thus not just a major showcase of beauty products but also the wind vane for beauty trends in China.

2. 전시부스 확정 통보

中国国际美博会
China International Beauty Expo

From: Guangzhou Jiamei Exhibition Co., Ltd

To: KOREA EXHIBITION ORGANIZERS ASSOCIATION

Date (日期): 2016.02.17

Dear Value Client,

We are the organizer of the 44th (9/3/2016-11/3/2016) China International Beauty Expo (CIBE) that located in the Area B &C Guangzhou Import & Export Fair Complex,China. Thanks for your support and participate in our beauty expo.

This letter is the booth tuition of 44th China International Beauty expo (Guangzhou)

Code of the booth(展馆号+展位号): 14.3/B24 (Standard Booth 标摊)

Area of the booth （展位面积）: 9 sqm

The total of the booth tuition （展位总费用）: CNY 9,072

The detail of the bank account of the CIBE is displayed in the application form. Please send us the transation proof by fax (+86-20-8625-9533),e-mail (minzihuang@chinainternationalbeauty.com),

The bank account information is in Page 2.
The commission charge is afforded by the exhibitor.
.Please do the payment before 20/02/2016
（所有款项请在 20/02/2016 付清）
Best regards,
China Internatioanl Beauty Expo

主 办 单 位 Organizers:

广州佳美展览有限公司
GUANGZHOU JIAMEI EXHIBITION CO.,LTD.
广州市广园西路 121 号美博城 A 座写字楼五楼
电话 Tel: 020-86259008, 86257099
电邮 E-mail: info@chinainternationalbeauty.com

广东省美容美发化妆品行业协会
Guangdong Beauty & Cosmetic Association
5th Floor, Block A, 121, Guangyuan West Road,Guangzhou,China
传 真 FAX: 020-86259533   邮政编码 P.C: 510400
网址 Website:www.chinainternationalbeauty.com, www.maya777.com

3. 전시장내 소음규정

CIBE
Announcement of Noise Control Measures

Respectable Exhibitors:

In order to build a good environment for negotiation, the organizer will more strictly control the implementation of the exhibition rules for the 44th China (Guangzhou) International Beauty Expo to be held compared with the previous years, and well implement the set-up, move-out as well as dust and noise control during the exhibition. We shall do well in civilized management, practically implement and stress, and strengthen the promotion and education, so that the above work is understood and supported by all the exhibitors; in addition, we shall ensure the implementation of the "Announcement", supervise the implementation of relevant regulations of the "Announcement", which depends on your support.

According to the regulations of the "Announcement", equipment, such as **amplifiers, speakers, loudspeakers, etc.,** which is used for playing sound in the booths in halls other than those in the special demonstration areas **must not enter into the halls**. The organizer will strictly control from the move-in date, and make sure the above equipment is not taken into the halls. For all amplifying equipment that the organizer judges will make noise to the booths around, the organizer reserves the right to stop it from playing or terminate the power supply to the booths. The restoration of power supply cannot be guaranteed in a short time, and the connection fee which is produced will be fully paid by the exhibitors.

Particularly, the control measures during the move-in period will be further improved compared with the previous years. Relevant regulations are hereby announced as follows:

- According to the noise control regulations of the exhibition, from the move-in date to the ending date of the exhibition, amplifiers, speakers, loudspeakers and other equipment **are forbidden to** enter the halls.

- During the move-in, move-out periods and the exhibition, all exhibitors shall consciously abide by the above noise equipment control regulations of the organizer, assist the organizer to prevent equipment which will make noise from entering the halls, and build a good and civilized exhibition environment and image together.

- For the exhibitors which violate the regulations, take the amplifying equipment in without authorization and play it, the organizer will directly stop the power supply to relevant booths. The restoration of power supply cannot be guaranteed in a short time, **and the connection fee which is produced will be fully paid by the exhibitors.**

- The practical implementation of noise control relies on the understanding, support and cooperation of all exhibitors. The organizer sincerely hopes to cooperate with all the exhibitors, practically and effectively implement the work, **and amplifiers, speakers, loudspeakers and other equipment are forbidden to enter the halls.**

Guangdong Beauty, Hairdressing and Cosmetics Industry Association

4. 전시회 추가 규정

CIBE

Please fax this form to:
Guangdong Beauty & Cosmetics Association
Tel: (86-20) 86259008
Fax: (86-20) 86259533
Email: congzhang@chinainternationalbeauty.com

Exhibitor's No. (CID Code): _____

Form A
**Additional Regulations of
Exhibition**

Form A
Additional Regulations of Exhibition

In order to improve the quality of the exhibition, the organizer requires the cooperation of all exhibitors to abide by relevant exhibition clauses and rules and to fill in the Additional Regulations of Exhibition (signature and seal), so as to confirm that they accept and will abide by all of the regulations.

The organizer requires the exhibitors and their staff to abide by the following regulations; otherwise, it will take corresponding measures:

(1) It is forbidden to hand out all advertising gifts, publications, hand bags, promotion leaflets and other articles or organize any business and sales activities outside the booths. Once finding the above conduct, the organizer reserves the right to confiscate any articles which are put and handed out outside the booths without advance notification.

(2) Lining up, parade, shouting slogans (including etiquette band), etc. are forbidden in the exhibition hall and the halls. Once finding the above conduct, the organizer reserves the right to confiscate any relevant promotion materials, the exhibitor's badge and require relevant people to leave.

(3) It is forbidden to organize private promotion activities, display and place exhibits and equipment, stack packing cases, etc. in the channels in the halls, Pearl River promenade, rain pavilion, escalators and public corridors. Once finding the above conduct, the organizer reserves the right to remove any exhibits, equipment, packing cases, etc. which are put outside the booths without advance notification.

(4) It is forbidden to display exhibits without direct relation with the beauty industry and produces not within the applied exhibition scope, or arrange any exhibit introduction which is inconsistent with the theme of the exhibition. Once finding the above conduct, the organizer reserves the right to close the booths without advance notification, and the exhibitors are not entitled to claim for any economic losses against the organizer due to its decision.

(5) Those which use power sockets on the wall of the halls without the organizer's approval will be fined RMB 80,000 Yuan at least.

(6) If the exhibitors in the standard booth and media areas remove or change the structure and configuration (including panels, lamps, furniture, etc.) of their booth without the organizer's approval, the organizer is entitled to close the booths. If any casualties or property damage are caused because the exhibitors change the structure of their booth without authorization, all losses and responsibilities shall be borne by the exhibitors.

(7) It is forbidden to bring takeout food and box meals into the halls. You can go to the restaurants in the halls to have dinner.

(8) It is forbidden to bring people under 18 years old into the halls.

(9) Except in the specified demonstration areas of the Expo, equipment (amplifiers, speakers, loudspeakers, etc.), in the halls, which are used for playing sound in the booths must not enter the halls. It is forbidden to organize any activity affecting other exhibitors or buyers, particularly making noise. The organizer will strictly control from the move-in date, and the above equipment must not enter the halls. For all amplifying equipment that the organizer judges will make noise to the booths around, the organizer reserves the right to stop it from playing or terminate the power supply of the booths. The restoration of power supply cannot be guaranteed in a short time, and the connection fee which is produced will be fully paid by the exhibitors. In addition, for all audio or video contents that the organizer judges not suitable to be played on public occasions, the organizer reserves the right to stop playing them.

(10) If the Special Decoration drawing declaration includes stages, catwalks and other structures suitable for performance, the official contractor will order the constructors to rectify. If the exhibitors refuse to rectify, the official contractor will not issue the "Construction Permit", and will not supply power for field construction.

Notices:

If the Special Decoration exhibitors present to change the booths into standard booths before 17:00 on March 6th, the organizer will finish the construction by March 8th; if the application is presented after March 7th, the organizer will finish the construction before the opening ceremony. The exhibitors must bear the Overtime charge and security charge which are produced therein

Exhibitors who do not abide by the above additional clauses of exhibition will be disqualified for the follow-up exhibition. Please pay attention, and thank you for your cooperation!

Meanwhile, please carefully read the insurance/liability clauses in the following page, and confirm that you have understood the buying of relevant public liability insurance.

Deadline: February 3rd, 2016

On behalf of:
Exhibitor: _ _ _ _ _ _ _ _ _ _ _ _ _ _ _   Booth No.: _ _ _ _ _ _ _ _ _ _ _ _ _ _
Contact Person: _ _ _ _ _ _ _ _ _ _ _ _   Post: _ _ _ _ _ _ _ _ _ _ _ _ _ _ _ _ _
Add: _
Tel: _ _ _ _ _ _ _ _ _   Fax: _ _ _ _ _ _ _ _   Email: _ _ _ _ _ _
Signature: _ _ _ _ _ _ _ _   Date: _   _ _ _ _   Official Seal: _ _ _ _ _ _ _ _ _

5. 전시회 참가 체크리스트

Checklist (July) — Orders, Approvals, Preparations

By early July at the latest, you should have an overview of the state of your prepara-
tions and your orders. Have you ordered all the stand services
you require? Have you applied for all the necessary approvals? Have you
completed all your travel arrangements?

Stand construction

- Ordered complete stand or a stand construction company?
- Ordered additional elements for stand construction?
- Ordered furniture?
- Ordered electrical connections / installations?
- Ordered water connections?
- Ordered additional technical services?
- Obtained approvals for special technical work (e.g. welding)?
- Applied for approval for structures subject to inspection?
- Ordered telecommunications services (phones, ISDN, internet access)?
- Ordered stand signage?
- Ordered decoration, carpeting, office equipment?
- Ordered advertising materials and displays?

Exhibition Management

- Booked hotel and travel arrangements?
- Recruited temporary stand staff / construction and dismantling assistance?
- Ordered additional construction / dismantling passes?
- Ordered additional exhibitor passes?
- Ordered service tickets (direkten Link einfügen)?
- Ordered parking space?
- Ordered parking spaces for heavy goods vehicles / containers?
- Organized Environmental Zone badges for vehicles?
- Arranged special events, prize draws, etc.?
- Registered special events on stand with organizers?
- Sent info about events on your stand for IFA event database?
- Sent notification to GEMA (German performing rights society)?
- Ordered catering services for stand and special events?
- Taken out insurance for exhibits and stand equipment?
- Ordered transport services?
- Sent waste disposal declaration?
- Ordered waste disposal arrangements?
- Ordered stand cleaning services?
- Ordered security staff?
- Prepared meeting record forms?
- Planned staff duty roster?
- Appointed stand manager?
- Briefed stand personnel?

Checklist (July) — Orders, Approvals, Preparations

PR / sponsoring / advertising
Costs for PR and communication services can be set off against the credit you acquire through the global communication fee. Please see a list of our services here.

- Checked Virtual Market Place® entry?
- Ordered additional entries in the IFA catalog?
- Printed business cards and name badges?
- Booked advertisements in press? Mailed press releases?
- Ordered entry vouchers for clients, mailed customer invitations?
- Arranged appointments with press and customers?
- Organised press events (e.g. press conference, participate at ShowStoppers@IFA)?
- Produced press material?
- Booked press box?
- Checked additional sponsoring possibilities?
- Made regular updates of Virtual Market Place® entry?
- Ordered media monitoring / clipping service?
- Ordered photo services?
- Prepared information and promotional material?

04 전시 실무 커뮤니케이션

1. 전시주최자의 참가업체 유치 영어

전시참가업체가 없으면 전시회도 없다. 전시주최자는 전시공간을 전시참가업체에 팔아야 한다. 이는 전시주최자가 잠재적 전시참가업체들이 원하는 것과 필요로 하는 것을 묻고 그들의 답에 경청하는 것이다. 다음은 잠재 전시참가업체에게 던질 수 있는 질문들이다.

① Tell me about your business.(하시는 업종에 대해 말씀해 주세요.)

② Describe the people in your organization.(여러분 회사의 사람들을 묘사해 주세요.)

③ What are your responsibilities?(맡으신 책임이 무엇입니까?)

④ What are the biggest challenges you face in expanding your business?(사업 확장에 있어 직면한 가장 큰 도전은 무엇입니까?)

⑤ What are your priorities?(선생님의 우선순위는 무엇입니까?)

⑥ What are your criteria for making a decision?(의사결정의 기준은 무엇 입니까?)

⑦ Describe your decision-making process.(선생님의 의사결정 과정을 설명해 주세요.)

⑧ How will you measure success when exhibiting at our show?(저희 전시회에 참가하신다면 그 성공여부를 어떻게 측정하실 건가요?)

2. 전시주최자의 전시회 소개

다음은 국내 대표적인 전시 전문 업체 중 하나인 K. Fairs의 전시회가 동반된 KORMARINE FORUM의 행사 소개 사례이다.

K. Fairs provides opportunities to bring together buyers, sellers and industry experts through holding specialized exhibitions designed for entrepreneurs seeking to generate profit, and with a desire to mould the evolution of management structure

and promote strong development. With all the latest technologies and offerings on display and special seminars, K. Fairs endeavors to provide visitors with a space that gives a wide range of information in a concentrated period of time, enabling companies to participate in exhibitions at lower cost and therefore helping the introduction and promotion of their products and the attraction of new buyers.

[해석]

K. Fairs는 이윤창출과 경영혁신 및 강력한 발전을 원하는 기업인들을 위해 특별히 마련한 전시회를 통해 구매자, 판매자 그리고 업계 전문가들이 한자리에 모일 기회를 제공합니다. 최첨단 기술과 전시물 그리고 득별 세미나로 K. Fairs는 전시 참관객들께 집중된 시간에 폭넓은 정보를 제공해드릴 공간을 마련하려고 노력하고 있습니다. 이에 참기기업들은 저렴한 비용으로 전시회에 참가하여 자사의 제품을 소개, 판촉 그리고 새로운 구매자 유치에 도움을 드리고자 합니다.

3. 전시부스 방문객과의 대화

전시부스 대화는 8단계로 구성된 표준 구조를 갖는데, 이 8단계는 3개의 스테이지로 묶을 수 있다. 이 단계들을 이해하면 부스 직원 방문객들과 의견 교류할 때 서로 이득이 되는 대화를 수행하는데 하나의 지침으로서 도움이 된다. 그 각 각의 대화과정은 다음과 같다.

Stage A: Connect(연결하기)

방문객들로 하여금 환영의 느낌을 갖게 해주고, 그들이 처한 상황에 대해 일차적인 이해를 얻도록 하며, 다음 2단계로 구성 된다.

Step 1. Initiate contact(접촉 시도하기) →

Step 2. Open the conversation(대화 트기).

Stage B: Compatibility(적합성 모색을 위해 협업하기)

방문객이 처한 상황과 여러분의 제품과 서비스가 제공해 줄 가치 사이에 적합성이 있는지 모색을 위해 여러분은 방문객과 협업한다. 여기는 다음의 3단계로 구성된다.

Step 3. Identify goals, needs, and problems(목표. 니즈. 문제 규명하기) →

Step 4. Qualify the opportunity(기회를 적합하게 수정하기) →

Step 5. Present(프레젠테이션하기).

Stage C: Commit(약속 받아내기)

후속조치를 받겠다는 약속을 받아내고, 여러분이 수집한 정보를 리드(lead)용지에 기록하여 더 많은 판매활동을 할 수 있도록 한다. 여기도 다음의 3단계로 구성된다.

Step 6. Advance the selling process(판매과정 진척시키기) →

Step 7. Record the results(결과 기록하기) →

Step 8. Close the conversation (대화 마무리하기).

1) '대화트기' 영어표현

여러분이 대화를 틀 때 폐쇄적인 질문에 대한 응답은 대체로 "아뇨. 그냥 둘러보는 거예요."가 될 것이다. 그러면 여러분은 더 이상 대화를 진척시킬 방법이 없다. 다음 2개의 대화는 폐쇄적인 대화의 예이다.

- A : Hi, Mellon Kim. May I help you? (안녕하세요? 뭐 도와드릴까요?)

  B : That's OK. I'll just look around a little bit. (됐어요. 그냥 좀 둘러볼까 해요.)

  A : Yah,... If you think you need any help... (아, 예... 도움이 필요하시면....)

- A : Hello? Can I answer any questions? (안녕하세요? 질문에 답변해 드릴까요?)

  B : No, thanks. This is what I'm looking for. (아뇨. 이게 내가 찾던 거예요.)

  A : OK. If you need more information, I'll be right over there. (좋아요. 더 정보가 필요하시면 곧 그리로 가겠어요.)

  B : Yah, thanks. (예. 고마워요.)

다음은 대화를 트는 개방적 질문의 예이다.

- "What brings you to the event?" (무슨 일로 전시회에 오셨나요?)

- "How are you enjoying the event?" (전시 재미있게 보시고 있나요?)

- "I'm not familiar with [Company Name]. What does it do?" (제가 그 회사를 잘 몰라서요. 무얼 하는 회사인가요?)

- "What do you do for [Company Name]?" (그 회사에서 어떤 일을 하시나요?)

- "I see you are with ~ Company. I'm not familiar with that company. What do you do?" (~ 회사에서 나오셨군요. 제가 그 회사에 대해 잘 몰라서요. 무슨 일을 하시는지요.)

- "You're with ~ Company. What type of work do you do?" (~ 사에서 나오셨군요. 어떤 일을 하시나요?)

- "What type of information you are looking for?" (어떤 유형의 정보를 찾으시는지요?)

- "Hello, welcome to our ABC Company. I'm (Name). What brings you here?" (안녕하세요. 저희 ABC 회사에 오신 것 환영합니다. 저는 ~ 〈이름〉입니다. 어떤 일로 오셨나요?)

2) '목표, 니즈, 문제 규명하기' 영어표현

"협업하기" 동안에 여러분은 그 방문객의 니즈를 여러분의 제품과 서비스가 충족시켜 줄 수 있는지 결정하게 된다. 이를 위해 여러분은 다음과 같이 말하면 된다.

- "I'd like to ask a few questions before we talk about how our products might help you." (저희 제품이 어떻게 도움이 될 지에 대해 말씀 나누기 전에 몇 가지 여쭙고 싶습니다.)

- "Do you mind if I ask a few questions so I can understand your needs?" (필요로 하시는 게 뭔지 알아보게 몇 가지 질문 드려도 괜찮은 건지요?)

- "Before I tell you about what I have, I'd like top learn a little more about your situation. May I ask a few questions?" (저희가 갖고 있는 것을 말씀드리기 전에 선생님이 처하신 상황에 대해 좀 더 알고 싶습니다. 몇 가지 질문 드려도 될까요?)

- "What are you trying to accomplish?" (무엇을 이루고자 하십니까?)

- "What led you to have those goals?" (무슨 연유로 이런 목표를 갖게 되셨나요?)

- "How are you currently doing that?" (현재는 어떻게 하고 계시나요?)

- "What will happen if you're not able to accomplish that?" (그것을 달성하지 못하시면 무슨 일이 일어날까요?)

- "What problems have you been having with your approach?" (선생님의 접근방법에 무슨 문제가 있었나요?)

- "How have you tried to work around those problems?" (그 문제들을 해결하려고 어떤 시도를 해보셨나요?)

- "How well has that worked?" (그게 얼마나 효험이 있었는지요?)

- "What do you need in a solution?" (해결책으로 무엇이 필요하신가요?)

- "What kind of solution did you have in mind?" (어떤 종류의 해결안을 마음에 두시는지요?)

- "Are there any special circumstances that a solution would have to handle?" (솔루션으로 처리해야 할 특별한 상황이라도 있나요?)

다음은 구매가능성에 대한 질적 탐색을 위한 질문들을 상냥하게 묻는 표현 몇 가지를 정리한 것이다.

① 역할

- "Who else is involved in the decision process?" (결정과정에 어느 분이 더 개입되셨나요?)

- "Who else would you want to pull in on this decision?" (이 결정에 어느 분을 더 모시고자 하시나요?)

- "What steps will you take to make your decision?' (결정하시는데 어떤 단계를 밟으실 건가요?)

② 기회의 규모

- "How many people do you need to support?" (몇 사람의 지원이 필요하신가요?)
- "How many units do you need?" (수량이 몇 개나 필요하십니까?)

③ 일정

- "When would you need to have something up and running?" (설치해서 운영하는 게 언제 필요하신가요?)

- "When do you need to make a decision?" (언제 결정해야 되는지요?)

④ 경쟁

- "What other solutions are you considering?" (고려중인 다른 솔루션이 있나요?)

- "How many proposal requests do you expect to send out?" (제안 요청서를 몇 군데나 발송하실 예정인가요?)

⑤ 예산

- "How much are you expecting to spend on the project?" (이 프로젝트에 얼마나 쓰실 예정인가요?)

- "What kind of budget have you been allocated?" (어떤 종류의 예산을 할당받으셨는지요?)

3) '대화 진척시키기' 영어표현

다음은 대화를 계속 이어가면서 판매에 이르도록 발전시키는데 도움이 되는 표현들이다.

- "Can I have someone call you after the show?" (전시회 후에 직원보고 선생님께 전화 드리라고 해도 될까요?)

- "I'll arrange to have someone call you. When would be good for you?" (직원보고 선생님께 전화 드리라고 할게요. 언제가 좋으시겠어요?)

- "I can have someone send you a follow-up email with some of the information you asked about. Would that be useful?" (선생님께서 요청하셨던 정보 일부를 직원 시켜 후속조치 이메일로 보내도록 할 수 있습니다.)

- How about we call you soon to arrange an appointment with you and any of your associates? (저희가 곧 전화를 드려 선생님이나 다른 동료분하고 약속을 잡아보는 것은 어떨까요?)

- I can have a technical sales rep call you to further discuss how we can help. Will you be returning to your office right after this event? (저희 기술담당 영업사원보고 전화 드려서 저희가 도와드릴 방법에 대해 더 상의해 보라고 할 수 있습니다. 이 전시행사 후 곧바로 사무실로 들어가실 겁니까?)

- I can arrange to have the right person send you an email with the information you requested. Would that be helpful? (적격인 저희 사람한테 선생님께서 요청하신 정보를 이메일로 보내라고 주선해 드릴 수 있어요. 그게 도움이 될까요?)

4) '정보 기록하기' 영어표현

다음은 대화의 마무리 전에 후속조치를 위해 지금까지 나눈 내용을 기록해야 할 때 필요한 표현들이다.

> A : I need to scan your registration card to make sure that I have all the information.
> B : Here you go.
> A : Thanks. Let me check this.
> B : Yeah, I appreciate your asking. Now will I be hearing from you or someone else?

> A : It'll be someone else. But I'll enter my notes and what we've discussed into the system. Also, please take my card. And if you don't have information soon, you give me a call.
>
> B : OK. Thank you.

[해석]

A : 제가 선생님의 등록카드를 스캔해야겠어요. 제가 모든 정보를 다 갖고 있는지 확실히해 두려고요.

B : 여기 있어요.

A : 고맙습니다. 제가 체크해보죠.

B : 네, 물어봐 줘서 고맙네요. 그럼 선생님이나 다른 분으로부터 제게 연락이 오겠죠?

A : 다른 분이 연락할 거예요. 하지만 제가 적어 놓은 것이나 우리가 논의했던 내용을 이 시스템에 입력할 겁니다. 또 제 명함도 받으세요. 곧 연락이 없으면 제게 전화 주세요.

B : 알았습니다. 고마워요.

[주]

scan: 스캔하다; registration: 등록; appreciate: 감사하다; hear from: ~로부터 소식을 듣다;

5) '대화 종료하기' 영어 표현

다음은 대화를 끝내는데 필요한 표현들이다.

> A : Please take my card. If you don't have any information, give me a call soon.
>
> B : OK. Thank you.
>
> A : It was very nice meeting you, and I appreciate the time you spent with me. I hope we can work together.
>
> B : Thanks. I hope so. Have a good weekend.
>
> A : You, too. Goodbye.

[해석]

A : 제 명함을 받아주세요. 연락이 없으면 곧 제게 전화주세요.

B : 알았어요. 고마워요.

A : 만나 뵙게 되어 즐거웠습니다. 저와 시간 보내주셔서 감사합니다. 함께 일 하
기를 바랍니다.

B : 고마워요. 저도 그러길 바라요. 좋은 주말 보내세요.

A : 선생님도요. 안녕히 가세요.

연습문제   *exercises*

1. 다음 빈칸에 들어갈 알맞은 표현은?

During (   ), the freight arrives, material is unloaded and delivered to the correct booth space on the floor, signs are hung, utilities are connected, carpet is laid and booths are put up.

① setup   ② dismantling

③ leads   ④ sales pitch

2. 다음 빈칸에 들어갈 표현으로 적절하지 않은 것은?

Those people who attend trade shows and expositions to buy from the exhibitors and/or learn more about their industry are called the (   ).

① attendees   ② delegates

③ managers   ④ visitors

3. 다음과 같은 전시행사 업무를 관장하는 사람은?

Developing an exhibitor list; Marketing the show to exhibitors and attendees; Organizing suppliers, organizing move-in and move-out of the show; Overseeing all financial responsibilities and contracts involved with the trade show

① exhibitor   ② trade-show organizer

③ attendee   ④ general service contractor

4. 다음 각 빈칸에 들어갈 알맞은 표현은?

Some of the services provided by exposition service contractors are: safe and timely (㉮) of exhibits and materials into the exhibition hall; proper and efficient (㉯), maintenance, and dismantling of displays; and an impressive array of signs and banners

① ㉮=loading dock ㉯=move-out   ② ㉮=storage ㉯=utilities

③ ㉮=security ㉯=drayage   ④ ㉮=drayage ㉯=installation

연습문제

5. 다음은 누가 누구에게 물을 최선의 질문들인가?

> 1) Tell me about your business.
> 2) Describe the people in your organization.
> 3) What are the biggest challenges you face in expanding your business?
> 4) How will you measure success when exhibiting at our show?

① 전시주최자가 잠재 전시참가업체에게
② 전시주최자가 장치업체에게
③ 잠재 전시참가업체가 참관객에게
④ 부스방문객이 전시주최자에게

6. 다음은 무엇에 대한 설명인가?

> ◆ Make visitors feel welcome in the booth;
> ◆ Show interest in being in the booth and in each visitor;
> ◆ Ask questions and listen carefully to each person's specific needs before responding;
> ◆ Be knowledgeable about the products and services; and
> ◆ Provide specific steps to follow up after the event.

① 전시참관객의 유의사항
② 전시주최자의 전시계획
③ 부스식원의 업무태도
④ 전시장 운영책임자의 권한

7. 다음 중 바람직한 부스직원의 행동은?

① Talking on the phone or stands in a group talking while a visitor approaches the booth
② Launching into a sales pitch or a demo before finding out about the visitor's interests
③ Trying to listen and not to use aggressive sales tactics
④ Stays on their own agenda instead of focusing on the visitor's concerns

정답 **1.** ① **2.** ③ **3.** ② **4.** ④ **5.** ① **6.** ③ **7.** ③

REFERENCES

1. 교육부(2015), NCS 전시회 학습모듈

2. 산업통상자원부(2015), 2016년도 국내전시회 개최지원 대상사업 선정계획

3. 킨텍스(2014), 한권으로 배우는 전시회 기획, 여백미디어

4. 한국전시산업진흥회(2010), 국내 전시회 인증제도 운영 지침

5. Allison saget(2012), The Event Marketing Handbook, Eventblt LLC

6. Ruth P. Steveens(2005), Trade Show and Event Marketing

7. S.L.Morrow(2001), The art of show second edition, IAEM

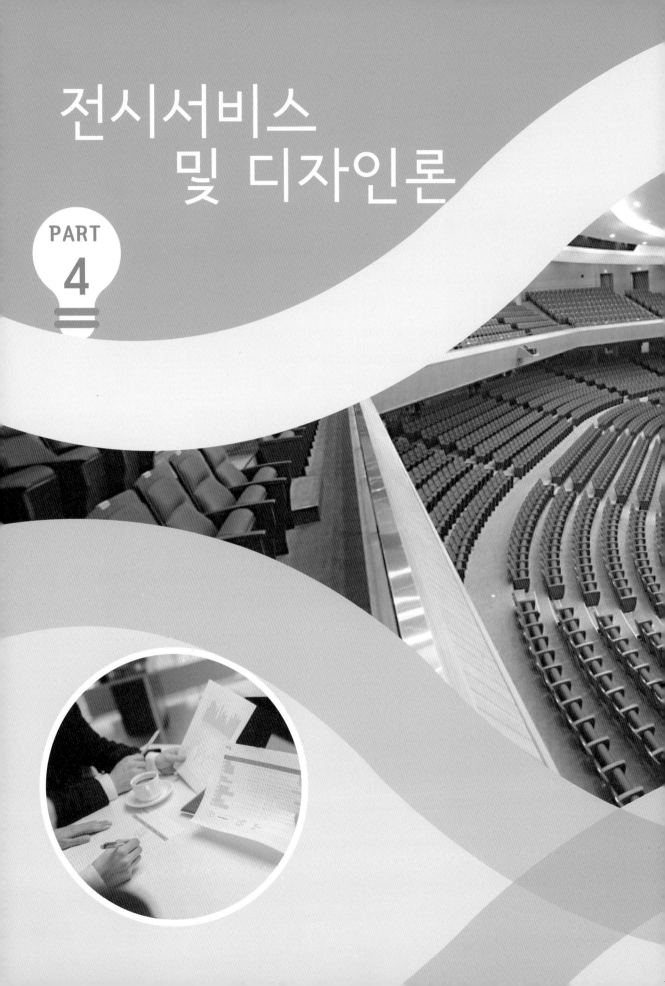

전시서비스
및 디자인론

PART
4

CONTENTS

전시디자인 및 설치

16 Chapter

정의 및 목표

전시디자인은 전시품을 목적의도에 따라 일정기간 동안 참관객에게 전달하는 공간조형기술이며, 전시디자인설치는 전시장을 설계, 구성, 제작 및 시공감리하는 일련의 활동을 말한다. 전시디자인은 참관객에게 참가업체에 대해 즉각적이고 직접적으로 마케팅할 수 있는 중요한 역할을 함으로써 전시회 참여 주체별로 필요한 내용을 학습할 수 있도록 구성하였다.

학습내용 및 체계

주요 항목	세부 내용	비 고
1. 전시공간 기획	• 전시공간을 구성하는 요소 • 전시공간을 기획 프로세스	전시 주최사업자 전시 디자인설치사업자 전시 서비스사업자
2. 부스 형태 및 유형	• 조립부스의 이해 • 전시조형물의 형태와 종류	
3. 전시부스 디자인 기획	• 전시 참가업체의 전시마케팅 전략 • 부스 디자인 기획 방법	전시 참가업체

학습 포인트

• 전시공간 기획 방법
• 부스의 종류와 이해
• 전시부스 디자인 기획에 대한 이해

핵심 용어

전시공간디자인, 전시공간 기획, 조립부스, 독립부스, 맥시마, 트러스, 블록, 등록대, 현황판, 등록작성대

01 전시공간 기획

1. 전시공간 기획의 이해

전시공간 기획(Floorplan)이란 디자인, 광고, 편집 등에서 문자, 그림, 기호, 사진 등의 각 구성요소를 제한된 공간 안에 효과적으로 배열하는 일 또는 기술(출처: 두산백과, 네이버)로, 규칙적으로 배치하는 것을 넘어 새로운 공간이 될 수 있도록 구성하는 것이다. 전시공간 기획은 전시회가 개최되는 공간, 즉 3차원의 공간(Space)에 대해 구성하는 것으로 평면적인 구성 뿐만 아니라 그 공간에서 발생하는 활동들에 대해 종합적으로 고려하여 기획해야 한다.

일반적으로 전시회의 성공에 영향을 미치는 요소는 다양하나 그 중에 전시공간 기획은 가장 기본적인 요소이다. 전시공간 기획은 전시회를 비즈니스 마켓플레이스로 만드는 실체적 공간으로 전시장에서 임대한 전시홀을 기준으로 출입구, 유틸리티 라인, 기둥, 소화전 등 다양한 환경적인 요소를 고려하여 기획하여야 한다. (Sandra Morrow, 2002).

2. 전시공간 기획 구성요소

전시주최자는 부스 임대를 위한 공간과 부대시설을 위한 공간에 대한 구성을 고민한다. 부스임대를 위한 공간은 전시회를 참가하고자 하는 참가업체에게 부스판매를 통해 수입원이 되지만 전시회 부대시설 공간은 주최자가 부담해야 하는 공간이다. 전시회에서 필요한 부대공간으로는 부스와 부스 사이의 복도공간, 출입구의 등록데스크, 비지니스 또는 바이어 라운지, 카페테리아, 휴게실 등이다.

전시주최자가 전시회 개최 장소를 선정할 때에 고려하는 외부적 환경요인으로 호텔, 교통, 식음시설 등이 있으며 내부적 환경요인으로 시설내 유틸리티 서비스, 협력업체, 전시장 내부규정 등이 있다. 그리고 회의시설, 내부 편의시설 등 전시홀 이외에 진시장이 갓추고 있는 부대행사 시설을 비롯하여 전시장의 평면, 입면, 연결 등도 검토해야 한다. 참관객 편의성, 공간 활용성, 유인요인, 전시공간 형태, 안전성 등의 요소도 고려해야 한다. 또한 주최자는 전시부스 설치공사를 용이하게 하기 위해 하역장 간 동선도 고려해야 한다 (구미정·이현수, 2014).

표 16-1 전시회 공간기획 고려요인

주요 요인	체크포인트
전시회의 강점/약점	참가업체 선호도, 이동동선 등
전시장의 기회/위협 요인	천장높이, 라이팅, 기둥, 소화전, 하역장, 유틸리티 라인
산업영향력	참가업체, 참관객, 잠재고객, 제품, 평균체류시간
부스배정시스템	참가업체 포인트시스템, 선입선점 시스템, 추첨시스템, 현장 또는 온라인 추첨시스템
심미성, 시각적 요인	전시홀 입구에서의 첫인상, 전시부스위치 등
동선 패턴	전시부스 개수 및 크기, 복도크기, 부대공간, 출입구, 참관객 이동 특성
소방, 안전규정	비상구, 위기관리시스템 등

출처 : 구미정, 이현수 (2014), 무역전시회에서의 공간디자인을 위한 개념적 고찰

3. 전시공간 기획 프로세스

주최자가 전시회를 기획, 운영하는데 4단계로 나눌 수 있다. 초기 기획단계에서 주최자는 장소를 선정하고 가계약 후 선정 된 전시홀에 맞춘 초기 레이아웃을 설정한다. 판매단계에서는 참관객과 참가업체 유치 마케팅 단계로 초기 평면도를 기반으로 기업 유치를 시작한다. 전시준비단계에서는 전시디자인 설치 사업자, 비품 렌탈업체, 홍보물 제작 및 설치업체 등 협력업체 선정과 더불어 참가신청을 완료한 업체를 대상으로 부스위치를 배정한다. 부스위치를 배정하는 방법에는 참가업체의 성격, 특성에 따라 포인트를 부여하여 점수가 높은 업체부터 원하는 위치에 배정하기도 하고 추첨하기도 하며 부스신청 및 입금 순으로 원하는 위치에 배정하기도 한다. 마지막으로 평가단계에서는 개최 전시회에 대한 평가 및 차기 전시회에 대한 준비를 위한 과정으로 개최한 전시회의 레이아웃, 참관객 이동동선, 참가업체 만족/불만족 등을 피드백해서 차기 행사를 준비한다.

전시회를 기획할 때 주최자는 가장 먼저 개최할 장소를 결정해야 하는데 보통 전

시회 개최 2~3년 전에 원하는 기간에 사용가능한지를 알아 보아야 한다. 특히 전시회 성수기 때에 단독 신규전시회를 개최하기 위한 장소 예약은 매우 어렵다. 그리고 전시장 내부규정에 따라 전시품목 등을 검토하여 전시장 이미지에 부합하는지, 기존에 개최되고 있는 행사와 중복되는 전시회는 아닌지 등에 대해 개최가능성을 검토하기도 한다.

그리고 전시주최자는 전시회 기획단계에서부터 시장규모, 산업내 기업체 규모 등을 바탕으로 유치할 부스공간을 예측하여 평면도상에 반영하여 초기 도면을 기획해야 한다. 그래야 전시회의 성장성, 수입 등을 예측할 수 있을 뿐 아니라 효과적으로 전시회 공간 구성이 가능하다. 그리고 전시주최자는 전시회를 개최할 장소를 결정하고 난 뒤 반드시 시설자료를 바탕으로 현장답사를 해야 한다. 이를 통해 전시장의 유틸리티 시설, 방화전, 기둥, 출입구 위치 및 크기 등이 시설자료와 일치하는지를 확인하여 자칫 불용공간(Dead space)이 될 수 있는 공간들을 고려하여 전시공간을 기획해야 한다.

전시회 레이아웃 사례

부스형태 및 유형

1. 부스 개요

전시부스는 전시물을 전시회에 출품하려는 목적 의도에 따라 일정 기간 동안 참관객에게 어필할 수 있는 공간조형기술로 전시회에서는 빼놓을 수 없는 핵심 요소이다.

전시부스의 유형은 비용, 재질, 부스 형태에 따라 다양하게 분류가 되며 크게 조립부스와 독립부스로 나누고 있다.

조립부스는 시스템화된 자재를 사용하여 공간을 같은 형태로 반복, 설치하는 것으로 비교적 손쉽고 저렴하게 설치할 수 있는 부스이다. 주최자의 요구에 따라 여러 가지 디자인을 할 수 있으나 일반적으로 3m × 3m 공간 안에서 구성해야 하는 한계가 있다.

독립부스는 전시면적(Raw space)만 제공하고 부스 장치와 디자인은 참가업체가 자체적으로 추진하는 형태를 말한다.

2. 조립부스

조립부스는 주최사 관점에서는 부스 판매비에 기본적인 부스장치비가 포함되어 제공되는 형태이며, 참가업체는 전시품을 가져와 시공되어 있는 부스공간에 제품을 진열하고 마케팅을 할 수 있다. 일반적인 부스의 규격은 3m × 3m를 기본으로 제작이 되지만, 그 외 2m × 3m, 4m × 4m 등의 다양한 규격으로 만들어지기도 한다.

조립부스는 벽체구조물, 조명, 바닥, 안내데스크, 콘센트를 기본적으로 제공하며, 추가 요청할 경우 비용을 지불하고 부스에 필요한 추가물자를 제공받을 수 있다.

정해진 공간에서 공간연출을 해야한다는 단점이 있지만 충분한 세부계획을 세워 공간장식을 한다면 훌륭한 전시부스를 만들 수 있다.

스탠다드 부스   변형 부스

3. 독립부스

독립부스는 주최자가 어떠한 시설물을 제공하지 않고 전시면적만 제공하는 형태로 전체적인 디자인부터 시공까지 전시 참가업체가 만들어가는 부스의 형태이다.

각 전시장의 협력업체를 통해 디자인 및 시공업체를 선택하여 의뢰할 수 있다.

보통 전시품의 규모가 크거나 회사의 인지도가 높은 기업이 독립부스를 선호하며 기본부스에 비해 소요비용은 비싸지만 넓은 공간에서 기업의 이미지와 특성을 반영할 수 있어 기업의 홍보 측면에서 경쟁업체와 차별적인 부스를 연출할 수 있다.

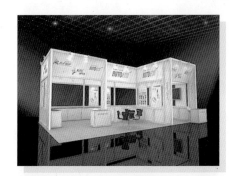

맥시마 시공 독립부스   트러스 시공 독립부스

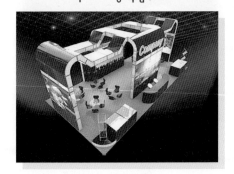

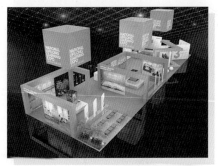

블록 시공 독립부스   목공 시공 독립부스

4. 기타 장치물

전시장을 구성하는 기타 장치물로는 기본적으로 등록접수대, 안내데스크, 등록 신청서 작성대, 현황판 등이 있다.

등록접수대는 전시회 입구에 설치되어 참관객이 등록대에서 작성한 등록신청서 를 제출하면 출입증을 발급해 주는 부스로 사전등록자와 현장등록자, 참가업체 등 으로 운영하고 있다. 안내데스크는 참관객의 유동성이 활발한 곳에 설치하고 전시 회 카달로그, 리플렛을 비치하여 전시회를 안내하는 공간이다.

등록신청서 작성대는 전시회 참관객(주로 현장등록자)이 가장 먼저 향하는 곳으로 전 시회장에 입장하기 위한 등록 절차를 밟는 곳이다.

마지막으로 현황판은 전시회장 입구에 설치하여 입장전 전체 배치도를 보여줌 으로써 위치정보 및 이동 동선상의 편의를 참관객에게 제공한다.

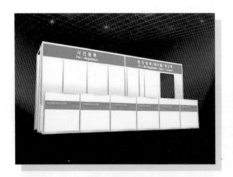

등록접수대

안내데스크

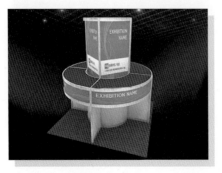

등록신청서작성대

현황판

전시부스 디자인 기획

1. 전시마케팅 및 디자인 전략 수립

전시회 참가업체의 입장에서 자사에 적합한 전시회를 선정하고 전시회 참가 목적을 달성하기 위해서는 다음과 같은 고려사항을 전제로 전시마케팅 전략을 먼저 수립한 후에 전시부스 디자인을 기획해야 한다.

- What : 제품 믹스와 전시 규모 결정
- Who : 타겟 고객 설정
- When : 전시회 개최시기와 신제품 출시 시기
- Why : 전시회 참가 목적과 참가 방향
- Where : 전시회 개최 지역과 전략 시장
- How : 참가업체의 전시부스 디자인 기획

1) What(제품 믹스와 전시 규모 결정)

전시회 방문 고객에게 무엇을 어느 정도로 보여줄 것인가에 대한 경영진의 검토와 의사결정이 필요하다.

이를 위해서 신제품과 기존 라인업 제품의 전시 비중을 설정해야 한다.

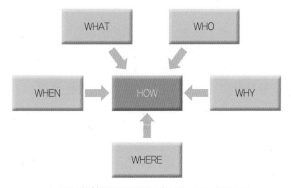

기업의 전시회 참가 선략 수립 시, 주요 고려사항

일반적으로 전시 제품수가 적을 수록, 다시 말해 선택과 집중의 전시를 하는 것이 신규 출시 제품을 보다 부각시킬 수 있다.

2) Who(목표고객 설정)

전시회에 참가해서 상담하고 대응해야 하는 목표고객 그룹을 사전에 정해서 효과적으로 대응해야 한다.

기존 거래선 중, 해당 전시회에 참석 예정인 고객은 사전에 미팅약속을 정하고 자사의 부스 위치를 정확하게 미리 이메일 등으로 알려준 후에 부스에 도착하면 신제품 소개 후, 미팅 공간에서 비즈니스 협의를 진행할 수 있도록 한다.

반면 전시장에서 처음 만난 신규 고객이나 잠재 고객의 경우, 현장 대응을 위해 라운지 등의 개방형 상담 공간을 마련하여 즉석 미팅을 유도한다.

3) When(전시회 개최 시기와 신제품 출시 시기)

통상 전시회는 상반기(3월 ~ 5월)와 하반기(9월 ~ 11월) 시즌에 많이 개최된다.

하지만 미국의 소비자가전 전시회 CES나 독일의 아웃도어 스포츠용품 전시회 ISPO와 같은 전시회는 년초에 개최되기도 한다. 이는 그 해의 비즈니스 화두를 제시하거나 이슈를 선점하고자 하는 것으로 이해할 수 있다.

참가업체 입장에서는 자사의 신제품 출시시기도 함께 고려해서 상 · 하반기 중, 어떤 시즌의 전시회에 참가할 것인지를 신중히 결정해야 한다.

4) Why(전시회 참가 목적과 참가 방향)

명확한 전시회 참가 목적과 참가 방향을 사전에 설정한다면 보다 효과적으로 전시 마케팅을 전개할 수 있다. 전시회 참가는 신제품 판매, 홍보 뿐만 아니라 참가업체의 브랜드 제고 활동에도 큰 도움이 되므로 이에 대한 준비는 부스 기획 단계부터 병행해야 한다.

5) Where (전시회 개최 지역과 전략 시장)

동상 세계적으로 유명한 전시회는 미국, 유럽 등 선진국을 중심으로 개최되나 참가 업체에서 전략적으로 공략하기 위한 지역에 따라 해당 전략국가의 전시회에 참여할 것인지, 공략 시장에 관계없이 기존 유명 전시회에 참가해서 다른 지역의 거래선을 초청할 것인지에 대한 고려가 필요하다.

이 부분에서 참가업체 담당자가 유의해야 할 사항은 신흥시장에서 개최되는 전시회에 참가할 경우에는 전시장 시설(통신/전기/인터넷 등), 장치 서비스 수준, 통관/운송 등의 전반적인 전시 인프라가 선진국에 비해 열악할 수 있으므로 부스기획 단계부터 보다 세심한 준비가 요구된다.

6) How (참가업체의 전시부스 디자인 기획 방법)

전시회 참가업체 입장에서 How란 자사의 브랜드와 제품 또는 서비스를 부스를 방문하는 고객에게 어떻게(How to), 어느 정도의 규모로(How big), 얼마나(How much) 예산을 투입하여 보여줄 것인지에 대한 솔루션이다.

이를 위해서는 우선 위의 5W에 대한 기업 내부의 계획 수립 및 검토와 전시회 참가전 몇 차례의 사전 보고를 통한 경영진 의사결정이 이루어져야 한다. 이러한 기업내부 의견수렴과정이 명확하지 않을 경우, 전시부스 디자인 기획 과정이나 현장 설치 단계에서 이해주체자 간에 기존과 다른 의견을 개진할 수 있는데 이것은 추가 비용과 시간 낭비를 초래할 수 있기 때문에 참가기업은 통합된 참가 전략과 실행방향에 대해서 How 단계가 본격적으로 시작하기 이전에 반드시 진행해야 한다.

한편, 전시부스 디자인 기획에서 중요한 고려사항은 참가기업의 브랜드 전략과의 연계성을 확보하는 것이다. 부스 디자인에 일관성 있는 기업 브랜드 전략의 반영을 통해 브랜드 신뢰도 및 선호도를 제고해야 한다.

위와 같은 내부 의사결정이 이루어 진 후에는 본격적으로 전시부스 디자인 기획을 위한 팀 구성을 해야 하는데 참가업체의 마케팅 조직에서 직접 부스 디자인을 기획할 수도 있지만 전문적인 내부역량이 확보되어 있지 않은 경우에는 일반적으로 외부의 전문 전시디자인 기획업체를 선정하여 부스 디자인 및 전시 집기 제작을 진행하게 해야 한다.

전시부스디자인 업체 선정 시, 단계별로 진행할 업무와 내용은 다음 표와 같다.

표 16-2 전시부스 디자인 기획 전문 업체 선정 시 진행 프로세스

단계별 업무	업무 내용
Long list	후보업체 1차 리스트 선정(5개사 이상)
Short list	후보업체 최종 리스트 선정(최소 3개사 이내)
RFP 작성 (Request For Proposal)	발주처(참가업체)에서 프로젝트의 목적과 발주범위, 일정, 예산을 명기해서 후보업체에게 전달하는 문서
공개경합(Pitch)	복수의(3개 이상) 후보업체가 부스 컨셉, 디자인, 실행 조직, 일정, 예산 등을 발표하는 경쟁 평가방식
평가(Evaluation)	유사 프로젝트 실적, 제안 디자인 우수성, 실행방안, 제시예산 등을 종합 평가하여 우선협상 대상 업체 선정
선정결과 통보	최종 선정된 우선협상 대상업체에게 결과 통보하는 절차
Rejection Fee 지불	탈락한 후보 업체에 소정의 사례비 지불
계약 체결	프로젝트 시작 前, 우선협상 대상 업체와 법무 검토 후, 계약서 체결

2. 전시부스 디자인 기획 프로세스

참가기업에서 전시회 참가전략을 수립한 후에 본격적으로 전시기획을 아래와 같은 5가지 단계로 진행하면 보다 효과적으로 참가 목표를 달성할 수 있다.

- Invite : 고객이 자사 부스까지 올 수 있도록 하는 사전 마케팅 활동
- Eye-catch : 시선을 집중시키는 부스 디자인을 통해 방문객을 유입하는 방법
- Experience : 신제품과 브랜드 직접 체험을 통한 참가효과 극대화 방법
- Memory : 부스에서 획득한 정보를 기억하게 해서 재연락/상담 기회 획득
- Action : 2차 미팅, 계약, 구매로 이어지는 성과 창출 단계

1) Invite (부스 방문을 위한 사전 마케팅 활동)

독일, 미국 등의 해외 전시장은 여러 개의 독립 전시홀로 구성되어 있어서 방문객이 사사부스를 찾아오게 하려면 사전에 다양한 마케팅 활동을 해야 한다. 부스를 알

리기 위해서는 차별화된 전시마케팅 커뮤니케이션 방법을 사용할 수 있다.

전시회에서 주로 사용되는 통합 마케팅 커뮤니케이션(IMC: Integrated Marketing Communi-cation) 기법은 아래와 같다.

통합 마케팅 커뮤니케이션을 진행하기 위해서는 참가기업의 브랜드를 참관객에게 알릴 수 있는 콘텐츠를 기획하고 제작해야 한다. 이를 위해 전시회 키 비주얼(Key visual)[1]을 개발하거나 자사 부스의 디자인 이미지 또는 출품하는 신제품의 디자인을 활용한 티저 광고(Teaser)[2]를 제작해서 온라인과 오프라인에서 병행하여 활용할 수 있다.

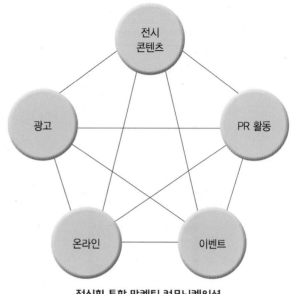

전시회 통합 마케팅 커뮤니케이션

이러한 콘텐츠를 제작할 때에는 참가업체의 기업 브랜드 커뮤니케이션 가이드라인 또는 CI(Corporate Identity)[3], BI(Brand Identity)[4] 가이드라인을 참고해서 적용해야 한다.

전시부스 디자인 기획시 고려사항

전시회 옥외광고[5]나 주최사에서 발행하는 뉴스레터[6]의 광고 게재는 전시주최자에 매체(site)[7]를 예약하게 된다. 인기가 높은 광고 위치는 신청하는 선착순으로 마감

---

1 전시회에 사용되는 참가기업을 상징하는 비주얼 가이드
2 제품명 및 관련 정보를 거의 알려 주지 않는 광고로 소비자에게 궁금증을 유발하여 부스를 찾아오게 하는 광고기법
3 기업의 이미지, 로고를 통합/관리하는 명확한 기준
4 기업 브랜드/제품의 이미지를 통합하는 기준이나 가이드라인
5 OOH : Out-Of-Home(전시회 옥외광고)
6 전시주최자가 발행하는 일간 소식지에 自社의 부스 위치 게재
7 自社 홈페이지 內, 소셜 네트워크(유튜브, 페이스북 등)

전시회 뉴스레터

될 수 있기 때문에 참가업체에서는 주최사의 홈페이지나 주최사 담당자에게 연락하여 사전에 신청 일정을 파악해야 한다.

이때, 부스 예약을 병행하면 효과적이다. 한편, 전시회에 따라 부스 예약일정이 상이하기 때문에 이 부분을 사전에 파악해서 대응해야 한다. 특히 인기가 높은 전시회의 경우, 1년 전에 미리 부스 신청 및 배정을 진행하는 경우도 있기 때문에 주최사와 긴밀히 협의해서 일정에 늦지 않게 진행해야 한다.

참가업체는 부스 예약을 진행하기 전에 아래의 고려사항을 종합적으로 검토해서 참가 규모를 결정한다.

- 전시제품 규모 : 신제품과 기존 판매제품의 비중을 고려해서 출품물 리스트 작성
- 상담 공간 : 부스 내, 거래선 상담 공간 운영여부에 대해 영업부서와 협의/결정
- 이벤트 공간 : 런칭 이벤트나 미디어 행사를 위한 이벤트 공간 배치 여부 고려
- 운영 공간 : 부스 스태프 대기 공간, 전시제품/시연장비 보관 공간

전시장 광고 사례(미국 CES 전시회)

2) Eye-catch(시선 집중을 통한 방문객 유입)

전시장에는 크고 작은 수많은 참가업체의 부스가 있기 때문에 방문객들에게 자사 부스를 주목받게 하기 위해서는 전시기획 시, 다음 요소들을 고려해서 보다 많은 방문객이 찾아 올 수 있도록 준비해야 한다.

바이버 매치 매이킹 - 통역 지원

① 부스 위치(Site location)

전시장에서 전략적인 위치 선정이 중요하다. 일반방문객이 타겟 고객이라면 메인 출입구, 교통시설이 가까운 곳, 주요 기업이 참가하는 전시관 등으로 전략적인 지역에 부스를 예약한다면 보다 많은 방문객 유입이 가능할 수 있다.

② 부스 외관 디자인(Booth exterior design)

타 업체대비 강한 인상을 주고 차별화된 디자인을 통해 방문객의 시선을 끌어 모을 수 있다.

③ 브랜딩(Branding)

멀티 브랜드가 다수 참가하는 전시회의 부스디자인 개발에 있어서 매우 중요한 요소로서 자사 기업 로고나 마케팅 메시지를 부스 상단에 부착하여 먼 곳에서도 잘 보일 수 있도록 조명도 함께 설치한다.

전시부스 Eye-catch 사례(미국 CES 전시회)

부스디자인 전문업체를 선정한 후, 본격적으로 전시부스 디자인 개발을 착수해야 한다. 이를 위해 아래 프로세스와 같이 참가업체와 전시디자인 전문업체가 해야 할 업무범위와 내용에 대해 알아보기로 한다.

표 16-3 전시부스 디자인 기획/제작 업무 프로세스

단계별 업무	업무 내용	
	전시 참가업체	전시 디자인설치사업자
킥오프(Kick-off) 미팅	• 참가방향, 전시제품 등, 전시회 참가계획 공유 • 상호간 역할과 책임(R&R), 분장(Role & Responsibility)	• 참가업체 참가 정보 확인 • 부스 디자인/제작 일정 제시
전시 주제 수립	• 참가전략 및 마케팅전략과 연계한 전시 주제 수립	• 정해진 전시 주제를 부스 디자인에 구현방안 기획
디자인 컨셉 설정	• 대외 마케팅활동 관련, 브랜드 가이드라인을 기획사에 공유	• 참가업체 가이드에 정합하되 차별화 된 디자인 컨셉 개발
2차 미팅	• 1차 개발 된 디자인 초안에 대한 피드백을 기획사로 전달 • 경영진 1차 보고 진행	• 디자인 초안 브리핑 • 보고 후, 변경사항 반영
기본 설계	• 레이아웃, 조닝 설정을 위한 전시 제품군을 기획사에 공유	• 레이아웃, 조닝 설정
실시 설계	• 최종 전시제품 수량, 사이즈 등의 정보를 기획사로 전달	• 참가업체 데이터에 기준해서 전시도면 설계 실행
최종 미팅	• 디자인 최종 시안에 대한 피드백을 기획사로 전달 • 경영진 최종 보고 진행	• 최종 디자인 시안 브리핑 • 변경사항 도면에 반영 • 최종 도면을 주최사에 제출
제작 발주	• 최종 제작 발주 전, 변경/요구사항 발생 시, 업체로 전달	• 분야별 제작업체에게 발주 • 검수(Inspection) 시행
현장 설치	• 1일 현장미팅 및 진행상황 점검 실시	• 주최측에 설치 인프라 신청 및 설치 기간 확인 • 필요 설치인력 선정 및 운영
전시 오픈	• 기획사와 부스 최종 점검 • 제품 설치 및 시연 테스트	• D-1일까지 모든 설치 종료 • 오픈일 현장 대기 및 미비점 보완
철거 및 결과보고	• 본사 회송제품, 폐기품 구분	• 부스 하드웨어 철거/폐기 • 임대가구 반납

3) Experience(직접적인 신제품 체험기회 제공)

방문객이 자사의 부스를 찾아오면 적극적으로 영업마케팅 활동을 해야 한다. 이때, 가장 효과적인 방법은 전시회에 출품한 제품 또는 서비스에 대해 방문객이 직접 체험해 볼 수 있게 하는 것이다. 방문객 체험의 형태는 아래와 같이 몇 가지 방법으로 나누어 볼 수 있다.

① 전시 하드웨어 : 부스 디자인, 레이아웃[8], 조닝[9], 전시집기, 조명, 안내 데스크, 상담 공간
② 전시 소프트웨어 : 콘텐츠(비디오, 그래픽, 스펙보드 등), 이벤트, 현장 운영요원 교육
③ 전시 커뮤니케이션 요소 : 참가업체 임직원, 현장 운영요원, 브로셔, 카탈로그

전시 하드웨어(독립부스, 독일 CeBIT 전시회)

전시 부스에서 신제품 체험기회를 제공하기 위해서는 위와 같이 기본적인 하드웨어 요소와 더불어 소프트웨어 요소가 유기적으로 융합해야 한다. 이를 위해서는 전시기획 단계에서부터 종합적으로 기획해야 한다. 특히 소프트웨어 부분은 디테일이 중요하며 고객의 입장에서 세세한 부분까지 살펴 짧은 부스 체류

전시 소프트웨어(부스 내 미디어 파사드, 독일 IFA 전시회)

시간 동안에 신제품에 대한 이해도 증진과 자사 브랜드에 대한 신뢰도 제고를 달성해야 한다. 홍보용 콘텐츠나 신제품 정보가 담긴 제품 커뮤니케이션 자료는 본사에서 제작 및 검수를 마친 후, 현장에 배치해서 방문객의 이해를 도울 수 있도록 한다.

특히 해외 전시회 참가인 경우, 자료를 영어나 현지어로 제작해야 하므로 오타 또는 어법에 맞게 준비할 수 있도록 현지법인 또는 지사의 업무협조를 구하거나 전문번역업체를 통해서 사전에 내용 이상유무에 대해 확인할 수 있도록 한다.

---

8 부스 내의 전시 공간별 구성안으로 제품별, 사업별 기준으로 기순을 수립하여 구분할 수 있다.
9 제품군별, 테마별로 존 구성을 하여 상호간 유기적이고 연계성 있는 전시를 할 수 있는 기준

참가기업의 환영만찬회

전시회 참가전략 수립단계에서 검토했던 사항들을 중심으로 보다 구체화된 방향으로 독립부스를 기획하게 된다. 우선 전시하드웨어 영역에서 부스디자인 개발을 위해 자사의 브랜드 전략, 참가규모, 주력제품, 디자인컨셉 등을 고려해서 부스의 전체적인 톤앤매너(Tone & Manner)[10]를 설정한다.

4) Memory(부스에서 획득한 정보를 통해 2차 미팅 유도)

전시회는 1회성이므로 전시회 종료 전에 부스를 방문하고 상담을 진행한 방문객과 현장에서 협의되었던 내용을 정리하여 내부 공유해야 한다. 또한 방문한 고객에게는 회사 홈페이지나 신제품에 대한 간단한 정보가 담긴 기념품, 쇼핑백 등을 안내 데스크나 미팅룸에서 증정하여 부스 방문에 대한 기억을 상기시킬 수 있도록 미리 준비한다.

위와 같은 마케팅을 부스에서 전개하기 위해서는 사전에 얼마만큼의 기념품을 준비할지, 언제 누가 이러한 활동을 부스에서 할 것인지에 대한 현장 업무계획을 명확하게 수립해야 한다. 또한 거래선과의 상담을 위한 공간으로 개방형 라운지 또는 폐쇄형 미팅룸을 확보해야 한다. 이때, 상담공간은 아래와 같은 고려사항을 반영하여 준비하도록 한다.

- 인테리어 : 상담의 집중도를 높일 수 있는 조명, 공조, 가구(의자, 테이블) 대여

전시부스 상담공간

---

10 광고물이나 전시 디자인의 전반적인 분위기를 뜻함

- 식음 서비스(Catering) : 거래선 미팅, VIP 환담 시에 간단한 다과 서비스 준비
- 기자재 : 프로젝터, 컴퓨터, 인터넷 설치로 원활한 미팅 진행 준비

5) Action(2차 미팅, 계약, 구매로 이어지는 성과 창출 단계)

방문객 또는 거래선이 부스 방문 시, 교환한 명함이나 기업정보를 통해 전시회 종료 후, 이메일로 방문에 대한 감사인사를 보내는 것이 필요하다. 또한 추가적인 신제품 정보 등을 보내어 지속적인 커뮤니케이션이 이루어질 수 있도록 해야 한다.

이를 위해서는 부스에서 고객정보를 취합하고 보관하는 공간과 업무데스크, 전담 스태프를 배치

전시부스 안내 데스크

해야 한다. 부스공간의 크기에 따라 부스가 작을 경우, 안내데스크에서 고객정보 취합 보관데스크를 통합해서 할 수도 있고 부스 규모에 여유가 있을 경우에는 안내데스크와 분리하여 고객정보 취합 보관데스크를 별도로 운영할 수도 있다.

위와 같은 Invite → Eye-catching → Experience → Memory → Action의 다섯 단계를 철저한 사전 계획과 참가기업 내부 의사결정 및 전시부스 디자인설치업체와의 상호간 명확한 커뮤니케이션을 통해 준비한다면 참가업체는 초기에 목표했던 전시회 참가성과를 얻을 수 있을 것이다.

INVITE EYE-CATCH EXPERIENCE MEMORY ACTION

전시부스 디자인 기획 프로세스

연습문제

1. 전시부스의 유형을 분류하는 기준에 해당하지 않는 것은 ?

① 비용　　　　　　　　　② 재질
③ 전기　　　　　　　　　④ 마케팅 유형

2. 독립부스 시공 종류에 해당하지 않는 것은 ?

① 맥시마 시공　　　　　② 트러스 시공
③ 벽돌 시공　　　　　　④ 블록 시공

3. 전시장을 구성하는 기타 장치물 종류에 해당하지 않는 것은 ?

① 등록접수대　　　　　② 안내데스크
③ 화장실　　　　　　　④ 현황판

4. 현황판에 수록되지 않는 정보는 ?

① VIP 주소록　　　　　② 부스배치도
③ 부대행사정보　　　　④ 행사일시

5. 독립부스에 제공되지 않는 것은 ?

① 부스번호　　　　　　② 부스공가
③ 인터넷　　　　　　　④ 참가기업 명찰

6. 다음 중, 독립부스 참가업체에서 프로젝트의 목적과 발주범위, 일정, 예산을 명기해서 후보 전시부스 디자인 기획업체에게 사전에 전달하는 문서는?

① Long list　　　　　　② Request For Proposal
③ Pitch　　　　　　　　④ Rejection fee

7. 다음 중, 시선을 집중시키는 차별화 된 부스 디자인을 통해 방문객을 유입하게 하는 방법은?

① Invite　　　　　　　② Memory
③ Eye-catching　　　　④ Experience

연습문제 *exercises*

8. 다음 중, 전시 부스 및 전시 마케팅에 사용되는 참가기업을 상징하는 비주얼 가이드는 무엇인가?

① Teaser

② BI

③ CI

④ Key visual

9. 전시 부스 디자인 및 제작 프로세스 중, 참가업체의 출품제품 등의 참가 정보를 공유받고 향후 일정 및 역할 분장에 대해 협의하는 단계는?

① 실시 설계

② Kick-off

③ 제작 발주

④ 디자인 컨셉 설정

10. 다음 중, 전시 하드웨어 요소에 해당하지 않는 것은?

① 조명

② 전시집기

③ 부스 스태프 교육

④ 레이아웃

정답 **1.** ③ **2.** ③ **3.** ③ **4.** ① **5.** ③ **6.** ② **7.** ③ **8.** ④ **9.** ② **10.** ③

전시지원 서비스

정의 및 목표

국내외 전시화물의 운송, 통관업무 및 절차를 이해하고, 전시렌탈, 전시회 구조기술 및 리깅 등 세부 전시지원서비스에 관한 내용을 이해한다. 또한 전시회 운영요원, 도우미, 통역사 등 전시스텝의 역할과 관리시스템을 이해함으로써 원활한 전시회 진행을 도모하고자 한다.

학습내용 및 체계

주요 항목	세부 내용	비고
1. 전시 물류의 이해	● 전시물류 업무범위 및 단계 ● 해상, 항공, 육상운송 및 보세운송 ● 전시품통관 ● 물류지원서비스(국내 및 해외전시)	
2. 전시렌탈	● 전시렌탈	
3. 전시회 구조기술 및 리깅	● 구조기술 및 리깅	
4. 전시회 스텝관리 및 운영	● 스텝의 개념 및 유형 ● 인력선발 계획/ 모집 ● 업무배정/ 교육 및 리허설 ● 인력관리 및 사후관리	

학습 포인트

● 전시화물의 운송, 통관 반입 및 반출 계획수립 및 수행
● 보세구역 설령 및 국내외 전시통관 이해
● 전시렌탈 구싱 및 내용 이해
● 구조기술 및 리깅 이해
● 전시회 스텝의 선발 및 모집 이해
● 스텝유형에 따른 업무배정 및 교육프로그램, 현장인력 관리

핵심 용어

해상운송, 항공운송, 통관, 보세, 까르네, 전시렌탈, 구조기술 및 리깅, 전시회 스텝, 운영요원, 사전교육, 현장인력관리

전시 물류

1. 전시물류의 개념

전시물류란 전시화물의 운송, 통관, 반입 및 반출에 관련한 제반 업무를 말하며, 이러한 업무에 포함되는 보세구역 설령, 전시장내 작업 수행 등 세부 물류 업무도 포괄하고 있다.

- 전시화물의 운송 통관, 반입 및 반출 계획 수립 및 수행
- 보세구역 설령 및 관련 업무 지원
- 전시화물 보관 및 전시장내 작업 수행
- 적정규모의 노무인력 및 작업 장비의 공급
- 전시회 관련 화물 운송업무 책임자의 전시장 상주
- 준비 및 운영, 철거 기간 중 전시장 내 통역요원 등 전문 인력 상주
- 원활한 행사준비 및 운영을 위하여 화물운송과 관련하는 기타 업무

2. 운송 단계도(Logistics flow)

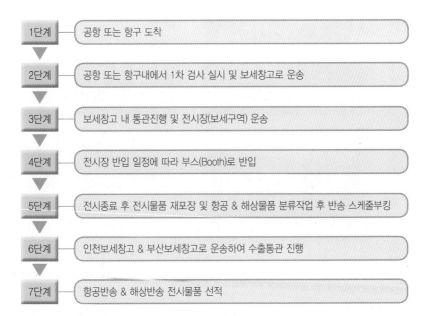

1단계	공항 또는 항구 도착
2단계	공항 또는 항구내에서 1차 검사 실시 및 보세창고로 운송
3단계	보세창고 내 통관진행 및 전시장(보세구역) 운송
4단계	전시장 반입 일정에 따라 부스(Booth)로 반입
5단계	전시종료 후 전시물품 재포장 및 항공 & 해상물품 분류작업 후 반송 스케줄부킹
6단계	인천보세창고 & 부산보세창고로 운송하여 수출통관 진행
7단계	항공반송 & 해상반송 전시물품 선적

3. 운송

1) 해상운송

선박을 이용하여 이루어지는 여객 및 화물운송으로 소형컨테이너 화물(Less than Container Load)과 컨테이너단위 화물(Full Container Load)로 구분한다. 부피가 큰 용적화물 혹은 중량물일 경우 항공운송으로 진행하기 어려우며 운송비가 비싸기 때문에 해상운송으로 진행한다. 또한 선적기한에 여유가 있거나, 온도나 습도와 같이 주위 환경에 민감하지 않는 제품도 해상운송으로 진행한다. 단위는 CBM으로 사용한다. 1CBM = 100 cm × 100 cm × 100 cm이다. 컨테이너 화물로는 차량, 전시부스 자재, 부피가 큰 기계류 등이 있다.

장점	운송화물의 대량수송, 운송비 절감, 부피 및 중량이 큰 화물의 운송가능 등
단점	수송기간이 길며, 기후에 영향, 타 운송수단과 비교하여 높은 위험도 존재
참조	선박 컨테이너(CONTAINER) 종류 - DRY CONTAINER : 20FT, 40FT, 45FT - HIGH CUBE DRY CONTAINER : 40FT - OPEN TOP CONTAINER : 20FT, 40FT - FLAT RACK CONTAINER : 20FT, 40FT
컨테이너 종류	20 ft DRY CONTAINER / 40 ft HIGH CUBE DRY CONTAINER / 20 ft OPEN TOP CONTAINER / 40 ft FLAT RACK CONTAINER 컨테이너 종류

2) 항공운송

항공기를 이용하여 이뤄지는 여객, 화물, 우편물의 운송으로 여객기(Passenger), 화물기(Freighter), 콤비(Combo)로 분류하며 단위는 KG를 사용한다. 통상 항공 운임의 경우 공간(SPACE) 및 무게의 제한으로 인해 부피, 무게 중 큰 값을 적용하는데, 무게는 가벼우나 부피가 큰 경우 부피로 운임을 적용하고 반대의 경우 무게로 운임을 적용한다. 이를 운임산출중량(Chargeable Weight)라고 한다.

중량보다 부피가 큰 용적화물은 중량부피(Chargeable Weight)로 적용하여 항공운임을 부과한다. 총중량(Gross Weight)은 (100KG/실제부피)로, 1CBM 일 경우 중량부피는 167KG로 산정되어 항공운임은 167KG로 적용한다. 항공화물로는 고가장비, 습도 및 기온에 영향을 끼치는 장비, 차량 등이 있다.

장점	신속성, 정시성, 안정성 등
단점	운임이 비싸고, 중량 및 용적 제한이 있음
참조	항공기에 화물을 탑재하기 위한 수송 장비의 종류로 팔레트, 컨테이너, 이글루, 특수단위탑재수송용기(ULD) 등이 있음
단위 탑재 용기	

① 항공운송 시 위험품 (Dangerous Goods)

항공화물에 있어서 위험품이란 항공운송중 발생하는 기압 및 온도의 변화, 운항 중의 진공과 공간의 제한에 따라 항공기, 인명, 인접화물에 피해를 줄 우려가 있는 화물로서, 수송 여부 및 제한 사항이 규정되어 있다.

페인트, 드라이아이스, 배터리, 자동차 등도 항공 운송에 있어 위험품으로 규정된다.

② 위험품의 항공운송 위탁절차

항공으로 운송될 위험물은 항공기의 안전을 위하여 위험물 관리규정(Dangerous

Goods Regulations)에 의거 위험물포장, 마킹(Marking), 라벨링(Labeling) 등을 실시토록 하고 있으며, 항공사에 위탁시 일반 화물과 구분 취급될 수 있도록 위험물 화주신고서(Shipper's Declaration for Dangerous Goods)를 작성 제출토록 되어 있다.

3) 육상운송

육로에서 이뤄지는 여객, 화물, 우편물의 운송으로 문전에서 문전(Door to Door) 서비스이다.

장점	소량화물을 신속하게 운송, 운송상 경제성과 편이성 등
단점	인건비 부담이 높으며, 적재량의 제약으로 경제성이 떨어짐
육상운송트럭종류	

4) 보세운송

해외로부터 수입된 전시물품을 공항 또는 항구에서 통관하지 않고 세관장에게 신고하거나 승인을 얻어 통관이 유보된 상태로 다른 보세구역으로 운송하는 것을 의미하며, 전시장으로 보세운송 시 전시장이 보세구역으로 설령이 완료된 후 운송 가능하다.

장점	신고절차의 간소화, 검사의 생략, 담보제공의 면제, 세금 유보 등
단점	재수출 시 물품의 수량과 중량이 수입시와 동일하여야 함

내륙운송 시의 주의사항

· 야간 운행 시에는 경광등을 부착하고 호송차량의 지원을 받는다.
· 고속도로 운송 시 톨게이트의 최대 통과크기를 확인한다(최대 폭3m, 높이4.2m, 중량40톤).
· 거대한 전시품은 국도로 운행하되 사전에〈도로통행허가서〉및〈도로점용허
  가서〉를 관할경찰서로 부터 발급받는다.
· 반도체, 의료기기, 전자제품 등 정밀기기는 포장에 무진동 차량으로 운송한다.
· 세관창고 내에서의 반출입 작업(특히 지게차)을 주의깊게 감독한다.

4. 통관

1) 일반수입 및 수출통관(Permanent & Export customs clearance)

수입이나 수출품목에 대하여 관세 및 부가세를 징수하고 대외거래와 기타 법령
에 의한 허가, 승인 등을 확인하는 수출입 행위이다.
  예) 판매제품(SOLD ITEM), 소모품, 배포용 사은품, 식품류

2) 전시품(보세)통관 (Temporary customs clearance via Bonded)

전시장 및 특정지정 구역에서 이뤄지는 보세통관 수입화물의 과세유보를 의미
하며, 해외화물의 수입면허 미필상태에 놓여 있는 것을 의미한다. 이러한 상태에
놓여 있는 것을 보세화물이라고 한다. 전시장(보세구역)에 장치된 상태의 보세와 보세
운송에 의한 이동상태의 보세가 있다.

① 특허 보세구역 설정(보세설령특허) : 세관장의 특허를 받아 설치, 운영하는 보세구
  역으로 외국물품이나 통관하려는 물품의 장치, 보세가공, 보세전시, 보세건
  설, 보세판매 등을 목적으로 개인의 신청에 의하여 세관장이 특허한 구역으로
  주로 개인의 토지, 시설 등에 대하여 특허되고, 설치 운영은 특허를 받은 개인
  이 관리한다.
② 보세구역 설정 이유 : 보세전시장에서는 전시장의 설치와 관련된 전시물품,
  판매용품, 견본품을 관세를 납부하지 않고 반입할 수 있고 통관절차가 간소화
  됨에 따라 비용절감이 가능하다.

전시회 종료 후 물품처리는 판매용 물품 구매 시 현장에서 관세, 부과세 납부가 가능하며, 행사 종료 후 남은 물품을 별도의 복잡한 절차 없이 외국으로 반송할 수 있다.

③ 전시회를 주최하는 주최자에서 신청가능하며, 상황에 따라 대리인이 신청 가능하다. 신청은 전시일 기준 한달 전 부터 신청가능하며, 전시장 관할세관 통관지원과로 직접 신청한다.

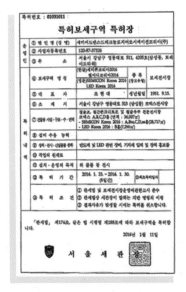

보세특허장

④ 보세설령특허 신청구비서류

- 보세전시장설치운영특허신청서
- 사전정보 공동이용 사전동의서
- 보세전시장 운영업무담당임원 인적사항
- 사업자등록증 사본
- 사업계획서 - 팜플렛 또는 카탈로그
- 전시장 임대차계약서
- 보세물품리스트, 참여업체 리스트
- 팜플렛
- 부스배치도
- 대리인위임장(직인 및 사인 필요)

3) 까르네(ATA CARNET)

① ATA CARNET : 물품의 무관세 임시 통관증서로 협약 가입국 간에 일시적으로 물품을 수입/수출 또는 운송하기 위해 복잡한 절차를 간소화하는 통관 방법

② 수출국(SHIPPER 측)에서 작성하여 수출 시 사용하며, 전시물품 수출입 시 사용(원본서류 항시 필요)

③ 수입절차 간소화로 인해 구비서류 간단하며 통관용이

④ 전시회 종료 후, 1년 안으로 전량 반송조건

 ATA Carnet 가능물품

- 상품견본(Commercial Samples)

- 직업용구(Professional Equipments)

- 전시회(Fairs/Exhibitions)의 용도로 물품을 해외에서 사용 후 재반입하는 화물

- 농산물, 식료품, 위험물품, 소모품 등 부패의 우려가 있거나 일회용품 또는 반입국이 수입을 금지하고 있는 물품에 대해서는 사용할 수 없다.

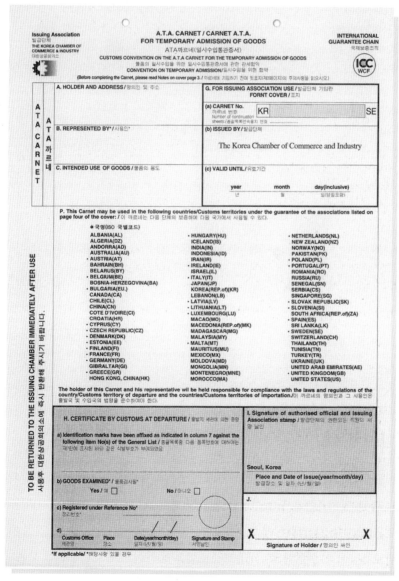

ATA Carnet

🎧 ATA Carnet 가입국가

까르네는 다음 단체의 보증하에 다음 국가에서 사용될 수 있다.

---

* 국명(ISO 국별코드)

ALGERIA(DZ)	ANDORRA(AD)	AUSTRALIA(AU)
AUSTRIA(AT)	BELARUS(BY)	BELGIUM(BE)
BULGARIA(BG)	CANADA(CA)	CHINA(CN)
COTE D'IVOIRE(CI)	CROATIA(HR)	CYPRUS(CY)
CZECH REPUBLIC(CZ)	DENMARK(DK)	ESTONIA(EE)
FINLAND(FI)	FRANCE(FR)	GERMANY(DE)
GIBRALTAR(GI)	GREECE(GR)	HONG KONG, CHINA(HK)
HUNGARY(HU)	ICELAND(IS)	INDIA(IN)
IRELAND(IE)	ISRAEL(IL)	ITALY(IT)
JAPAN(JP)	KOREA(REP.of)(KR)	LEBANON(LB)
LATVIA(LV)	LITHUANIA(LT)	LUXEMBOURG(LU)
MACEDONIA(REP.of)(MK)	MALAYSIA(MY)	MALTA(MT)
MAURITIUS(MU)	MONGOLIA(MN)	MOROCCO(MA)
NETHERLANDS(NL)	NEW ZEALAND(NZ)	NORWAY(NO)
POLAND(PL)	PORTUGAL(PT)	ROMANIA(RO)
RUSSIA(RU)	SINGAPORE(SG)	SLOVAK REPUBLIC(SK)
SLOVENIA(SI)	SOUTH AFRICA(REP.of)(ZA)	SPAIN(ES)
SRI LANKA(LK)	SWEDEN(SE)	SWITZERLAND(CH)
TAIWAN	THAILAND(TH)	TUNISIA(TN)
TURKEY(TR)	UNITED KINGDOM(GB)	UNITED STATES(US)

The holder of the Carnet and his representative will be held responsible for compliance with the laws and regulations of the country/Customs territory of departure and the countries/Customs territories of importation./이 까르네의 명의인과 그 사용인은 출발국 및 수입국의 법령을 준수하여야 한다.

---

4) 담보수입 (Temporary customs clearance via Bank Guarantee)

전시물품 수입시 전시장이 보세구역으로 설영되지 않거나 까르네로 수입되지 않는 임시통관 전시물품은 담보수입을 통하여 전시장으로 반입되며, 전시회 종료 후 지정된 담보수입 기간내에 재수출되어야 한다. 관세사를 통하여 전시물품에 대한 개별담보제공서를 수령한 후, 서울보증보험을 통하여 보증보험증권이 세관전산망으로 전송되며 납세보증보험 보험료 영수증, 선화증권(BL, bill of ladng), 송장(Invoice), 포장

명세서(Packing List)와 그밖에 서류를 세관에 제출하면 수입절차가 완료된다.

5. 현장(전시장) - 국내 전시회

1) 반입업무 (Move-in)

전시회 특성상 반입/반출 기간이 정해져 있으므로, 정해진 기간에 맞춰 전시장으로 모든 해외, 국내 전시물품이 전시장 하역장으로 반입되어야 한다.

① 해외전시물품 : 해상운송 또는 항공운송을 통해 수입된 서류를 토대로 전시작업리스트를 작성한 후에 전시물품이 전시장에 도착하면, 전시장 하역장에 임시로 보관, 참가업체가 요청한 날짜에 정해진 부스로 반입 진행한다. 전시물품을 포장된 박스로부터 분리 후, 빈 박스(Empty Boxes)는 하역장에 보관한다.
② 국내전시물품 : 국내전시물품은 참가업체의 화물차량이 전시장에 도착하면, 전시장 부스로 바로 반입하며, 전시품 하차(Unloading) 작업을 지원한다.

전시품 및 장치물의 운송은 참가업체의 전시면적을 먼저 고려하여 우선 반입하는 것을 기본으로 하며, 다음으로 전시품과 장치물의 특성을 고려하여 반입순서를 결정한다.

2) 전시기간업무

전시기간동안 전시장에 상주하여 해외, 국내참가업체의 반출업무를 지원하며, 각 전시업체의 반출일정을 확인하여 차량배차 및 해상/항공 스케줄 부킹 및 통관서류 작업을 진행한다.
① 전시품 및 장치물의 반입 · 반출 지원
② 반입 및 반출 시 도난 · 분실에 대비한 보안 강화
③ 전시기간 중 전시품 이상여부 확인 등
④ 참가업체에 대한 현장 긴급 업무지원 등

SEMICONKOREA'16 - 2016.01.27~29, COEX, SEOUL

진공포장요청 : 0로 표기 / 진공포장 되어있는 경우 : 1로 표기 / 진공포장&친공뽁지 있는 경우 : 2로 표기 / WC:WOODEN CASE / CT: CARTON / PLT : PALLET

BL/AWB NO.	SEA/AIR	ETA/W.H	NO	EXHIBITOR	TOTAL	진공	쇼크	TYPE	L	W	H	CBM	G.W	INVOICE VALUE	BOOTH NO	MOVE-IN	CUSTOMS
PSUK-KOFB16503001	LCL	1.15 BUSAN	001	KUZE KOREA	3PKG,840KG 5.31CBM				160	110	130	2.29	500.0	¥2,020,4230.00	Hall C 1878	1.26 15:00	보세 (소모)
									160	110	90	1.58	200.0				
									120	150	80	1.44	140.0				
235-0334-7186	AIR	1.16 MK	002	TESCAN KOREA	3PKG,1780KG 10.114CBM	0,x		WC	174	142	208	5.14	990.0	$1,400,000.00	Hall C 1680	1.25 13:00	보세
						0,x		WC	174	117	108	2.20	335.0				
						0,x		WC	149	137	136	2.78	455.0				
TACPUS03242	LCL	1.12 BUSAN	003	AMETEK TMC (중국)	1PKG,425KG 1.54CBM				115	103	130	1.54	425.0	$4,800.00	Hall C 1780	1.26 13:00	보세

전시화어리스트

3) 반출업무(Move-out)

정해진 반출기간에 맞춰 모든 해외, 국내 전시물품을 전시장에서 반출한다.

① 해외전시물품 : 전시종료 후 모든 빈 박스(Empty Boxes) 등은 정해진 부스(Booth)로 입고하고 참가업체 입회 하에 전시물품을 재포장하여 항공, 해상 또는 보세창고로 전시물품을 운송한다.
② 국내전시물품 : 국내전시물품은 참가업체의 화물차량이 전시장에 도착하면 반출(상차작업)을 지원한다.

6. 현장(전시장) 업무 - 해외 전시회

1) 준비단계

① 계획 : 지역별 마케팅 방법 결정(실물데모, 샘플기증, 지면자료)
② 협력사 선정 : 서비스, 가격, 추천업체(한국관 공식업체)
③ 협력사 연계 및 협력 : 부스 디자인업체와 운송업체의 정보를 서로 공유하여 참가업체가 기획하는 전시회의 시너지 발생
④ 예산결정 : 한국왕복 기준으로 예산 책정, 판매가능성이 있다면 판매 시 발생하는 예상비용을 함께 예산으로 수령
　주의) 지역별로 전시회 종료 후 판매시 통관이 장기간 소요되어 부대비용(수입허가/창고료/바이어회사까지의 운송료)이 더 많이 발생
⑤ 한국관의 협력사를 최대한 활용하기
　예) 한국관의 협력사 비용이 가장 경제적이며, 현장 출장으로 인하여 서비스 질 향상(소량의 화물인 경우 협력사와 상의하면 비용 절감 효과)

2) 실행단계

① 운송품 리스트 작성(세관 검사 시 리스트와 일치하지 않을 경우 통관이 지연됨)
② 기초포장(제품파손에 유의 완충포장 / 반송품과 소모품을 구분하여 포장)
③ 목재포장
④ 운송사에 의뢰하여 전시장 부스까지 전시품 이동

TIP 💡

기초포장
반송품과 소모품을 함께 포장할 경우 부피절감에 대한 효과볼 수 없음 / 재포장을 위한 포장재 준비

목재포장
파손 및 습기 대비(전자제품의 경우 진공포장 추천, 특히 동남아지역 필수) 외부포장회사에 의뢰시 포장 사진 요청

⑤ 전시장 부스에서 물품 수령시 파손 및 개봉여부 확인(외부파손 발견시 사진촬영)

⑥ 재포장 자재는 부스에 보관(빈 상자 운송은 전시회 종료 후 2-3시간 소요)

⑦ 운송품 리스트에 반송물품에 대한 표기 후 운송업체에 전달(원본 사진촬영)

⑧ 빈 상자 도착 후 나무상자에 적입, 라벨부착 마무리 후 포장 외면 사진 촬영

3) 해외전시 참가시 물류 절차

해외전시 참가 시 물류절차는 상기 준비단계와 실행단계를 거쳐 진행되며, 수출절차는 다음 표와 같다.

① 해외전시-국내수출

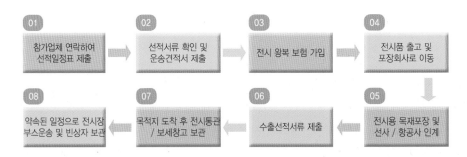

② 해외전시-국내재수입

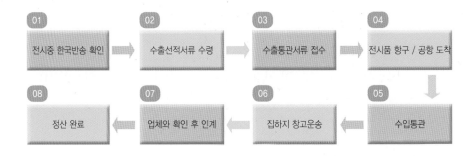

4) 국가별 운송, 통관, 서비스 비교

다음은 국가별 운송기간 / 통관기간 및 서비스 범위표로 각 나라마다 운송, 통관 시 수요되는 시기와 통관방법과 서비스 범위에 대해 정리되어 있다.

표 17-1 국가별 운송 / 통관소요기간 / 서비스 범위

지달	국가	통관	운송기간/ 통관기간		서비스범위	비고
아시아	한국	담보, 전시통관	3일		unpacking/ empty storage포함	소량홍보물 -샘플통관 저관세
	일본	까르네 전시통관 세금납부 통관	4일/2주			
	중국 북부	까르네 전시통관	4일/3주			
	중국 남부	담보 전시통관	4일/2주			
	인도	까르네 전시통관	3주/3주			
	태국	담보 전시통관	2주/2주			카탈로그 관세
	베트남	담보 전시통관	2주/2주			
중동 아프리카	두바이	담보 전시통관	3주/2주		unpacking/ empty storage포함	
	남아공		5주/3주			
	리비아		항공			
	사우디아라비아		4주/4주			
	카타르		2주/4주			
	이집트		5주/3주			
유럽	독일	담보 전시통관	5주/2주		unpacking/ empty storage 불포함	소량 홍보물 -샘플통관 저관세/ 한-EU FTA
	프랑스		5주/2주			
	영국		6주/2주			
	동유럽		7주/3주			
	북유럽		7주/2주			
	러시아		7주/3주			
	터키	까르네 전시통관	6주/3주			
아메리카	미동부	담보 전시통관	4주/2주	검 사 1주	unpacking/ empty storage 불포함	소량 홍보물 -샘플통관 저관세/ 한-미 FTA
	미중부		3주/2주			
	미서부		2주/2주			
	브라질		3주/3주			50%관세
	멕시코		6주/3주			50%관세
	아르헨티나	라이센스	6주/4주			카다로그 관세

5) 보험

해상, 항공운송 중에 화물의 멸실 또는 손상이 발생하면 해상, 항공 운송인이 원칙적으로 보상하지만, 해상, 항공운송인의 과실이 없고 협회적하약관(해상. 항공)의 일반 면책사항에 해당되는 경우에는 해상, 항공운송인은 면책된다. 따라서 화물을 해상, 항공 운송하는 경우에도 해상, 항공화물을 보험에 가입해야 한다.

① 전시보험필요사항 : 전시물(물품)내역, 전시회 장소(국가 및 지역), 전시회 명칭, 전시기간, 보험조건(특약) 등 보험가입 시 면책 조항을 정확히 확인하여야 한다.

표 17-2 보험처리절차 및 보상기준

처리절차(6단계)			보상기준		
1단계	클레임 접수, 담당자 지정	파손	보수가능	보수·수리비용 배상
			보수불가	수입원가 기준 배상
2단계	클레임 처리	분실	수입원가 기준 배상
3단계	처리내용, 사고회사 담당자 결과 보고		
4단계	고객관리시스템 통해 업무공유		
5단계	근본적인 추적 및 사례 정립화		
6단계	사고회사 담당자와 연락유지		

6) 포장

물품을 수송, 보관함에 있어서 물품의 가치 및 상태를 보호하기 위해 적합한 재료 등으로 1차(낱 포장), 2차(겉포장)로 분류하여 포장하여야 한다. 제품의 특성에 따라 진공포장을 하는 경우도 있다.

1차(낱 포장) / 2차(겉 포장) / 진공포장

7) 핸드캐리(Hand Carry) 유의사항

① 전시회 참가확인서 사본, 제품리스트, 제품 카탈로그 등을 준비

② 물품(전시물품)을 여행용 캐리어를 사용하여 운송하는 것이 일반 종이상자에 운송하는 것보다 효율적이며 세관검사를 생략할 수 있음

③ 공항 포터서비스가 있는 국가는 짐 찾는 곳부터 포터서비스를 이용하여 세관검사를 생략할 수 있음

④ 공항세관검사 중 문제가 발생 하였을 경우 대처방안

· 전시물품이라는 것을 각인시키고 저가의 전시샘플임을 강조하고 전시회 종료 후 재반송되는 물품이라는 것을 각인시켜야 함

· 세금을 즉시 납부하고 물품을 바로 수령하여야 함

· 공항에서 물품유치증을 수령한 뒤, 공식운송사에게 물품유치증 즉시 전달

● IELA(International Exhibition Logistics Association)

국제전시물류협회는 1985년에 설립되었으며 국제적이고 전문적인 전시운송전문협회로 회원사들의 친목도모 및 정보교류의 목적으로 60개국 170개 회원사로 구성되어있다. 1년마다 총회를 개최하고 있으며, 제26th IELA 서울총회는 2011년 6월에 4일간의 일정으로 60개국 170개 회원사 및 동반자 400명 이상이 참가하였다.

참조 : www.iela.org

02 전시렌탈

1. 전시렌탈의 개념

전시렌탈이란 전시 디스플레이에 필요한 영상, 음향, 조명 장비 및 가구·비품 등을 전시기간 동안 임대하고 이의 사용에 필요한 용역을 제공하는 일체의 서비스 행위를 말한다. 그리고 이런 서비스 행위에 대해 수수료를 받는 등 경제활동을 목적으로 하는 업종을 전시렌탈업이라고 한다.

일반적으로 렌탈업체는 전시행사만 주로 하는 전시렌탈업체와 전시렌탈에 국한되지 않고 국제회의(Convention), 기업행사, 각종 이벤트에 필요한 각종 장비, 비품의 임대와 운용을 제공하는 종합렌탈업체로 구분되며, 후자의 경우 전시렌탈은 이들 업체의 사업 중 한 분야라고 할 수 있다.

단순히 전시참가업체가 요청하는 장비 및 비품만 임대해 주던 과거와 달리 최근에는 전시 디스플레이에 대한 컨설팅을 포함해 전시목적을 보다 효율적으로 표현할 수 있는 첨단 장비등에 대한 공급도 담당하고 있다.

2. 전시렌탈 품목

1) 영상장비

LCD 프로젝터

LCD(액정)의 전기 광학적 성질을 표시장치에 응용한 것으로, 강력한 빛을 발하는 램프에서 발생된 빛을 3장의 투과형 LCD패널에 통과시킨 다음 렌즈를 통해 스크린에 확대 투사하는 방식의 프로젝터이다. 밝기 및 해상도에 따라 가격이 다양하며 화질이 선명하고 입력 주파수 변화에 따른 편향의 변화가 없어 PC입력 호환성이 우수하며 성능대비 가격이 저렴하여 현재 가장 널리 사용되고 있다.

🎧 **밝기**(단위 : ANSI lumens)**에 따른 사용 용도**

TIP 💡

프로젝트 밝기 단위 :
ANSI lumens

· 5000~6000 ANSI(American National Standards Institute) : 밝은 사무실 학교 교실

· 7000 ANSI : 규모가 큰 교회 및 대강당

· 10,000 ANSI : 내부빛이 밝고 사용하고자 하는 곳의 스크린이 250~300인치 이
   상 되는 곳

· 15,000 ANSI 이상 : 컨벤션 행사장, 대형 전시장 등

20,000 ANSI

15,000 ANSI

5,000 ANSI

3,000 ANSI

🎧 **DID**(Digital Information Display)

정보나 광고를 디지털 디스플레이 장치를 통해 컨텐츠를 재생하여 관련대상에
게 시각, 청각적으로 전달시키는 시스템이다. 대표적으로 스탠드형 DID와 멀티비
전 DID 등이 있다.

① 스탠드형DID : 안에는 멀티미디어 플레이어보드 및 PC를 내장하고, 밖에는
   강화유리 및 분체도장이 된 내구성이 강한 스탠드형 케이스를 장착, 케이스

하단부에 이동형 캐스터^(4륜)를 장착하여 이동이 용이하다.

② 멀티비젼 DID : 몇 개의 디스플레이를 연결하여 대형화면을 통해 역동적이고 색감있는 컨텐츠를 전달하기에 적합하다.

| DID | DID | 멀티 PDP |

🎧 스크린

가정 또는 소규모 사무실에서 사용하는 소형부터 대규모 행사장에서 사용하는 대형 스크린까지 다양한 종류가 있다.

① 크기별

- 소형 : 크기는 80~100인치로 소규모 행사, 회의실, 세미나실 등에 설치
- 대형 : 크기는 120~300인치로 강당, 대규모 회의실에 설치
- 초대형 : 대규모 행사장에 설치

② 형태별 : 수동식, 전동식, 이동형

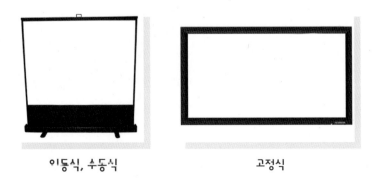

| 이동식, 수동식 | 고정식 |

LED^(Light Emitting Diode) 스크린

LED(Light Emitting Diode) 스크린

전류가 흐르면 빛을 방출하는 반도체 소자 발광다이오드의 한 종류로 이를 이용하여 그림이나 문자가 나타나도록 만든 판이다. 대형 디스플레이로도 활용되어 스크린, 광고판으로 활용되고 있다.

2) 음향장비

앰프 및 믹서

① 앰프

증폭기라고 하며 외부 기기로부터 유입된 신호 값을 증폭해 음향의 성능과 음질을 높이는 역할을 한다. 제품에 내장된 내장형과 별도로 장착하는 외장형으로 나눌 수 있는데 일반적으로 앰프는 외장형 앰프^(파워앰프)를 말한다.

② 믹서

두 가지 이상의 음원을 하나의 음으로 합치는 기계 장치. 독립된 복수의 입력 단자와 각각의 레벨 컨트롤^(level control)을 갖추어 다양한 음원을 혼합해 하나의 출력으로 만드는 기기를 말한다. 예를 들어 따로 입력되어 있는 배경 음악, 내레이션, 음향 효과, 대사 등을 단일 음대로 합쳐 하나로 녹음하는 것이다.

🎧 스피커

Linearray 스피커

① Linearray 스피커

라인어레이란 "여러 대의 스피커를 일렬로 붙여서 소리의 전달 효율을 높이는 방식"을 말한다. 소스 전체 출력이 같다는 것을 전제로, 같은 위치에서 들리는 소리크기를 출력변화 없이 키울 수 있고, 방향성을 갖게 되어 소리를 원하는 방향으로 보낼 수 있는 장점이 있는 반면 예산이 많이 소요되고 주파수에 따라 스피커를 조절하는 정밀한 프로세싱 세팅을 해야 하는 등 주의할 점도 있다.

② BGM 스피커

행사장 배경음악 스피커이다.

BGM 스피커

🎧 이동형 음향장비

핀마이크, 무선마이크, 이동식 스피커 등 이동성이 특화된 음향장비

| 무선마이크 | 이동식 음향장비 | 핀마이크 |

3) 조명장비

🎧 조명

① 전시조명 : 무빙라이트, LED무빙라이트, 쥬피터라이트, 헤이져
② 무대조명 : 파라이트, 소프트라이트, 엘립소이드, LED파라이트, 무빙라이트, LED무빙라이트 등

무빙라이트   무빙라이트   LED무빙라이트   미니빔라이트

스트로브라이트   엘립소이드   엘립소이드   팔로우핀

스트로브라이트   팔로우핀   팔로우핀

조명 컨트롤러

기본적으로 조명의 밝기와 조절을 가능하게 하고 컬러변환, 동시점멸, 순차적 디밍, 순차적 변환, 부드럽게 이동 등 부가적인 기능을 갖춘 장비이다.

4) 인터넷 중계시스템

중계시스템이란 현장의 영상과 음향을 카메라와 송수신장비 등의 중계 장비를 이용하여 인터넷 생방송 수신이 가능하도록 전송하는 시스템이다.

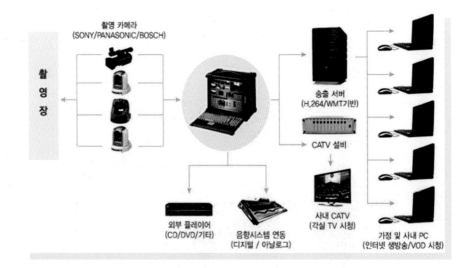

5) 동시통역시스템

전시회 및 컨퍼런스, 국제회의 등에서 다양한 언어를 몇 사람의 동시 통역자에 의하여 동시 통역하여, 유선이나 무선장치에 의해 회의 참가자에게 전송하는 장치로 FM방식과 직외선방식이 있다.

① FM방식 : 라디오와 마찬가지로 FM 주파수로 작동, 통역사가 말하는 소리를 송신기로 보내고 송신기에서 무선 동시통역기로 보내는 방식
② 적외선방식 : FM을 빛으로 변환하여 작동, 통역사가 말하는 소리를 라디에이터라는 불빛을 내는 기계로 보내고 그 빛을 받은 수신기가 작동하는 방식

Central Unit   Digital Transmitter   Audio Output   Digital Radiator

동시통역부스   수신기(FM방식)   수신기(적외선방식)   Interpreter Set

6) 텐트 및 시설물(야외 전시장)

① 하이픽텐트

화려한 외관을 자랑하면서도 고강도 프레임과 연결부, 고급 막재의 사용, 또한 모든 부품과 재료에 대하여 정밀하게 표준화하여 뛰어난 디자인을 자랑한다. 상부 프레임에서 막을 잡아 당겨주는 구조로 구김이나 흔들림이 없으며 바람과 눈,비에도 강한 내구성을 가지고 있다. 벽면을 유리나 목재를 사용하여 반영구적인 건축물로 활용할 수 있으며 여러 동을 연결하여 설치할 수 있으므로 다양한 공간 창출이 가능하다.

② TFS 대형텐트

T.F.S. 대형텐트는 최고 높이 15m의 유선형 최첨단 디자인으로 설치 및 해체가 용이하고 Flat 형태의 단일 마감으로 길이 연장이 용이한 장점이 있다. 알루미늄 조

립 구조물로 25도의 지붕각도를 갖고 있으며 막은 빛 투과율 1% 미만의 PVC 3중 코팅이 되어 있다.

서울 ADEX 2015(에어쇼) 현장

③ AL-HALL 대형텐트

AL-HALL 대형텐트는 반영구적인 프레임과 패브릭(Fabric) 소재의 막구조로 이루어져 있으며 친숙한 A자형 디자인으로 저렴한 비용으로 설치가 가능하며 길이 연장이 용이한 장점이 있다. 알루미늄 구조물로 18도의 지붕각도를 갖고 있으며 막은 빛 투과율 60~70%의 PVC 3중 코팅이 되어 있다.

④ 접이식 텐트

설치가 가장 간편하며 경제적이다. 접을 수 있어 운반 및 보관이 쉽고 각종 행사에서 임시로 사용하기 간편한 장점이 있다.

⑤ MQ 텐트

박람회나 각종 야외 행사에 많이 쓰이고 있는 텐트로 디자인이나 내구성에서 많이 떨어지나 가격이 저렴하다. 설치 및 사용이 간편하며 단기간 비바람 걱정이 없는 곳에서 저렴하게 사용하기 적당하다.

⑥ 이동식 화장실

대용량 탱크(7100L) 설치로 관리가 쉽고 난방 시스템 및 상하수 배관의 열선 및 단열 시공이 가능하며 뛰어난 기동성(5t 트럭 탑재 이동)을 자랑한다. 수질 보호 구역 및 각종 행사장에서 사용이 적합하다.

7) 전시가구 및 비품

① 의자

전시가구는 의자, 테이블세트, 포디움 및 협탁, 소파 등으로 전시회 상담 및 운영에 필요한 물품이다. 전시비품은 전시테이블(쇼케이스), 디스플레이용 이젤, 차단봉, 접이식 카탈로그 비치대, 포스터 스탠드 등을 말한다.

 ## 03 구조기술 및 리깅

1. 구조기술 및 리깅의 개념

리깅(Rigging)이란 천장에 구조물을 매달아 공간 디자인을 표현하는 방식으로 주로 전시장 천장 H빔이 강성으로 되어 있는 곳에 사용할 수 있다.

무대에서 쓰는 알루미늄 트러스로 뼈대(틀)을 만들고, 그 틀에 목공이나 페브릭, 영상, 음향, 조명, 사인, 조형물들을 꾸미고 매달아 천정에 부상시킴으로써 공간 디자인을 극대화시키는 목적으로 설치한다.

공간디자인을 극대화할 수 있는 이유는 높이 띠우므로 멀리서도 볼 수 있는 시인성이 좋고 부스내 기둥이 없으므로 공간 구성이 편리하며 조명을 원활히 설치할 수 있고 다양한 디자인 연출을 가능하게 해주기 때문이다.

일반적으로 400kg에서 2톤 가까이 고중량을 매달아 천정에 띄우기 때문에 구조해석 안전검사가 필수이며 단점은 시공비가 비싸다는 점이다. 이유는 시공방법상 제일 먼저 설치하고 제일 나중에 철거하다 보니 공사 기간 동안의 임대기간이 길고 단시간에 많은 인력과 중장비가 투입되는 점, 체적이 큰 트러스, 모터, 결속 악세서리 등의 운반비 비중이 크며 구조해석 안전검사 등의 제반 비용이 많이 들기 때문이다.

2. 리깅 디자인 종류별 특징

1) 패브릭 계열의 리깅 조형물

패브릭은 목공에 비해 가볍고 비용이 적게 드는 반면에 마감에 있어 다소 품질이 떨어신나. 이를 보완하고자 출력기(플로터)와 원단 등에 대한 기술 개선이 이루어지고 있으며 유럽에서는 많이 활용하고 있는 추세이다.

ADEX 2013(NGC)

HARFKO(삼영종합기기)

2) 목공 계열의 리깅 조형물

목공은 무겁기 때문에 리깅시 트러스와 목공간의 결속이 무엇보다 중요하다. 그래서 목공과 트러스를 직접 접착하지 않고 이격을 두었을 경우는 별도로 목공내부에 각파이프 또는 작은 사이즈의 트러스를 매립해서 결속한다.

GASTECH 2014(SK E&S)

GASTECH 2014(TECHNIP)

3. 종류별 시공 사진

1) 영상

2) 음향

3) 조명

4) 사인, 조형물

IMEX 2013

4. 국내 전시장 실제 사례

1) 킨텍스 - 제1전시장, 제2전시장

장스팬 지붕을 지지하는 9~13.5m 간격의 메가 트러스를 이용하여 9m당 최대 500kg까지 리깅이 가능하고, 트러스 하현재가 수평으로 설치되어 있어 리깅 구조물의 안전성 확보에 유리하다.

제1전시장(서울모터쇼 2015, 르노삼성)　　**제2전시장**(서울모터쇼 2015, 인피니티)

2) 벡스코 – 제1전시장, 제2전시장

장스팬 지붕을 지지하는 8.1~10.2m 간격의 메가 트러스를 이용하여 9m당 최대 500kg까지 리깅이 가능하나, 트러스 하현재 형태가 경사로 설치되어 있어 리깅 구조물 설치시 안정성 확보에 주의가 필요하다.

제1전시장(부산모터쇼 2014, 한국GM)　　**제2전시장**(부산모터쇼 2014, 삼천리자전거)

3) 엑스코

제1, 2전시장(신관)은 장스팬 지붕을 지지하는 9.0m 간격의 메가 트러스를 이용하고, 제3전시장(구)은 장스팬 3층 바닥을 지지하는 3m 간격으로 설치된 트러스를 이용하여 9m 당 최대 500kg 까지 리깅이 가능하다.

제1, 2전시장　　**제3전시장**

4) 코엑스

코엑스는 지붕층에 선 시공되어 있는 호이스트 만을 이용하여 리깅이 가능하고, 호이스트 1개소당 최대 150kg까지만 리깅이 가능하므로 리깅 구조물 설치에 제한적이다.

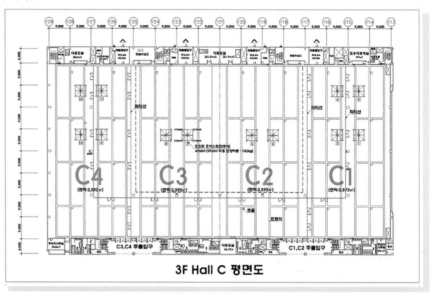

3F Hall C 평면도

5. 행사 시 리깅 활용사례

IMEX 2013

04 전시회 스텝 관리 및 운영

1. 전시회 스텝(staff) 개념

전시회 스텝이란, 전시회장 내에서는 관련 조직(주최자, 참가자, 주관기관, 대행사, 전시운영 대행업체 등)에 소속되어 다양한 업무를 수행하고 있는 행사 기간에 현장에서 활동하는 근로자를 포함한 모든 인력(슈퍼바이져, 운영요원, 도우미, 통역사, 경호, 환경미화원)을 통칭한다. 전시회는 대표적인 지식 서비스 산업으로서 인적 서비스가 매우 중요하다. 특히, 전시 참가자 및 관람객과 가장 많은 접촉이 이루어지는 서비스 접점에는 대부분 전시회 스텝들이 응대를 하고 있기 때문에 이들이 전시회에 차지하는 비중은 매우 크고 최근 글로벌 전시회의 규모가 커져 가면서 전시회의 질적 서비스는 참가업체들의 재참가 여부에도 영향을 미치기 때문에 인적 서비스는 더욱 중요한 요소로 작용하고 있다.

전시장에서는 기본적으로 자원봉사자의 활용은 거의 이루어지지 않으며, 유급 인력을 직접 채용하거나 전시운영대행 업체에게 서비스를 제공받고 있는 경우가 대부분 차지하고 있지만, 정부예산으로 이루어지는 엑스포, 컨벤션 회의 및 총회에서는 자원봉사자의 활용이 매우 높은 편이다.

그러므로 여기에서는 일반적으로 슈퍼바이져, 운영요원, 도우미, 통역사, 경호를 전시회 스텝으로 정의하며, 크게는 자원봉사자, 환경미화원까지 포함하여 전시회 스텝으로 정의하고자 한다.

표 17-3 전시장 스텝 유형

대분류	중분류	주요 업무
스텝 STAFF	슈퍼바이져(진행요원팀장)	운영요원 및 현장 스텝 총괄 관리
	이벤트 운영요원	무대 연출 지원 / 이벤트 진행보조
	운영요원	등록 · 안내 · 통역 · 현장운영
	주차요원	서틀버스, 주차관리 지원

대분류	중분류	주요 업무
스텝 STAFF	통역사	안내, 통역
	도우미	VIP 의전 및 안내/ 나레이션 및 MC
	경비 · 경호	전시장 안전, VIP/ 출연진 경호, 반입/반출관리
	환경 미화	전시장 청소 및 환경 정리
	자원봉사자	안내, 통역, 부대행사 지원

2. 전시회 스텝(staff) 선발 계획

전시장 규모, 참가업체 현황 등을 고려하여 수급계획을 수립하고, 전시장 내부 인력수요/ 참가업체 요청 인력 업무에 따른 분야별 인력수요를 파악한다.

표 17-4 전시회 스텝 선발 계획

대분류	중분류
1단계 : 전시회 규모 파악 하기	• 모집 전 전시장 규모 및 참가업체 현황 파악 • 전시장 면적에 따른 분야별 인력계획 수립
2단계 : 인력 수요 파악하기	• 전시회장 내부에 필요 인력 수요 파악(홍보관/등록/안내데스크) • 개막식 및 부대행사 장 인력 수요 파악(의전/이벤트 운영) • 경호 및 환경미화원 등 인력수요 파악(소모품, 자재 동시파악)
3단계 : 참가업체 인력요청 수요 파악하기	• 참가업체 별도 인력 요청 수요 파악하기 • 특수 업무별 인력수요 확인하기(통역사/도우미구분)
4단계 : 수요인력 선발하기	• 최종 수요 인원 선발하기(자체 구인) • 전시운영대행 업체 용역 발주
5단계 : 평가 및 조정	• 방법에 따른 모집 상황이 원활한지 등 모집 과정 중 모집 활동 전반에 대한 점검을 통해 모집 계획 조정

표 17-5 전시회 스텝 선발 계획리스트

구분			주요 Post 및 시설	운영전문인력 소계	슈퍼바이저	도우미 일반	도우미 영문	도우미 중문	진행요원	경호	환경	자원봉사자 소계	일반	수혜	통역 영문	통역 중문	기타	비고
전시장 (외부)	주차		제1주차장 관람객 동선안내	3					3			31	30		1			
	주차		제2주차장 관람객 동선안내	3					3			31	30		1			
	셔틀버스		셔틀버스 승하차장 관리, 안내									5	4		1			
	셔틀버스		제2주차장 승하차장 관리, 안내									5	4		1			
	셔틀버스		외부 셔틀버스 승하차장									8	8					
	야간		야간순찰							10								
	외부안내		광장안내소									5	4		1		2	
전시장 (내부)	운영본부 관리	사무공간	운영본부															
		미디어공간	기자실(Press센터)	2		2			1			5	2		2	1	1	
		미디어공간	주관방송사실	2		2	2					6	2		2	2	1	
		운영공간	VIP관리(조직위원장실)	2		1			1	5	2	5	1	1	1	1	1	
		운영공간	방송 및 통신실	2					1	2	8	3	1		1	1	1	
		운영공간	콜센터	2	1							4	4					
		운영공간	자원봉사CP	1					1			4	4					
		운영공간	교통상황실	1					1			1	1		1	1	1	
		구역공간	물자창고	3		3			2			2	2					
		구역공간	제1구역							5	10	2						
		구역공간	제2구역							2	8	2						
		구역공간	제3구역							5	7							
	프로그램 운영	전시관 운영	1관	7	1	1			4			16	15	1	1	1		
		전시관 운영	2관	7	1	1			4			12	11	1	1	1		
		전시관 운영	3관	5	1	1	1		1	2		9	3		3	2	2	
		전시관 운영	4관	5	1	1	1		1	2		10	3		3	2	2	
		전시관 운영	5관	5	1	1	1		1	2		6	2		2	1	1	
		전시관 운영	6관	5	1	1	3		1			6			6		1	
		이벤트 운영	이벤트1	4	1	1			3			10	6		1	1	1	
		이벤트 운영	이벤트2	10		3			7			11	8		1	1	1	
		이벤트 운영	이벤트3	3	1	1			2	2		9	5		3	2	1	
		이벤트 운영	이벤트4	3	1	1			2	2		8	8					
		이벤트 운영	이벤트5	5	1	1			3			10	7		1	1	1	
		이벤트 운영	이벤트6	2	1	1			1			10	6	1	1	1	1	

표 17-6 운영요원 면접평가표

평가 항목		상	중	하	배점 10
용모	• 표정, 인상이 좋은가?	☐	☐	☐	득점
	• 성실함이 있는지?	☐	☐	☐	특기 사항
	• 음성이 명료한가(화술 및 표현력)?	☐	☐	☐	
	• 행동이 민첩한가?	☐	☐	☐	
	• 건강 상태는 좋은가?	☐	☐	☐	
		상	중	하	배점 10
태도 성실성	• 태도가 진지하고 자세가 좋은가?	☐	☐	☐	득점
	• 몸가짐이나 동작이 민첩하고 침착한가?	☐	☐	☐	특기 사항
	• 예의가 바른가?	☐	☐	☐	
	• 근무에 대한 자긍심이 있는가?	☐	☐	☐	
	• 건전한 사고와 협동심, 책임감이 있는가?	☐	☐	☐	
	• 적절한 판단력과 이해력이 있는가?	☐	☐	☐	
		상	중	하	배점 10
경력 가능성	• 행사 전반에 대한 정보	☐	☐	☐	득점
	• 전공 분야별 지식	☐	☐	☐	특기 사항
	• 현재 업무에 대한 이해도	☐	☐	☐	
	• 단체 생활에 대한 마음가짐	☐	☐	☐	
	• 업무의 경험치	☐	☐	☐	
		상	중	하	배점 10
외국어 면접	• 지원 언어 수준	☐	☐	☐	득점
	• 발음의 정확성	☐	☐	☐	특기 사항
	• 질문 내용에 대한 정확한 이해도	☐	☐	☐	
	• 문법의 정확성	☐	☐	☐	
	• 외국인과의 회화 수준	☐	☐	☐	
COMMENT				총득점	
* 행사에 따라 면접 기준은 변동될 수 있음.				면접관 성 명	

3. 스텝 고용

1) 내국인 스텝 고용

전시회 스텝은 외부 전문업체에 용역 발주를 통해 고용하는 경우가 대부분이나 소규모 전시회에서는 주최자가 직접 고용하는 경우가 있기도 하다. 이럴 경우 거의 비정규 근로자로 계약직 또는 단기근로자 고용이 이루어지고 있으나 많은 주최자 늘이 내부 규정에 따라 근로계약을 채결하는 경우가 많다.

현행 노동법은 계약직 및 단기근로자 채용에 있어 반드시 근로기준법을 준수하며, 이를 위반 시 벌금형 및 민. 형사상의 책임을 고용주에게 부과하기 때문에 근로계약체결 시 반드시 지켜야 할 의무사항이다.

근로계약 체결 전 고용노동부 홈페이지를 참고하거나 노무사의 자문을 통해 법령을 확인하고 근로계약을 체결한다.(고용노동부 홈페이지 : www.moel.go.kr)

표 17-7 근로기준법

> 「근로 기준법」 제2장 근로계약
>
> 제17조(근로조건의 명시)
> ① 사용자는 근로계약을 체결할 때에 근로자에게 다음 각 호의 사항을 명시하여야 한다. 근로계약 체결 후 다음 각 호의 사항을 변경하는 경우에도 또 한 같다. [개정 2010.5.25.][시행일 2012.1.1.]
>   1. 임금
>   2. 소정근로시간
>   3. 제55조에 따른 휴일
>   4. 제60조에 따른 연차 유급휴가
>   5. 그 밖에 대통령령으로 정하는 근로조건
> ② 사용자는 제1항제1호와 관련한 임금의 구성항목, 계산방법, 지급방법 및 제2호부터 제4호까지의 사항이 명시된 서면을 근로자에게 교부하여야 한다. 다만, 본문에 따른 사항이 단체협약 또는 취업규칙의 변경 등 대통령령으로 정하는 사유로 인하여 변경되는 경우에는 근로자의 요구가 있으면 그 근로자에게 교부하여야 한다. [신설 2010.5.25.] [시행일 2012.1.1.]

2) 외국인 스텝 고용

최근 전시회가 글로벌화되면서, 참가업체 또는 주최자에서 인력을 고용할 때 통역사, 공연단의 경우 해외 국적의 현지인, 내국인을 채용하는 경우가 종종 발생하곤 한다.

이때 외국인 채용에 있어서는 「출입국관리법」 규정사항을 준수하여 채용함을 원칙으로 해야 한다. 만약 이를 어길 시 고용주는 '외국인근로자의 고용 등에 관한 법률 제12371호'에 의거하여 과태료 및 행정 처분을 받을 수 있다. 그러므로, 해외 국적의 인력을 채용할 경우 반드시 출입외국인정책본부국 홈페이지를 참고하여

채용에 법적인 문제가 없는지 확인절차를 걸쳐 고용해야 한다(출입국외국인정책 홈페이지 :
www.immigration.go.kr/).

3) 전시회 스텝 업무배정 및 교육

전시회에 참여하는 스텝은 업무를 수행하기 전에 행사 전반에 관하여 전시장 정
보, 참가업체 현황, 부대행사에 관한 상세한 현장 및 직무교육을 받아야 한다.

이는 전시 참가자 및 관람객과 가장 많은 접촉이 이루어지는 서비스 접점에는
대부분 전시회 스텝들이 응대를 하고 있기 때문에 사전 교육을 통해 정확한 정보와
서비스 수준을 향상하고자 함에 있다.

교육의 구성은 온라인교육, 이론교육(행사장현장교육), 사전리허설 등 3단계 과정을
거쳐 각자의 업무 중심으로 이루어 진다.

교육은 주로 전시주최자 담당자가 실행하며, 참가업체 파견 인력일 경우 참가업
체에서 개별 교육을 실시한다.

표 17-8 **교육 내용**

교육 분야	주요 교육 내용
행사 일반 정보	• 행사 개요 및 목표 • 행사 잠가자의 기대 • 교통 및 이동 수단 • 지역 서비스 관련 정보 • 위기관리 계획
행사장 운영	• 행사 장소 체계 및 운영 지원 업무 • 직원에 대한 총체적 운영 정책 및 규칙 • 비상 시 대응 절차 • 무전기 사용 절차
직무 및 교대	• 출근 지역의 위치와 절차 • 교대 보고 및 브리핑 • 유니폼과 장비 • 사건 보고 체계 • 감독 • 특정 역할 • 휴식과 식사 시간 • 질문 조사 및 퇴근

출처 : Wagen & White(2014: 318)

4) 전시회 스텝 관리

① 전시회 스텝현장관리

근무기간 동안 근무자들의 출.퇴근 및 일일 업무 보고를 정확하게 보고 받고, 매일 특이사항에 대해서는 현장 슈퍼바이져를 통해 별도 업무일지를 보고 받는다.

특히, 갑자기 발생되는 연장시간 및 퇴근시간에 대해서는 정확하게 기재하여 근무자들의 인건비 정산에 분쟁이 발생하지 않도록 주의를 기울인다.

표 17-9 현장점검 체크리스트

1. 조회 시
- 운영요원이 시간에 맞춰 출근했는지 확인한다.
- 병결, 지각, 결석자가 있는지 확인한다.
- 유니폼(근무 복장)을 제대로 갖췄는지 확인한다.
- 운영요원의 업무 배치, 점심시간, 휴게 시간 배정을 확인하고 공지한다.
- 행사 관련 공지 사항을 전달한다.

2. 행사 시작 전
- 운영요원이 배치된 근무지에서 업무를 준비하고 있는지 확인한다.
- 근무를 위해 지원돼야 할 물품(예: 펜, 종이, 우의, 손난로 등)은 없는지 확인한다.
- 운영요원이 행사 관련 정보를 숙지하고 있는지 확인한다.
- 유니폼(근무 복장)의 올바른 착용과 청결 상태를 확인한다.

3. 행사 중
- 근무지를 이탈한 운영요원은 없는지 확인한다.
- 근무 중 조퇴, 병가가 필요한 운영요원이 없는지 확인한다.
- 휴게 시간, 점심시간이 지켜지고 있는지 확인한다.
- 배치된 근무지에서 담당 업무를 잘 수행하고 있는지 확인한다.

4. 종례 시
- 금일 최종 근무 인원을 확인한다.
- 출퇴근 출석부를 확인한다.
- 업무 일지를 확인한다.
- 금일 근무하면서 문제점이나, 공유해야 할 정보가 있는지 운영요원들과 대화한다.
- 운영요원의 건강 상태를 확인한다.
- 다음날 행사를 위한 공시 사항을 진딜한다.

현장근무 관리자들은 근무자와의 분쟁이 일어나지 않도록 모든 내용을 기록하고 근무자에게 본인 서명을 받음으로 행사종료 후 상호간에 원만한 관계로 향후 지속적인 고용관계를 유지할 수 있도록 하는 것도 관리자의 중요한 업무라 할 수 있다.

② 전시회 스텝 사후관리

전시회가 끝나고 폐막식을 끝으로 참가자가 모두 돌아가면 현장운영요원은 사용한 장비와 물품의 회수 및 각 포스트별 현장에 대한 철수와 각종 장치의 해체를 진행하게 된다. 현장 철수에 대한 감독과 동시에 진행되는 것은 행사 기간 동안 함께 일했던 인력의 업무 종료시점이다. 업무종료 시점을 중심으로 업무종료가 되면 현장운영요원들이 근무일지를 근거로 급여정산을 마무리한다.

표 17-10 급여정산 절차

절차	내용
기본 서류 취합 (신분증·통장 사본, 근로 계약서)	본인 확인과 세금 신고를 위한 신분증 사본, 급여 입금될 통장 사본, 그리고 급여, 근무일, 추가 수당, 세금 공제액 등의 내용이 포함된 근로 계약서를 개인별로 취합하고 데이터베이스화한다.
근무 일자·시간 정리 (출석부, 근무표)	근무기간 동안 운영요원의 출퇴근기록을 작성한 출근부와 이를 토대로 세부 내용(근무 일자, 근무 시간, 초과 근무 일수, 초과 근무 시간 등)을 근무표로 작성한다.
급여 입금	근무표에 작성된 내용에 따라 근무 일수와 일 급여를 산정한다. 근로 계약서와 비교하여 초과 근무일, 초과 근무 시간이 있는지 확인하고, 추가 수당과 세금 공제액을 재 산정한다. 총 급여와 세금 공제액이 정해지면 급여 내역서를 작성한다.
급여 내역서 작성	세금 공제액을 제외한 급여를 운영요원에게 입금한다. 급여가 지급되었다는 확인을 위해 개인별 입금증이나 입금 내역서를 취합한다.
세금 신고	급여 세금 신고 후 영수증을 취합한다.

표 17-11 외국인근로자의 고용등에 관한 법률

「출입국관리법」 시행령 제23조

제23조(외국인의 취업과 체류 자격)

① 법 제18조 제1항에 따른 취업 활동을 할 수 있는 체류 자격은 별표 1 중 9. 단기 취업 (C-4), 19. 교수(E-1)부터 25. 특정 활동(E-7)까지, 25의3. 비전문 취업(E-9), 25의4. 선원 취업(E-10) 및 31. 방문 취업(H-2) 체류 자격으로 한다. 이 경우 "취업 활동"은 해당 체류 자격의 범위에 속하는 활동으로 한다.

② 다음 각 호의 어느 하나에 해당하는 사람은 제1항에도 불구하고 별표 1의 체류 자격 구분에 따른 취업 활동의 제한을 받지 아니한다.

　　1. 별표 1 중 27. 거주(F-2)의 가목부터 다목까지 및 자목부터 카목까지의 어느 하나 에 해당하는 체류 자격을 가지고 있는 사람

　　2. 별표 1 중 27. 거주(F-2)의 라목·바목 또는 사목의 체류 자격을 가지고 있는 사 람으로서 그의 종전 체류 자격에 해당하는 분야에서 활동을 계속하고 있는 사람

　　3. 별표 1 중 28의4. 결혼 이민(F-6)의 체류 자격을 가지고 있는 사람

③ 별표 1 중 28의2. 재외 동포(F-4) 체류 자격을 가지고 있는 사람은 제1항에도 불구하 고 다음 각 호의 어느 하나에 해당하는 경우를 제외하고는 별표 1의 체류 자격 구분 에 따른 활동의 제한을 받지 아니한다. 다만, 허용되는 취업 활동이라도 국내 법령에 따라 일정한 자격이 필요할 때에는 그 자격을 갖추어야 한다.

　　1. 단순 노무 행위를 하는 경우

　　2. 선량한 풍속이나 그 밖의 사회 질서에 반하는 행위를 하는 경우

　　3. 그 밖에 공공의 이익이나 국내 취업 질서 등을 유지하기 위하여 그 취업을 제한할 필요가 있다고 인정되는 경우

④ 별표 1 중 28의3. 영주(F-5)의 체류 자격을 가지고 있는 사람은 제1항에도 불구하고 별표 1의 체류 자격 구분에 따른 활동의 제한을 받지 아니한다.

⑤ 별표 1 중 30. 관광 취업(H-1) 체류 자격을 가지고 있는 사람이 취업 활동을 하는 경 우에는 제1항에 따른 취업 활동을 할 수 있는 체류 자격에 해당하는 것으로 본다.

제6장 벌칙[개정 2009.10.9][[시행일 2010.4.10.]]

제31조 (양벌규정)

법인의 대표자나 법인 또는 개인의 대리인, 사용인, 그 밖의 종업원이 그 법인 또는 개 인의 업무에 관하여 제29조 또는 제30조의 위반행위를 하면 그 행위자를 벌하는 외에 그 법인 또는 개인에게도 해당 조문의 벌금형을 과(科)한다. 다만, 법인 또는 개인이 그 위반행위를 방지하기 위하여 해당 업무에 관하여 상당한 주의와 감독을 게을리하지 아 니한 경우에는 그러하지 아니하다.

[전문개정 2009.10.9][[시행일 2010.4.10.]]

제32조 (과태료)

① 다음 각 호의 어느 하나에 해당하는 자에게는 500만원 이하의 과태료를 부과한다.

1. 제9조제1항을 위반하여 근로계약을 체결할 때 표준근로계약서를 사용하지 아니한 자

2. 제11조제2항을 위반하여 외국인근로자에게 취업교육을 받게 하지 아니한 사용자

3. 제12조제3항에 따른 특례고용가능확인을 받지 아니하고 같은 조 제1항에 따른 사증을 발급받은 외국인근로자를 고용한 사용자

4. 제12조제4항을 위반하여 외국인구직자 명부에 등록된 사람 중에서 채용하지 아니한 사용자 또는 외국인근로자가 근로를 시작한 후 직업안정기관의 장에게 신고를 하지 아니하거나 거짓으로 신고한 사용자

5. 제13조제1항 후단을 위반하여 출국만기보험등의 매월 보험료 또는 신탁금을 3회 이상 연체한 사용자

6. 제15조제1항을 위반하여 보험 또는 신탁에 가입하지 아니한 외국인근로자

7. 제17조제1항을 위반하여 신고를 하지 아니하거나 거짓으로 신고한 사용자

8. 제20조제1항에 따라 외국인근로자의 고용이 제한된 사용자로서 제12조제1항에 따른 사증을 발급받은 외국인근로자를 고용한 사용자

9. 제26조제1항에 따른 명령을 따르지 아니하여 보고를 하지 아니하거나 거짓으로 보고한 자, 관련 서류를 제출하지 아니하거나 거짓으로 제출한 자, 같은 항에 따른 질문 또는 조사ㆍ검사를 거부ㆍ방해하거나 기피한 자

10. 제27조제1항ㆍ제2항 또는 제3항에 따른 수수료 및 필요한 비용 외의 금품을 받은 자

연습문제

exercises

1. ATA Carnet 가능물품으로 적절한 것은?

① 식료품   ② 홍보용 사은품
③ 카탈로그   ④ 전시품견본

2. 보세설영특허 신청구비서류가 아닌 것은?

① 팜플렛   ② 전시장 임대차계약서
③ 선적안내문   ④ 부스배치도

3. 해상운송의 장점으로 적절한 것은?

① 수송기간 단축   ② 운송비 절감
③ 기후영향이 적음   ④ 운송화물의 소량수송

4. 보세운송 특성이 아닌 것은?

① 신고절차의 간소화   ② 검사생략
③ 세금 유보   ④ 재수출시 수입신고 중량과 무관

5. 항공운송의 설명이 아닌 것은?

① 전체중량에 KG 당 요율적용
② 무게중량과 부피중량 중 낮은 쪽으로 적용
③ 운송기간이 짧고 정시운항
④ 운임이 비싸며 용적에 제한이 있음

6. 전시회 스텝의 개념에 어긋나는 것을 고르시오.

① 행사 기간에 현장에서 활동하는 모든 근로자를 포함한 모든 인력
② 슈퍼바이져, 운영요원, 도우미, 통역사, 경호 등이 스텝에 해당
③ 자원봉사자는 전시회 스텝에 해당되지 않음
④ 전시회장 내에서 인적 서비스 제공

연습문제 · exercises

7. 전시회 스텝 선발 계획함에 있어 고려하지 않아도 되는 것을 고르시오.

① 전시회 규모 파악
② 특수 업무별 인력수요 파악
③ 참가업체 인력요청 수요파악
④ 업무에 상관없이 예상 분야별 인력파악

8. 외국인 스텝 고용 시 주의해할 점 중 올바른 것을 고르시오.

① 출입국관리법 규정에 따른 비자확인
② 여권을 통한 한국 입국일자 확인
③ 업무경험이 많은 외국인 여부 확인
④ 한국에 거주한 연도 확인

9. 전시회 스텝의 현장관리에 해당되지 않는 것을 고르시오.

① 운영요원의 출근여부 확인
② 행사관련 공지사항 전달
③ 근무 중 조퇴, 병가가 필요한 운영요원이 없는지 확인
④ 출근부에 작성된 내용에 따라 일 급여를 산정

10. 전시회 스텝의 사후관리에 해당되는 것을 고르시오.

① 기본서류로는 근로계약서만 취급한다.
② 출·퇴근이 기록된 출근부는 급여에 영향을 미치지 않는다.
③ 근무표에 작성된 내용에 따라 근무 일수와 일 급여를 산정한다.
④ 급여 세금신고는 필수가 아닌 선택이다.

정답 1. ④ 2. ③ 3. ② 4. ④ 5. ② 6. ③ 7. ④ 8. ① 9. ④ 10. ③

연습문제 exercises

11. 다음 사항에 해당하는 업종은?

> 전시 디스플레이에 필요한 각종 영상, 음향, 조명 장비 및 가구 · 비품 등을 전시기간 동안 임대하고 이의 사용에 필요한 용역을 제공

① 전시렌탈   ②2PCO   ③ PEO   ④ 전시회 스탭

12. 다음중 음향 장비 "Audio Mixer" 의 특징이 아닌 것은?

① 두 가지 이상의 음원을 하나의 음으로 합치는 기계 장치
② 독립된 복수의 입력 단자와 각각의 레벨 컨트롤(level control)을 갖추어 다양한 음원을 혼합해 하나의 출력으로 만드는 기기
③ 따로 입력되어 있는 배경 음악, 내레이션,음향 효과, 대사 등을 단일 음대로 합쳐 하나로 녹음
④ 외부 기기로부터 유입된 신호 값을 증폭해 음향의 성능과 음질을 높이는 역할

13. 다음 중 동시통역시스템을 구성하는 요소가 아닌 것은?

① 동시통역부스   ② 수신기
③ 송출서버   ④ Digital Transmitter

14. 구조리깅과 관련되어 다음 특징을 가지고 있는 전시장은?

> 장스팬 지붕을 지지하는 8.1~10.2m 간격의 메가 트러스를 이용하여 9m당 최대 500kg 까지 리깅이 가능하나, 트러스 하현재 형태가 경사로 설치되어 있어 리깅 구조물 설치 시 안정성 확보에 주의가 필요하다.

① 벡스코   ② 킨텍스   ③ 엑스코   ④코엑스

15. LCD 프로젝터의 특징을 설명한 다음 사항중 잘못된 것은?

① 전류가 흐르면 빛을 방출하는 반도체 소자 발광다이오드의 한 종류로 이를 이용하여 그림이나 문자가 나타나도록 만든 판.
② LCD(액정)의 전기 광학적 성질을 표시장치에 응용한 것
③ 램프에서 발생된 빛을 3장의 투과형 LCD패널에 통과시킨 다음 렌즈를 통해 스크린에 확대 투사
④ PC입력 호환성이 우수하며 성능대비 가격이 저렴하여 현재는 가장 널리 사용 되고 있다.

연습문제 exercises

16. 다음중 패브릭 계열의 리깅 조형물에 대한 설명이 적절하지 않은 것은 ?

① 목공에 비해 가볍고 비용이 적게 든다.
② 출력기(플로터)와 원단등에 대한 기술 개선등이 이루어지고 있다.
③ 유럽에서는 많이 활용하고 있는 추세이다
④ 목공에 비해 마감에 있어 품질이 우수하다.

17. 다음 설명에 해당하는 구조물은?

반영구적인 프레임과 Fabric 소재의 막구조로 이루어져 있으며 친숙한 A자형 디자인으로 저렴한 비용으로 설치가 가능하며 길이 연장이 용이한 장점이 있다. 알루미늄 구조물로 18도의 지붕각도를 갖고 있으며 막은 빛 투과율 60~70%의 PVC 3중 코팅이 되어 있다.

① AL-HALL 대형텐트　　　　　② TFS 대형텐트
③ 하이픽텐트　　　　　　　　④ MQ텐트

18. 다음중 이동에 특화된 오디오 장비가 아닌 것은?

① 핀마이크　　　　　　　　　② 무선 마이크
③ 이동식 스피커　　　　　　　④ Linearray Speaker

19. 다음 동시통역시스템을 설명하는 글 중 (　)안에 들어갈 알맞은 말은?

동시통역시스템에서 전시회 및 컨퍼런스, 국제회의 등에서 각 국어를 몇 사람이 동시 통역자에 의하여 동시 통역하여, 유선이나 무선장치에 의해 회의 출석자에게 전송하는 장치로 (　)방식과 (　)방식이 있다.

21. 근로계약서 작성 시 반드시 명시하지 않아도 되는 것을 고르시오.

① 임금　　　　　　　　　　　② 소정근로시간
③ 휴일　　　　　　　　　　　④ 실 식사시간

정답
11. ① 12. ④ 13. ③ 14. ① 15. ① 16. ④ 17. ① 18. ④
19. (FM방식), (적외선방식) 20. (구조물), (트러스), (구조해석) 21. ④

전시회 ICT 활용

18 Chapter

정의 및 목표

전시회 운영시 다양한 형태의 IT(Information Technology) 기술이 도입되어 적용되고 있다. 본 장에서는 분야별로 활용되는 IT SOLUTION의 개념과 이해를 통하여 전시산업의 주요 구성요소를 중심으로 IT 활용의 중요성을 인식하고, 그 파급효과에 대한 이해를 통하여 전시서비스산업의 발전 방향을 모색하고자 한다.

학습내용 및 체계

주요 항목	세부 내용	비 고
1. 전시회 IT 이해	• 전시회 IT 이해	
2. 전시회 IT의 적용	• WEB, MOBILE을 통한 마케팅 활용 • 전시 등록시스템의 이해	
3. 전시회 IT의 확장	• 부스방문 참관객 데이터 시스템	
4. 전시회 ICT 융합	• ICT의 도입과 그 활용	

학습 포인트

● 전시회에 도입된 IT에 대한 이해 및 스마트 전시회 개념
● ICT를 활용한 차별화된 전시회 특성을 도출
● IT기술의 활용을 통한 전시서비스산업의 중장기적 발전가능성 모색

핵심 용어

IT(Information Technology), 바코드, QRCORD, RFID, NFC,
스마트전시회(Smart Exhibition), ICT(Information and Communications Technologies),
비콘(Beacon), 비즈매칭(Biz-matching), 데이터마이닝

01 전시회 IT 이해

각종 정보기술(IT)은 사회 전반에 걸쳐 적용되고 있는 바와 같이 전시산업에 있어서도 각 업무 분야마다 다양한 형태로 활용되고 있다.

언제 어디서나 스마트 기기를 통해 온라인에 접속할 수 있게 됨에 따라 TV, 라디오, 각종 인쇄물, 사인물을 통해 진행되었던 전시회 마케팅의 방법들이 인터넷을 통한 웹(Web)공간에서 이루어 지고 있으며, 전시주최자들은 참가업체 모집단계, 참관객 홍보단계, 전시회 현장 진행단계, 전시회가 끝난 후의 사후관리단계 전반에 걸쳐 IT기술을 활용하고 있다.

지속적인 IT의 발전과 더불어 통신기술의 발전은 ICT(Information and Communications Technologies)의 개념으로 융합되어 나타나고 있다. IT 기술과 스마트기기의 다양화로 인해 일방적인 정보전달과 습득과정에서 쌍방향 실시간 정보전달과 커뮤니케이션이 가능해졌다.

02 전시회 IT의 적용

1. WEB / MOBILE 서비스

1) 전시회 홈페이지(Web)

전시 준비 단계에 있어 오프라인 형태의 참가업체 모집, 전시정보 전달, 디렉토리북과 가이드북 인쇄물, 초청장의 인쇄 등은 준비기간도 많이 걸리고 수정도 불가능하지만 Web공간에서의 전시회 콘텐츠 관리 시스템은 홈페이지 구축등의 다양한 활동을 통해 언제든지 컨텐츠를 수정하고, 참가업체 및 참관객의 DB를 축적함으로써 효율적인 관리가 가능하게 되었다.

또한 모든 전시관련 컨텐츠가 Web 공간에서 뿐만 아니라 모바일 앱(App)의 형태로 서비스되고 있어 개인화된 커뮤니케이션 기능을 활용하는 메세징, 피드백등으로 개인화된 정보수집이 실시간으로 가능하다.

① 전시 관리 Web Solutions

표 18-1 전시 관리 Web Solutions

게시판 (공지사항용/문고답하기용)		참가업체관련서식자료실(자료업로드기능)/공지사항/뉴스게시판/FAQ(묻고 답하는 형식의 게시판)/뉴스레터게시판 관리 프로그램
NEWS letter 연동		• 메인페이지 연동 • News letter 제작 및 실시간 확인 게시판
참관객 관리 프로그램	사전등록 (회원제 운영)	**전시 사전등록 신청(참관객 회원가입)** • 정보동의, 기본정보입력, 확인 및 수정기능, 확인메일발송 **참관객 관리 프로그램** • 설문항목게재/ 부대행사참관신청관리/참관객 등록신청 관리/메일발송관리/통계자료 분석 관리
참가업체 관리 프로그램		전시참가신청/부대시설신청/가구신청/상호간판및로고신청/스폰서십프로그램신청/출입증신청/이티켓발송/1:1바이어매칭솔루션 관리/세미나실임대신청/지게차신청및중량물신고/전기, 압축공기, 등록/독립부스시공공사등록/해외전시품공급업체등록/대리점등록/해외바이어초청지원/무료초청장신청, 발송 관리/VIP고객명단등록/참가사보도자료/업체정보신청내역확인/참가비내역확인
주최자 전시 관리 프로그램		게시판, 뉴스레터 관리/참관객 관리/참가업체관리/접속통계관리/ 인보이스, 메일링 관리/e-ticketing(초청장) • 전시 참가등록업체 현황 및 검색기능 • 바이어 1:1매칭 연계 • 전시정보 및 참가업체 정보 디렉토리 관리
부대행사 관리프로그램		• 부대행사 리스트 및 신청 • 사전등록 연동하여 확인 및 수정 기능 • 관리자 확인 및 DB관리
전시 홍보 마케팅		• e-ticketing 발송 관리 • 참가업체 Web/모바일 디렉토리 • 차기 전시 컨텐츠 홍보 • 참가업체 쇼핑몰

② 전시회와 모바일(Mobile)

전시주최자들이 참관객을 모집하기 위해 가장 많이 사용되는 마케팅 방법으로 모바일 컨텐츠를 제작하여 활용하고 있다. 그 중 전시회 준비과정에 초청장의 배포와 사전등록자 유도는 매우 중요한 업무이다.

오프라인을 통한 초청장의 배포는 인쇄비용, 발송비용 등 비용 측면의 비효율성으로 인해 최근에는 다양한 형태의 모바일 서비스가 활성화되고 있다.

🎧 SMS(Short Message Service)의 활용

전시 홍보에 있어 문자서비스는 기본적인 단계로 전시회명, 장소, 기간 정도의 간단한 정보를 전달하고 사전등록페이지를 안내하게 된다.

사전등록페이지를 통해 모바일 사전등록을 유도하고 전시 기간 중에도 방문안내 문자를 발송하여 참관객을 전시장으로 방문할 수 있도록 유도한다.

모바일의 활용

🎧 SNS(Social Networking Service)의 활용

스마트폰, 테블릿PC 등과 같은 스마트기기의 보급이 확대되면서 다양한 형태의 SNS 서비스(카카오톡, 페이스북, 인스타그램 등)가 이루어 지고 있다. 이에 전시회 개최시 홍보단계에서 개인간 커뮤니티를 이용하고 있나.

SNS의 활용

🎧 모바일 전시어플리케이션(App)의 활용

모바일 기기의 활용이 활성화되면서 전시회마다 이루어 지던 모바일 홍보채널을 전시회를 한꺼번에 홍보하고 참관객을 유도는 모바일 전시어플리케이션(App)이 개발되어 이용되고 있다. 어플리케이션(App)에 접속하면 다양한 전시회를 한눈에 접할 수 있으며, 모바일초청장을 통해 사전등록을 진행하고 티켓을 수령할 수 있다.

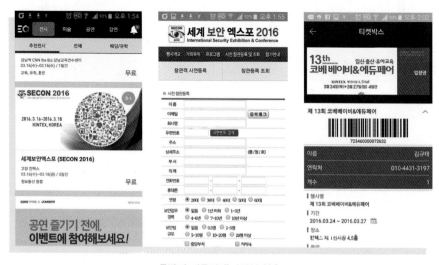

모바일 어플리케이션의 활용

2. IT 등록시스템

전시회의 사전준비 과정과 현장운영에 있어서 참관객의 data를 구축하는 등록업무는 매우 중요한 부분을 차지하고 있다.

전시회 현장을 찾은 참관객 data를 구축함으로써 전시회의 가치를 판단할 수 있을 뿐만 아니라 차기 전시회를 준비하는 과정에서도 등록시스템을 통해 구축된 data는 매우 중요한 가치를 갖고 있다

이에 등록 시스템의 운영과 그 활용에 대해 알아보도록 한다.

1) 전시회 등록업무의 개념

전시회에서 등록업무는 주최자(Organizer), 참가업체(Exhibitor), 참관객(Visitor) 등 전시회를 구성하는 주요 개체들을 등록시스템을 통하여 DB화하고, 출입증의 형태를 차별화하여 발급함으로써 전시장내에서 직관적으로 각 개체들을 식별하도록 한다.

등록업무는 주로 참관객의 출입증 발급과 참관객의 DB구축, 참관객으로부터 얻어지는 각종 설문사항을 바탕으로 한 분석 자료를 구축하는데 주요 목적이 있다.

참가업체 상주직원들의 출입증 제작과 함께 정보를 DB화하고 전시기간동안 자유로운 전시장의 출입을 가능케하며, 참관객과 참가업체 직원과의 출입증 구분을 통해 상호 신뢰를 바탕으로 한 현장 상담을 가능케 한다.

참관객의 경우 사전등록, 현장등록 등의 방법으로 전시회 출입증 발급을 신청하게 되며, 동시에 등록된 참관객의 정보를 DB화함으로써 참가업체와의 현장교류를 위한 기초정보를 제공하게 된다.

전시기간 동안 등록업무를 통해 구축된 참가업체, 참관객DB는 전시회의 가치를 평가하는 기준이 되기도 하며, 주최자로 하여금 차기 전시회의 행사기획 및 프로모션을 진행하는데 있어 중요하게 활용될 수 있다. 참가업체 측면에서는 등록시스템을 통하여 얻어지는 양질의 참관객 및 바이어 정보를 수집하고, 부스 방문 참관객 정보관리 및 잠재고객을 발굴함으로써 행사 후 마케팅 자료로 활용할 수 있다.

따라서, 전시회기획자에게 있어 등록업무란 참가업체와 참관객의 DB를 확보하고 분석히어 차기 전시회를 쥬비하는 중요한 업무라 할 수 있다.

2) 전시 인증 제도

한국전시산업진흥회에서는 국내전시회 개최지원제도를 운영하고 있는데, 'Global TOP전시회', '유망전시회', '합동통합전시회' 등으로 구분하여 지원제도를 마련하고 있다.

산업통상자원부로부터 인증제도 운영업무를 위탁받은 한국전시산업진흥회는 전시주최사업자가 신청한 전시회의 데이터를 검증기관에 의뢰하여 검증 후, 인증 심사위원회를 개최하여 인증 확정을 하게된다.

각 지원전시회의 선정은 전시주최기관이 보고한 정보(전시면적, 참가업체의 개수, 해외참가업체의 개수, 해외바이어의 방문자 수 및 세부현황)를 인증기관이 표준화된 기준에 따라 객관적으로 조사하여 선정하게 된다.

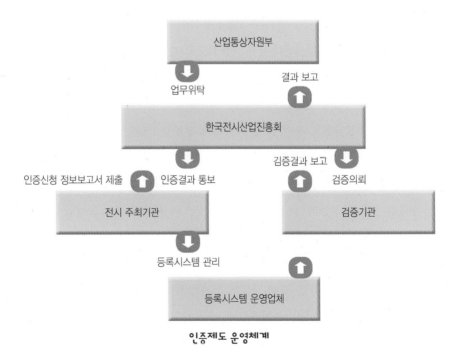

인증제도 운영체계

① 전시 인증의 필요성

🎧 전시회에 대한 신뢰성 확보

인증이란 기업의 회계감사와 같다. 전시회에 대한 신뢰성 있고 객관적인 정보를 밝힘으로써 누구든지 전시회를 활용하려는 사람들에게 해당 전시회에 대해 판단할 수 있는 공인된 근거를 제공하는 것이 인증제도다.

전시회 홍보의 수단

전시회 참가업체들은 해마다 자신들의 사업 마케팅 효과를 극대화할 수 있는 전시회를 찾고 있으나 유사전시회들이 범람하는 전시환경에서 전시주최자는 인증을 통해 타 전시회에 대한 비교우위를 홍보하고 효율적인 경영관리 및 질적 성장을 도모할 수 있다.

전시회 지원제도에 공신력 있는 데이터 제출

표준화된 기준에 의거하여 도출된 인증 데이터는 정부 및 지방자치단체들의 지원 전시회 선정을 위한 평가에 활용된다. 인증 전시회의 공신력 있는 데이터는 비인증 전시회가 제출하는 데이터에 비해 훨씬 높은 경쟁력을 가질 수 있다.

등록업체 전시회를 통해 수집한 참관객의 DB를 구축하고 신뢰할수 있는 데이터를 제공함으로써 전시산업 육성정책 수립의 기초자료를 제공하게 된다.

3) 전시 등록업무의 유형과 절차

① 전시 등록업체의 역할

등록시스템을 운영하는 등록업체는 주최자로부터 위임받은 등록업무 전반을 관리하게 된다. 등록업체는 전시회에 출입하는 모든 사람의 출입증을 발급하는 업무를 기본으로 제공하고, 이 과정에서 참관객의 정보를 수집하고 분석하여 그 결과물을 주최자에게 보고하게 된다.

등록업체는 등록시스템을 통해 주최자 및 관계자, 참가업체, 참관객의 출입증을 발급하게 되는데, 주최자와 참가업체의 출입증은 전시회가 오픈하기 전에 미리 제작하여 발급하므로 앞으로는 참관객의 출입증 제작 및 DB구축 과정을 중심으로 기술하고자 한다.

② 전시등록 구분

참관객의 등록은 사전등록, 현장등록으로 구분되며 다음과 같은 정보를 기재하여야 한다. 전시 등록을 함에 있어 '정보통신망 이용촉진 및 정보보호법', '개인정보

보호법'에 따라 개인정보 수집 및 활용동의서의 작성을 필히 하여야 한다.

표 18-2 등록정보

구분	수집정보	비고
개인정보	이름, 성별, 전화번호, 핸드폰번호, 주소, 이메일	
회사정보	회사명, 부서, 직위, 전화번호,팩스번호, 회사주소	명함첨부
설문항목	관심분야, 관람목적, 참관경로, 업종구분 등	

사전 등록

전시 주최자는 전시 준비과정에서 TV, 신문, 인터넷 등 각종 매체를 통하여 전시회를 홍보하고 해당 홈페이지 또는 모바일 페이지를 구성하여 전시회에 대한 정보를 알리게 된다.

전시회에 대한 정보를 얻은 참관객은 전시회 홈페이지 또는 모바일에 접속하여 전시관람을 목적으로 개인정보 및 설문사항을 사전등록 페이지에 입력하게 되는데 이를 사전등록이라 한다.

사전등록은 전시 오픈 수개월 전부터 이루어지며 사전등록을 통해 수집된 데이터를 바탕으로 전시기간 중 방문하게 될 참관객 수를 예측할 수 있다.

현장 등록

사전등록과는 달리 전시회를 사전에 인지하지 못하여 사전등록을 하지 못한 참관객은 전시장에 직접 방문하여 관람신청을 하고 등록절차에 따라 출입증을 수령하게 되는데 이를 현장등록이라 한다.

현장 등록자는 초청장 소지자, 티켓구매자로 구분하고 현장에서 등록신청서에 기본정보 및 전시주최자가 요구하는 설문사항을 체크하여 현상에서 등록하여 출입증을 수령하게 된다.

④ 전시 등록시스템 구성 및 운영

🎧 등록 신청서 작성대

현장 등록자들을 위하여 전시 주최자는
등록 신청서 작성대를 설치하고 등록신청
서를 비치한다. 등록신청서 작성대는 현장
등록자의 수를 예측하여 그 설치 대수를 조
절하여 비치할 수 있다.

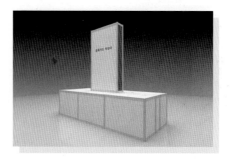

등록신청서 작성대

🎧 등록 신청서

현장 등록자들은 등록신청서에 개인정보, 회사정보, 각종 설문사항을 체크하여
작성하고 이를 등록대에 제출하여야 한다.

등록신청서

🎧 등록대의 설치 및 구성

등록대의 구성은 참관객의 효율적 등록을 위해 사전등록자와 현장등록자(초청권 소
지자, 티켓구매자)의 일일 현장 방문을 예측하여 적정한 수량의 사전등록대와 현장등록
대를 구성하고 주최자와의 협의를 통해 VIP, 해외바이어, 언론(PRESS), 참가업체 등
을 응대할 수 있는 구조물을 설치하여 운영한다.

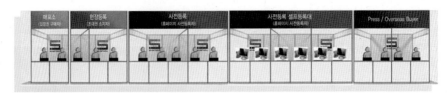

S사의 등록대 구성

등록시스템의 설치

등록시스템은 등록용 pc, 출입증 발급 프린터, 등록시스템 네트웍 구성과 같은 하드웨어와 참관객 등록발급프로그램, 참가업체 관리프로그램, 매표등록 프로그램등의 소프트웨어를 설치하여 효율적인 출입증 발급과 데이터관리를 할 수 있도록 구성한다.

등록프로그램을 통하여 시간별, 일자별, 기간별 참관객 현황, 사전등록자, 현장등록자, 매표자, 초청권소지자 등 참관객의 방문유형별 현황을 실시간으로 모니터링할 수 있다.

유형별 등록 프로세스

표 18-3 등록프로세스

구분	▶	▶	▶	
사전 등록자	등록대에서 본인확인	출입증 발급	전시장 입장	
현장등록자 (초청권소지자/ 입장권구매자)	등록신청서작성	초대권/입장권 확인	출입증 발급	전시장 입장

4) 등록시스템을 통해 수집된 데이터의 결과보고

등록시스템을 운영하여 확보한 참관객 정보는 주최자의 차기 전시회의 행사 기획 및 프로모션을 함에 있어 기초자료로 활용할 수 있는 중요한 자료이므로 세밀하고 정확하게 참관객의 데이터를 분석하여 주최자에게 보고하게 된다.

보고된 상세 데이터는 감사기관의 감사를 통해 인증데이터로 활용된다.

표 18-4 참관객 데이터의 분석자료

참관유형	회사정보	개인정보	방문정보	설문분석	기타
사전/현장등록 티켓구매 바이어/일반인 국내/국외 VIP PRESS 참가업체	소속 부서 직책 구매결정권 연락처 주소	성명 전화 핸드폰번호 이메일 주소	시간대별 일별 전체	인지경로 관심분야 관람목적	업종별 지역별 국가별 단체구분

03 IT 기술을 이용한 전시등록시스템의 확장

1. 참관객 데이터 관리시스템

등록시스템을 통해 확보된 참관객의 데이터는 전시주최자 뿐만 아니라 전시참 가업체에게도 중요한 자료가 된다.

과거에는 참가업체 부스에 방명록을 비치하거나 명함을 교환하여 참관객의 정 보를 얻을 수 있었다. 그러나 최근 등록시스템이 도입됨으로써 다양한 형태의 IT기 술이 도입되어 참관객 데이터를 관리하고, 시스템을 통해 얻어진 데이터는 향후 참 가업체의 마케팅 자료로 활용된다.

1) 바코드 시스템

등록시스템을 통하여 제작되는 참관객의 출입증에는 소속, 성명, 직책 등의 기본 정보를 인쇄함과 동시에 바코드를 프린트하여 참관객이 참가업체부스 바코드 인 식기에 태그함으로써 상호 정보를 교환하게 된다.

2) QR 코드시스템

QR은 'Quick Response'의 약자로 '빠른 응답'을 얻을 수 있다는 의미이다. 바코드 시스템과 같이 참관객의 출입증에 QR코드를 인쇄하여 동일한 방법으로 사용되지만 활용성이나 정보성 면에서 기존의 바코드보다 한층 진일보한 코드 체계이다.

기존의 바코드는 기본적으로 가로 배열에 최대 20여 자의 숫자 정보만 넣을 수 있는 1차원적 구성이지만, QR코드는 가로, 세로를 활용하여 숫자는 최대 7,089자, 문자는 최대 4,296자, 한자도 최대 1,817자 정도를 기록할 수 있는 2차원적 구성이다. 때문에 참관객의 기본정보를 QR코드에 모두 정보화할 수 있는 장점이 있다.

3) RFID 시스템

RFID는 'Radio Frequency Identification'의 준말이다. 단어 뜻대로 '무선 주파수 인증'을 의미한다. 현재는 상업적으로 상품을 관리하는 기존의 바코드시스템을 대체하기 위해 RFID 기술이 널리 이용되고 있다.

교통카드나 고속도로 하이패스로도 널리 이용되고 있는 RFID시스템은 전시장에서도 참관객의 정보처리를 위해 사용되고 있다.

참관객의 출입증에 RFID 카드를 삽입하여 발급하고 참관객 정보를 저장한다. 전시장 입구에 시스템을 설치하여 전시관계자들의 입,출입을 관리할 수도 있으며 참가업체부스에 설치하여 참관객 정보를 수집하는데 이용되어 진다. 시스템의 편리성, 정보처리속도 등 좀더 발전된 형태의 인식 기술이다.

4) NFC 시스템

NFC(Near Field Communication)는 RFID의 진화된 방식으로 비접촉식 근거리 무선통신 모듈로 10cm의 가까운 거리에서 단말기간 데이터를 전송하는 기술이다. 이는 결제 뿐만 아니라 마켓, 여행정보, 교통, 출입통제, 잠금장치 등에서 광범위하게 활용되고 있다.

NFC의 특징으로는 기존 RFID에서 확장된 개념으로 태그가 내장된 단말기를 능동형(ACTIVE) 모드로 작동할 수 있어 태그로서의 기능뿐만 아니라, 태그를 읽는 리더(RFADFR), 태그에 정보를 입력하는 라이터(WRITER)의 기능까지 수행하며 단말기와 단말기간 P2P가 가능하다.

전시장에서는 NFC출입증을 통하여 부스 리더기에 태그하고 이를 통하여 참가업

체와 참관객간 정보를 상호 교환하는데 이용되고 있다.

🎧 인식 방식에 따른 출입증 제작(바코드, QR코드, RFID 또는 NFC)

🎧 IT 기술을 활용한 부스 참관객 데이터 관리 하드웨어

바코드리더기   QR코드리더기   RFID리더기   NFC 리더기

04 전시회 ICT 융합

1. 전시회 ICT 이해 및 스마트 전시회 개념

IT기술, 정보통신의 기술, 스마트기기들의 지속적인 발달과 확산을 통하여 정보통신기술(ICT)로 융합된 형태의 기술개발이 이루어 지고 있다.

이제는 언제 어디서나 온라인에 접속할 수 있는 스마트폰을 경제활동이 가능한 인구 대부분이 이용하고 있다. 이점에 주목하고 온라인 소비자들을 오프라인으로 끌어들이는 마케팅 활용 IT 서비스들을 통칭해서 O2O(Online to Offline) 서비스라고 정의한다. 전시회 서비스도 온라인과 오프라인을 접목한 비즈니스와 비즈니스의 연결, 사람과 사람의 연결에 정보통신기술을 적극 도입할 필요가 있다.

스마트 전시회란 정보통신기술과 스마트 디바이스를 활용하여 온라인 콘텐츠와 오프라인 전시회가 연계된 새로운 개념의 융합 서비스들을 말한다. 전시회 콘텐츠의 생산과 마케팅 및 시스템 운영 그리고 지속적인 고객관리 측면에서 스마트 전시회 시스템을 적극 활용하여 비용절감, 생산성향상, 자원절약과 같은 혜택이 있는 스마트 전시회 주최가 필요한 시점이다.

K Shop 모바일 앱(출처 : K Shop)

2. 모바일 앱 개발 및 마케팅 활용

전시회 주최를 위한 준비 과정에서 모바일 앱을 별개의 고객경험으로 간주해서는 안 된다. 모바일 앱을 전시회 통합 마케팅 전략의 핵심 요소로 인식해야 하며 전시회 브랜드 경험에 앱을 통합하여 전체 마케팅 전략에 접목시켜야 한다.

전시회 모바일 앱 개발 및 콘텐츠 관리시스템을 활용하여 참가업체와 참관객과 장기적인 고객관계를 지속적으로 유지하여 로열티 향상, 고객생애가치(CLV)의 극대화로 연결시켜야 된다.

모바일 마케팅을 활용함으로써 푸시 알림, SMS, MMS, 모바일 이메일, SNS 공유, 스마트비콘 알림을 통해 고객 참여를 강화하고, 마케팅 성과 및 고객 데이터를 측정하고 관리할 수 있게 되었다.

전시회 모바일앱 개발 및 콘텐츠 관리플랫폼(출처 : etouches.com)

비즈매칭 플래너와 인터랙티브 부스배치도(출처 : 위즈턴전시회솔루션)

3. 비콘 이해 및 전시회 비콘 활용

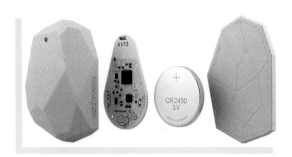

Estimote Beacons(출처 : estimote.com)

비콘은 블루투스4.0(BLE) 근거리 무선통신 기술을 활용해 스마트폰으로 ID를 전송해 스마트폰에 설치된 앱을 통하여 서비스 서버로부터 ID에 매핑된 서비스를 제공받을 수 있는 장치이다.

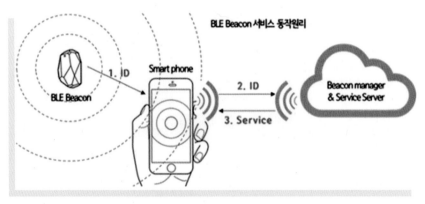

비콘의 작동원리(출처 : LG CNS)

전시회를 방문한 참관객용 모바일 애플리케이션과 참가업체 전시부스에 부착된 비콘의 상호 연결을 통해 해당 부스의 콘텐츠 정보와 담당자 정보 등을 앱을 통해 확인이 가능하며 디지털화된 회사소개서와 제품소개서 등을 다운로드 받을 수도 있다.

비콘을 활용한 기술에서 주요한 흐름은 정보 큐레이션(curation)이다. 정보제공에서 가장 핵심인 시간(time), 장소(place), 상황(occasion)에 맞는 정보제공이 점점 더 중요해 지고 있다. 전시부스 앞을 지나치는 참관객들에게 해당 부스 업체정보를 제공할 수 있고, 부스 안으로 유인할 수 있는 마케팅 서비스를 비콘을 통해 제공할 수 있기 때문에 프로모션 측면에서 활용도가 높다.

비콘은 오프라인 통계를 추출하기에도 적합하다. 비콘에 체크인한 시간, 장소, 머문 시간, 동선, 행위 등을 파악하여 전시회 성과 보고를 위한 데이터 추출에도 활용이 가능하다.

정보통신기술(ICT)과 사물인터넷(IoT) 제품을 융합하여 전시회 참관객의 관심사와 동선에 따라 개인에게 최적화된 정보를 제공하는 큐레이션 및 도슨트(docent) 서비스를 가능하게 한다.

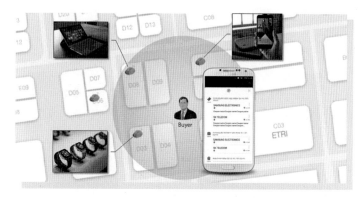

도슨트 내주변 정보(출처 : 본인작성)

4. 데이터 마이닝에 대한 이해 및 활용

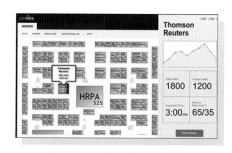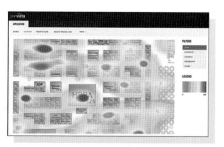

Panvista's Beacons Track Trade Show Traffic(출처 : panvistamobile.com)

데이터 마이닝이란 데이터베이스 속에서 유도된 새로운 데이터 모델을 발견하여 미래에 실행 가능한 정보를 추출해 내어 의사결정에 이용하는 과정을 말한다. 즉, 데이터에 숨겨진 패턴과 관계를 찾아내어 광맥을 찾아내듯이 정보를 발견해 내는 것이다. 여기에서 정보 발견이란 데이터에 통계 분석과 모델링 기법을 적용하여

유용한 패턴과 관계를 찾아내는 과정이다. 데이터베이스 마케팅의 핵심 기술이라고 할 수 있다.

전시부스에 비콘을 설치한 후 전시회에서 참관객 동선과 부스방문 데이터베이스의 데이터를 분석하여 어느 위치의 부스가 참관객이 많이 방문한 좋은 위치인지, 그리고 부스들 간에는 어떤 상관관계가 있는가 등을 발견하고 이를 새로운 수익모델과 마케팅 수단으로 활용할 수 있다.

 **코엑스, 사물인터넷 기술로 '스마트 전시장' 만든다**

기사입력 2015/05/14 11:00 송고

코엑스-한화S&C, 비콘 활용 '스마트 전시장' 기술개발 협약 (서울=연합뉴스) 변보경 코엑스 대표(오른쪽)와 김용욱 한화S&C 대표이사가 14일 오전 서울 강남구 삼성동 코엑스에서 차세대 사물인터넷(IoT) 기술인 비콘(beacon)을 활용한 스마트 전시장 기술개발 협약을 체결하고 있다. 2015.5.14 << 코엑스 제공 >>
photo@yna.co.kr

(서울=연합뉴스) 이웅 기자 = 코엑스는 14일 차세대 사물인터넷(IoT) 기술인 비콘(beacon)을 활용한 스마트 전시장 기술개발 협약을 정보통신기술(ICT) 전문기업인 한화S&C와 체결했다고 밝혔다.

비콘은 블루투스 등 근거리 무선통신을 이용해 실내 스마트폰 사용자의 위치를 확인해 각종 정보를 교환하는 장비로, 유통매장 등에서 실시간 마케팅 수단으로 활용도가 높아지고 있다.

코엑스는 비콘 기술로 전시회에 참가한 기업과 제품 정보를 전시장을 찾은 바이어나 관람객에게 실시간으로 제공할 계획이다.

전시회 주최자는 관람객의 동선을 파악해 효과적으로 전시장을 구성할 수 있고, 빅데이터 분석을 통해 사후 관리도 효율적으로 할 수 있다.

사전에 스마트폰으로 관심 있는 전시회를 등록해두면 자동으로 정보를 제공받을 수도 있다.

연습문제 *exercises*

1. 전시회의 홍보를 위해 활용되어지는 IT 기술이 아닌 것은 ?

① SMS   ② SNS   ③ APP   ④ DM

2. 전시회를 관람하기 위하여 참관객이 인터넷 또는 모바일을 통하여 참관신청을
하게 되는데 이를 무엇이라 하는가?

① 사전등록   ② 현장 등록   ③ 참관등록   ④ 참관 예약

3. 전시회에 참관하는 참관객의 데이터를 확보하기 위하여 등록신청서를 작성하
게 되는데 등록신청서를 통하여 수집되는 DB의 내용이 아닌 것은?

① 성명   ② 연락처   ③ 회사명   ④ 가족관계

4. 전시회를 방문하는 참관객의 DB를 구축하는 시스템을 무엇이라 하는가?

① 전시 등록시스템   ② 전시 운영시스템
③ 전시관리시스템   ④ 전시고객시스템

5. 참가업체에 방문하는 관람객의 DB를 수집하기 위해 참관객 데이터관리시스템
에 이용되어지는 IT기술이 아닌 것은?

① RFID   ② NFC   ③ BAR CODE   ④ FINGER PRINT

6. IT 기술과 통신기술의 융합을 통하여 나타나는 형태의 기술을 무엇이라 하는가?

① IOT   ② NFC   ③ ICT   ④ LTE

7. 데이터베이스 속에서 유도되는 새로운 데이터의 모델을 발견하여 새로운 정보
를 추출하는 것을 무엇이라 하는가?

정답 1. ④ 2. ④ 3. ④ 4. ① 5. ④ 6. ③ 7. 데이터마이닝

부대행사 운영 및 서비스

정의 및 목표

전시회의 개최 목적과 주요 참가자 특성, 장소, 시간 등을 고려하여 선택적으로 적용 가능한 다양한 부대행사와 서비스에 대해 이해하고, 다양한 형태로 정보를 전달하고 행사 자체의 가치를 높이는 차별화된 부대행사와 참가자 만족도를 높이는 다양한 서비스를 기획·운영할 수 있다.

학습내용 및 체계

주요 항목	세부 내용	비 고
1. 전시회 부대행사의 이해	• 전시회 부대행사의 역할과 기능 • 전시회 부대행사의 유형과 종류	
2. 전시회 부대행사의 기획 및 운영	• 개막식 • 회의(세미나, 심포지움 등) • 신제품발표회 • 시상식, 공모전, 경연대회 • 연회 • Press Conference (사전언론 공개행사) • Technical Tour (Post-Tour)	
3. 부대행사 서비스 기획 및 관리	• 숙박 • 항공 • Speaker 초청 • 식음료	

학습 포인트

- 전시회 부대행사의 역할과 기능에 대한 이해
- 전시회 목적, 주요 참가자, 장소, 시간 등에 따른 다양한 부대행사의 유형과 종류에 대한 이해
- 부대행사의 목적과 주제에 맞는 차별화된 콘텐츠 기획 및 운영
- 참가업체 및 참가자의 만족도를 높이는 서비스 기획 및 관리

핵심 용어

개막식, 회의의 종류와 특성, 연회, Press Conference, Technical Tour, 숙박, 항공, 식음료

전시회 부대 행사의 이해

1. 전시회 부대행사의 역할과 기능

Meeting, Incentives, Convention, Exhibition(or Event)을 통칭하는 MICE산업은 각각의 산업들 간에 상호연관성과 복합성을 가진다. 세계적인 총회와 세미나 등 대규모 회의들은 해당 산업이나 주제를 반영한 전시회를 동시 개최함으로써 회의와는 다른 형태의 정보 교류의 장으로 활용하고, 전문전시회들은 관련협회의 총회나 컨퍼런스를 동시 개최하거나, 자체적으로 기획하는 회의를 또 하나의 네트워킹과 비즈니스의 장으로 활용하고 있다. 또한 모든 전시회는 회의와 규모와 비중의 차이는 있을지라도 인센티브적 요소와 개·폐막식, 문화공연, 체험행사 등 이벤트적 요소도 포함한다. 참가자들이 전시회 본연의 역할 이외에도 인적네트워크 형성, 커뮤니케이션, 엔터테인먼트 등 복합적인 기능과 역할을 요구함에 따라 전시회의 활성화와 차별화를 위해 다양한 부대행사들이 계획되고 있고, 이러한 부대행사도 점점 전문화되고 있다.

부대행사는 자칫 부수적이거나 보조적인 수단처럼 보여질 수 있으나, 동시 개최되는 전문 컨퍼런스의 경우 그 자체로 전시회와 비중을 같이하는 하나의 주요한 행사가 되기도 한다. 산업의 트랜드를 반영한 국내외 저명 인사들의 특강이나, 신제품·신기술·신정책 발표회 등 산업별 전문 컨퍼런스는 유사전시회들 사이에서 전시회에 권위를 부여하고 참가업체와 바이어를 유치하는 데 큰 도움을 준다. 또한 전시회 이슈를 만들어내는 홍보 소재로도 활용가능하고, 지속적으로 개최되는 컨퍼런스나 경연대회, 어워즈 등은 장기적인 관점에서 전시회의 브랜드 가치를 높이는 역할도 한다. 참가업체와 바이어를 위한 사교프로그램이나 별도의 수출상담회는 전시부스의 한계를 넘어서 네트워킹과 비즈니스 기회를 만들어 내고, 일반인을 위한 다양한 이벤트는 전시회의 콘텐츠를 다양하고 풍부하게 만들어 전시회를 붐업(Boom-up)시킨다. 이처럼 부대행사는 다양한 측면에서 복합적으로 작용하며 참가업체와 바이어 및 참관객의 지속적인 참여를 유도해 전시회의 목적달성에 일조한다.

2. 전시회 부대행사의 유형과 종류

전시회의 주요 참가자가 누구냐에 따라 부대행사의 유형과 종류는 다양하다. 바이어만 참가할 수 있는 전문전시회(Trade Show)의 경우 정보 및 기술교류, 교육, 네트워킹 및 비즈니스 등 전문성을 띤 프로그램들이 주를 이루지만, 일반대중을 포함하는 복합전시회(Mixed show)의 경우 유사전시회들 사이에서 참관객의 참관동기를 부여하기 위한 다채로운 부대행사를 고민하게 된다. 전시회의 부대행사는 주최자가 직접 기획하고 준비하는 공식행사에서부터, 유관기관이나 협단체에서 전시회와 연계하여 개최하는 부대행사, 참관객의 부스방문을 늘리기 위해 참가업체에서 마련하는 다양한 경품행사나 공연이벤트까지를 포함한다.

표 19-1 참가 대상별 부대행사의 종류

참가대상	구분	종류
전문가 ・참가업체 ・바이어 ・산업종사자 ・협단체, 학계	개폐막식	개막식, 개관식, 테이프커팅, 전시장투어, 포상 및 표창
	회의	기존연설, 기술 및 정책포럼, 워크샵, 세미나, 보수교육
	사교행사	환영오・만찬, 참가업체(바이어)리셉션
	시상식	신제품시상식, 최고디자인상 시상식, 제품혁신상
	비즈니스 상담회	수출상담회, 구매상담회, 투자설명회
	산업시찰	기업 및 연구기관 시찰, 바이어 포스트 투어
	경연대회	산업분야 종사자 및 학생 경연대회 등
학생	취업박람회	취업설명회, 1:1취업상담회
	경진대회	발명 경진대회, 요리 경진대회, 메이크업 경진대회 등
일반인	관람형	특별전, 수상작품전, 문화공연, 시연
	교육형	특별강연 및 트랜드세미나
	참여형	경품이벤트, 스탬프랠리
언론	프레스컨퍼런스	프레스컨퍼런스, 사전공개행사, 프레스데이, 기자간담회

전시회 부대 행사의 기획 및 운영

부대행사가 전체 행사에서 차지하는 비중과 역할에 따라 주최자가 기획하고 준비해야 하는 업무영역은 달라지며, 관련기관이나 협단체와의 연계를 통해 진행하는 경우는 더욱 그렇다. 여기에서는 일반적으로 전시회에서 전시주최자가 기획하고 운영하는 부대행사를 중심으로 알아본다.

1. 개막식

개막식은 대내·외적으로 행사의 시작을 알리는 공식행사로 보통은 전시회 첫날 오전에 개최하며 초청자 규모에 따라 전시장과 인접한 별도의 장소나 전시장 내에서 개최한다. 간단한 테잎커팅식으로 진행하기도 하지만, 개막 자체가 하나의 홍보이슈가 되거나 내·외부의 주요 인사를 초청하는 경우에는 가장 중요한 행사가 되기도 하는데, 이럴 경우 개막식은 참가업체와 참가자를 비롯하여 일반대중들에게 주최자의 이미지를 심어줄 수 있는 기회이기도 하다.

1) 프로그램 구성

개막식의 규모나 목적, 시간, 운영환경 등에 따라 탄력적으로 구성한다. 일반적으로는

① 초청인사의 환담과 문화공연 등 식전행사
② 개회사, 환영사, 축사, 격려사 등과 같은 공식 프로그램
③ 개막퍼포먼스
④ 전시장투어
⑤ 환영오찬^(만찬) 등이 있으며,

프로그램 구성 및 운영 시 중요하게 고려해야 할 것이 초청과 의전이다.

2014 대한민국 R&D대전 개관식(개막 퍼포먼스)

2014 창조경제박람회 개막식

표 19-2 개막식 프로그램 주요업무

프로그램	주요업무
사전환담	• 환담장 입장인원선정 및 영접 • 환담장 테이블배치 형태 및 케이터링
개회사/환영사/축사/격려사	• 연설자 서열에 따른 프로그램 순서 조정 • 연설문(통·번역 서비스)
개막 퍼포먼스	• 참여인원 선정, 자리배치 및 퍼포먼스 연출 • 언론취재 및 사진촬영 고려
전시장 순시	• 순시이동동선 및 안내자(통역) • 언론취재 및 사진촬영 고려
환영오찬 또는 만찬	• 테이블 조성(VIP테이블 좌석배치 등) • 서빙형태 및 건배주, 건배사 등

2) 초청과 RSVP

초청업무의 시작은 초청 대상자 선정에서부터 시작된다. 중앙정부 인사나 지방자치단체장, 관련 협회나 단체장, 참가업체 대표, 언론 등이 그 대상이 되며, 주최기관장 명의의 초청장을 발송한 후 참석여부를 확인한다. 초청장은 최소 행사 1개월 이전에 발송하며, 행사개요와 위치, 주차안내, RSVP(répondez s'il vous plaît)[1] 회신 안내, 문의처 등의 내용을 포함한다. 정부주도 전시회가 많은 우리나라의 특성상 장관급 이상의 VIP를 초청할 경우에는 정기국회나 국정감사 일정 등을 점검해야 하

---

1 프랑스어 표현으로 영어로 해석하자면 "please reply"의 의미이다. 초청대상자들에게 행사의 참석여부에 대한 회신을 요청하는 것으로 주최 측에서 RSVP를 요하는 경우, 반드시 참석여부를 통지하는 것이 예의이다.

며 특히, 대통령의 참석이 예상되는 경우에는 초청인원에 대한 사전 신원조회 후 별도의 출입비표를 발급하게 되므로 초청업무를 서두르는 것이 좋다.

2. 회의

전시회와 동시 개최되는 회의의 경우에는 해당 산업 관련 협단체나 후원기관과 연계하여 개최하는 경우가 많다. 이런 산업별 전문회의들은 전시회의 콘텐츠를 풍부하게 하고 직접적인 바이어 역할을 하는 산업내 전문가들의 참여를 독려해 참가자 유치에도 큰 역할을 한다. 회의는 그 자체로도 MICE 산업의 한 축이다. 회의의 목적, 규모, 참가자, 운영방식, 성격 등에 따라 종류도 다양하며, 회의의 기획, 준비, 운영을 위해서는 전시회 못지 않은 전문지식과 경험이 요구된다.

1) 회의의 종류

① 심포지움(Symposium)

주어진 논제에 대한 전문가나 권위자들이 서로 다른 각도에서 의견을 발표하고 참석자의 질문에 답하는 형식의 공개 토론회로 주제에 대한 다각적이고 종합적인 정보 취득이 가능하며, 대규모 회의에서 운영되는 경우가 많기 때문에 청중의 참여 기회는 제한적이다.

② 포럼(Forum)

제시된 한 주제에 대해 상반된 견해를 가진 2인 이상의 전문가들이 패널리스트(Panelist)나 연사로 참여하여 사회자의 주도하에 청중 앞에서 벌이는 공개토론회로서 청중이 자유롭게 질의에 참여할 수 있으며 발표자의 견해를 요약하거나 발표시간 관리, 청중 참여기회의 조정 등 회의의 원만한 운영을 위한 사회자의 역할이 중요하다.

③ 워크숍(Workshop)

소그룹 단위의 참가자들이 모여 특정 주제나 과제에 대한 지식, 기술, 아이디어,

정보 등을 집중적으로 다루며, 실습이나 훈련을 통해 새로운 기술과 지식을 배울 수 있는 기회가 되기도 한다.

④ 세미나(Seminar)

주로 교육 목적을 띤 회의로서 특정분야에 대한 전문가, 참가자들의 발표와 토론을 통해 경험과 지식을 공유할 수 있다. 한 사람 전문가의 주도하에 이루어지기도 하며 포럼이나 심포지엄에 비해 참가자 수가 작다.

⑤ 강연회(Lecture)

연사가 청중에게 정보제공 및 교육을 목적으로 발표를 하는 것으로 대규모 및 공식적인 회의에서 가장 많이 운영된다. 대규모 회의이기 때문에 청중의 참여 또는 질의 기회는 상황에 따라 가능하거나 가능하지 않을 수 있으며 가능하더라도 매우 제한적이다.

2) 회의장 조성

참가자들이 회의에 대한 참여도와 몰입도를 높일 수 있도록 하는 물리적인 환경을 조성하는 것으로, 회의장의 조명, 소음 및 온·습도 관리부터 회의의 유형과 성격에 맞는 좌석배치, 시청각 장비의 설치·운영, 부대시설조성 및 기타 환경연출까지 모두 포함한다.

① 좌석배치

회의장의 전체 배치(Lay-out)에서 가장 우선해서 고려해야 할 것은 좌석배치이다. 발표자와 참가자의 관계, 참가자의 회의 참여 수준, 격식의 유무에 따라 달라지며, 일반적으로 4가지 타입으로 구분할 수 있다.

극장형(Auditorium or Theater Style)

발표자를 향하여 의자를 일렬로 배치하는 형태로 일자형 이외에도 양쪽 끝을 휘어놓거나, 넓은 V자형, 또는 반원 형태로 할 수도 있다. 이때 좌석 첫째 줄과 연단

사이에 일정 거리를 확보해야 하며, 참가자 동선을 원활히 하는 구역과 구역 간 이동통로와 좌석 사이의 공간도 확보해야 한다.

🎧 교실형(Class Style)

극장형과 유사한 형태로 책상을 의자와 함께 배치하는 형태로 공간 확보 측면에서 참가자가 의자에서 앉고 일어나는데 불편함이 없도록 충분한 공간을 고려해야 한다.

🎧 컨퍼런스형(Coference Style)

컨퍼런스형은 극장형이나 교실형과는 달리 연단이 필요없으므로 다양한 배치가 가능하며 참석자간의 효율적이고 원활한 커뮤니케이션을 목적으로 한다.

🎧 연회형(Banquet Style)

그룹토의나 연회 때 자주 사용되는 형태로 참가자 간의 대화가 용이하며 식음료 서빙이 편리하다. 회의 종료 후 바로 연회가 이어질 경우에도 활용한다.

표 19-3 회의장 좌석 배치 유형

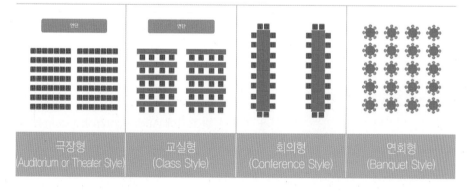

극장형 (Auditorium or Theater Style)	교실형 (Class Style)	회의형 (Conference Style)	연회형 (Banquet Style)

② 회의장비 및 시스템

회의 참가자 규모와 운영방식, 주어진 회의장의 여건에 따라 소요되는 회의장비의 사양과 종류는 천차만별이다. 영상과 음향장비 기술은 빠른 속도로 발전하기 때문에 대부분 전문업체를 통해 아웃소싱하지만, 소규모 회의들은 회의장 자체에 설치되어 있는 기존 장비를 활용하는 경우도 있다.

영상장비(Video System)

정보기기에 저장된 정보를 화면으로 출력해 주는 장비로, 쉽게 설명하면 노트북의 발표자료를 빔프로젝터를 이용해 스크린 또는 LED, LCD 등의 Display로 보여주는 것을 말한다. 스크린은 영상의 투영방식(전방/후방)에 따라 적합한 종류의 스크린을 사용하며, 회의장의 전체 크기, 조도, 빔프로젝터와의 거리 등 다양한 환경적요소를 고려해야 한다.

음향장비(Audio System)

발표자의 음성을 크게 확대하여 회의장 공간에서 많은 사람들에게 잘 들리게 하는 장비로써 마이크, 믹서, 앰프, 스피커가 음향장비 구성의 기본이 된다. 마이크는 발표자의 음성신호를 전기신호로 변환하여 믹서로 보내고, 믹서에서 여러 가지 신호를 포함하여 앰프로 보내주면 앰프에서 신호를 증폭하여 다시 스피커로 보내고, 스피커를 통해 청중에게 들여지는 원리이다. 회의의 종류에 따라 다양한 마이크를 사용한다.

회의장비

여러 사람이 회의에 참가하는 경우 사용되는 장비로써 발언시간 조정이나, 전자투표, 발언자 추적 등이 가능한 첨단장비들이 사용되고 있다.

통역장비(Interpretation System)

동시통역장비는 FM 또는 적외선을 이용한 변조기에 Audio control system을 접속하여 운영하는 장비로 통역부스, 무선송신기 및 컨트롤러 등 메인시스템(Interpreter Unit), 참석자들에게 배포되는 수신기 및 이어폰(헤드셋)으로 구성된다.

3. 신제품발표회

신제품발표회(Launching show)는 어떤 제품이나 상표의 공식적인 출시를 알리는 행사를 말하며 제품의 인지도와 기업의 이미지를 향상시키는 역할을 동시에 수행한다. ICT, 전자, 자동차 등 최신기술을 선보이는 전문전시회에서는 기업들의 신제품발표가 경쟁적으로 이루어지며, 세계적인 전문전시회인 모바일월드콩그레스(MWC), 국제가전박람회(IFA), 세계가전쇼(CES), 프랑크프루트 모터쇼(IAA Frankfurt Motor show) 등에서 이루어지는 글로벌 기업들의 신제품발표회는 전 세계의 이목이 집중되기도 한다. 최근에는 실시간으로 이루어지는 온라인 생중계나 SNS를 통한 전파로 광범위한 이슈를 창출하기도 한다.

서울모터쇼 2015 현대기아차 '올뉴마이티' 최초 공개

신제품발표회에서는 단연코 제품을 돋보이게 하는 연출이 중요하다. 제품의 혁신성과 기업이미지를 연계한 설득력 있는 연출컨셉을 설정하고, 제품에 대한 호기심의 극대화, 새로운 기술과 성능 소개, 기업이미지 연계 등 연출의 전 과정이 참관객들에게 감동적인 매력을 창출할 수 있어야 한다. 이를 위해 음향, 영상, 조명, 특수

MWC 2016 삼성전자 Galaxy S7 및 Gear VR 공개

효과의 연출과 각종 퍼포먼스를 경쟁적으로 고민할 뿐 아니라, 최근에는 기업의 CEO나 주요 임원들이 직접 제품을 설명하는 발표자로 등장해 제품과 기업에 대한 신뢰도를 더하고 있다.

신제품발표회를 위해 기업들이 개별적으로 기자와 관계자들을 초청하기도 하며, 이때에는 전시장 내 별도의 공간을 활용해 케이터링을 제공하거나 기념품 등을 준비한다. 부스 내에서는 신제품에 대한 관람객의 시연과 체험 프로그램을 마련하고, 경우에 따라서는 신제품을 활용한 경품이벤트를 진행하기도 한다.

4. 시상식, 공모전, 경연대회

공모전은 기업, 기관, 협단체 등 주최기관이 학생 또는 일반대중을 대상으로 특정한 주제의 아이디어, 제안, 기획 등을 심사해 상금을 비롯한 다양한 특전을 제공하는 일종의 콘테스트로 미술, 사진, 문학, 마케팅, 광고, 디자인 등 다양한 분야에서 진행된다. 공모전은 다양한 산업에서 창의적이면서 도전적인 인재들을 선발하는 네 석극 활용돼 왔으며, 적절한 홍보를 통해 주최기관이나 기업에 호감과 신뢰

제3회 국제전기자동차엑스포 국제전기차컨셉디자인공모전

COSMO BEAUTY SEOUL 2015 국제미용대회

감을 갖게 하는 하나의 마케팅 수단으로 활용되기도 한다. 최근에는 어려워진 취업 현실에서 남들보다 더 나은 경력을 추가하려는 학생들이 공모전에 큰 관심을 보이며 적극적으로 참여하고 있다.

전시회와 함께 공모전을 개최하기 위해서는 해당 공모전을 주최하는 명확한 목적이 있어야 한다. 분야, 주제선정, 시상규모, 접수일과 접수방법, 홍보방법, 시상식 등 많은 부문을 함께 고려하여야 하며, 여기서 가장 중요한 요소는 공정한 심사기준과 심사과정의 투명한 공개라고 할 수 있다. 공모전 대상이나 규모에 따라 시상내역도 다양해 상금을 지급하거나, 장관급 이상의 상장(포상)을 시상하는 경우도 있으며, 기업 주최 공모전은 취업특전, 입사시 가산점, 인턴채용, 정직원 채용 등의 혜택을 제공하기도 한다. 공모전에 출시된 작품들은 전시회 기간 중 또 콘텐츠로 활용한다.

공모전과 유사한 형태의 경연대회는 개인이나 단체가 직접 참가해 예능이나 기능을 겨루거나 발표하는 일종의 컴피티션(competition)형태로 대회의 질적 수준에 따라 다양한 규모로 개최된다. 공모전과 마찬가지로 심사위원 구성, 심사과정의 공정성이 중요하며, 현장심사로 진행되는 경우가 많아 대회운영의 전문성이 요구된다.

5. 연회(오·만찬 및 리셉션)

연회는 전시주최자가 참가자들에게 환영의 뜻을 전하며, 참가자간 친목을 도모하는 사교의 장이다. 행사 주제에 대한 인식을 공유하거나 전시주최자에 대한 우호적인 분위기를 만드는데도 기여한다. 전시주최자 입장에서는 참가자가 해당 전시회에 기대하고 있는 바를 측정하고 조사하는 좋은 기회가 될 수도 있다. 연회는 개최시기, 참가자, 주최자, 식음료에 따라 다양하게 구분된다.

표 19-4 연회의 구분

구분	종류	특징
개최시기	환영만찬(리셉션)	행사 개막 전, 주요관계자 초청, 호텔 등 별도 장소에서 진행
	개막만찬(리셉션)	행사 당일 개막식 직후, 주요관계자 초청
	환송만찬(리셉션)	행사 마지막 날 또는 폐막 전, 참가업체/바이어 등 참가자 대상
참가자	바이어만찬(리셉션)	만찬 또는 리셉션 형태로 보통은 행사기간 중 개최
	참가업체만찬(리셉션)	만찬 또는 리셉션 형태로 보통은 행사기간 중 개최
주최자	한국의밤 (Korean Night)	자국 산업 홍보를 위해 참가한 전시회에서 각 국가관에서 주최
	후원만찬(리셉션)	기관 또는 기업 스폰서가 직접 주최하거나 비용 지원
식음료 종류	정찬 (Table Service Party)	가장 격식있는 형태, 풀코스메뉴로 테이블 서빙
	뷔페(Buffet Party)	스탠딩과 Sit-down방식 모두 가능
	칵테일 (Cocktail Party)	스탠딩 방식으로 여러 주류와 음료 및 전채요리 준비
	티 타임(Tea Party)	행사 중간 휴식 시간에 간단하게 진행, 차와 다과류 준비

환영만찬이나 Korean Night과 같은 공식 연회의 경우에는 초청장을 발송하거나, 참가자 키트를 만들어 동봉한다. 주최자나 관련기관의 환영연설, 공연·쇼 등의 엔

GTI 국제무역투자박람회 환영만찬

참가업체(바이어)리셉션

터테인먼트, 건배제의 등 프로그램도 함께 진행되며, 친목을 도모하는 사교의 장인 만큼 주요 초청인사에 대한 통역지원도 고려해야 한다. 리셉션 형식의 연회는 참가자 수를 예측하기 어려우며 참가자의 친목도모에 목적이 있으므로 보통 칵테일이나 뷔페 형식으로 하고 연회시간도 상대적으로 짧다. 세계 각국의 다양한 참가자들이 참석하는 연회의 경우 메뉴 준비 시에 채식주의자(vegetarian)와 특정 종교인(Moslem)에 대한 배려도 필요하다.

6. 기자간담회(Press Conference)

언론사를 대상으로 한 전시회 PR활동 중 하나로, 전시회 홍보효과를 높이기 위해 일반 공개에 앞서 전시회의 준비상황과 주요 내용을 언론에 미리 공개하는 행사이다. 집단브리핑이나 취재, 투어, 간담회, 컨퍼런스 등 다양한 형태로 진행되며, 별도의 초청이나 등록절차를 통해 언론관계자로 참여를 제한한다.

언론 사전 공개행사를 위해서는 전시회가 기사화하기에 충분한 가치가 있어야 한다. 전시회를 통해 산업의 신제품이나 신기술이 대거 소개되거나, 업계의 판도가 변화한다던지, 사회적으로 큰 관심을 끌만한 이슈가 있어야 한다. 이런 관점에서 가전쇼, 모터쇼와 같이 언론의 집중적인 관심을 받는 전시회의 경우 개막 전 1~2일간을 프레스데이(Press day)로 지정해서 전시주최자 뿐만 아니라 참가업체들도 각 전시부스에서 신제품발표회 등 프레스 브리핑을 별도로 진행하며, 언론사 노출을 위해 공연, 영상 등 화려한 퍼포먼스를 선보이기도 한다.

일반적으로 행사시간은 신문사 마감시간을 고려하여 보통 오전 11시 전후로 개최하는 것이 좋고 기자들이 직접적인 취재 활동을 통해 보도자료를 작성하지만, 주

세미콘/LED코리아 2015 프레스 컨퍼런스

서울모터쇼 프레스 데이(Press Day)

최자 또는 참가업체가 작성한 보도자료를 담은 프레스킷(Press-Kit)을 별도로 준비한다. 취재를 나온 기자들에게 간단한 식사는 물론 행사기념품 정도는 챙겨주는 것이 좋다.

7. 산업시찰(Technical Tour)

전시참가자들을 위한 관광프로그램은 개최지의 역사와 문화, 자연, 명소 등을 소개하고 체험하게 하는 일반관광(Sightseeing Tour)과 전시회나 회의 주제와 관련된 기업, 기관, 연구소 등을 방문하여 산업의 현장을 직접 보는 산업시찰(Scientific/Technical Tour)로 구분할 수 있다. 전시회의 경우 전시장 주변이나 개최지 관광정보를 홈페이지나 참가매뉴얼을 통해 제공하는 것이 일반적이지만, 회의의 경우 매력적인 관광프로그램 개발은 회의 유치단계에서부터 참가자들에게 큰 만족감을 주는 요인이기도 하다. 일반 관광 프로그램은 참가자 전원을 대상으로 한는 전체관광(Excursion), 시기에 따라 사전관광(Pre convention tour)과 사후관광(Post convevtion tour)으로 구분하며 국제회의의 경우 동반자를 위한 프로그램도 함께 운영한다.

1) 산업시찰(Scientific/Technical Tour)

행사주제와 관련된 연구 및 시찰을 목적으로 한 관광으로서 목적지는 분야에 따라 다양하다. 대상지가 기업이나 공기관, 연구시설일 경우 단체 방문과 현장 안내 등에 대한 사전 조율을 통해 프로그램을 계획한다.

2) 일반관광(Sightseeing Tour)

행사 개최 전이나 후 별도의 관광을 원하는 참가자를 위해 보통 2~3가지 관광코스 프로그램을 소개하며, 기존 여행사 상품을 연결해 주는 역할을 하기도 한다.

표 19-5 관광관련 주요업무

구분		주요업무
관광계획 수립	관광유형 계획	• 회의주제 및 참가자 특성을 고려한 형태 (산업시찰, 일반관광 등)
	관광코스 개발 및 정책 수립	• 관광지, 요금, 교통편, 숙박시설, 관광안내원 협의 결정
수송차량 및 가이드 확보		• 소요량 예측에 따른 수송차량 확보 • 투어내용에 맞는 전문 가이드 섭외
사전접수	숙박시설 확보	• 지정호텔 협약 및 사전 Blocking : 숙박요금 및 신청기간, 지불 정책(예약 취소 및 변경, Deposit)정책, 제공서비스 등 협의
현장접수 및 운영	관광안내데스크	• 참가자 개별 여행 상담 및 안내물 배포 • 참가비 수납관광데스크 설치 및 운영

03 부대행사 서비스 기획 및 관리

컨벤션 산업은 종합서비스산업으로 서비스를 중심으로 다양한 산업분야에 미치는 승수효과가 크다. 전시참가자들은 통상 1주일 내외의 일정으로 개최도시로 이동하고 현지에서 체류하게 되는데, 이 과정에서 필연적으로 항공, 숙박, 수송, 관광 등 다양한 서비스를 소비하며 경제적 부가가치를 창출해 낸다. 이런 부가서비스들은 개최지에 미치는 긍정적 효과 측면에서도 전시산업의 중요한 한 부분이지만, 매년 개최되는 유사한 전시회들 속에서 참가자들의 서비스 만족도를 높여 지속적인 참가를 이끌어 내기 위해서도 간과할 수 없는 부분이다. 전시회 부가서비스들은 일반적으로 전시주최자가 전문업체들을 통해 아웃소싱으로 진행하게 되는데, 각 지역별 컨벤션 뷰로(Convention Bureau)에서는 이와 관련한 정보제공 및 다양한 지원서비스를 제공한다.

1. 숙박

 전시참가자를 위해 필요한 숙박시설을 확보하는 것은 필수적이며, 대부분의 대형 전시장의 경우 인접지역 내에 특급호텔부터 중저가 숙박시설까지 다양한 숙박 인프라를 보유하고 있다. 항공과 마찬가지로 전시주최자가 홈페이지나 참가매뉴얼을 통해 정보를 제공하면 전시참가자가 개별적으로 선택하거나 전시주최자가 공식호텔을 지정하여 전시참가자에게 특별 할인율을 제공하기도 한다. 숙박예약 업무는 행사 참가자와 규모에 따라 여러 가지 형태로 결정되지만, 일반적으로 참가자가 지정 기한 내에 숙박신청서를 호텔로 직접 보내거나, 개별 연락을 취하게 된다. 숙박신청은 홈페이지나 팩스, e-mail 등을 통해 접수하며 주최자 쪽에서 비용을 부담하는 대상의 경우 초청인사의 서열을 고려하여 객실의 형태와 수, 배정방법을 사전에 정해야 한다.

표 19-6 숙박관련 주요업무

구분		주요업무
숙박계획 수립	숙박수요 파악	• 예상 수요 파악(참가업체, 바이어, 참관객, 서비스 공급자, VIP)
	숙박인프라 파악	• 접근성, 교통용이성, 객실 수, 숙박요금, 시설 및 서비스 수준 등을 고려한 숙박 인프라 파악
숙박시설 확보	숙박시설 확보	• 지정호텔 협약 및 사전 Blocking : 숙박요금 및 신청기간, 지불(예약 취소 및 변경, Deposit), 제공서비스 등 협의
예약관리 및 운영	예약 신청 접수	• 예약 사이트 오픈(예약 신청서 및 deposit 접수) • 숙박리스트 작성 • 객실 배정기준 • Blocking 해제
	숙박안내데스크 설치	• 객실배정 • 투숙서비스 관리

2. 항공 및 수송

참가자들을 위해 전시회장까지 편리하고 경제적인 교통수단을 확보하고 지원하는 것으로 입국부터 출국까지 전 과정에 걸쳐 있는 이동경로 및 교통정보를 제공하고, 공식항공사 지정, 참가자 입출국 지원, 공항-행사장-호텔 간 상시 수송, 부대행사 이동, 주차서비스까지를 고려한 종합수송계획을 수립한다.

1) 항공운송

항공예약은 전시참가자가 개별적으로 진행하기도 하지만, 공식항공사를 지정해서 참가자에게 요금할인혜택과 업그레이드된 서비스를 제공하기도 한다. 공식항공사를 선정할 때는 행사 개최지까지 운항되는 항공사 중 충분한 수용 규모(좌석 수 등)를 기준으로 선정하고 공식항공사에서는 참가자 증명이 되는 신청자에 한해 convention rate을 적용한다. 광범위한 지역의 참가자들을 위해 특정 항공사가 아닌 글로벌 항공사 네트워크에서 제공하는 컨벤션 프로그램을 활용하기도 한다.

사례 **2015한국기계전 항공권 할인프로그램**(공식 항공사 : STAR ALLIANCE)

 STAR ALLIANCE™ STAR ALLIANCE™ 네트워크를 통해 최대 20%까지 여행경비를 절감하세요 **2015한국기계전 항공권 할인** 행사코드(EVENT CODE): OZ03S15	2015한국기계전에 등록된 참가업체(참관객)가 STAR ALLIANCE의 컨벤션 플러스 할인프로그램 이용 시 본인 및 동반자 1인을 포함하여 최대 20% 항공요금 할인 서비스 혜택 제공

2) 육상수송

육상수송은 공항과 전시장(또는 호텔)간의 이동을 지원하는 입출국 수송과 행사장과 주요 숙소 간의 이동을 지원하는 행사장 수송으로 구분할 수 있다. 버스, 기차, 지하철 등과 같은 대중 교통수단에 대한 정보 제공으로 대체하기도 하지만, 참가자 편의를 위해 정해진 시간 간격을 두고 정기적으로 운행하는 셔틀버스(shuttle bus)를 제공하거나, 부대행사 참가자를 위한 별도의 전세버스를 운행하기도 한다.

3) 영접

항공을 이용하는 참가자의 영접 및 수송안내를 위해 공항안내데스크를 설치하거나, 신속한 입출국 수속 지원을 위해서 CIQ[2] 지역에 지원인력을 배치하기도 한다. 공항안내데스크 설치와 CIQ 지역 인력배치를 위한 출입증 발급은 공항관리공단의 사전 승인을 받아야한다. 특별히 의전이 필요한 VIP의 경우 전용심사대, 의전실 및 의전주차장 사용을 위해서는 사전에 공항관련 관계 정부기관의 업무협조와 승인이 필요하다.

표 19-7 수송관련 주요업무

구분		주요업무
수송계획수립	입출국수송	• 참가자 도착 및 출국일자, 시간 확인 • 지역별, 노선별 수송수요 파악 • 영접 및 의전대상자 파악
	행사장수송	• 전시장, 수송, 관광프로그램, 기타 행선지별 수송인원 수요 파악 • 차량 운영스케줄 수립
차량확보 및 운영	차량확보 및 계약	• 수요 및 용도에 따른 차종 및 차량 확보(참가자용, 부대행사진행용, 비상수송용, VIP용) • 주차장확보 및 주차장 비표 발급 • 수송인력수급 및 교육
영접	안내데스크 운영	• 안내데스크 신청 및 설치 • CIQ임시 출입증 발급
	VIP영접	• 영접대상자에 따른 의전 담당자 확정 • 공항관련 관계 부처 및 기관 업무협조요청 • 전용심사대, 의전실 및 의전 주차장 사용 허가 • 영접상황실 운영

3. 연사(Speaker) 초청

전시회와 함께 개최되는 회의프로그램 기획을 위해서는 주제 선정, 세부 세션 구

---

2 Custom(세관관리), Immigration(출입국관리), Quarantine(검역관리)를 시행하는 구역으로 모든 입국자는 이곳을 통과하여 입국한다. 영접을 위한 인력 출입증은 세관과 법무부의 승인을 받은 후 공항관리공단에서 발급한다.

성, 주제에 적합한 연사 섭외를 진행한다. 회의 주제는 행사의 성격과 개최 시기별 사회적 이슈를 담아내는 주요한 문장 혹은 핵심어로 참가자들이 회의내용을 예측할 수 있도록 선정한다. 세부 세션은 주제를 구체적으로 설명하고 논의하는 시간이다. 다루는 주제가 분야별로 나누어진다면 주요한 주제별로 구분하고 전체 회의 일정 속에서 시간 배정을 할 수 있다. 이 경우 일정에 비해 세션이 많거나 부족하지 않도록 유사한 분야나 심화가 필요한 분야로 나누거나 묶을 수 있다.

기조연사는 주제를 보여주는 사람이다. 해당 분야의 전문가로 주제를 포괄적으로 설명하며, 과거와 현재를 바탕으로 미래에 대한 가능성과 방향을 제시할 수 있어야 한다. 기조 연사의 인지도와 명성은 참가자 유치와 홍보의 주요한 수단이 될 수 있으므로 섭외를 서두르는 것이 좋다. 기존연사에 비해 세션연사는 보다 전문적인 역할을 한다. 주제에 대한 논의를 심화할 수 있는 전문적인 식견을 가진 사람으로 이 경우 해당산업의 기관, 언론 및 전문가를 연사로 선정할 수도 있다. 연사의 경우 주제와 관련된 전문가의 의견을 통해 연사정보를 수집하거나, 스피커스뷰로(Speakers Bureau)[3]와 같은 전문기관을 통해 섭외를 요청할 수 있다.

4. 식음료

대부분의 전시장은 식음시설을 갖추고 있어 참가자들이 자유롭게 이용할 수 있다. 전시주최자가 식음료 서비스를 특별히 고려해야 하는 경우는 만찬, 리셉션 등의 사교행사와 부대행사로 대규모 회의를 공동개최하는 경우이다. 회의참가자들은 정해진 회의일정으로 인해 식사이동이 자유롭지 못하기 때문에 회의에 집중할 수 있도록 적절한 식음료를 원활하게 공급할 수 있는 별도계획 수립이 필요하다. 식음료 행사에는 아침, 점심, 저녁식사가 포함되지만, 하루 세끼를 모두 제공할 필요는 없다.

1) 메뉴 선정

메뉴는 행사의 성격과 정해진 예산 내에서 제공할 수 있는 음식과 서비스 형태를

---

3 회의나 이벤트 기획자에게 연사 연계 서비스를 제공한다. 주제 및 내용에 부합하는 연사를 제안하며, 연설내용, 연사료 등에 대한 협의와 계약을 진행한다.

함께 고려하여 정한다. 참가자들의 문화적, 종교적 특성을 고려하여 채식주의자나 무슬림을 위한 별도의 메뉴를 포함하고 메뉴의 주재료에 대한 정보도 함께 제공한다. 식음료는 참가자들에게 개최지의 식문화 체험을 제공하는 좋은 기회이기 때문에 전통음식을 메뉴에 포함하기도 한다. 위생상 문제가 없도록 식자재 및 조리환경을 사전 점검하고, 사전 시식을 통해 점검·보완한다.

2) 식음료서비스

음식을 서비스하는 방식은 크게 Sit-down service와 Buffet service로 나눌 수 있다. Sit-down service는 참가자가 테이블에 착석한 상태에서 종업원의 서빙을 통해 음식을 제공하는 방식이고, Buffet service는 식사테이블과 별도의 테이블에 셋팅된 음식을 참가자가 스스로 가져다 먹는 방식이다.

표 19-8 식음료 서비스 종류

서비스 종류	특징
American service	• 사전에 준비한 음식을 종업원이 테이블에서 서빙하는 방식 • 메인메뉴와 빵, 버터, 음료 제공
Buffet	• 음식을 테이블에 미리 셋팅, 참가자들이 음식을 골라서 먹도록 하는 방식 • 메뉴의 종류가 다양하며 메뉴 가지 수는 조절 가능
Butler service	• 종업원이 몇가지 전채요리를 쟁반에 담아 손님들 사이를 돌며 권하는 방식 • 주로 리셉션에서 활용
French service	• 주방장이 테이블 옆에서 직접 조리한 음식을 종업원이 서빙 • 주방장의 요리 장면을 하나의 엔터테인먼트적 요소로 연출 가능
Preset	• 손님 도착 전 음식을 미리 테이블에 셋팅하여 시간을 절약하는 방식 • 물, 버서, 빵, 샐러드 및 냉채 요리 등 사전 셋팅 가능

연습문제 exercises

1. 최근 컨벤션과 전시회가 복합화에 따른 긍정적 효과가 아닌 것은?

① 비용효율성 제고
② 마케팅 촉진
③ 콘텐츠의 다양화 및 풍부화
④ 참가업체,바이어 및 참관객 지속적 참여유도

2. 전시회에서 개최되는 부대행사 중 특정 그룹을 대상으로 하는 부대행사가 아닌 것은?

① 산업시찰   ② 1:1수출상담회   ③ 경품이벤트   ④ 프레스컨퍼런스

3. 개막식 초청장에 명기되는 'RSVP'가 의미하는 것은?

① 반드시 참석해 줄 것에 대한 요청   ② 참석여부에 대한 회신 요청
③ 참석복장 협조에 대한 요청   ④ 참석인원 제한에 대한 협조 요청

4. 특정한 문제에 대하여 두 사람 이상의 전문가가 서로 다른 각도에서 의견을 발표하고 참석자의 질문에 답하는 형식의 회의는?

① 심포지움(Symposium)   ② 워크숍(Workshop)
③ 포럼(Forum)   ④ 강연(lecture)

5. 그룹토론이나 식사 등을 위해서 가장 적절한 회의장 배치 유형은?

① 극장형(Theater Style)   ② 컨퍼런스형(Ceference Style)
③ 연회형(Banquet Style)   ④교실형(Class Style)

6. 전시회에 참가하는 VIP공항 영접 시 준비사항이 아닌 것은?

① 의전실 사용 허가   ② 공항안내데스크 설치
③ CIQ임시출입증 발급   ④ 의전 주차장 사용허가

정답 **1.** ① **2.** ③ **3.** ② **4.** ① **5.** ③ **6.** ②

부록

APPENDIX

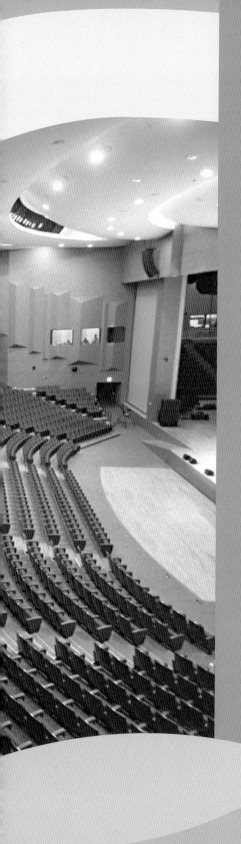

C O N T E N T S

1. 산업 기본용어

한글용어	영문용어	유사 단어
전시회	exhibition, show, fair exposition, road show, showcase	
일반전시회	show/exhibition	일반전시회, 무역전시회
전문전시회	trade show/exhibition	
혼합전시회	combined show/mixed show	
상설전시장	art exhibition, showroom	
사이버전시회	virtual/cyber show	
부대행사	special/concurrent events	
상담회	sales business meeting, biz-matching	
참가업체 및 참관객	exhibitor, visitor	
국내참가업체	national/domestic exhibitor	
해외참가업체	international exhibitor	
참관객	visitor	참가자
일반참관객	general public visitor	
바이어	trade visitor/buyer	
국내참관객	national/domestic visitor	
해외참관객	international/foreign visitor	
초청참관객	hosted visitor	
초청바이어	hosted buyer	
전시장	exhibition center	전시컨벤션센터
컨벤션센터	convention center	
옥외전시장	outdoor exhibition venue	실내/옥외
주최	host / organizer	
공동주최	co-organizer	
주관	managed by	
후원	sponsor	
공식지정매체	official media	
전시사업자	exhibition business	
전시시설사업자	venue management business	
전시주최사업자	show organizer	전시기획자
전시디자인설치사업자	exhibition design and installation provider	
전시서비스사업자	service provider	
운송통관사업자	freight forwarder	
지정협력사업자	official contractor	

2. 주최 관련 용어

한글용어	영문용어	유사 단어
전시기간	duration of exhibition	
비지니스데이	business day	
퍼블릭데이	public day	
개장시간	opening hours	
참가신청 관련		
부스 참가비	participation fee	세금 포함
임차비	booth rate	
조립부스비	price of shell scheme	기본부스비
조립부스설치비	installation fee of shell schem	
독립부스비	price of raw space	
조기신청	early registration	
조기신청할인	early registration discount	
부가서비스	supplementary service	부대서비스
참관		
사전등록	pre-registration	
현장등록	on-site registration	
등록데스크	registration desk	
등록카드	registration card	
입장료	admission fee	
입장권	admission ticket	
초청장	invitation	
부스		
부스	booth, stand	
전시공간	booth space	
조립부스	shell sheme	기본부스
독립부스	raw booth/bare booth	
옥외부스	outside booth	
바터부스	barter booth	
공동관	pavilion	
국가관	national pavilion	
보세전시품	bonded exhibits	
보세구역	bonded area	
보세통관	bonded customs clearance	
수입통관	permanent duty paid entry	
전시공간기획	floor plan / hall plan	
부스배치도	booth layout	
부스배정	booth assignment	
부스번호	booth number	
부스도면	booth/stand drawings	
공사기간	construction period	

한글용어	영문용어	유사 단어
설치기간	build-up period	준비기간
철거기간	dismantling period	
자체시공	self-construction	
설치	build-up	
반입	move-in	
반출	move-out	
철거	dismantling	
전시품	exhibits	전시물품
중량물	heavy exhibition item	
위험물	dangerous materials	
현장운영요원	exhibitor staff/personnel	진행요원
현장판매	cash sales	
우편판매	mail orders	

3. 통계용어

한글용어	영문용어	유사 단어
전시장 면적	gross exhibition venue space	
전시회 규모	scale (of exhibition)	
총전시면적	gross exhibition space	
순전시면적	net exhibition space	
참가업체수	number of exhibitors	
국내참가업체수	number of domestic exhibitors	
해외참가업체수	number of foreign exhibitors	
총부스수	total number of booths	
참관객수	number of visitors	
총참관객수	total number of visitors	
국내참관객수	number of domestic visitors	
해외참관객수	number of foreign visitors	
바이어수	number of buyers	
전시회방문횟수	number of visits	
전시회수입	income (net/gross)	
상담액	the amount fo sales leads	
상담건수	number of sales leads	
계약액	the amount of deals	
계약건수	number of deals(contract)	

국제전시기획사 자격증 개요

명 칭	(국문) 국제전시기획사 (영문) CPEM	자격번호	제2016-001970호
검정기준	1급 : 준전문가 2급 : 일반인	발행기관	(사)한국전시주최자협회

시험과목	I	II	III	IV
	전시산업론	전시기획실무	전시마케팅 및 운영론	전시서비스 및 디자인론

	필기시험	실기시험
검정기준	1급, 2급	1급
검정방법	객관식 (4지선다형)	주관식(서술형)
문항수	80문항 (과목당 20문항)	3문항 이하
시험시간	2시간 (10:00 ~ 12:00)	2시간 (10:00 ~ 12:00)
합격기준	과목당 : 40점이상(100점 만점) 평균 60점 이상	60점 이상 (100점 만점)

[(사)한국전시주최자협회 소개]

설립 근거	전시산업발전법 제25조 민법 제32조	허가 일자	2008. 9. 22
대표자	신현대		
사무소 소재지	(06167) 서울시 강남구 테헤란로83길 32, 601호		
	홈페이지:www.keoa.org	대표전화: 02 - 567 -5311	
설립 목적	• 전시산업의 경쟁력강화를 통한 국가경제발전에 기여 • 전시유관기관과의 협조를 통한 전시산업 발전방안 추구 • 전시발전기법 연구 및 전시산업 정책 수행 협조 • 회원의 경제적 지위향상 및 친목 도모		
주요 사업	• KOREA EXHIBITION INDUSTRY EXPO • 한국전시회 디렉토리 제작배포 • 전시컨벤션 인턴사업(강남구) • 한국전시주최자 워크샵 • 전시인스킬업아카데미 • 무역전시발전유공자 추천 • 한국전시산업발전 대상 심의 • 한국전시인 체육대회 • 신규유망전시회 발굴 주관기관		

국내외 유관기관 리스트

[국내 유관기관]

기관명	홈페이지	주소	전화번호
산업통상자원부	www.motie.go.kr	세종특별자치시 한누리대로 402 12동, 13동 산업통상자원부	1577-0900
KOTRA	www.kotra.or.kr	서울특별시 서초구 헌릉로 13	1600-7119
한국무역협회	www.kita.net	서울특별시 강남구 영동대로 511 (삼성동)	1566-5114
한국전시산업진흥회	www.akei.or.kr	서울특별시 강남구 테헤란로 445 (삼성동 144-27) 본솔빌딩 15층	02-574-2024
한국전시주최자협회	www.keoa.org	서울특별시 강남구 삼성동 테헤란로 83길 32 (삼성동 나라빌딩 A동 6층)	02-567-5311
한국전시디자인설치협회	www.keda.in	서울특별시 강남구 삼성로 104길 23 (삼성동 성지빌딩 3층)	02-6000-3080
한국전시서비스업협회	www.kespa.org	서울특별시 강남구 테헤란로 81길 14, 9층 (삼성동, 이연빌딩)	02-3453-8615
한국전시장운영자협회		경기도 고양시 일산서구 한류월드로 408	031-810-8073
한국컨벤션전시산업연구원	www.icemkorea.com	서울특별시 강남구 대치동 906-18번지 한림국제대학원대학교 2관 (역삼로 427)	02-552-8231

[전시장]

업체명	홈페이지	주소	전화번호
aT Center	atcenter.at.or.kr	서울특별시 서초구 강남대로 27	02-6300-1913
BEXCO	www.bexco.co.kr	부산광역시 해운대구 APEC로 55	051-740-7316
CECO	www.ceco.co.kr	경상남도 창원시 의창구 원이대로 362	055-212-1011
Coex	www.coex.co.kr	서울특별시 강남구 봉은사로 524 코엑스 4층	02-6000-1005
DCC & Daejeon Trade Exhibition Center	www.dcckorea.or.kr www.kotrex.kr	대전광역시 유성구 대덕대로 480	042-869-5325
EXCO	www.exco.co.kr	대구광역시 북구 유통단지로 90	053-601-5032
GSCO	www.gsco.kr	전라북도 군산시 새만금북로 437	063-468-4723
GumiCo	www.gumico.com	경상북도 구미시 국가4산업단지 첨단기업1로 49	054-477-8200
HICO	www.HICOcity.kr	경상북도 경주시 보문로 507	054-702-1053
ICC JEJU	www.iccjeju.co.kr	제주특별자치시 서귀포시 중문관광로 224	064-735-1000
Kimdaejung Convention Center	www.kdjcenter.or.kr	광주광역시 서구 상무누리로 30	062-611-2004
KINTEX	www.kintex.com	경기도 고양시 일산서구 한류월드로 408	031-810-8121
SETEC	www.setec.or.kr	서울특별시 강남구 남부순환로 3104	02-2187-4600
Songdo ConvensiA	www.songdoconvensia.com	인천광역시 연수구 센트럴로 123	032-210-1114

[해외 유관기간]

기관명	홈페이지	주소	전화번호
Association of Exhibition Organizers (AEO)	www.aeo.org.uk	119 High Street Berkhamsted Hertfordshire HP4 2DJ, UK	44-442-285-817
Association of the German Trade Fair Industries (AUMA)	www.auma.de	10179 Berlin Littenstraße 9 Association of the German Trade Fair Industry	49-30-24000-0
Bangalore International Exhibition centre (BIEC)	www.biec.in	10thMile,TumkurRoad,MadavaraPost,DasanapuraHobil,Bangalore,562123,INDIA	91-80-66246600
Canadian Association of Exposition Managers (CAEM)	www.caem.ca	160 Tycos Drive, Suite 2219, Box 218 Toronto, ON M6B 1W8, Canada	416-787-9377
Center for Exhibition Industry Research (CEIR)	www.ceir.org	12700 Park Central Drive, Suite 308 Dallas, TX 75251, USA	972-687-9242
Exhibit Design & Producers Association (EDPA)	www.edpa.com	10 Norden Place Norwalk, CT 06855m USA	203-557-6321
Exhibition Industry Association of Australia (EDPA)	www.eeaa.com.au	PO Box 952 CHATSWOOD NSW 2057, Australia	61-2-9413-9520
Exhibitor Appointed Contractor Association (EACA)	www.eaca.com	2214 NW 5thSt. Bend,OR97701,USA	541-317-8768
Exposition Service Contractors Association (ESCA)	www.esca.org	5068 West Plano Parkway Suite 300 Plano, TX 75093, USA	877-792-3722
Healthcare Convention & Exhibition Association (HCEA)	www.hcea.org	1100 Johnson Ferry Road Suite 300 Atlanta, Georgia 30342, USA	703-935-1961
Hong Kong Exhibition & Convention Industry Association (HKECIA)	www.exhibitions.org.hk	Gloucester Road PO Box 28346 Hong Kong	852-2558-1238
Indonesia Exhibition Companies Association (IECA)	www.ieca.or.id	Arena Pekan Raya Jakarta, Kemayoran-Jakarta10630, Indonesia	62-21-26645024
International Association for Exhibitions and Events (IAEE)	www.iaee.com	12700 Park Central Drive Suite 308 Dallas TX 75251 USA	1-972-458-8002
International Association of Convention & Visitors Bureaus (IACVB)	www.destinationmarketing.org	2025 M Street NW, Suite 500 Washington D.C. 2036, USA	1-202-296-7888
International Association of Fair & Expositions (IAFE)	www.fairsandexpos.com	3043 East Cairo St, Springfield, Missouri 65802, USA	800-516-0313
Japan Exhibition Association	en.nittenkyo.ne.jp	1-12-10 Uchikanda, Chiyoda-ku, Tokyo 101-0047, Japan	81-3-3518-2640

기관명	홈페이지	주소	전화번호
Macao Convention & Exhibition Association	www.mcea.org.mo	Avendia do. Dr.Rodrigo Rodrigues, no.223-225, Edf. Nam Kwong, 8 andar E, Macau	853-2871-4079
Malaysian Association of Convention and Exhibition Organisers and Suppliers (MACEOS)	www.maceos.com.my	Level 3 East Wing Menara MATRADE Jalan Sultan Haji Ahmad Shah 50480 Kuala Lumur	6012-640-6106
National Association of Consumer Shows (NACS)	www.public-shows.com	147 SE 102ndAve.Portland,OR97216,USA	507-289-6556
Singapore Association of Convention and Exhibition Organizers and Suppliers (SACEOS)	www.saceos.org.sg	135 Joo Seng Road PM Industrial Building #05-02, Singapore, 368363	65-6825-2341
Society of Independent Show Organizers (SISO)	www.siso.org	2601 Ocean Park Blvd. Suite 200 Santa Monica, CA 90405M USA	1-678-567-6465
Taiwan Exhibition & Convention Association (TECA)	www.taiwanconvention.org.tw	2C20, 2F, No.5, Sec.5, Xiny Rd, Xinyi Dist, Taipei City 110, Taiwan (R.O.C.)	886-2-8789-0220
Thailand Exhibition Association (TEA)	www.thaitradeshow.com	88 BITEC Bangna-Tard Bangna Bangkok 10260 Thailand.	66-2744-5370/1
The Asian Federation of Exhibition and Convention Associations (AFECA)	www.afeca.net	1003 Bukit Merah Central #02-10 Inno. Centre Singapore 159836	65-6278-2538
Union des Foires Internationales (UFI)	www.ufi.org	17 Rue Louise Michel F-92300 Levallois-Perret, France	33-1-4639-7500
Western Fairs Association (WFA)	www.fairsnet.org	1776 Tribute Road, Suite 210 Sacramento, CA 95815-4495, USA	916-927-3100

[한국전시주최자협회 회원사]

업체명	홈페이지	주소	전화번호
엑스포럼	www.exporum.com	서울시 강남구 테헤란로 83길 32 나라빌딩 A동 6층	02-6000-6683
베페	www.befe.co.kr	서울시 강남구 영동대로 511 무역센터 4306호	02-556-2236
서울전람	www.seoulfairs.com	서울시 강남구 언주로 321 광진빌딩5층	02-529-0691
세계전람	www.educare.co.kr	서울시 강남구 삼성로 96길 12, 8층(정석빌딩)	02-3453-8887
한국공작기계산업협회	www.komma.org	경기도 광명시 일직로 12번길 13 공작기계회관 6층	02-565-2721
한국산업마케팅연구원	www.kimikorea.com	서울시 서초구 반포대로22길 59 서초빌리지프라자 301호	02-588-2480
동아전람	www.dong-afairs.co.kr	서울특별시 영등포구 은행로 37 기계회관 본관 7층	02-780-0366
벡스코	www.bexco.co.kr	부산광역시 해운대구 APEC로 55	051-740-7316
엑스코	www.excodaegu.co.kr	대구광역시 북구 유통단지로 90 엑스코	053-601-5032
이상네트웍스	www.khfair.com	서울특별시 금천구 가산로9길 109 ES빌딩 2층	02-3397-0490
인터페어스	www.interfairs.co.kr	경기도고양시덕양구무원로36번길46,4층403호	02-2635-6481
케이훼어스	www.kfairs.com	서울시강남구영동대로511 무역센타 4401호	02-555-7153
코엑스	www.coex.co.kr	서울시 강남구 봉은사로 524 코엑스 4층	02-6000-1005
한국기계산업진흥회	www.koami.or.kr	서울시영등포구은행로37기계회관본관9층	02-369-7813
한국이앤엑스	www.eandex.co.kr	서울시강남구영동대로511 트레이드타워 2001호	02-551-0102
한국자동차산업협회	www.kama.or.kr	서울시 서초구 반포대로 25 자동차회관 5층	02-3660-1892
한국전람	www.ktfairs.com	서울시 영등포구 국회대로 750 금산빌딩710호	02-783-8261
월드전람	www.world-expo.co.kr	서울시 강남구 영동대로 513 무역센터 코엑스 410호	02-557-6776
경연전람	www.kyungyon.co.kr	서울시 영등포구 국회대로 750 금산빌딩 501호	02-785-4771
광룽	www.krcom.kr	서울시 서초구 방배로 34길 8 다원빌딩 2층	02-599-1582
구미코	www.gumico.com	경북 구미시 첨단기업1로 49	054-477-8000
군산새만금컨벤션센터	www.gsco.kr	전북 군산시 새만금북로 437	063-468-4722
글로벌마이스전문가그룹		서울시 강남구 논현로158길 26, 202호 (신사동, 진흥빌딩)	02-565-0501
글로벌에프앤씨	www.gfnc.co.kr	서울시 강남구 영동대로 513 코엑스 3층 012	02-6000-2519
김대중컨벤션센터	www.kdjcenter.or.kr	광주광역시 서구 상무누리로30	062-611-2004
네오엑스포	www.neoexpo.biz	서울특별시 마포구 마포대로 173 현대하이엘 1906호	02-6353-2544
넥스나인	www.nexfair.com	서울시 영등포구 경인로 71길 70 벽산디지털벨리 604호	02-2088-3888

업체명	홈페이지	주소	전화번호
누리커뮤니케이션	www.nuri.ne.kr	제주시 첨단로 213-3 스마트빌딩 313호	064-748-1040
대전마케팅공사	www.dcckorea.or.kr	대전광역시 유성구 대덕대로 480 (도룡동)	042-250-1000
대전방송	www.tjb.co.kr	대전 유성구 엑스포로 131	042-281-1136
더페어스	www.thefairs.co.kr	경기도 성남시 분당구 황새울로 360번길 21 606호	031-697-8260
덱스코	www.dexco.co.kr	대구시 수성구 화랑로 8길 11-13 성화빌딩 6층	053-746-8007
동인앤컴	www.donginexpo.com	서울특별시 금천구 가산디지털1로 205 KCC웰츠밸리 6층 606호	02-6111-8800
디엑스케이	www.dx-korea.com	서울특별시 강남구 삼성로 524, 세화빌딩 6층	02-2191-5061
디엔디이	www.dnde.co.kr	부산 해운대구 센텀중앙로48, 706호 (우1동 1470 에이스하이테크21)	051-920-2545
라인메쎄	www.rmesse.co.kr	서울시 용산구 유엔빌리지길 1 2층 라인메쎄	02-798-4343
라임아이	www.lime-i.com	서울시 구로구 디지털로 288 대륭포스트타워 1차 7F	010-2974-4355
리드엑시비션스코리아		서울시 강남구 영동대로 511 4405호	02-561-6171
리드케이훼어스	www.reedkfairs.com	서울시 강남구 영동대로 511 4401호	02-544-3010
메가쇼	www.megashow.co.kr	서울시 강남구 삼성로 104길 24, 하영빌딩 6층	02-6677-3477
메씨인터내셔날	www.meci.co.kr	서울특별시 서초구 방배4동 837-16, 성지빌딩 4층	02-6288-6300
문화뱅크	www.munhwabank.com	대구광역시 수성구 달구벌대로 2320 수성우체국 7층	053-384-7245
미래전람	www.babyexpo.kr	서울시 영등포구 국제금융로 8길 11 대영빌딩 821호	02-2238-0345
반도체장비재료협회(SEMI)	www.semi.org	서울시 강남구 영동대로 511 트레이드타워 4205호	02-531-7800
비투엑스포	www.b2expo.org	서울시 강남구 영동대로 513 코엑스 419호	02-6000-2800
서울디자인재단	www.seouldesign.or.kr	서울시 종로구 율곡로 283(종로6가) 서울디자인지원센터 8,9층	02-2096-0000
서울메쎄 ID	www.seoulmesse.com	서울시성동구왕십리로58 포휴지식산업센터 802호	02-2284-0007
서울메쎄 I&C	www.seoulmesse.co.kr	서울시 송파구 백제고분로 113 민성빌딩 602호	02-3432-4555
서울산업진흥원(SETEC)	www.setec.or.kr	서울시 강남구 남부순환로 3104	02-2187-4600
스타비스코리아	www.staviskorea.com	서울특별시 노원구 공릉로 232, 서울테크노파크 424	02-780-1040
시공테크	www.sigongtech.co.kr	경기도 성남시 분당구 판교역로 225-20	02-3438-0077
에너지경제신문	www.ekn.kr	서울시 구로구 디지털로272 한신IT타워 1208호	02-850-3590
엑스코그룹코리아	www.excogroup.co.kr	서울특별시 강남구 삼성로100길 23-15 영빌딩 202호	02-6000-7711

업체명	홈페이지	주소	전화번호
엑스포앤유	www.ledexpo.com	서울특별시 영등포구 국제금융로8길 11 대영빌딩 1161호	02-783-7979
엠비씨경남	www.mbcgn.kr	경남 진주시 가호로 13	055-771-2151
엠에스글로벌	msmice.or.kr	경상남도 진주시 동진로 148(상대동)	055-756-5801
온컬처인	www.onculture.co.kr	서울시 강남구 언주로 170길 24, 5층	02-3443-7375
와이에스케이미디어	www.yskmedia.com	서울시 송파구 올림픽로 35길 한국광고문화회관 13층	02-739-2890
유니모토	www.unimotto.co.kr	서울시 강남구 봉은사로 61길 12, 태왕빌딩 3층	02-557-7702
유니버설라이브	www.unilive.co.kr	서울 서초구 효령로 60길 21, 제일빌딩 302호	02-3785-3905
유아림	www.momnbabyexpo.co.kr	서울특별시 중구 청구로4길 39 청운빌딩 4층	02-2236-2771
이가전람	www.cobe.co.kr	경기도 고양시 일산서구 한류월드로 407, 킨텍스 제2전시장 오피스동 505호	070-4610-4210
이씨이십일	www.ec21.com	서울특별시 강남구 영동대로 511 무역센터 501호	02-6000-4442
이앤애드	www.enad.kr	대전광역시 중구 동서대로 1246, 타올빌딩 4층	042-538-4002
이에스인터네셔날	www.eightstars.co.kr	경기도 성남시 분당구 서현로 216 분당한화오벨리스크 206호	031-711-2707
이엔씨커뮤니케이션스	www.ienc.co.kr	서울특별시 구로구 디지털로 242 한화비즈메트로 610	02-2621-2095
이오컨벡스	www.ioconvex.com	서울시 송파구 중대로 105 가락ID타워 1501호	02-3462-2525
이즈피엠피	www.ezpmp.co.kr	서울특별시 서초구 방배로 162 예광빌딩 3층	02-3475-2600
인천관광공사 (송도컨벤시아)	www.songdoconvensia.com	인천광역시 연수구 센트럴로 123	032-210-1023
인터내셔널스타컴	www.istarcom.co.kr	서울특별시강남구강남대로132길59, 3층301호	02-575-2982
전자신문사	www.etnews.co.kr	서울특별시 영등포구 버드나루로12가길 51	02-2168-9200
전쟁기념사업회	www.warmemo.or.kr	서울시 용산구 이태원로 29	02-709-3161
제주컨벤션뷰로	www.jejucvb.or.kr	제주시 선덕로 23 제주웰컴센터 2층	064-739-2206
지엔에이인터내셔날	www.gnai.net	경남 창원시 의창구 원이대로 362 창원컨벤션센터 1층 104호	055-212-1334
창원컨벤션센터	www.ceco.co.kr	경남 창원시 의창구 원이대로 362(대원동) 6층 CECO사업단	055-212-1011
코넥시아	fairpartner.co.kr	서울 서초구 바우뫼로 180 신송빌딩 4층	02-573-8953
코트라 (대한무역투자진흥공사)	www.kotra.or.kr	서울시 서초구 헌릉로 13	02-3460-7269
킨텍스	www.kintex.com	경기도 고양시 일산서구 한류월드로 408	031-810-8122

업체명	홈페이지	주소	전화번호
프로모살롱	www.promosalons.co.kr	서울시 강남구 테헤란로 329 삼홍빌딩 8층 프랑스국제전시협회	02-564-9772
플랜디	www.plande.co.kr	창원시 성산구 완암로 50 SK테크노파크 메카동 1104호	055-287-3596
피코노스아시아	www.pico.com	서울시 강남구 테헤란로 108길 12, 하나빌딩 6층	02-558-3240
한국가스신문사	www.gasnews.com	서울시 구로구 디지털로 31길 19 603호	02-839-4000
한국경제신문	www.hankyung.com	서울특별시 중구 청파로 463	02-360-4507
한국국제전시	www.i-kieco.com	서울시 영등포구 국제금융로 6길 33 1116호	02-761-2512
한국농수산식품유통공사 (aT center)	www.atcenter.co.kr	서울시 서초구 강남대로 27	02-6300-1913
한국무역협회	www.kita.net	서울시강남구영동대로511트레이드타워4703호	02-6000-5275
한국섬유산업연합회	www.kofoti.or.kr	서울시 강남구 테헤란로 518 섬유센터빌딩 16층	02-528-4000
한국전시주최자협회. 중국지회	korea@anyuser.com		070-8844-9725 070-7533-6897
한국전자정보통신산업 진흥회	www.gokea.org	서울시 마포구 월드컵북로 54길 11 전자회관 11층	02-6388-6062
한국컨벤션전시산업연구원	www.icemkorea.com	서울시 강남구 대치동 906-18 한림국제대학원대학교 제2관 2층	02-552-8321
하나투어	www.hanatour.com	서울시 종로구 인사동5길 41	02-2127-1724
홈덱스	www.homdex.com	서울시 강남구 테헤란로 435 대종빌딩 14층 1407호	02-6671-6005
휴먼아이엠씨	www.humanimc.com	대구시 수성구 범어동 13-15번지 2층	053-951-5515

[전시장 등록 전시디자인설치 및 전시서비스 업체]

업체명	대표자	주소	전화
(유)대현산업개발	이영덕	전북 익산시 선화로 256 (남중동) 2층	063-841-4268
(유)열방건설	이한룡	광주	010-8983-8400
(유)우리디자인펙토리	김용준	전남 화순군 능주면 능주농공길 42 (잠정리, 청원ENG) 우리디자인펙토리	062-952-0435
(주) 가드포유	박민성	대구 중구 국채보상로 745 (동인동4가, 농협) 3층 주식회사 가드포유	053-557-2112
(주) 프로원	김외규	경남 창원시 마산회원구 삼호로 185 (석전동, 밥상머리) 4층 (주)프로원 경호	055-298-2113
(주)가와디자인그룹	김종훈	대구 남구 현충로8길 21 (대명동) (대명동)	053-652-8478
(주)가우디자인컴퍼니	최인옥	광주	062-432-5285
(주)거산전력	조문익	광주	062-576-0005
(주)거창	오환균	세종특별자치시 금남면 용포2길 51 (용포리) 202호	042-525-1624
(주)건설미공	민근식	대전	042-935-5580
(주)경동디자인	이태원	서울 도봉구 해등로16가길 32 (창동) 4층	02-2038-5903
(주)공공디자인연구소	홍성호	전남	061-434-9235
(주)광주종합렌탈	김석균	광주	062-529-4665
(주)국성에스엠	김소정	광주 서구 상무공원로 9 (치평동, 에이스빌딩)2층	062-524-4224
(주)국제시스템	노현경	대구 북구 옥산로 49 (노원동1가) 상미빌딩 4층	053-359-3795
(주)그룹엠코	박희준	서울 성동구 아차산로 49 (성수동1가, 서울숲코오롱디지털타워) 1704호	02-2117-0972
(주)글로벌컴스	이아성	서울시 송파구 올림픽로 43길 26 아산재단빌딩 2층	070-7596-2646
(주)금성아트	장윤현	서울 송파구 마천로 232 (마천동, 씨티아파트) 201호	02-549-2523
(주)까르떼	유동우	서울 강남구 봉은사로 131 (논현동, 한국페인트잉크회관) 402호	010-5387-2568
(주)나남커뮤니케이션즈	김진국	대구시 북구 산격2동 1815번지 3층	053-742-7371
(주)나라디자인	박창균	서울시 강남구 삼성로 107길 10	02-557-0481
(주)나우환경디자인	권기영	서울강남구도곡동415-6석주빌딩3층	02-575-1702
(주)네오시스테크놀로지	박용구	서울 강남구 논현로72길 21 (역삼동) 2F,4F	02-558-4415
(주)네오트렌드	강태선	광주 광산구 목련로394번길 39-25 (신가동) 2층	062-382-7434
(주)네이쳐	박시행	전남 장성군 장성읍 청운4길 5 (영천리) .	010-7431-7767
(주)노아어소시에이츠	김한석	부산 남구 수영로 312 (대연동, 21세기센츄리시티건물) 1006호	051-610-1412
(주)누리안이앤씨	김은희	서울시 송파구 송파대로 402 401호	02-449-6503
(주)니즈스페이스디자인	구본준	서울시강남구도산대로96길13-5(청담동58-13)	02-575-4337
(주)다원공간	신동재	서울	02-577-9660
(주)다원구조안전기술사사무소	김승철	서울 강남구 논현로76길 24 (역삼동) 신한빌딩 7층	070-8677-8800
(주)다은비	장선혜	서울	02-761-5898
(주)대건이엔씨	이황희	서울시 성북구 정릉동 161-17 명성빌딩 7층 1	02-924-2193
(주)대경이앤씨	김미현	경기	070-4694-6688
(주)대구렌탈	김전표	대구 시구 평리로35길 90-5 (중리농) 2층	053-551-1160

업체명	대표자	주소	전화
(주)대명이엔에스	최문섭	경기 여주시 세종로 483 (점봉동) 점봉동	070-8819-5647
(주)대성엔이씨	구명자	경기 여주시 북내면 당전로 27 (신접리) 2층	010-5297-0129
(주)대성전기	전미영	경기도 고양시 일산서구 구산동 237-3	031-922-7657
(주)대양에이티	황수선	서울 송파구 동남로23길 50 (오금동, 우인빌딩) 202호	02-409-6301
(주)대양이엔씨	박찬현	대전	042-628-8301
(주)대하전기종합공사	조성관	서울시 금천구 독산동 301-1 은탑로얄클래스 212호	02-508-2000
(주)더블유제이애드	박경선	경상북도 칠곡군 지천면 지천로 329-6 3층	053-421-6530
(주)더와이즈	신동호	서울시 서초구 서초대로23길 111(방배동, 이수빌딩2~4층)	02-713-5505
(주)데코레	소병완	서울시 강남구 역삼동 622	02-515-0001
(주)도일	조태선	전남	062-673-6115
(주)동광씨앤이	최성철	경기도 안성시 보개면 보개원삼로 244	070-5004-0889
(주)동방시큐리티	박기석	대구 북구 유통단지로 90 (산격동, 대구전시컨벤션센터) 지상 2층 215호	053-601-5233
(주)동양콤비락	김만중	서울시 서초구 방배동 755-7 동양빌딩3층	02-596-2641
(주)동인앤컴	박득수	서울시 금천구 가산디지털1로 205 606(가산동,케이씨씨웰츠밸리6층)	02-6111-8800
(주)동인전람	김익주	대구시 북구 유통단지로7길 57 2F	053-380-5000
(주)디모즈	공성택	서울 서초구 강남대로95길 9-10 (잠원동) 제이빌딩 1층	02-6925-3880
(주)디아뜨 인터랙티브	김동현	서울시 강남구 신사동 557-19 2층	02-517-8857
(주)디에스엔디자인	김재욱	서울시 마포구 합정동 370-8 합정빌딩 4층	02-752-2744
(주)디오어소시에이츠	임동영	광주광역시 서구 치평동 1310-15 3층	062-514-9652
(주)디자이너스튜디오예담	박형석	경기 성남시 분당구 운중로 129 (운중동) 805 마크시티엘로우	010-4322-6863
(주)디자인나무	이우형	경기 고양시 일산동구 무궁화로 8-28 (장항동, 삼성메르헨하우스) 918호	031-901-6604
(주)디자인나오	강승완	광주	062-527-5746
(주)디자인니드플러스	권태운	서울	02-413-0874
(주)디자인랩어소시에이츠	장종국	서울시 강남구 삼성동 115-1 삼성빌딩 3층	02-3288-3519
(주)디자인비	방영석	서울 강남구 논현로95길 24 (역삼동) 타임빌딩 2층	02-532-0645
(주)디자인샘	최옥미	서울	02-927-3012
(주)디자인서피스	박현석	서울	02-3298-6790
(주)디자인스튜디오	김종호	서울 강남구 도산대로 217 (신사동, 강남빌딩) 9층	02-542-3580
(주)디자인스틸	윤석주	경기 파주시 교하로 1225 (오도동)14-12	02-2636-7896
(주)디자인스틸러스코리아	심문섭	서울 강남구 봉은사로112길 28 (삼성동) 명신빌딩5층	02-577-5936
(주)디자인아이넥스	이지행	서울시 광진구 중곡동 28-6	02-456-9542
(주)디자인오비	김성수	서울 송파구 위례성대로12길 12-1 (방이동) 2층	02-421-3513
(주)디자인익사이팅	김홍삼	서울 송파구 올림픽로35가길 11 (신천동, 한신잠실코아) 309호	02-415-3855
(주)디자인인터	장근출	서울 강남구 삼성로100길 23-3 (삼성동) (2층)	02-568-1130
(주)디자인일어소시에이츠	김영진	서울 중구 동호로17길 283 (신당동, 와이엘빌딩(YL B/D)) A동 1F	02-565-4007
(주)디지인축	권주일	서울	02-6925-1825

업체명	대표자	주소	전화
(주)디자인컨텍	임성범	부산시 해운대구 센텀동로 99, 405 (재송동, 벽산이센텀클래스원)	051-714-5603
(주)디자인코리아	하남홍	서울 강남구 학동로 135 (논현동, 대은빌딩) 3층	02-511-4921
(주)디자인큐베스트	박장호	서울	02-6085-1883
(주)디자인프록스	박준성	서울시 강남구 선릉로 642(삼성동 서경빌딩 5층)	02-6710-7700
(주)디자인플러스코리아	인재진	서울시 강남구 강남대로94길 87, 5층	02-562-7321
(주)디자인한독	박영숙	광주	062-222-2542
(주)레디원	최영근	서울 강남구 봉은사로74길 14 (삼성동) 201호	02-556-3694
(주)레스컴	김동영	서울	02-2088-8762
(주)렌탈119	조택연	경기	031-528-1190
(주)로얄광고	박외규, 오상인	대구 북구 칠성남로26길 43 (칠성동2가) (주)로얄광고	053-351-5880
(주)로제트엑스포	우상원	서울 서초구 나루터로 75 (잠원동, 금산빌딩)301호	02-542-8588
(주)리쉬이야기	양희석, 조한철	서울시 서초구 강남대로 101길 47, 3층(잠원동,다성빌딩)	02-3448-1110
(주)마운틴디스플레이테크	조귀환	서울 송파구 백제고분로41길 7-21 (송파동, 백경빌딩) 301호	02-422-1888
(주)맥디자인	강석만	부산	051-740-7561
(주)모듈	최원석	서울 강남구 영동대로 513 (삼성동, 코엑스) 416호	02-6000-7560
(주)문화뱅크	전중하	대구	053-384-7244
(주)미래이오	이승일	서울 성동구 성수이로 118 (성수동2가, 성수아카데미타워) 705호	010-3703-0383
(주)미래전시	유정희	대구 북구 유통단지로 90 (산격동, 대구전시컨벤션센터) 2층 218호	053-601-6800
(주)미림이앤에프	남선우	서울시 강남구 봉은사로 114길 46 (삼성동)	02-569-7711
(주)미트디자인	이원근	서울 성동구 마장로 289 (마장동) 엠디빌딩 4층	02-548-9878
(주)밸류포인트	윤영택	서울	02-6347-3456
(주)보인씨엔아이	백정숙	서울 강남구 봉은사로112길 28 (삼성동) 명신빌딩	02-556-9395
(주)브랜컴어소시에이츠	구본무	서울	02-3446-3270
(주)블루맨그룹코리아	이해윤, 박경열	서울 강남구 테헤란로98길 6-9 (대치동) TI 빌딩 2층	02-402-2076
(주)비드(BID)	이종수	부산 해운대구 APEC로 55 (우동, 벡스코) 2층 266호	051-740-8100
(주)비에스코퍼레이션	허상범	광주	062-372-6112
(주)비엠에스제이	장준오	서울	02-419-1188
(주)비즈마컴	윤지환	서울 강남구 학동로17길 4-3 (논현동) 비즈마컴	02-2175-3753
(주)빅파인트리	이병희	서울 동작구 남부순환로271길 8 (사당동) 빅파인빌딩 4층	02-598-1346
(주)삼덕전기	이민희	경기도 안산시 단원구 고잔동 696-1 (2층)	031-439-1061
(주)삼전전기	김동균	경기도 성남시 중원구 상대원동 513-3 반포테크노피아 7F 709호	031-750-9222
(주)삼호산업	장세원	서울시 마포구 양화로 12길 8-7 수필재빌딩 2층 (서교동 395-139)	031-499-3588

업체명	대표자	주소	전화
(주)상상이상	김기남	서울	02-413-6552
(주)서울부스애드컴	김현정	서울 영등포구 영등포로5길 19 (양평동2가, 동아프라임밸리) 801호	02-6096-6844
(주)성서종합전기	박재엽	경기 남양주시 진접읍 남가로131번길 1 (연평리) 56-1	031-529-8574
(주)성우아이디건설	박경국	대구 수성구 달구벌대로 2598 (만촌동) 수성에스큐브상가 12층	053-952-7201
(주)세계경호	박복순	부산 동래구 온천동 1434-10 4층402호	051-552-7713
(주)세움엑스포로지스틱스	송채원	경기	02-538-6888
(주)세종에이치알	이상민	대전	042-528-9114
(주)센텀	이덕진	부산 해운대구 송정중앙로21번길 33 (송정동, 지성빌딩) 지성빌딩	051-704-2396
(주)솔리드웍스어소시에이츠	김수홍	서울시 서초구 반포동 97-2 럭스빌딩 4층	02-516-1694
(주)쇼엑서스	기브루스	서울	02-563-0509
(주)쇼카고로지스틱스	이천명	서울	02-2065-6980
(주)수앤미커뮤니케이션	김윤수	서울 강동구 성내동 556-4 신광빌딩 201호	02-586-7898
(주)스탠다드이엔지	한민수	부산시 해운대구 송정1로8번길 25	051-702-0567
(주)시공디자인	이종호	전남	010-4621-1111
(주)썬더볼트	박원선	서울 영등포구 영등포로5길 31 (양평동2가, 동애빌딩) 302호	02-3667-4363
(주)씨아이에이	강연수	대구 동구 신암남로 148 (신암동) 2층	053-744-1992
(주)씨에스텍플러스	고숭덕	서울	02-3143-4056
(주)아이디움	윤성신	서울강남구강남대로124길34(논현동,조안빌딩)3층	02-514-2404
(주)아이엔어소시에이츠	박종호	서울 서초구 양재동 120-5 부룡빌딩 402호	070-8630-5001
(주)아이엠전시문화	최경근	대구 북구 유통단지로22길 5-7 (산격동) 1층	053-383-1130
(주)아이존에스엔에이	최영우	부산 동래구 아시아드대로176번길 3 (사직동) 3층	010 3911-4345
(주)아이텍코리아	김은정	광주	062-1544-3448
(주)아트윈인터내셔날	유기석	서울강남구강남대로128길28(논현동)kgplus301호	02-517-2080
(주)아트포인트	노성철	서울 용산구 한남대로42나길 2 (한남동) 3층	02-792-7193
(주)애니비주얼	신승화	서울시 마포구 잔다리로2길 7 열림원빌딩 2층(서교동)	02-337-7677
(주)어바웃디앤피	신덕영	서울 강남구 봉은사로112길 18 (삼성동) 진우빌딩 4층	02-553-3288
(주)에스유엔	임철홍	대구 북구 검단로27길 70-13 (검단동) (주)에스유엔	053-352-3858
(주)에이스마케팅	류경희	서울 강남구 강남대로156길 12 (신사동, 다복빌딩) 다복빌딩 5층	02-541-2886
(주)에이스페이스마케팅	나진철, 임상용	서울 마포구 양화로 100-10 (서교동, 다내리빌딩) 6층	070-8709-5831
(주)에이앤디자인	안종혁	서울 강남구 봉은사로43길 28 (논현동, 논현동빌딩) 3층	02-518-5212
(주)에이앤에이컴퍼니	곽종헌	서울 성동구 아차산로 77 (성수동2가) 2~3층	070-7492-3914
(주)엑스올디자인	박준철	대구 북구 유통단지로 90 (산격동, 대구전시컨벤션센터) 4층 403-B	053-601-5139
(주)엑스컴인터내셔널	박명회	서울 강남구 영동대로 513 (삼성동, 코엑스) 2층10 (삼싱동,코엑스)	02-6000-1708

업체명	대표자	주소	전화
(주)엑스코프로모션	윤기영	경기	031-918-5320
(주)엑스코피아	신창규	대구 북구 유통단지로24길 16 (산격동) 3층	053-381-2831
(주)엑스포로지스	김종운	서울	02-6965-7711
(주)엑스포뷰	범영근	서울 강남구 광평로56길 8-13 (수서동, 수서타워) 509호	02-3413-3730
(주)엑시비트코리아	강희경	서울 강서구 우장산로16길 37 (화곡동, 여명빌딩) 201호	02-858-9330
(주)엔쓰리디앤티	옥승진	서울 서초구 바우뫼로21길 10 (양재동, 재윤빌딩) 6층, 7층	070-8672-6026
(주)엘에이치파워	김명훈	광주	062-575-3471
(주)열린기획	조성화 연규상	충북 청주시 청원구 상당로 314 (내덕동, 청주첨단문화산업단지) 346-350호 (주)열린기획	010-4406-1052
(주)영남ERS	최준호	경북 칠곡군 동명면 송산6길 9-6 (송산리) (주)영남ERS	054-971-9779
(주)영원씨앤아이	김성호	서울 구로구 디지털로 272 (구로동, 한신아이티타워)807호	02-333-6606
(주)예원네트웍스	심형섭	경기 하남시 하남대로302번길 90 (상산곡동) (주)예원네트웍스	031-795-5841
(주)오상전력	김문조	부산 부산진구 전포대로 162 (전포동, 한웅인터빌) 2층	051-747-4421
(주)와이드플래닝	김종대	서울 마포구 잔다리로 30-11 (서교동) 1,2층	02-3453-7563
(주)우림샤인	김영복	서울	02-2631-8012
(주)우일시스템	박우성	경기 하남시 샘재로73번길 35 (교산동) 11번지	031-793-8020
(주)운파엘앤이	이창현	대구 중구 동인동3가 369-5 2F	053-421-0077
(주)원광전기	안수정	경기	031-795-3365
(주)원에스쓰리디	양은석	서울 관악구 청룡3길 5 (봉천동) 원에스쓰리디 사옥	02-882-9114
(주)원일디자인	이진일	서울	02-547-6415
(주)위젠	최성구	서울	02-561-3767
(주)유니모토	황문성	서울 강남구 봉은사로61길 12 (삼성동) 태왕빌딩 3층	070-4820-1966
(주)유니온커뮤니케이션	예상범	대구 수성구 국채보상로186길 97 (범어동) 범어2동 141-7	053-794-0497
(주)유즈원	김재우	대구 북구 유통단지로8길 121-9 (산격동) 제일빌딩 3F	053-741-2107
(주)육공칠	이성욱, 윤경진	서울 서초구 양재동 90-7 파크센터 4층	02-571-1607
(주)이레렌탈	김종균	서울 강남구 삼성동 159 코엑스 4층 424호	02-551-6890
(주)이렌컴	임준규	서울	010-6899-9591
(주)이렌컴서비스	구병수	부산 해운대구 APEC로 55 (우동, 벡스코) 1층 벡스코비지니스센터	051-740-4021
(주)이명전기	이명덕	경기 가평군 설악면 신천중앙로88번길 1 (신천리, 온누리감초약국) 2층	031-594-8478
(주)이명종합전기	김정숙	경기 하남시 대청로 15 (신장동, 오피스텔트레벨) 1324	031-529-8748
(주)이상네트웍스	조원표	서울	02-3397-0153
(주)이아이크리에이티브	김윤수	서울 강남구 봉은사로84길 24-1 (삼성동) 1&2층	010-8809-1218
(주)이엑스플랜	임상문	서울 강남구 삼성로 550 (삼성동, 은성빌딩) 203호	02-538-8001
(주)이오스디자인	전기수	부산시 해운대구 APEC로 55 사무동 3층	051-740-7760
(주)이원전시기획	이수형	서울 서초구 서초대로34길 18 (방배동, 유노피스 빌딩) 3층 이원전시기획	02-3476-7871
(주)이즈피엠피	한신자, 최학찬	서울	02-3475-2600

업체명	대표자	주소	전화
(주)이지텍인터내셔널	김득순	경기 남양주시 화도읍 재재기로190번길 32 (차산리, 이지빌리지타워) (주)이지텍인터내셔널	02-6258-1726
(주)이플러스엑스포	이종석	서울	02-566-0089
(주)이화이엔지	김효중 이관재	서울 동대문구 한천로 279 (휘경동) (주)이화이엔지	02-2215-5941
(주)인엠디자인	지권수	서울 강남구 선릉로112길 82 (삼성동) 서강빌딩1층	02-508-2974
(주)인터내셔널서비스비지니스	안상영	서울 서초구 논현로 87 (양재동, 삼호물산빌딩) B동 1305호	02-525-3711
(주)인터블루커뮤니케이션	김이학	서울	02-501-0836
(주)인터엑스포	김종수	서울 마포구 대흥로 169 (대흥동, 베스텔) 302호	02-717-6658
(주)인투온	황은태	경기 김포시 월곶면 애기봉로 392-11 (개곡리) (주)인투온	02-2285-2506
(주)잡마스터	박병숙	서울 마포구 큰우물로 75 (도화동, 성지빌딩) 809호	02-701-0369
(주)전시공간	김덕규	서울시 양천구 신목로 42 (신정동, 4층)	02-2648-9330
(주)전시렌탈119	김태상	경기	031-528-3119
(주)전시컨벤션지원센터	신현호	광주	062-611-2701
(주)정성종합전기	박용모	서울 강남구 봉은사로109길 35 (삼성동, 조안빌딩) 2층 (주)정성종합전기	02-544-5627
(주)정우파이텍스	이수정	서울 강남구 영동대로 513 (삼성동, 코엑스) 2F-04	02-6000-3356
(주)제니스메쎄	김종성	서울	02-853-3030
(주)제이디컴디자인	서영열	서울 강동구 강동대로53길 35 (성내동, 협성빌딩) 301	02-474-3855
(주)제이비컴	최종배	서울	02-512-1214
(주)중앙전람	김일기	서울	02-3445-7775
(주)지누커뮤니티	정용택	광주	062-419-0030
(주)지드커뮤니케이션즈	김한성	경기 고양시 덕양구 통일로 140 (동산동, 삼송테크노밸리) B동 - B205호	010-2694-6994
(주)지아이플래닝	이상열	서울 송파구 충민로 66 (문정동, 가든파이브라이프) F-8071	02-538-6065
(주)지엘어소시에이츠	곽병두	서울시 서초구 남부순환로 337가길 43-9	02 6918 8255
(주)지오메트리	김성진	서울 마포구 성지길 25-20 (합정동) 2층 202호	070-4693-6710
(주)지포조명	김우신	경기도 하남시 감북동 228-1	02-479-4383
(주)케이디티에스	이병주	경기 남양주시 화도읍 비룡로114번길 99-17 (가곡리) .	02-2038-5901
(주)케이유앤지	김혁명	서울	02-6352-5300
(주)케이컴스	박춘종	서울 강남구 삼성로 524 (삼성동, 세화빌딩) 6층	02-567-9952
(주)케이플러스건설	이은경	부산 해운대구 APEC로 55 (우동, 벡스코) 사무동 357호	051-504-0211
(주)케이피지	이영필	광주	062-531-2005
(주)코디온인터내셔널	오주홍	서울	02-2203-5576
(주)코리아트러스	배남석	경기 고양시 덕양구 화랑로165번길 66 (화전동, 코리아트러스) (구조소 화전동 416-12)	02-3158-1717
(주)코쿤	김미진	서울	02-542-2414
(주)콜링씨앤디	차찬수	부산 부산진구 양지로5번길 23 (양정동) 2층	051-851-3273
(주)킹스맨	김영진	서울	02-2040-1106
(주)태리	김대희	대전광역시 서구도산로 172-1(변동) 4층	042-522-5607
(주)태성티에스데코	안성일	서울 강남구 역삼로 456-2 (대치동) 평화빌딩 지하1층	02-545-4483

업체명	대표자	주소	전화
(주)태인아키테리어	박정권	서울 관악구 남현동 1054-7 5층	010-5381-4781
(주)터울디자인	노정숙	대전 유성구 덕명서로2번길 21-6 (덕명동) 1층	010-4355-6443
(주)토탈코리아	신재	경기 고양시 일산동구 고봉로702번길 125-21 (성석동) 성석동 3층	031-977-7200
(주)트렌드디자인	송진철	서울시 송파구 신천동 11-9 한신잠실코아 507호	02-421-1009
(주)티스케이프	정형원	서울 송파구 가락로11길 23-11 (석촌동, 중원빌딩) 2F. 201호 (주)티스케이프	02-2202-3771
(주)티에스엔지니어링	이종원, 정양봉	서울 강남구 개포로28길 13 (개포동) 청산빌딩 301호	02-3462-1330
(주)티제이컴	신재현	서울 강남구 봉은사로112길 22 (삼성동, 상원빌딩) 403호	02-501-1133
(주)파워건축디자인	김종식	세종시	041-577-7038
(주)퍼블릭프로코리아	임동옥	서울 강남구 남부순환로351길 22-3 (도곡동) 동민빌딩 101	02-575-0486
(주)포디엄디자인	김민겸	서울 강동구 천호옛길 29 (성내동) 4층(성내동,다원빌딩)	02-417-9475
(주)포엠디자인	손미화	서울 강남구 역삼로73길 16 (대치동) 이안하우스 101호	02-6241-7500
(주)풍을	이보령	경북	053-963-2119
(주)프라넬이엔티	지대진	서울	02-718-9934
(주)프로원	김외규	경남	055-298-2113
(주)플러스인피니	박성용	서울 성동구 광나루로8길 10 (성수동2가, 에이스성수타워1) 1103호	02-3444-3660
(주)플위디	김승현	서울 서초구 효령로57길 3 (서초동, 대덕빌딩) 2층	02-3462-3693
(주)피스코인터내셔널	김재우	서울 강남구 테헤란로81길 14 (삼성동, 이연빌딩) 5층	02-553-9822
(주)피아트코리아	김태홍	서울 강남구 언주로65길 22 (역삼동) 피아트빌딩 2층	02-564-6364
(주)필그린내외건축	임석규	서울 강남구 영동대로 510 (삼성동, 삼성빌딩) 402호	02-569-3392
(주)한국이엔아이인터내셔널	정희재	서울	02-563-8670
(주)한울	박삼종	경기도 고양시 일산구 성석동 541-1	02-334-1325
(주)한일컴퍼니	김경수	서울	02-555-6255
(주)해울디자인	김종표	서울 송파구 삼학사로 65 (삼전동, 이맹빌딩) 3층 303호	02-540-0063
(주)해창건설	조현회	경기 여주시 강변북로 60 (오학동) 4층	02-412-3347
(주)헥터커뮤니케이션	김영도	서울 중구 퇴계로36가길 36-6 (필동2가, 백상빌딩) .	02-2264-8411
(주)화성전력	배성환	경기 여주시 흥천면 흥천로 733 (다대리) (다대리 8-4)	031-886-8307
(주)휴먼씨	박명구	충북 청주시 흥덕구 공단로 134 세중테크밸리 1205	043-265-1442
CJ 대한통운	이채욱, 신현재	서울시 성동구 성수2로 62(성수 2가 1동 324-2) 4층 국제전시파트	02-6919-6757
CJ대한통운	양승석	서울 성동구 성수동2가 324-2 CJ대한통운 4층	02-6919-6755
CM아트	오승원	대구 남구 명덕로8길 180 (대명동) 1층 CM아트	053-652-0220
MGS미공사	강민곤	부산 연제구 해맞이로127번길 22 (거제동)1층	051-816-5896
SNT	김성관	경기 고양시 일산서구 법곳길 150-10 (법곳동)	010-7136-7147
가드원 경호기획	천재우	부산시 수영구 광안해변로 358번길8 , 301(민락동)	051-523-5660
가야디엔에스 주식회사	정미선	경기 남양주시 화도읍 경춘로2394번길 27 (답내리) 가야디엔에스(주)	031-559-9757
가온건업	안정수	경기 고양시 덕구양 화중로 96 (화정동, 우정프라자)	-7620
가온누리	이수병	경기 고양시 일산동구 성석동	031-922-5708

업체명	대표자	주소	전화
가온디자인	박진태	부산 사상구 낙동대로1412번길 49 (삼락동, 가온디자인) .	051-507-2326
가을공간 주식회사	유성우	서울시 금천구 가산디지털1로 1, 306(가산동,더루벤스밸리)	02-6052-0800
가인카페트	송정용	광주	010-6346-6185
가토디렉션 주식회사	조운희	서울 중구 필동로 32 (필동2가, 낙원빌딩) 2층 가토디렉션(주)	02-2269-4996
강한친구들	채규칠	서울 강서구 화곡동	02-3665-2332
거상건설	이경희	부산시 수영구 수영로 668 화목오피스텔 1011호	051-646-1663
거성개발	전영채	경기 남양주시 진건읍 진관리 149-2 진건읍 양진로419-68	031-576-1667
건설미공	민근식	대전 서구 둔산중로 54 (둔산동, 센티온빌딩) 1308호	042-935-5580
경기엔티이㈜	서덕근	경기	031-967-2590
경동데코	김오동	서울 노원구 동일로241다길 17 (상계동)	02-538-9370
경동디자인	이태원	경기 고양시 일산서구 한류월드로 407 (대화동, 제2킨텍스)	02-907-8896
고려가스산업	이재로	서울 중랑구 중화동 96	02-438-5166
고려전력	정현준	대구 북구 칠성남로20길 34-3 (칠성동2가) 고려전력	010-5540-1010
고수카페트	정영숙	대전 중구 용두로 50 (용두동) 102호	018-453-8886
고양렌텍	전용한	경기 김포시 조리미로 27 (사우동) 고양렌텍	031-982-1154
광주철거	이수남	광주	010-3604-4854
광진기획	이종헌	서울 성동구 성수동1가 296 1층	02-463-9825
광진종합물류	김장원	경기 안산시 단원구 원시동	031-495-5003
국제시스템	노현경	대구시 북구 옥산로 49 상미빌딩 4층	053-359-3795
그룹엠코	박희준	서울 성동구 성수동1가	02-2117-0972
극동방염	주재성	서울 강동구 천호동	02-444-9119
글로벌컴스㈜	이아성	서울 송파구 올림픽로43길 26 (풍납동, 풍납동 빌딩) 2층	070-7596-2646
금성아트	장윤현	서울 강남구 논현동	02-549-2523
나남커뮤니케이션즈	김진국	대구 북구 동북로37길 6 (산격동)	053-742-7371
나라디자인	박창균	경기 남양주시 수동면	02-557-0481
나우환경디자인	권기영	서울 서초구 서초동	02-575-1702
나은시스템	박수찬	대구 북구 유통단지로 90 (산격동, 대구전시컨벤션센터) 111호 나은시스템	053-601-5432
네오시스테크놀로지	박용구	서울 강남 역삼 770-19 대양빌딩.	02-558-4415
네이처	박시행	전남 장성군 장성읍 청운4길 5 (영천리)	070-7725-0355
넥스디자인플래닝	홍성완	서울 광진구 화양동	02-542-2001
넥스디자인플래닝㈜	홍성완	서울 광진구 동일로 116 (화양동) 제일빌딩 401호	02-542-2001
누리안이앤씨	김은희	서울 송파구 송파동	02-420-3850
뉴월드전력	박웅호	인천 계양구 임학동로 37 (임학동) 뉴월드전력	032-545-3104
니드텍건설㈜	유창민	부산 부산진구 부전로 59-1 (부전동, 영진빌딩) 5층 니드텍건설㈜	051-971-7887
니즈스페이스디자인	구본준	서울 강남구 삼성동	02-575-4337
다감사이	김보정	서울 강남구 역삼동	02-6925-3510
다른커뮤니케이션	임우영	서울 서초구 방배동	02-532-9688
다우가스산업	조성실	경기 군포시 당정동	031-451-1113

업체명	대표자	주소	전화
다원공간	신동재	서울 서초구 강남대로2길 75 (양재동) 학성빌딩 2층 다원공간	02-577-9660
다원구조안전기술사사무소	김승철	서울시 강남구 논현로76길24 (역삼동733-11,신한빌딩7층)	070-8677-8803
다은비	장선혜	서울 영등포구 국회대로68길 18 (여의도동, 금영빌딩) 301호	02-761-5898
대건이엔씨	이황희	서울 성북구 정릉2동	02-908-0432
대경이앤씨	김미현	경기 하남시 춘궁동	070-4694-6688
대경전력㈜	김용환	경기 고양시 일산동구 일산로441번길 16-16 (정발산동) 1층	031-913-3971
대륙건설광고공사	김화연	부산시 연제구 연산5동 1371-9	051-867-9999
대명이엔에스	최문섭	경기 여주시 세종로 483 (점봉동)	070-8819-5647
대성엔이씨	구명자	경기 여주군 북내면 신접리	031-881-4303
대성전기	전미영	경기도 고양시 일산서구 구산동 237-3.	031-922-7657
대신기공	김창경	서울 노원구 공릉로51길 14-1 (공릉동, 늘푸른교회)	02-949-5200
대영가스	강정희	부산 금정구 장전동 116-14대영가스	051-516-1472
대영관리	최재호	경기 안양시 동안구 비산동	031-383-9994
대원디에이	나병철	서울 성동구 성수일로 77 (성수동1가, 서울숲 IT 밸리) 302호	02-465-6663
대유산업	박영희	부산시 연제구 연산동 1479-10	051-861-3143
대진전력 주식회사	차주영	경기 고양시 일산동구 백마로 223 (장항동, 현대 에드레보) 327호	031-925-9697
대창	박찬도	경기 고양시 일산동구 문봉동	031-977-3258
대창방재	박정송	경기 안산시 단원구 고잔동	031-480-7119
대하전기종합공사	조성관	서울 금천구 독산동	031-863-2807
대한건설중기	김삼철	대구 북구 동변로 55 (동변동, 대구동서변그린빌) 810-1401	053-383-3721
더피플	김선영	서울 강남구 역삼동	070-7569-7661
데코레	소병완	서울 강남구 역삼동 622.	02-515-0001
도둠디자인	김명회	서울 강남구 논현동	02-576-0388
도시가스114	김한근	경기 양주시 백석읍 고릉말로150번길 28 (오산리)	031-972-1141
동광씨앤이	최성철	경기 안성시 보개면 보개원삼로 244 (불현리)	070-8158-0889
동광애드	한열	부산시 동래구 수안동 4-16 2층	070-8993-9373
동서콘솔주식회사	이승희	부산 중구 해관로 65 (중앙동4가, 은산빌딩)1501호	051-440-6712
동양콤비락	김만중	서울 서초구 방배동	02-596-2641
동우종합중기	이정호	대구 북구 서변로 26 (서변동, 동서변 월드메르디앙 아파트) 707동 1303호	011-526-8199
동인앤컴	박득수	서울 금천구 가산동	02-6111-8800
동인전람	김익주	대구 북구 유통단지로7길 57 (산격동)	053-380-5000
두-테크	원성호	경기 고양시 일산동구 식사동	031-972-4680
드림웍스	박범진	서울 영등포구 당산동3가	02-2678-3945
디딤팩토리	김광연	서울 광진구 화양동	02-417-4074
디모즈	공성택	서울 서초구 강남대로95길 9-10 (잠원동)	02-6925-3880
디세뇨예지	박진만	서울 송파구 가락동	02-555-2095
디센디자인	윤현수	서울 강남구 강남대로156길 22 (신사동)	02-548-7483
디스페이스	신수범	경남 창원시 의창구 중앙대로 263 (용호동, 오피스프라자) 806호	055-282-3733

업체명	대표자	주소	전화
디아뜨인터랙티브	김동현	서울 강남구 강남대로128길 28 (논현동)	02-517-8857
디아트로지스	허종	경기 고양시 일산동구 문봉동	031-911-4045
디에스엔디자인	김재욱	서울 마포구 성지길 39 (합정동)	02-752-2744
디오어소시에이츠	유근혜	광주 서구 상무대로967번길 19 (쌍촌동)	062-514-9652
디자이너스튜디오예담	박형석	경기 성남시 분당구 운중동	031-8016-1222
디자인나무	이우형	경기 고양시 일산동구 장항동	031-901-6604
디자인니드플러스	권태운	서울 송파구 오금로17길 5-21 (방이동) 2층	02-413-0875
디자인랩어소시에이츠	장종국	서울 강남구 삼성동	02-3288-3519
디자인모티프	유정자	서울 강서구 방화대로44길 13 (방화동) 2층	02-376-1411
디자인뷰	김현아	서울 광진구 아차산로62길 14-12 (구의동) 301호	02-511-1727
디자인샘	최옥미	서울 송파구 오금로40길 40 (가락동) 대성빌딩5층 508호	010-5480-6846
디자인서피스	박현석	서울 중구 청구로 87 (신당동)	02-3298-6790
디자인스튜디오	김종호	서울 강남구 도산대로 217 (신사동, 강남빌딩)	02-542-3580
디자인스틸	윤석주	경기 파주시 오도동	02-702-2295
디자인스틸러스코리아	심문섭	서울 강남구 봉은사로112길 28 (삼성동)	02-577-5936
디자인아이넥스	이지행	서울 광진구 용마산로 113 (중곡동)	02-456-9542
디자인에스알	김태곤	서울 강남구 삼성로 557 (삼성동, 대지빌딩) 4F	010-3252-2272
디자인엑스원	김종균	서울 송파구 가락로 19 (석촌동, 욱빈타워)	02-6959-0424
디자인오비	김성수	서울 송파구 위례성대로12길 12-1 (방이동)	02-421-3513
디자인익사이팅	김홍삼	서울 송파구 신천동	02-415-3855
디자인인터	장근출	서울 강남구 삼성로100길 23-3 (삼성동)	02-568-1130
디자인일어소시에이츠	김영진	서울 중구 신당동	02-565-4007
디자인축	권조일	서울 마포구 동교로22길 23 (서교동)	02-6925-1825
디자이코리아	하남홍	서울 강남구 학동로 135 (논현동, 대은빌딩)	02-511-4921
디자인큐베스트	박장호	서울시 강남구 논현로 38길 36 (도곡동 4층)	02-6085-1883
디자인투맨	강병철	경기 고양시 일산동구 사리현동	031-969-8112
디자인프록스	박준성	서울 강남구 선릉로 642 (삼성동, 서경빌딩)	02-6710-7700
디자인플러스코리아	인재진	서울 강남구 역삼동	02-562-7321
디자인하디	이창수	서울 관악구 봉천동	02-534-3843
디지에프	하명현	전남 여수시 대학로 50 (둔덕동, 전남대학교 여수캠퍼스)	-6528
디큐	김윤환	서울 강남구 역삼동	02-6959-4081
라온공간	이수행	경기 남양주시 오남읍 양지로대울1길 23 (양지리) 770-4	010-8883-2769
라이브PR	김인철	경기 고양시 덕양구 행주로 96 (행주내동) 479-6	031-979-6291
라인이엔지	유선아	경기 성남시 수정구 대왕판교로 769 (금토동)	031-709-6990
라포애드	서남진	서울 마포구 동교로41길 32 (연남동)	02-3452-7471
라포애드 주식회사	서남진	서울 마포구 동교로41길 32 (연남동) 2층	02-3452-7471
랜드마크DFC㈜	최성원	서울 송파구 가락로17길 4-9 (송파동) 2층(송파동,지원빌딩)	02-424-1634
레디원	최영근	서울 강남구 봉은사로74길 14 (삼성동)	02-556-3694
레스컴	김동영	서울 강동구 천호2동	02-2088-8762
렌탈서브	최정규	서울 송파구 양계대로66길 36 (가락동, 금아빌딩) 1층	02-409-4747

업체명	대표자	주소	전화
렌탈은행 주식회사	최두성	서울 송파구 중대로 105 (가락동, 가락 ID TOWER)1301호	02-553-2648
렌탈일일구	조택연	경기 남양주시 진건읍 배양리	031-528-1190
로제트엑스포	우상원	서울 서초구 서초동	02-542-8588
리쉬이야기	양희석, 조한철	서울 서초구 강남대로101길 47 (잠원동, 다성빌딩)	02-3448-1110
마운틴디스플레이테크	조귀환	서울 송파구 백제고분로41길 7-21 (송파동, 백경빌딩)	02-422-1888
마이스컴	신경숙	대구 북구 유통단지로 38 (산격동, 전기재료관) 나동 222호	053-382-2250
마코	마성민	부산시 해운대구 센텀동로 71 벽산e센텀 클래스원 2차 308호	051-417-8969
만정안전기획	이석만	서울시 강남구 삼성동 1-4 해운빌딩 502호	02-3442-6220
맥디자인	강석만	부산 해운대구 우동	051-740-7561
메가이엔지	정의식	경기 용인시 기흥구 농서동	031-8015-5470
모듈	최원석	서울시 강남구 삼성동 159 코엑스 416호	02-6000-7560
모리아	강성호	경기 고양시 일산서구 송파로 190 (가좌동) 제1동	010-2532-1690
몽스데코	주명식	서울 강남구 선릉로 704 (청담동, 청담빌딩) 청담벤처프라자 1252호	02-6212-3588
문화뱅크	전중하	대구 수성구 달구벌대로 2320 (수성동2가, 대구수성우체국) 대구수성우체국 7층	053-384-7246
미도디자인	김영미	서울 광진구 아차산로40길 40 (자양동) 1층	02-3437-4465
미라클디자인	윤성호	경기 고양시 일산서구 산율길42번길 23-8 (구산동) 구산동	02-325-1669
미래이오	이승일	서울 성동구 성수이로 118 (성수동2가, 성수아카데미타워)	02-462-4778
미르디앤씨㈜	한강수	서울 서초구 방배천로32길 1 (방배동) 씨앤피빌딩2층	070-8610-2563
미림이앤에프	남선우	서울시 강남구 봉은사로 114길 46 (삼성동)	02-569-7711
미트디자인	이원근	서울 성동구 마장동	02-548-9878
바탕그래픽	성희율	경기 고양시 일산동구 백석동	031-912-6422
밸류포인트	윤영택	서울 강서구 등촌동	02-6347-3001
보인씨엔아이	박경식	서울 강남구 봉은사로112길 28 (삼성동)	02-556-9395
봉곡환경(주)	임종하	대구 달성군 하빈면 하빈남로 372-14 (봉촌리) 번지	053-593-3990
봉신이앤씨	봉종필	경기 고양시 덕양구 고양동	031-963-4000
브랜컴어소시에이츠	구본무	서울 강남구 개포로 206 (개포동, 금화빌딩)	02-3446-3270
브이라이트	박정국	부산시 강서구 공항로 1179	051-973-6906
브이앤아이파워텍㈜	유형진	서울 강남구 영동대로 513 (삼성동, 코엑스) 2층 02호	02-6000-3553
블루맨그룹코리아	이해윤, 박경열	서울 강남구 대치동	02-400-2076
비앤비커뮤니케이션	김금동	인천 남동구 장자로 28 (장수동) 1층2호	032-466-2007
비엠에스제이	장준오	서울 송파구 백제고분로50길 12 (방이동, 해동빌딩) 505호	02-419-1188
비즈니스메이트	권영희	경기 남양주시 와부읍 율석리 748-39	-7091
비즈마컴	윤지환	서울 강남구 논현동	02-539-9782
빅파인트리	이병희	서울 동작구 남부순환로271길 8 (사당동)	02-598-1346
삼덕전기	이민희	경기 안산시 단원구 고잔동	032-237-1063
삼성애드	정운교	부산시 동래구 안락1동 441-6	051-528-0727
삼우건기	오세태	경기 군포시 당정동 514-5 삼우건기	031-388-4455

업체명	대표자	주소	전화
삼전전기	김동균	경기 성남시 중원구 상대원동	031-750-9222
삼지매트	손길남	경기 고양시 일산동구 성석동	031-963-4156
삼호산업	장세원	경기 시흥시 시화벤처로315번길 13 (정왕동, (주)삼호산업)	031-499-3588
상상이상	김기남	서울 강남구 광평로 280 (수서동, 로즈데일오피스텔) 1109호	02-413-6552
상승피에프	최석재	서울 성북구 아리랑로19길 20 (정릉동, 영신빌딩)	02-943-0734
상원전력	정덕화	부산 동래구 명륜로223번길 2 (명륜동) 3층	051-755-3645
서광전기	안창주	서울 동작구 신대방동	02-845-7932
서울부스애드컴	김현정	서울 영등포구 양평동	02-6096-6888
서원에프앤이	문찬호	서울 광진구 자양동	02-419-1119
선우데코	성행웅	서울 종로구 종로17길 45 (낙원동, 경동빌딩) 509호	02-743-6409
선우전설	정상옥	경북 구미시 고아읍 선산대로 556-26 (봉한리) 0	054-456-9960
선진로지스틱스주식회사	정유진	서울 강동구 양재대로 1553 (천호동, 선진빌딩) 4층	02-2225-9545
성광물류	이승	서울 마포구 상암동	02-3143-2787
성서종합전기	박재엽	경기도 남양주시 진접읍 연평리 357-8.	031-529-8574
세계경호	박복순	부산시 동래구 충렬대로 125번길6 서봉빌딩 402호	051-552-7713
세로스페이스디자인	우영훈	서울 강남구 삼성동	02-3444-9801
세명기획	김광집	부산시 해운대구 재송2동 1052-5	051-784-6088
세움-엑스포로지스틱스	송채원	경기도 고양시 일산서구 한류월드로 407(대화동501호)	02-538-6888
세종이앤알	안효순	경기 고양시 일산서구 대화동	031-916-3330
센스큐브	박은미	경기 고양시 일산동구 식사동	031-972-4680
소나무	안영돈	대구 북구 유통단지로22길 5-5 (산격동) 승준빌딩1층	053-383-9867
솔리드웍스어소시에이츠	김수홍	서울시 서초구 반포동 97-2럭스빌딩 4층	02-516-1694
송정가스설비	김성남	부산 해운대구 송정1로7번길 24-8 (송정동, 송정가스)24-8	051-703-7734
쇼액서스	기브루스	서울 마포구 방울내로7길 6 (망원동)	02-563-0509
쇼카고로지스틱스	이천명	서울 구로구 디지털로30길 31 (구로동, 코오롱디지털타워빌란트)	02-2065-6980
수앤미커뮤니케이션	김윤수	서울 강동구 성내동	02-586-7989
쉥커코리아	토마스 린디 소렌슨	인천 중구 공항동로296번길 97-49 (운서동, (주)쉥커코리아)	032-744-0300
슈퍼플랜	송대훈	서울 강남구 삼성동 128-22 501호	02-6238-1001
스카이모빌	김성관	서울 강남구 선릉로 7 (개포동, 주공아파트) 가-107-2	070-7677-3327
스텔스 시랏 주식회사	동효원	서울 영등포구 63로 40 (여의도동, 라이프오피스텔) 333호	02-761-9007
스피드애드뱅크	김진관	부산해운대구좌동순환로405(중동,마마아파트)상가102호	051-747-7277
시에스엔터테인먼트(주)	곽대명	광주	062-224-9951
신광씨앤티주식회사	박광선	서울 강동구 성내로6길 14 (성내동) 신광빌딩4층	02-501-7573
신세계상사	하창도	경남 함안군 칠원읍 무기리 산 188-1 1층	055-292-8229
신세계오피스	전성진	부산 금정구 옥봉로13번길 6 (서동, 현대아파트)8동 상가 101호	051-756-3313
신우디앤씨	이혜정	경기 고양시 일산서구 한류월드로 407 (대화동, 제2킨텍스)	031-995-6530
신우디사인	이영민	서울 영등포구 선유로. 27 (뮤래동5가, 대륭오피스텔) 1210호	02-563-3052

업체명	대표자	주소	전화
신우아이디	남광일	서울 용산구 한강대로48길 13 (한강로2가) 96-3	02-792-4013
신평건설	민명기	서울 강남구 삼성동 149-12 101호	010-6373-2410
심플디자인	홍성국	경기 김포시 감정동	02-2665-2862
싸인유	유기환	서울 서초구 잠원동	02-416-6086
써스콘	오동섭	충남 아산시 온천동	041-532-1440
썬더볼트	박원선	서울 영등포구 양평동	02-3667-4363
썬시스템	우광순	서울 송파구 백제고분로7길 28-29 (잠실동) 한신빌딩2층	02-557-7323
썸이미지니어링	염장선	서울 강남구 선릉로 523 (역삼동, 유림빌딩) 4층	02-3143-5522
씨에스텍플러스	고숭덕	서울 마포구 서교동	02-3143-4056
씨제이대한통운	양승석, 손관수	서울 중구 세종대로9길 53 (서소문동, 대한통운빌딩)	02-6919-6757
아셈전기통신	최명기	서울 강남구 삼성동	02-6000-2300
아예인	김만태	경기 고양시 덕양구 행신동	031-979-1991
아이디움	윤성신	서울시 강남구 논현동 160-1 조안빌딩 3층.	053-514-2404
아이린디	지은혜 외 1명	경기 부천시 원미구 길주로 272 (중동, 코스모폴리탄) 307호	070-7848-5252
아이비에스국제경호기획	이희진	서울 중구 신당동	02-1600-9783
아이엔어소시에이츠	박종호	서울 서초구 양재동	070-8630-5001
아이엠에이에프	강성진	서울 중구 필동3가	02-2269-5679
아이엠전시문화	최경근	대구 북구 산격동	02-383-1130
아이이코리아	이현철	서울 도봉구 방학동	070-8270-3635
아이젠전시문화㈜	천찬영	서울시 송파구 신천동 11-9 한신코아오피스텔 1016호	02-417-3330
아트데코	이상직	서울 성동구 성수일로4길 10 (성수동1가, 평화기업사) 2층 아트데코	02-469-1035
아트싸인	이희순	경기 고양시 일산서구 구산동	070-8671-0749
아트원	정수균	경기 고양시 일산서구 덕이동	031-912-9374
아트원인터내셔날	유기석	서울 강남구 강남대로128길 28 (논현동)	02-517-2080
아트포인트	노성철	서울 용산구 한남대로42나길 2 (한남동)	02-792-7193
아프로웨이㈜	이인덕	인천 연수구 송도미래로 30 (송도동, 송도 BRC 스마트밸리 지식산업센터) E동 1703호	032-512-2331
알파미디어	김성민	부산시 강서구 체육공원로6번길 161-9(대저1동)	051-809-0596
애데스㈜	김영구	경기 과천시 주암동 168-1 주암빌딩	02-504-8040
애드라인	손희도	대구 서구 문화로 281 (평리동) 애드라인 지하1층	053-257-6608
애플전시	이소은	경기 고양시 일산서구 한류월드로 407 (대화동, 제2킨텍스) 오피스동 904호	031-911-5277
앤츠컴	김대준	서울시 광진구 자양동 2-6번지 한일빌딩 2층.	02-469-2009
어노인트	여신엽	서울 영등포구 신길로34길 17 (신길동) 양지빌딩1F	02-864-5514
어질리티	스캇베드포드	서울 중구 장교동	02-2192-7427
에스엔티	김성관	경기 고양시 일산서구 법곳동	070-7677-3327
에스엠	최순란	부산시 해운대구 반여로67	051-526-3304
에스엠에스전기주식회사	김진태	서울 강남구 역삼로78길 6 (대치동) 지하	02-552-3458

업체명	대표자	주소	전화
에스와이피어소시에이츠	신윤표	서울 강남구 영동대로 513 (삼성동, 코엑스)	031-6000-4960
에스이시스템	이성일	경기 성남시 중원구 갈마치로 186 (상대원동, 반포테크노피아) 반포테크노피아 504호	031-750-9031
에스피인터렉티브주식회사	박권일	서울 송파구 백제고분로41길 40 (송파동, 부영빌딩)2층 202호	02-2038-0897
에어컨렌탈	양양인	광주 동구 무등로 498-1 (산수동) 1층 에어컨렌탈	010-5416-1500
에이스마케팅	류경희	서울 강남구 신사동	02-541-2937
에이스조명	이동건	인천시 서구 원당동 326-6..	02-569-2326
에이스페이스마케팅	나진철, 임상용	서울 마포구 양화로 100-10 (서교동, 다내리빌딩)	02-323-2090
에이앤디자인	안종혁	서울 강남구 봉은사로43길 28 (논현동, 논현동빌딩)	02-518-5212
에이앤에이컴퍼니	곽종헌	서울 성동구 아차산로 77 (성수동2가)	02-555-7515
에이치디에스	최철수	경기 수원시 장안구 연무동	031-242-3677
에이치에스아이앤디	배기은	서울 강남구 역삼동	02-508-1666
에이치에스아이앤디 주식회사	이창환	서울시 강남구 논현로81길 8 화진빌딩 2층	02-508-1666
에이치원전기	한재수	경기 광주시 오포읍 오포안로 305-2 (추자리)	031-791-6539
에이팩스디자인(주)	기찬호	경기 고양시 일산동구 장백로 20 (백석동, 동문굿모닝힐) 102동 1013호	02-556-3361
에프엠텍	유동기	서울 동대문구 신설동	02-747-7999
엑스올디자인	박준철	대구 북구 유통단지로7길 90 (산격동)	053-601-5139
엑스컴인터내셔	박명희	서울시 강남구 삼성동 159 코엑스 2층 10호	02-551-4900
엑스코프로모션	윤기영	경기 고양시 일산서구 가좌동	031-918-5320
엑스코프로모션(주)	윤경구	부산 해운대구 APEC로 55 (우동, 벡스코) 254호	051-740-7718
엑스코프로모션(주)대구	윤경구	대구 북구 유통단지로 90 (산격동, 대구전시컨벤션센터) 403호	053-601-5320
엑스코피아	신창규	대구 북구 유통단지로24길 16 (산격동)	053-381-2831
엑스포로지스	김종운	서울 성동구 성수일로 77 (성수동1가, 서울숲 IT 밸리)	02-6965-7700
엑스포뷰	범영근	서울시 강남구 수서동 725수서타워 509호	02-3413-3730
엑시비트코리아	강희경	서울 강서구 우장산로16길 37 (화곡동, 여명빌딩)	02-858-9330
엑시빗코리아㈜	이동수	서울 마포구 월드컵로5길 10 (합정동) EK빌딩 1층	02-3143-4557
엔쓰리디앤티	옥승진	서울시 서초구 양재동 75-3 재윤빌딩 6층.	02-575-9332
엔와이국제물류주식회사	김재석, 조선희	서울 영등포구 당산동	02-322-6399
엘리트정보시스템	문진석	서울 금천구 가산동	02-713-3007
연합디자인	김은경	경기 용인시 처인구 중부대로 1142-1 (삼가동, 진우아파트) 101-2006	031-304-5842
열린기획	조성화, 연규상	충북 청주시 청원구 상당로 314 (내덕동, 청주첨단문화산업단지)	043-259-8100
영디자인	김해영	경기 구리시 토평동	031-569-5070
영진산업	이은희	대전 서구 변동	042-522-1829
예맥	김정환, 신상호	부산 동래구 여고로113번길 11 (사직동)	051-504-6767
예원네트웍스	심형섭	경기 하남시 풍산동	031-795-5841
오에스개발	마환	서울 동작구 신대방동	02-848-0133

업체명	대표자	주소	전화
오투피앤디	박희수	서울 강남구 삼성동	02-562-3236
옥승산업(주)	연우남	서울 송파구 중대로33길 4 (오금동) 옥승산업(주)	02-406-8339
옥토끼이미징	안경회	서울 영등포구 당산동6가	02-2675-0792
올리브앤제펫토	이원준	경기 고양시 일산동구 정발산동	031-908-0804
와이드플래닝	김종대	서울 마포구 서교동	02-3453-7563
와이지케이디자인	윤진희	부산 수영구 수영로 421-1 (남천동) 309호	051-621-0071
우리알앤씨	박무병	경기 고양시 일산동구 장대길 63-28 (장항동) 우측	010-2999-0513
우리커뮤니케이션	전창수	대구 북구 검단공단로 19 (산격동) 2층	053-384-6611
우림샤인	김영복	서울시 영등포구 당산동 3가	02-2631-8012
우신환경자원	김성철	대구 달성군 논공읍 삼리리 709 709번지	010-3510-5682
우일시스템	박우성	경기 하남시 교산동	031-793-8020
우주씨앤디	정연우	경기 용인시 처인구 해실로 68 (해곡동, 우주씨앤디)	031-322-9188
원광전기	안수정	경기 하남시 춘궁동	02-795-3365
원베스트인월드	공주욱	경기 고양시 일산서구 호수로838번길 67 (대화동) 1층 원베스트인월드	010-9054-5333
원애드	김동환	서울 송파구 강동대로9길 8 (풍납동, 극동아파트) 극동아파트상가 지하	010-9153-4668
원에스쓰리디	양은석	서울 관악구 청룡동	02-882-9114
원일디자인	이진일	서울시 강남구 영동대로 644(삼성동)원일빌딩 9층	02-547-6415
원프로모션	최정애	대구 동구 옻골로 40 (부동) 원프로모션	053-986-1122
위드커뮤니케이션	박용철	부산시 해운대구 APEC로 55 벡스코 3층 354호	051-759-5221
위젠	최성구	서울 서초구 강남대로99길 53 (잠원동, 잠원동 삼우빌딩)	02-561-3767
월비커뮤니케이션즈(주)	허성환	서울 강남구 강남대로140길 18 (논현동, 크레아빌딩) 5층	070-4610-2780
유니모토	황문성	서울 강남구 삼성동	02-557-7702
유니온장식	홍승표	서울 성동구 성수일로 11 (성수동1가) 656-97	02-465-1092
유니온커뮤니케이션	예상범	대구 수성구 국채보상로186길 97 (범어동)	-2063
유니원커뮤니케이션즈	조현일	서울 서초구 서운로 42 (서초동, 유니원빌딩)	02-550-2500
유닉스코리아(주)	남진호	서울 강남구 영동대로 513 (삼성동, 코엑스) 4층 428호	02-551-5518
유비엠	전정자	경기 수원시 영통구 영통로217번길 5 (영통동)	031-206-2238
유성종합중기	안철순	부산시 해운대구 우동 356-8	051-747-4458
유심산업	김성광	서울 송파구 올림픽로35길 104 (신천동, 장미아파트) 17동 1006호	010-5415-2513
유엔에스코리아	김성환, 고현석	서울 송파구 올림픽로8길 23 (잠실동, 보현빌딩)	02-415-9112
유엘피로지텍	김태만	서울 영등포구 선유로 146 (양평동3가, 이앤씨드림타워)	02-565-8454
유원애드텍	채유민	경기 고양시 일산동구 성석동	031-976-9095
유원전기	한영수	서울 용산구 청파로 328 (청파동1가)	02-792-2580
유즈원	김재우	대구 북구 산격동	053-741-2107
유진종합건설(주)	박근완	서울서초구신반포로43길11-40(잠원동)1층	02-3445-4377
유창설비	김명신	서울 동대문구 청계천로 417 (신설동, 청계천 대싱 스카이렉스1) 203호	02-2232-0715

업체명	대표자	주소	전화
육공칠	이성욱, 윤경진	서울시 서초구 양재1동 90-7번지 파크센터 4층.	02-571-1607
은산해운항공㈜	양재생	부산 중구 해관로 65 (중앙동4가, 은산빌딩)8-9층 은산해운항공	051-661-3384
이노방재	김성준	서울 중랑구 면목동	02-433-2346
이라이팅	이시우	경기도 광주시 퇴촌면 도수리 348-1	031-794-3038
이레렌탈	김종균	서울시 강남구 삼성동 159 코엑스 4층 424호	02-551-6893
이렌컴	임준규	서울 강남구 삼성동	--
이렌컴서비스	구병수	부산시 해운대구 APEC로 55 벡스코 1층비지니스센타	051-740-4020
이루자주식회사	김철성	서울 강동구 양재대로 1371 (성내동) 둔촌빌딩 402호	02-562-9010
이명전기	이명덕	경기 가평군 설악면 신천중앙로88번길 1 (신천리, 온누리감초약국)	031-594-8478
이명전기(주)	한귀수	경기 남양주시 진건읍 사릉로용정1길 7 (용정리) 1층	031-529-8748
이명종합전기	김정숙	경기 하남시 신장동	070-7535-9748
이상네트웍스	조원표	서울 금천구 가산로9길 109 (가산동, 이에스빌딩) 2층	02-3397-0153
이아이피커뮤니케이션	임성하	서울 강남구 테헤란로81길 46 (삼성동, 선농빌딩) 3층	02-3453-7333
이엑스플랜	임상문	서울시 강남구 삼성동 150-19 은성빌딩 203호	02-538-8001
이엠와이	양동승	서울 광진구 광장동	02-450-9129
이오스디자인	전기수	부산 해운대구 우동	051-740-7760
이원전기	원종태	부산해운대구대천로103번길61(좌동,엘지아파트)상가305호	051-740-7799
이원전시기획	이수형	서울 서초구 방배동	02-3476-7871
이제이엠디장우디자인㈜	이승협	서울 금천구 가산디지털1로 168 (가산동, 우림라이온스밸리)C동 612호	02-6925-0555
이지렌탈	박관병	서울 구로구 디지털로 288 (구로동, 대륭포스트타워1차) 1408호	010-9432-1404
이지텍인터내셔널	김득순	경기 남양주시 화도읍 재재기로190번길 32 (차산리, 이지빌리지타워)	02-6258-1600
이플러스엑스포	이종석	서울시 강남구 봉은사로 82길 30 라임빌딩 2층	02-566-0089
이화이엔지	김효중	서울 동대문구 휘경동	02-2215-5941
익스니즈	오상표	부산 기장군 기장읍 청강로74번길 46 (청강리) 청강리 152-4	051-612-6217
익스니즈	오상표	부산 기장군 기장읍 청강로74번길 46 (청강리) 청강리 152-4	051-612-6217
인디자인전시기획	강묘빈	서울 강남구 삼성동	02-554-5542
인바오	장호섭	부산시 해운대구 APEC로 55 벡스코 지하1층 B-13B호	051-744-3604
인스라인	김동환	서울 마포구 동교로 48-1 (합정동)	02-322-7360
인엠디자인	지권수	서울 강남구 선릉로112길 82 (삼성동)	02-508-2974
인터내셔날서비스비지니스	안상영	서울 서초구 논현로 87 (양재동, 삼호물산빌딩)	02-525-3711
인터블루커뮤니케이션	김이학	서울 강남구 언주로106길 21 (역삼동, 모젤하임) ㈜인터블루커뮤니케이션	02-501-0836
인터엑스포	김종수	서울 마포구 대흥로 169 (대흥동, 베스텔)	02-717-6666
인터파크	김동업	서울 서초구 서초대로77길 54 (서초동, 서초더블유타워) 10층	02-6004-6935
인투온	황은태	경기도 김포시 월곶면 개곡리 241-1	02-996-8530
일품	오성원	대구 달성군 가창면 우록길 39 (삼산리)	053-765-9931

업체명	대표자	주소	전화
입장다컴	홍익표	서울 금천구 범안로 1136 (독산동, 중앙하이츠아파트) 상가동 201호	02-861-4463
자연공간(주)	나동명	서울 금천구 가산디지털1로 226 (가산동, 에이스하이엔드타워5차) 1404호	02-6674-6120
잡마스터	박병숙	서울 마포구 염리동	02-701-0369
전시공간	김덕규	서울 양천구 신정동	02-2648-9330
전시렌탈119	김태상	경기 남양주시 진건읍 진관리	031-528-3119
정성종합전기	박용모	서울 강남구 삼성동	02-544-5621
정우파이텍스	이수정	서울 강남구 영동대로 513 (삼성동, 코엑스)	02-6000-3355
제니스메쎄	김종성	서울 구로구 구로동	02-853-3030
제로디앤씨㈜	이승훈	서울 강남구 테헤란로87길 57 (삼성동, 감령빌딩) 3층	02-553-3311
제이넷컴	장혜경	서울 성동구 뚝섬로1길 25 (성수동1가, 서울숲 한라에코밸리) 509호	02-577-6286
제이디컴디자인	서영열	서울 강동구 강동대로53길 35 (성내동, 협성빌딩)	02-474-3855
제이비컴	최종배	서울 강남구 삼성동	02-512-1214
제이에스제드코리아(주)	신현경	서울 마포구 독막로7길 53 (서교동, GENT HOUSE) 4층	02-813-4649
제이엠데코	박경미	경기 시흥시 서해안로 81-44 (정왕동) 오이도철강단지6동305호	010-8739-4572
제이원애드	김성택	경기 고양시 덕양구 현천동 129-2 제이원애드	02-3159-9665
제이이방재	김건태	서울 강동구 성내동	02-473-4205
제이컴인	최은영, 이준범	서울 마포구 잔다리로3안길 48 (서교동, 주연빌딩) 201호	02-324-1206
제이티데코	김준태	부산 연제구 과정로265번길 19 (연산동) 디아이하우스2 301호	051-867-6583
제일설비	남병탁	대구 달서구 달구벌대로305길 58 (죽전동) 1층	053-559-9150
제일에프엔이	이대호	서울 강남구 개포동	02-3463-0119
조은테크	김덕우	서울 성동구 독서당로 218 (옥수동, 옥수삼성아파트) 111-1419	02-2282-6608
종합광고 태양	김영호	부산시 동래구 쇠미로 214번길 12	051-506-0446
㈜ 시스포유	장상훈	서울 강남구 테헤란로79길 27 (삼성동, 삼송빌딩) 삼송빌딩 3층	02-539-3313
㈜ 에스앤케이건물운영관리	강원고	경기 고양시 일산서구 덕이동 947 ㈜ 에스앤케이건물운영관리	010-7210-4448
㈜가와디자인그룹	김종훈	대구 남구 현충로8길 21 (대명동)(대명동)	053-652-8478
㈜거창	오환균	세종특별자치시 금남면 용포2길 51 (용포리) 202호	042-525-1624
㈜경동디자인	이태원	서울 도봉구 해등로16가길 32 (창동) 4층	02-2038-5903
㈜국성에스엠	선유승	광주 서구 상무공원로 9 (치평동, 에이스빌딩) 2층	062-524-4224
㈜그룹엠코	박희준	서울 성동구 아차산로 49 (성수동1가, 서울숲코오롱디지털타워) 1704호	02-2117-0972
㈜금성아트	장윤현	서울 송파구 마천로 232 (마천동, 씨티아파트) 201호	02-549-2523
㈜까르떼	유동우	서울 강남구 봉은사로 131 (논현동, 한국페인트잉크회관) 402호	02-539-4455
㈜나남커뮤니케이션즈	김진국	대구 북구 동북로37길 6 (산격동) 2층	053-742-7371

업체명	대표자	주소	전화
㈜나라디자인	박창균	경기 남양주시 수동면 소래비로 390 (송천리) ㈜나라디자인	02-557-0481
㈜나우환경디자인	권기영	서울 강남구 도곡동415-6 석주빌딩3층	02-575-1702
㈜네오시스테크놀로지	박용구	서울 강남구 논현로72길 21 (역삼동) 2F,4F	02-558-4415
㈜네오트렌드	강태선	광주 광산구 목련로394번길 39-25 (신가동)2층	062-382-7434
㈜네이처	박시행	전남 장성군 장성읍 청운4길 5 (영천리)	010-7431-7767
㈜누리안이앤씨	김은희	서울 송파구 송파대로 402 (송파동, 창신빌딩) 401호	010-3252-8818
㈜누리엔에스	박봉기	서울 송파구 중대로 150 (가락동, 백암빌딩) 301호	02-403-4415,448-5745
㈜니즈스페이스디자인	구본준	서울 강남구 도산대로96길 13-5 (청담동) 1F	02-575-4337
㈜다른커뮤니케이션	임우영	서울 서초구 방배중앙로 178 (방배동) 402호	02-532-9688
㈜대건이엔씨	이황회	서울 성북구 정릉로 251 (정릉동, 명성빌딩) 7층 1호	02-908-0432
㈜대명이엔에스	최문섭	경기 여주시 세종로 483 (점봉동) 점봉동	070-8819-5647
㈜대성엔이씨	구명자	경기 여주시 북내면 당전로 27 (신접리) 2층	02-441-0291
㈜대성전기	전미영	경기 고양시 일산서구 덕산로 57 (구산동) 21	031-922-7657
㈜대양공간건축	지성훈	서울 용산구 한강대로40길 13 (한강로2가, 성지빌딩) 성지빌딩4층	010-4292-7700
㈜대양에이티	황수선	서울 송파구 동남로23길 50 (오금동, 우인빌딩) 202호	02-409-6301
㈜대하전기종합공사	조성관	서울 금천구 가산로3길 77 (독산동, 독산동 주상복합) 은탑로얄클래스 212	02-508-2000
㈜더블유제이애드	박경선	경북 칠곡군 지천면 지천로 329-6 (신리) 3층	053-421-6530
㈜더씨닉디자인	박근우	서울 마포구 양화로6길 9-20 (서교동, 카메오빌딩) 3층	02-703-5195
㈜더와이즈	신동호	서울 서초구 서초대로23길 111 (방배동) 이수빌딩 2~4층	02-713-5505
㈜데코레	소병완	서울 강남구 봉은사로18길45(역삼동)2층	02-515-0001
㈜도움디자인	김명회	서울 광진구 구의로 11 (구의동, 광명빌딩) 3층	02-576-0388
㈜도일	조태선	전남 강진군 강진읍 강진공단길 34-9 (서성리)(서성리)	010-9212-9400
㈜동광씨앤이	최성철	경기 안성시 보개면 보개원삼로 244 (불현리) 불현리 47-4	010-8923-3489
㈜동방시큐리티	박기석	대구 북구 유통단지로 90 (산격동, 대구전시컨벤션센터)지상 2층 215호	010-4842-9356
㈜동양콤비락	김만중	경기 광주시 경충대로 1787 (장지동) (장지동 468-8)	02-596-2641
㈜동인앤컴	박득수	서울 금천구 가산디지털1로 205 (가산동, 케이씨씨 웰츠밸리) 606호	02-6111-8800
㈜동인전람	김익주	대구 북구 유통단지로7길 57 (산격동) 2층	053-380-5000
㈜디모즈	공성택	서울 서초구 강남대로95길 9-10 (잠원동)제이빌딩 1층	02-6925-3880
㈜디바인	김동원	경남 창원시 의창구 창이대로205번길 5 (봉곡동, 봉곡진보프라자)3층 322호	010-5016-3771
㈜디스	손은향	경남 창원시 성신동77-1 sk테크노파크 넥스존1013호	055-262-0381
㈜디아뜨인터랙티브	김동현	서울 강남구 강남대로128길 28 (논현동) kg플러스 빌딩 3층 303호	02-517-8857
㈜디에스엔디자인	김재욱	서울 마포구 성지길 39 (합정동) 합정빌딩 4층	02-752-2744
㈜디오어소시에이츠	유근혜	광주 서구 상무대로967번길 19 (쌍촌동) 디오어소시에이츠	062-514-9652
㈜디자이너스뮤니오예림	박형덕	경기도 성남시 분당구 운중동 963 마크시티엘로우빌딩 805호	02-529-2350

업체명	대표자	주소	전화
㈜디자인나무	이우형	경기 고양시 일산동구 무궁화로 8-28 (장항동, 삼성메르헨하우스) 918호	031-901-6604
㈜디자인남편손	박희원	경남 창원시 성산구 동산로 124 (상남동, 성원아파트) 성원종합상가 B1 15-6	055-289-8000
㈜디자인랩어소시에이츠	장종국	서울 강남구 봉은사로68길 5 (삼성동) 삼성빌딩 3층	02-3288-3519
㈜디자인밸리	정동식	전북 전주시 완산구 경기전길 8 (경원동2가, 주식회사 디자인밸리)	063-214-9966
㈜디자인비	방영석	서울 강남구 논현로95길 24 (역삼동)타임빌딩 2층	02-532-0645
㈜디자인스틸러스코리아	심문섭	서울 강남구 봉은사로112길 28 (삼성동) 명신빌딩5층	02-577-5936
㈜디자인아이넥스	이지행	서울 광진구 용마산로 113 (중곡동) ㈜디자인아이넥스	02-456-9542
㈜디자인오비	김성수	서울 송파구 위례성대로12길 12-1 (방이동) 2층	02-421-3513
㈜디자인익사이팅	김홍삼	서울 송파구 올림픽로35가길 11 (신천동, 한신잠실코아) 309호	02-415-3855
㈜디자인인터	장근출	서울 강남구 삼성로100길 23-3 (삼성동) (2층)	02-568-1130
㈜디자인일어소시에이츠	김영진	서울 중구 동호로17길 283 (신당동, 와이엘빌딩(YL B/D)) A동 1F	02-565-4007
㈜디자인코리아	하남홍	서울 강남구 학동로 135 (논현동, 대은빌딩) 3층	02-511-4921
㈜디자인프록스	박준성	서울 강남구 선릉로 642 (삼성동, 서경빌딩) 5층	02-6710-7702
㈜디자인플러스코리아	인재진	서울 강남구 강남대로94길 87 (역삼동) 진남빌딩 5층 ㈜디자인플러스코리아	02-562-7321
㈜디자인한독	박영숙	광주 동구 중심사길30번길 28-7 (운림동) 2층	062-222-2542
㈜라이온스씨큐리티	김성모	부산 해운대구 재반로 13 (재송동)3층	010-9018-6816
㈜레디원	최영근	서울 강남구 봉은사로74길 14 (삼성동)201호	02-556-3694
㈜렌탈119	조택연	경기 남양주시 진건읍 고재로191번길 59 (배양리) ㈜렌탈119	031-528-1190
㈜로제트엑스포	우상원	서울 서초구 나루터로 75 (잠원동, 금산빌딩) 301호	02-542-8588
㈜리쉬이야기	양희석	서울 서초구 강남대로101길 47 (잠원동, 다성빌딩) 3층	02-3448-1110
㈜리카	황윤호	부산기장군기장읍청강로92(청강리)2층	070-8767-0030
㈜마스터사운드	김홍열	부산시 금정구 두구동 952-5	051-503-7767
㈜마운틴디스플레이테크	조귀환	서울 송파구 백제고분로41길 7-21 (송파동, 백경빌딩) 301호	02-422-1888
㈜만정안전기획	이석만	서울 강남구 선릉로 670 (삼성동, 해운빌딩) 502호	02-3442-6220
㈜매직음향	박상기	부산시 사상구 쾌감로 127(감전동)	051-311-2843
㈜모둘	최원석	서울 강남구 영동대로 513 (삼성동, 코엑스) 416호	02-6000-7560
㈜모티브커뮤니케이션	이혜정	서울 동대문구 장한로 106 (장안동, 장안동 상가) 명훈빌딩 3층	02-3675-4900
㈜미래이오	이승일	서울 성동구 성수이로 118 (성수동2가, 성수아카데미타워) 705호	010-3703-0383
㈜미르에스디아이	김원식	서울 성동구 아차산로 49 (성수동1가, 서울숲코오롱디지털타워) 501호	02-2292-7850
㈜미림이앤에스	남선우	서울 광진구 천호대로 561 (중곡동, 영창빌딩) 14층	02-569-7711
㈜미트디자인	이원근	서울 성동구 마장로 289 (마장동) 엠디빌딩 4층	02-548-9878
㈜바다디자인	이혜영	경기 안산시 단원구 이삭로 40 (고잔동, 벤처타운)2층	031-484-3200
㈜밸류포인트	윤영택	서울 강서구 화곡로64길 98 (등촌동, 동양텔레콤㈜) 밸류포인트	02-6347-3456

업체명	대표자	주소	전화
㈜보인씨엔아이	백정숙	서울 강남구 봉은사로112길 28 (삼성동) 명신빌딩	02-556-9395
㈜블루맨그룹코리아	이해윤, 박경열	서울 강남구 테헤란로98길 6-9 (대치동)TI 빌딩 2층	02-402-2076
㈜비즈렌탈	회성종	부산 해운대구 해운대해변로 203 (우동, 오션타워)1422호	051-740-5925
㈜비즈마컴	윤지환	서울 강남구 학동로17길 4-3 (논현동) 비즈마컴	02-2175-3753
㈜빅파인트리	이병희	서울 동작구 남부순환로271길 8 (사당동) 빅파인빌딩 4층	02-598-1346
㈜삼덕전기	김영길	경기 부천시 소사구 경인로536번길 88 (괴안동) 201	032-237-1063
㈜삼송	최용하	경기 용인시 처인구 중부대로1576번길 35 (마평동, 동양빌딩) 동양빌딩 3층 2호	02-402-7788
㈜삼전전기	김동균	경기 성남시 중원구 상대원동 513-3 709호	031-750-9222
㈜삼호산업	장세원	경기 시흥시 시화벤처로315번길 13 (정왕동, ㈜삼호산업) ㈜삼호산업	02-335-3505
㈜서울부스애드컴	김현정	서울 영등포구 영등포로5길 19 (양평동2가, 동아프라임밸리) 801호	02-6096-6844
㈜성서종합전기	박재업	경기 남양주시 진접읍 남가로131번길 1 (연평리) 56-1	031-529-8574
㈜세계경호	박복순	부산 동래구 온천동 1434-10 4층402호	051-552-7713
㈜세움엑스포로지스틱스	송채원	경기 고양시 일산서구 한류월드로 407 (대화동, 제2킨텍스) 오피스동 501호	02-538-6888
㈜세전예건	전호	서울 서초구 서초대로 36 (방배동, 세전빌딩) 4층	02-529-4331
㈜세종이앤알	안효순	경기 고양시 일산서구 한류월드로 407 (대화동, 제2킨텍스) 오피스동201호	031-916-3330
㈜솔리드웍스어소시에이츠	김수홍	서울 영등포구 선유로49길 23 (양평동4가, 선유도역2차 아이에스비즈타워) 1407호	02-516-1694
㈜수앤미커뮤니케이션	김윤수	서울 강동구 성내동 556-4 신광빌딩 201호	02-586-7898
㈜시스포유	장상훈	서울 강남구 테헤란로79길 27 (삼성동, 삼송빌딩) 삼송빌딩 3층	02-539-3313
㈜시아이디	하대원	부산 해운대구 해운대로774번길 30 (중동, 해운대신시가지경동메르빌아파트) 109동 201호	051-731-6702
주식회사 공공디자인연구소	홍성호	전남 강진군 강진읍 보은로 99 (평동리) 1층	061-434-9235
주식회사 다감사이	김보정	서울 강남구 역삼동 603-3 타비쉬 빌딩 3층 303호	02-6925-3510
주식회사 대경이앤씨	김미현	경기이천시마장면서이천로719번길38(장암리)	070-4694-6688
주식회사 대양이엔씨	박찬현	대전 대덕구 아리랑로125번길 11 (읍내동, 대양ENC) 1,2층	042-628-8301
주식회사 디렉트	정해원	경기 의정부시 호국로 1303 (의정부동, 한라비발디루트) 102동 202호	02-421-0408
주식회사 디자인서피스	박현석	서울 중구 청구로 87 (신당동) 3F	02-3298-6790
주식회사 디자인스틸	윤석주	서울시 마포구 도화동559 마포트라팰리스 B-1803	02-702-2295
주식회사 디자인엑스원	김종균	서울 송파구 석촌동 220-13301	02-6959-0424
주식회사 디자인축	권조일	서울 마포구 동교로22길 23 (서교동) JS빌딩 4층	02-6925-1825
주식회사 디자인하디	이창수	서울 관악구 보라매로 15 (봉천동, 태양빌딩) 삼보저축은행 6층	070-5038-2596
주식회사 레스컴	김동영	서울 강동구 올림픽로71길 81 (천호동, jade 빌딩) jade빌딩 3층	02-2088-8762

업체명	대표자	주소	전화
주식회사 맥디자인	강석만	부산해운대구APEC로55(우동,벡스코)254-C	051-740-7561
주식회사 브랜컴 어소시에이츠	구본무	서울 강남구 개포로 206 (개포동, 금화빌딩) 금화빌딩 3층	02-3446-3270
주식회사 상승피에프	최석재	서울 성북구 아리랑로19길 20 (정릉동, 영신빌딩) 2층	02-943-0734
주식회사 세양	이재환	대구 동구 반야월북로12길 24 (율암동) 주식회사 세양	053-961-8230
주식회사 쇼엑서스	Khie Bruce	서울 마포구 방울내로7길 6 (망원동)3층	02-563-0509
주식회사 쇼카고로지스틱스	이천명	서울 구로구 디지털로30길 31 (구로동, 코오롱디지털타워빌란트II) 713호	070-7726-8956
주식회사 씨에스텍플러스	고승덕	서울 마포구 월드컵북로7길 34 (서교동) 인터스빌 2층	02-3143-4056
주식회사 아트	김원섭	서울시 금천구 가산동 319번지 호서벤처타운 403호	02-858-1880
주식회사 에이스조명	이동건	인천 서구 고산후로174번길 34 (원당동, (주)에이스조명) 에이스조명	032-569-2326
주식회사 에이치원전기	한재수	경기 광주시 오포읍 오포안로 305-2 (추자리) 1층	031-791-6539
주식회사 엑스코프로모션	윤기영	경기 고양시 일산서구 송포로425번길 97-11 (가좌동) 25-1번지	031-918-5320
주식회사 엘에이치파워	김명훈	광주 북구 본촌택지로30번길 27 (본촌동)2층	062-575-3471
주식회사 예홀	변현미	부산 금정구 중앙대로 2086-2 (남산동, 미네르빌)301호	051-513-7774
주식회사 오투피앤디	박희수	서울 강남구 삼성로126길 12 (삼성동) 소닉빌딩 2층	02-562-3236
주식회사 우림샤인	김영복	서울 영등포구 당산로29길 3 (당산동3가) 205(당산동, 신원일빌딩)	02-2631-8012
주식회사 원광전기	안수정	경기하남시대성로93(춘궁동)	031-795-3365
주식회사 위젠	최성구	서울 서초구 강남대로99길 53 (잠원동, 잠원동 삼우빌딩) 삼우빌딩 4층	02-561-3767
주식회사 이글컴퍼니	이하은	경기 고양시 덕양구 대덕로86번길 114 (현천동) 이글컴퍼니	02-783-0772
주식회사 제니스메쎄	김종성	서울구로구디지털로33길27(구로동,삼성IT밸리)8층805호	02-853-3030
주식회사 제이비컴	최종배	서울 강남구 삼성로103길 6 (삼성동) 3층	02-512-1214
주식회사 코쿤	김미진	서울 강남구 봉은사로37길 13 (논현동)동부빌딩3층	02-542-2414
주식회사 킹스맨	김영진	서울 강남구 테헤란로98길 8 (대치동, KOSMO DAECHI) 10층	02-2040-1106
주식회사 타임엔지니어링	손용식	서울 금천구 가산디지털2로 67 (가산동, 에이스 하이엔드타워7) 비104호	02-583-3720
주식회사 페타마이스	이현철	서울 도봉구 도당로 135 (방학동) 3층	010-3386-4987
주식회사 프라넬이엔티	지대진	서울특별시마포구토정로222,2층211호 (신수동 한국출판콘텐츠센터)	02-718-9934
주식회사 한일컴퍼니	김경수	서울 강서구 양천로 401 (가양동, 강서한강자이타워) B동 608호	02-554-6224
주식회사디자인엑스원	김종균	서울 송파구 석촌동 220-13 301	02-6959-0424
주식회사브랜컴어소시에이츠	구본무	서울 강남구 개포로 206 (개포동, 금화빌딩)금화빌딩 3층	02-3446-3270
주식회사엘에이치파워	김명훈	광주 북구 본촌택지로30번길 27 (본촌동) 2층	062-575-3471
주식회사코쿤	김미진	서울강남구봉은사로37길13(논현동)동부빌딩3층	02-542-2414
주식회사프로텍트	이동현	대구 수성구 들안로 354-1 (수성동4가) 3층	053-751-3112
㈜신우디앤씨	이혜정	경기 고양시 일산서구 한류월드로 407 (대화동, 제2킨텍스) 킨텍스제2진시장 오피스동 601호	070 4421-7316

업체명	대표자	주소	전화
㈜썬더볼트	박원선	서울 영등포구 영등포로5길 31 (양평동2가, 동애빌딩) 302호	02-3667-4363
㈜썬앤문	윤상진	부산 중구 광복동1가 37-23층	051-416-4374
㈜씨디엠	박광영	서울 용산구 대사관로34길 21 (한남동, 영풍빌딩) 502호 ㈜씨디엠	02-514-3596
㈜아셈전기통신	최명기	서울 강남구 영동대로 517 (삼성동, 아셈타워) 아셈빌딩B4-039	010-4077-2302
㈜아이디움	윤성신	서울강남구강남대로124길34(논현동,조안빌딩)3층	02-514-2404
㈜아이엔어소시에이츠	박종호	서울 서초구 양재동 120-5 부름빌딩 402호	070-8630-5001
㈜아이엠전시문화	최경근	대구 북구 유통단지로22길 5-7 (산격동) 1층	053-383-1130
㈜아이존에스엔에이	최영우	부산 동래구 아시아드대로176번길 3 (사직동)3층	010-3911-4345
㈜아임스인터내셔널	이석재	서울 강남구 테헤란로81길 14 (삼성동, 이연빌딩) 9층	02-2052-6660
㈜아트윈인터내셔날	유기석	서울강남구강남대로128길28(논현동)kgplus301호	02-517-2080
㈜아트포인트	노성철	서울 용산구 한남대로42나길 2 (한남동) 3층	02-792-7193
㈜애니비주얼	신승화	서울 마포구 잔다리로3안길 24 (서교동, LIME HOUSE) 라임하우스 2층	02-337-7677
㈜앤츠컴	김대준	서울 광진구 능동로 85 (자양동, 주유소) 한일빌딩 2층	02-469-2009
㈜에버샤인	김종혁	경기 남양주시 수동면 비룡로 605-42 (송천리) 가동	010-6233-1250
㈜에스디아이엔	김정수	부산 동구 중앙대로 264 (초량동)502 (초량동,커피타운빌딩)	051-442-1544
㈜에이스마케팅	류경희	서울 강남구 강남대로156길 12 (신사동, 다복빌딩) 다복빌딩 5층	02-541-2886
㈜에이스페이스마케팅	나진철, 임상용	서울 마포구 양화로 100-10 (서교동, 다내리빌딩) 6층	070-8709-5831
㈜에이앤디자인	안종혁	서울 강남구 봉은사로43길 28 (논현동, 논현동빌딩) 3층	02-518-5212
㈜에이앤에이컴퍼니	곽종헌	서울성동구아차산로77	02-555-7515
㈜엑스올디자인	박준철	대구 북구 유통단지로 90 (산격동, 대구전시컨벤션센터) 4층 403-B	053-601-5139
㈜엑스컴인터내셔널	박명희	서울 강남구 영동대로 513 (삼성동, 코엑스) 2층10 (삼성동,코엑스)	02-6000-1708
㈜엑스코피아	신창규	대구 북구 유통단지로24길 16 (산격동) 3층	053-381-2831
㈜엑스페이	김명진	서울 강남구 테헤란로103길 8-8 (삼성동) 301호	010-3405-5513
㈜엑스포로지스	김종운	서울 성동구 성수일로 77 (성수동1가, 서울숲 IT 밸리) 1602호 ㈜엑스포로지스	02-6965-7711
㈜엑스포뷰	범영근	서울 강남구 광평로56길 8-13 (수서동, 수서타워) 509호	02-3413-3730
㈜엑시비트코리아	강희경	서울 강서구 우장산로16길 37 (화곡동, 여명빌딩) 201호	02-858-9330
㈜엔쓰리디앤티	옥승진	서울 서초구 바우뫼로21길 10 (양재동, 재윤빌딩) 6층 ,7층	070-8672-6026
㈜엔에스플랜	정문영	인천 부평구 길주로 659 (삼산동, 미라쥬타워) 301호	032-508-1017~8
㈜엘리트정보시스템	문진석	서울 금천구 서부샛길 648 (가산동, 대륭테크노타운6차) 1009호	02-867-9007
㈜열린기획	조성화, 연규상	충북 청주시 청원구 상당로 314 (내덕동, 청주첨단문화산업단지) 346-350호 ㈜열린기획	043-259-8100
㈜영원씨앤아이	김성호	서울 구로구 디지털로 272 (구로동, 한신아이티타워) 807호	02-333-6606
㈜예원네트웍스	심형십	경기 하남시 하남대로302번길 90 (상산곡동) ㈜예원네트웍스	031-795-5841

업체명	대표자	주소	전화
㈜오상전력	유삼주	부산광역시 부산진구 전포대로162 한웅인터빌201	051-747-4421
㈜와이드플래닝	김종대	서울 마포구 잔다리로 30-11 (서교동) 1,2층	02-3453-7563
㈜우일시스템	박우성	경기 하남시 샘재로73번길 35 (교산동) 11번지	031-793-8020
㈜운파엘앤이	이창현	대구광역시중구태평로296(동인3 369-5)	053-421-0077
㈜원에스쓰리디	양은석	서울 관악구 청룡3길 5 (봉천동) 원에스쓰리디 사옥	02-882-9114
㈜웨이오디오	김도길, 정상원	경기도 고양시 덕양구 중앙로78 번안길 119	02-2661-5310
㈜웰텍커뮤니케이션즈	신무빈	서울 광진구 자양강변길 31 (자양동, 성수빌딩) 성수빌딩 2층	02-3453-0720
㈜위스돔	김규석	서울 영등포구 선유로13길 25 (문래동6가, 에이스하이테크시티2) 620호	02-2065-1174
㈜유니모토	황문성	서울 강남구 봉은사로61길 12 (삼성동) 태왕빌딩 3층	070-4820-1966
㈜유니온커뮤니케이션	예상범	대구 수성구 국채보상로186길 97 (범어동) 범어2동 141-7	053-794-0497
㈜유비엠	전정자	경기 수원시 영통구 영통로217번길 5 (영통동) 2층	031-206-2238
㈜유즈원	김재우	대구 북구 유통단지로8길 121-9 (산격동) 제일빌딩 3F	053-741-2107
㈜육공칠	이성욱, 윤경진	서울 서초구 양재동 90-7 파크센터 4층	02-571-1607
㈜이노바스복합시설관리	이왕규	서울 강남구 영동대로 513 (삼성동, 코엑스) 3F-005	02-6000-3004
㈜이레렌탈	김종균	서울 강남구 삼성동 159 코엑스 4층 424호	02-551-6890
㈜이렌컴	임준규	서울 성동구 성수일로4길 10 (성수동1가, 평화기업사) 4층	02-466-7707
㈜이렌컴서비스	구병수	부산 해운대구 APEC로 55 (우동, 벡스코) 1층 벡스코비지니스센터	051-740-4021
㈜이명전기	이명덕	경기 가평군 설악면 신천중앙로88번길 1 (신천리, 온누리감초약국) 2층	031-594-8478
㈜이명종합전기	김정숙	경기 하남시 대청로 15 (신장동, 오피스텔트레벨) 1324	070-7573-9748
㈜이아이크리에이티브	김윤수	서울 강남구 봉은사로84길 24-1 (삼성동) 1&2층	010-8809-1218
㈜이엑스플랜	임상문	서울 강남구 삼성로 550 (삼성동, 은성빌딩) 203호	02-538-8001
㈜이엠와이	양동승	서울 광진구 영화사로20길 100 (광장동) 3층	02-450-9129
㈜이오스디자인	전기수	부산 해운대구 APEC로 55 (우동, 벡스코) 사무동 3층	051-740-7760
㈜이원전시기획	이수형	서울 서초구 서초대로34길 18 (방배동, 유노피스 빌딩) 3층 이원전시기획	02-3476-7871
㈜이지텍인터내셔널	김득순	경기 남양주시 화도읍 재재기로190번길 32 (차산리, 이지빌리지타워) ㈜이지텍인터내셔널	02-6258-1726
㈜이플러스엑스포	이종석	서울 강남구 봉은사로82길 30 (삼성동) 라임빌딩 2층	02-566-0089
㈜이화이엔지	김효중 이관재	서울 동대문구 한천로 279 (휘경동) ㈜이화이엔지	02-2215-5941
㈜인엠디자인	지권수	서울 강남구 선릉로112길 82 (삼성동) 서강빌딩1층	02-508-2974
㈜인터내셔널서비스비지니스	안상영	서울 서초구 논현로 87 (양재동, 삼호물산빌딩) B동 1305호	02-525-3711
㈜인터엑스포	김종수	서울 마포구 대흥로 169 (대흥동, 베스텔) 302호	02-717-6658
㈜인투온	황은태	경기 김포시 월곶면 애기봉로 392-11 (개곡리) ㈜인투온	02-2285-2506
㈜인투인	이명애	부산시 기장군 기장읍 배산로8번길 10	051-783-4985
㈜작품오늘	나은영	서울 종로구 누하동 188 작품오늘빌딩	02-549-8530

업체명	대표자	주소	전화
㈜잡마스터	박병숙	서울 마포구 큰우물로 75 (도화동, 성지빌딩) 809호	02-701-0369
㈜전시공간	김덕규	서울 양천구 신목로 42 (신정동, 신정동빌딩) 4층	02-2648-9330
㈜전시렌탈일일구	김태상	경기 남양주시 진건읍 고재로9번길 31 (배양리) 전시렌탈119	031-528-3119
㈜정성종합전기	박용모	서울 강남구 봉은사로109길 35 (삼성동, 조안빌딩) 2층 ㈜정성종합전기	02-544-5627
㈜정우파이텍스	이수정	서울 강남구 영동대로 513 (삼성동, 코엑스) 2F-04	02-6000-3356
㈜제이디컴디자인	서영열	서울 강동구 강동대로53길 35 (성내동, 협성빌딩) 301	02-474-3855
㈜지드커뮤니케이션즈	김한성	경기 고양시 덕양구 통일로 140 (동산동, 삼송테크노밸리) B동 - B205호	02-3453-5033
㈜지아이플래닝	이상열	서울 송파구 충민로 66 (문정동, 가든파이브라이프) F-8071	02-538-6065
㈜지엘어소시에이츠	곽병두	서울 서초구 남부순환로337가길 43-9 (서초동, 굿피플빌딩) 지엘빌딩	02-6918-8208
㈜지엘엔씨	최오준	부산 부산진구 부전로 196 (부전동, 부산전자종합상가) 2층 49호	010-7283-3757
㈜지오메트리	김성진	서울 마포구 성지길 25-20 (합정동) 2층 202호	070-4693-6710
㈜지포조명	김우신	경기도 하남시 서하남로43번길 108(감북동)	02-479-4383
㈜청산씨지피에스	김성우	서울광진구동일로268(군자동)예림빌딩4층	010-3796-4034
㈜캐미리	이형진	서울 성동구 성수이로22길 37 (성수동2가, 성수동 아크벨리) 201호	02-565-3715
㈜케이디티에스	이태원	경기 남양주시 화도읍 비룡로411번길 89 (가곡리) 가동	02-3038-5901
㈜케이유앤지	김혁명	서울 성동구 연무장11길 15 (성수동2가, 청운재) 7층	02-6352-5305
㈜케이컴스	박춘종	서울 강남구 삼성로 524 (삼성동, 세화빌딩) 6층	02-567-9952
㈜케이플러스건설	이은경	부산 해운대구 APEC로 55 (우동, 벡스코) 사무동 357호	051-504-0211
㈜코리아트러스	배남석	경기 고양시 덕양구 화랑로165번길 66 (화전동, 코리아트러스) (구조소 화전동 416-12)	02-3158-1717
㈜콜링씨앤디	차찬수	부산 부산진구 양지로5번길 23 (양성동) 2층	051-851-3273
㈜킨비즈커뮤니케이션	나현규	경기 고양시 일산서구 한류월드로 408 (대화동, 킨텍스) 킨텍스 2전시장 D1호(9A홀 옆)	031-995-7236
㈜탑누리이엔지	이주동	경기 안산시 단원구 성곡동 802-2 ㈜탑누리이엔지 (구-㈜무빙파워텍)	070-4421-7316
㈜태광음향(음향)	이동훈	경상남도 창원시 마산회원구 내서읍 용담리 209-1	055-252-2992
㈜태리	김대희	대전 서구 도산로 172-1 (변동) 4층	042-522-5607
㈜태성컴퍼니(발전차)	주성영	부산 기장군 정관읍 예림1로 66 (예림리)㈜태성컴퍼니	051-523-4677
㈜태성티에스데코	안성일	서울 강남구 역삼로 456-2 (대치동) 평화빌딩 지하1층	02-545-4483
㈜태인아키테리어	박정권	서울 관악구 남현동 1054-7 5층	010-5381-4781
㈜터울디자인	노정숙	대전 유성구 덕명서로2번길 21-6 (덕명동) 1층	042-823-3322
㈜테크블루	손명석	부산 중구 충장대로5번길 61 (중앙동4가)육영빌딩 3층	051-463-7741
㈜토탈코리아	신재	경기 고양시 일산동구 고봉로702번길 125-21 (성석동) 성석동 3층	031-977-7200
㈜트렌드디자인	송진철	서울 송파구 올림픽로35가길 11 (신천동, 한신잠실코아) 507호	02-421-1009

업체명	대표자	주소	전화
㈜트윈스라이팅(조명)	이창훈	부산시 사상구 사상로29(주례1동 692-25)	051-314-4607
㈜티스케이프	정형원	서울 송파구 가락로11길 23-11 (석촌동, 중원빌딩) 2F. 201호 ㈜티스케이프	02-2202-3771
㈜티알에스렌탈	최찬수	서울 강남구 영동대로 513 (삼성동, 코엑스) 3층3F-168	02-6002-6899
㈜티에스씨	이은주	경기 고양시 일산서구 구산로 129 (구산동) 2층	031-919-2078
㈜티제이컴	신재현	서울 강남구 봉은사로112길 22 (삼성동, 상원빌딩) 403호	02-501-1133
㈜팁페어스	한혜영	서울 강동구 천호대로163길 21 (천호동, 천호고시원) 4층 401-3호	02-6485-4414
㈜파나로드	신성진	서울 동작구 사당로30길 39 (사당동, 관석빌딩) 2층	02-319-6161
㈜파워(특효)	김태윤	부산시 기장군 기장읍 청강로 74번길 18	051-631-4466
㈜파워건축디자인	김종식	충남 천안시 동남구 통정12로 113	041-577-7038
㈜포디엄디자인	김민겸	서울 강동구 천호옛길 29 (성내동) 4층(성내동,다원빌딩)	02-417-9475
㈜포엠디자인	손미화	서울 강남구 역삼로73길 16 (대치동) 이안하우스 101호	02-6241-7500
㈜프로원	김외규	경남 창원시 마산회원구 삼호로 185 (석전동, 밥상머리) 4층 ㈜프로원 경호	055-298-2113
㈜플랜원	한재일	서울 금천구 가마산로 96 (가산동, 대륭테크노타운8차) 1013호	02-332-0656
㈜플러스인피니	박성용	서울 성동구 광나루로8길 10 (성수동2가, 에이스성수타워1) 1103호	02-3444-3660
㈜플위디	김승현	서울 서초구 효령로57길 3 (서초동, 대덕빌딩)2층	02-3462-3693
㈜피스코인터내셔널	김재우	서울 강남구 테헤란로81길 14 (삼성동, 이연빌딩) 5층	02-553-9822
㈜피아트코리아	김태홍	서울 강남구 언주로65길 22 (역삼동) 피아트빌딩 2층	02-564-6364
㈜피에스제이	박수진	부산 해운대구 마린시티3로 1 (우동, 썬프라자)829호	051-731-4090
㈜필그린내외건축	임석규	서울 강남구 영동대로 510 (삼성동, 삼성빌딩) 402호	02-569-3392
㈜한국레이어시스템	이용덕	경기도 김포시 대곶면 거물대리 70-15	070-8834-4224
㈜한국아트비전	김지연	부산시 사상구 괘감로 127(감전동)	051-321-0667
㈜한국크레딕라이프	강태정	서울 영등포구 영등포로28길 5 (당산동1가, 당산동 코오롱 주상복합아파트) 305호	02-2698-5206
㈜한국탑렌탈	장일현	경기 하남시 상사창동 147 .	02-1577-6781
㈜한울	박삼종	경기도 고양일산동구 성석동 541-1	02-334-1325
㈜해울디자인	김종표	서울 송파구 삼학사로 65 (삼전동, 이맹빌딩) 3층 303호	02-540-0063
㈜해창건설	조현희	경기 여주시 강변북로 60 (오학동) 4층	02-412-3347
㈜해피바이러스	전광순	경기 고양시 일산서구 한류월드로 408 (대화동, 킨텍스) 킨텍스 제2전시장 해피바이러스	031-995-8830
㈜헥터커뮤니케이션	김영도	서울 중구 퇴계로36가길 36-6 (필동2가, 백상빌딩) .	02-2264-8411
㈜화성전력	배성환	경기 여주시 흥천면 홍천로 733 (다대리) (다대리 8-4)	031-886-8307
㈜희망	호금옥	경기 의왕시 이미로 40 (포일동, 인덕원IT밸리) DB103	02-575-0433
준아트코리아	김일수	경기 부천시 오정구 원종로85번길 104 (원종동, 한솔아파트) 702	.02-547-5037
중앙렌탈서비스	정대진	서울시 강남구 삼성동 159 코엑스 3층 24호	02-566-4364
중앙전람	김일기	서울 성동구 아차산로17길 57 (성수동2가, 일심건영휴먼테크) 701호	02-3445-7775

업체명	대표자	주소	전화
지드커뮤니케이션즈	김한성	경기 고양시 덕양구 통일로 140 (동산동, 삼송테크노밸리)	02-3453-7141
지아이플래닝	이상열	서울 송파구 충민로 66 (문정동, 가든파이브라이프)	02-538-6065
지엑스로지스	이성민	서울 강남구 논현로66길 9 (역삼동) Y&K 빌딩 2층 지엑스로지스	02-501-3660
지엘어소시에이츠	곽병두	서울 서초구 남부순환로337가길 43-9 (서초동, 굿피플빌딩)	02-518-7721
지엠씨메쎄주식회사	인병철	서울 강남구 선릉로76길 40 (대치동, 신호빌딩) 4층	02-556-9082
지오메트리	김성진	서울 마포구 성지길 25-20 (합정동)	070-4693-6710
지음컴퍼니	현익재	충남 천안시 서북구 백석로 236 (성정동, 송월타운)	041-579-0870
지포조명	김우신	경기도 하남시 감북동 228-1..	02-479-4383
청산씨지피에스	김성우	서울 동대문구 장안동	02-2215-1222
청호기업	이영철	광주	062-434-9068
친환경	정영호	경기 하남시 하남대로 809 (신장동) 경림빌딩,501	010-2431-2499
카이로스디자인그룹	이기성	경기 고양시 일산동구 백마로 195 (장항동, 에스케이엠시티오피스)	031-969-6021
캐미리	이형진	서울시 성동구 성수이로 22길 37 아크밸리 201호	02-565-3716
캔고루	최인욱	서울 강남구 삼성동 142-2 인화빌딩 4층	02-868-4184
케이디티에스	이태원	경기도 남양주시 화도읍 비룡료 411번길 89, 가동	02-907-9270
케이유앤지	김혁명	서울시 성동구 연무장11길 15 청운재 빌딩 7층	02-6352-5300
케이컴스	박춘종	서울 강남구 삼성로 524 (삼성동, 세화빌딩)	02-567-9952
케이플러스건설	이은경	부산 해운대구 APEC로 55 (우동, 벡스코)	051-504-0211
코끼리스카이.크레인	신채윤	부산 부산진구 범일로154번길 33 (범천동, 범일역풍림아이원)103동 702호	051-646-7115
코디온인터내셔널	오주홍	서울시 송파구 백제고분로113 민성빌딩 302호	02-2203-5576
코리아지엘에스 주식회사	박승운	서울 성동구 성수이로10길 14 (성수동2가, 에이스 하이엔드 성수타워) 205호	070-7726-9626
코리아트러스	배남석	경기 고양시 덕양구 화랑로 165 (화전동)	02-3158-1717
코원이엔씨	이종표	충남 당진시 신평면 뱃골길 4-91 (남산리)	041-357-0453
코쿤	김미진	서울 강남구 봉은사로37길 13 (논현동)	02-542-2414
콜링씨앤디	차찬수	부산시 부산진구 양정1동 353-33 2층	051-851-3273
큐도스	전성훈	경기 고양시 일산동구 고양대로 762 (중산동) 하늘빌딩 204호	031-977-8596
큐특수기획	김봉만	부산시 수영구 광안4동 379-48 유원빌딩 704호	051-757-7542
킨비즈커뮤니케이션	나현규	경기 고양시 일산서구 대화동	031-995-7236
킨코스코리아㈜	박정수	서울 강남구 테헤란로 130 (역삼동, 호산빌딩) 2층	031-908-7501
킹시스텍	차경필	경기도 고양시 일산서구 덕산로107번지 68-38(가좌동, 제3동)	070-8802-6831
탑누리이엔지	이주동	경기 안산시 단원구 엠티브이10로10번길 19 (성곡동, (주)무빙파워텍)	031-433-0090
태리	김대희	대전 서구 변동	042-522-5607
태성티에스데코	안성일	서울 강남구 대치동	02-545-4483
태양 F. CO	정연규	경기	031-574-8338
태인아키테리어	박정권	서울 관악구 남현동	02-3012-1820
태현데코	박태봉	경기 시흥시 군자로 296-1 (거모동) 태현데코	031-496-0939

업체명	대표자	주소	전화
태황건설	김진수	경기 남양주시 미금로 10 (도농동, 송라빌딩)	031-553-1345
토비스랩	김재순	서울 강남구 학동로315(논현동,소망빌딩) 4층	02-542-2616
토탈코리아	신 재	경기도 고양시 일산동 설문동 770-2..	031-977-7200
트렌드디자인	송진철	서울 송파구 신천동	02-421-1009
트윈	엄현일	대전 유성구 대학로 28 (봉명동, 홍인오피스텔) 1713호	042-823-1596
티스케이프	정형원	서울 송파구 가락동	02-2202-3771
티알에스렌탈	최찬수	서울시 강남구 삼성동 159-3 3층.	02-6002-6899
티에스씨	이은주	경기 고양시 일산서구 구산동	031-919-2078
티에스엔지니어링	이종원	서울시 강남구 개포동 1214-6 청산빌딩 301호	02-3462-1330
티에스엠㈜	서원준	서울 광진구 용마산로32길 5 (중곡동) 티에스엠빌딩	02-455-3700
티제이컴	신재현	서울시 강남구 삼성동 165-11 상원빌딩 403호	02-501-1133
파나로드	신성진	서울시 동작구 사당로 30길 39, 2층(사당동, 관석빌딩)	02-319-6161
파워건축디자인	김종식	세종특별자치시 소정면 맹골1길 2 (대곡리)	044-868-7038
파인렌트	최호열	서울시 강남구 영동대로 513, 423(삼성동 코엑스)	02-6000-2660
팔공인터내셔널(주)	이상오	대구 북구 노원로 137 (노원동3가) 3층	010-7701-1199
퍼블릭프로코리아	임동옥	서울 강남구 도곡동	02-575-0486
페타마이스	이현철	충북 증평군 도안면 도당로 153 (도당리)	02-6228-4987
포디엄디자인	김민겸	서울 강동구 성내동	02-417-9465
포엠디자인	손미화	서울 강남구 역삼로73길 16 (대치동)	02-6241-7500
포유비즈	최화준	서울 금천구 빛꽃로 278 (가산동, SJ테크노빌)	02-856-7141
포인트인포인트	구진이	대구 북구 연암로4길 1 (산격동) 1441-2	053-951-5555
푸른기획	박인수	서울 성동구 아차산로11길11(성수동2가,동성빌딩)동성빌딩 301호	02-464-0480
풍을	이보령	경북 경산시 진량읍 낙산길 29 (신상리) 3층 ㈜풍을	053-963-2119
프라넬이엔티	지대진	서울 마포구 대흥동	02-718-9934
프레임컴퍼니	이영찬	서울 송파구 백제고분로 113 (잠실동, 민성빌딩) 501호 프레임컴퍼니	070-4044-0135
프로원	김외규	부산시 해운대구 APEC로 55 BEXCO B1층	055-298-2113
플랜원	한재일	서울 금천구 가산동	02-332-0656
플러스인피니	박성용	서울 성동구 광나루로8길 10 (성수동2가, 에이스성수타워1)	02-3444-3660
플위디	김승현	서울 서초구 서초동	02-3462-3693
피스코인터내셔널	김재우	서울 강남구 삼성동	02-553-9822
피아트코리아	김태홍	서울 강남구 역삼동	02-564-6364
피코노스아시아㈜	치아송후 아로렌스	서울 강남구 테헤란로108길 12 (대치동, 하나빌딩) 6층	02-558-3240
필그린내외건축	임석규	서울 강남 삼성동 168번지 삼성빌딩 402호.	02-569-3392
하나데코	박현식	서울 동작구 사당로20길 66 (사당동) 1층	02-887-1418
하나데코	박현식	서울시 동작구 사당동 431-1 1층	02-887-1418
하나렌탈㈜	신지훈	경북 경주시 초당길55번길 6 (동천동) 삼성아파트 제상가동 102호	070-4177-6095
하나리싸이클링	편광현	경남 양산시 장기터2길 37 40 (주남동)	055-381-7281

업체명	대표자	주소	전화
하나전기	김선식	서울 강남구 테헤란로37길 13-6 (역삼동, 유니빌딩)	02-588-4534
하나전자	박종하	부산시 수영구 감동로 68-1(민락동, 1층)	051-752-2752
하이디	김승원	경기 고양시 일산동구 중산동	031-811-0334
한국레이어시스템	이용덕	경기 김포시 대곶면 거물대리	070-8834-4224
한국이엔아이인터내셔널	정희재	서울 성동구 성수이로 51 (성수동2가, 서울숲한라시그마벨리) 1203호	02-467-1010
한국전기공사	김춘식	강원 태백시 소도길 24 (소도동) 한국전기공사	033-552-8277
한국전시산업연구원㈜	곽종원	대구 북구 유통단지로 90 (산격동, 대구전시컨벤션센터) 403호	053-601-5331
한국종합렌탈㈜	강순재	부산 강서구 대저동서로229번길 25 (대저2동) (대저2동)	051-782-0001
한국탑렌탈	장일현	경기도 하남시 상산곡동 313	1577-6718
한디자인그룹주식회사	신정희	서울시 강남구 학동로 42길 69 2층	02-512-5690
한뫼기획	박종덕	경기도 고양시 일산서구 대화동 2078-4	02-911-9902
한불이엔지㈜	김희찬	대구 북구 검단공단로21길 52 (산격동) 20-15	053-382-9991
한성산업	류봉석	경기 김포시 대곶면 오니산로 6 (거물대리)	031-981-1647
한울	박삼종	경기도 고양시 일산동구 성석동 541-1.	02-334-1325
한일데코	민경현	부산 해운대구 APEC로 55 (우동, 벡스코) 261호	051-740-7751
한일디자인	이승수	서울 송파구 석촌호수로12길 22 (잠실동) 201호	02-414-1506
한일컴퍼니	김경수	서울 강서구 가양동	02-555-6225
한일태양	정연규	경기도 남양주시 진접읍 진벌리 149	031-574-8338
한일토탈	김태석	경기 광주시 초월읍	031-768-3833
한화에스앤씨	김용욱	서울 중구 을지로 100 (을지로2가, 파인애비뉴) B동 14층	02-6313-3442
해변중기	강미순	부산시 해운대구 센텀중앙로 142, 205-702	051-731-2500
해성이엔지	박권서	서울 용산구 용문동	02-3275-2340
해울디자인	김종표	서울 송파구 삼전동	02-540-0063
해창건설	조현희	경기 여주군 여주읍	031-412-3347
해피바이러스	전광순	경기 고양시 일산서구 한류월드로 407 (대화동, 제2킨텍스)	031-995-8830
행신건설	신영규	경기 고양시 덕양구 토당로 166 (토당동, 동아2빌딩)	031-970-4846
헥터커뮤니케이션	김영도	서울 중구 예장동	02-2264-8411
현대스카이.크레인	김상영	부산 기장군 철마면 고촌로 11 (고촌리, 고촌엘에이치아파트)207동 1103호	051-931-0114
호생환경	황준	부산시 사상구 낙동대로 665(엄궁동)	051-327-1333
호암에이아이디자인	이길호	서울 강남구 논현로168길 36 (신사동)	02-555-3704
화성전력	배성환	경기 여주시 홍천면 홍천로 733 (다대리)	031-886-8307
휴먼씨	박명구	충북 청주시 흥덕구 송정동	043-265-1442
희망	호금옥	경기 안산시 단원구 성곡동	02-575-0433

전시산업발전법

제1장 총칙

제1조(목적) 이 법은 전시산업의 경쟁력을 강화하고 그 발전을 도모하여 무역진흥과 국민경제의 발전에 이바지함을 목적으로 한다.

제2조(정의) 이 법에서 사용하는 용어의 뜻은 다음과 같다.

1. "전시산업"이란 전시시설을 건립·운영하거나 전시회 및 전시회부대행사를 기획·개최·운영하고 이와 관련된 물품 및 장치를 제작·설치하거나 전시공간의 설계·디자인과 이와 관련된 공사를 수행하거나 전시회와 관련된 용역 등을 제공하는 산업을 말한다.

2. "전시회"란 무역상담과 상품 및 서비스의 판매·홍보를 위하여 개최하는 상설 또는 비상설의 견본상품박람회, 무역상담회, 박람회 등으로서 대통령령으로 정하는 종류와 규모에 해당하는 것을 말한다.

3. "전시회부대행사"란 전시회와 관련된 홍보 및 판매촉진을 위하여 개최되는 설명회, 시연회, 국제회의 및 부대행사 등을 말한다.

4. "전시시설"이란 전시회 및 전시회부대행사의 개최에 필요한 시설과 관련 부대시설로서 대통령령으로 정하는 종류와 규모에 해당하는 것을 말한다.

5. "전시사업자"란 전시산업과 관련된 경제활동을 영위하는 자로서 다음 각 목에서 규정하는 자를 말한다.

  가. 전시시설사업자 : 전시시설을 건립하거나 운영하는 사업자

  나. 전시주최사업자 : 전시회 및 전시회부대행사를 기획·개최 및 운영하는 사업자

  다. 전시디자인설치사업자 : 전시회와 관련된 물품 및 장치를 제작·설치하거나 전시공간의 설계·디자인과 이와 관련된 공사를 수행하는 사업자

  라. 전시서비스사업자 : 전시회와 관련된 용역 등을 제공하는 사업자

6. "사이버전시회"란 인터넷 등 정보통신망을 활용하여 사이버 공간에서 개최하는 전시회로서 산업통상자원부령으로 정하는 조건에 해당하는 것을 말한다.

제2장 전시산업 발전계획

제3조(전시산업 발전계획의 수립) ① 산업통상자원부장관은 전시산업의 발전을 위하여 다음 각 호의 사항이 포함되는 전시산업 발전계획을 수립·시행하여야 한다.

1. 전시산업 발전 기본 방향
2. 전시산업의 국내외 여건 및 전망
3. 전시시설의 수급에 관한 사항
4. 국제수준의 무역전시회 육성
5. 지역전략산업과 연계한 전시회 활성화 방안
6. 전시산업 기반구축을 위한 사항
7. 그 밖에 전시산업 발전을 위하여 필요한 사항

② 산업통상자원부장관은 전시산업 발전계획을 수립 또는 변경하려는 때에는 제5조에 따른 전시산업발전심의위원회의 심의를 거쳐야 한다.

③ 산업통상자원부장관은 관계 중앙행정기관의 장과 협의하여 전시산업 발전계획에 따라 전시산업 발전을 위한 사업(이하 "전시산업 발전사업"이라 한다)을 실시하고 이를 위하여 필요한 제도와 기준을 정할 수 있다.

④ 전시산업 발전계획의 수립 및 시행 등에 필요한 사항은 대통령령으로 정한다.

제3조(전시산업 발전계획의 수립) ① 산업통상자원부장관은 전시산업의 발전을 위하여 다음 각 호의 사항이 포함되는 전시산업 발전계획을 수립·시행하여야 한다.

1. 전시산업 발전 기본 방향
2. 전시산업 시장규모 및 현황
3. 전시산업의 국내외 여건 및 전망
4. 전시시설의 수급에 관한 사항
5. 국제수준의 무역전시회 육성
6. 지역전략산업과 연계한 전시회 활성화 방안
7. 전시산업 기반구축을 위한 사항
8. 그 밖에 전시산업 발전을 위하여 필요한 사항

② 산업통상자원부장관은 전시산업 발전계획을 수립 또는 변경하려는 때에는 제

5조에 따른 전시산업발전협의회의 협의절차를 거쳐야 한다.

③ 산업통상자원부장관은 관계 중앙행정기관의 장과 협의하여 전시산업 발전계획에 따라 전시산업 발전을 위한 사업(이하 "전시산업 발전사업"이라 한다)을 실시하고 이를 위하여 필요한 제도와 기준을 정할 수 있다.

④ 전시산업 발전계획의 수립 및 시행 등에 필요한 사항은 대통령령으로 정한다.

제4조(전시산업 발전사업 주관기관) ① 산업통상자원부장관은 전시산업 발전사업을 효율적으로 추진하기 위하여 다음 각 호의 기관·법인 또는 단체를 전시산업 발전사업 주관기관(이하 "주관기관"이라 한다)으로 선정할 수 있다.

1. 특별시, 광역시, 특별자치시, 도, 특별자치도

2. 시, 군, 자치구

3. 「고등교육법」에 따른 대학, 산업대학, 전문대학

4. 「대한무역투자진흥공사법」에 따라 설립된 대한무역투자진흥공사

5. 「중소기업진흥에 관한 법률」에 따라 설립된 중소기업진흥공단

6. 「중소기업협동조합법」에 따라 설립된 중소기업중앙회

8. 그 밖에 대통령령으로 정하는 법인 또는 단체

② 산업통상자원부장관은 주관기관이 거짓이나 그 밖의 부정한 방법으로 주관기관으로 선정된 때에는 그 선정을 취소하여야 한다.

③ 산업통상자원부장관은 주관기관이 전시산업 발전사업을 추진하는 데 사용되는 비용의 전부 또는 일부를 예산의 범위에서 지원할 수 있다.

④ 제1항 및 제2항에 따른 주관기관의 선정 및 취소와 제3항에 따른 지원금의 교부, 사용 및 관리에 관하여 필요한 사항은 대통령령으로 정한다.

제5조(전시산업발전심의위원회 설치·운영) ① 전시산업의 발전에 관한 다음 각 호의 사항을 심의하기 위하여 산업통상자원부장관 소속으로 전시산업발전심의위원회(이하 이 조에서 "심의위원회"라 한다)를 둔다.

1. 제3조에 따른 전시산업 발전계획

2. 제11조에 따른 전시시설 건립(증설을 포함한다. 이하 같다)계획

3. 전시산업 경쟁력 제고를 위하여 필요한 사항

4. 그 밖에 산업통상자원부장관이 필요하다고 인정하여 부의하는 사항

② 심의위원회는 위원장 1인을 포함하여 관련 부처, 관련 기관 및 업계의 전문가

등 20인 이내의 위원으로 구성한다.

③ 심의위원회의 효율적 운영을 위하여 실무위원회를 둘 수 있다.

④ 심의위원회와 실무위원회의 구성·운영 등에 필요한 사항은 대통령령으로 정한다.

제5조(전시산업발전협의회 설치·운영) ① 전시산업의 발전에 관한 다음 각 호의 사항을 관계 중앙행정기관 등과 협의하기 위하여 산업통상자원부장관 소속으로 전시산업발전협의회(이하 이 조에서 "협의회"라 한다)를 둔다.

1. 제3조에 따른 전시산업 발전계획

2. 제11조에 따른 전시시설 건립(증설을 포함한다. 이하 같다)계획

3. 전시산업 경쟁력 제고를 위하여 필요한 사항

4. 그 밖에 산업통상자원부장관이 필요하다고 인정하여 부의하는 사항

③ 협의회의 효율적 운영을 위하여 관련 전문가로 구성된 자문단을 운영할 수 있다.

④ 협의회와 자문단의 구성·운영 등에 필요한 사항은 대통령령으로 정한다.

제6조(전시산업의 수요조사) ① 산업통상자원부장관은 제3조에 따른 전시산업발전계획의 수립과 중·장기 전시시설 확충을 위하여 필요한 때에는 전시산업에 관한 수요조사를 실시할 수 있다.

② 산업통상자원부장관은 제1항에 따른 수요조사를 실시함에 있어서 필요한 자료를 관계 행정기관, 지방자치단체에 요청할 수 있다. 이 경우 요청을 받은 관계 행정기관 등은 특별한 사유가 없는 한 이에 응하여야 한다.

제6조(전시산업의 시장현황조사 및 수요조사) ① 산업통상자원부장관은 제3조에 따른 전시산업발전계획의 수립과 중·장기 전시시설 확충을 위하여 필요한 때에는 전시산업에 관한 시장현황조사 및 수요조사를 실시할 수 있다.

② 산업통상자원부장관은 제1항에 따른 시장현황조사 및 수요조사를 실시함에 있어서 필요한 자료를 관계 행정기관, 지방자치단체에 요청할 수 있다. 이 경우 요청을 받은 관계 행정기관 등은 특별한 사유가 없는 한 이에 응하여야 한다.

제4장 전시산업 기반의 조성

제11조(전시시설의 건립) ① 주관기관이 국비 또는 지방비가 소요되는 전시시설을 건립하려는 경우에는 다음 각 호의 사항이 포함된 전시시설 건립계획에 대하여

대통령령으로 정하는 바에 따라 산업통상자원부장관과 미리 협의하여야 한다.

1. 전시시설 건립의 타당성

2. 전시시설 건립에 사용되는 시설·인력 및 재원대책

3. 전시시설 운영 및 활용 계획

4. 숙박시설 등 부대시설 건립 계획

5. 그 밖에 전시시설과 관련하여 산업통상자원부장관이 필요하다고 인정한 사항

② 산업통상자원부장관은 제1항에 따른 전시시설 건립계획에 대하여 전시시설의 국제경쟁력, 전시회 및 전시회부대행사의 수급, 지역경제 발전에 대한 기여도, 지역균형 발전 등을 고려하여 조정할 수 있다.

③ 산업통상자원부장관은 전시시설이 「국제회의산업 육성에 관한 법률」 제2조제3호에 따른 국제회의시설을 포함하는 경우 제2항에 따른 전시시설 건립계획에 대한 조정 시 문화체육관광부장관과 미리 협의하여야 한다.

제12조(전시산업 전문인력의 양성) ① 정부는 전시산업 전문인력의 효율적인 양성을 위한 방안을 강구하여야 한다.

② 산업통상자원부장관은 전시산업 전문인력의 양성을 위하여 주관기관으로 하여금 다음 각 호의 사업을 실시하게 할 수 있다.

1. 전시산업 전문인력의 양성을 위한 교육 및 훈련의 실시

2. 전시산업 전문인력의 효율적인 양성을 위한 교육과정의 개발 및 운영

3. 그 밖에 전시산업 전문인력의 교육 및 훈련과 관련하여 필요한 사업으로서 산업통상자원부장관이 정하는 사업

제13조(전시산업정보의 유통촉진 및 관리) ① 산업통상자원부장관은 전시산업정보의 원활한 공급 및 유통을 촉진하기 위하여 필요한 시책을 강구하여야 한다.

② 산업통상자원부장관은 전시산업정보의 공급, 활용 및 유통을 촉진하기 위하여 주관기관으로 하여금 다음 각 호의 사업을 실시하게 할 수 있다.

1. 전시산업정보·통계의 기준 정립, 수집 및 분석

2. 전시산업정보의 가공 및 유통

3. 전시산업정보망의 구축 및 운영

4. 그 밖에 전시산업정보의 유통촉진을 위하여 필요한 사업으로서 산업통상자원부장관이 정하는 사업

제15조(사이버전시회 기반 구축) ① 산업통상자원부장관은 사이버전시회의 기반을 구축하기 위하여 필요한 시책을 강구하여야 한다.

② 산업통상자원부장관은 사이버전시회의 기반을 구축하기 위하여 주관기관으로 하여금 다음 각 호의 사업을 실시하게 할 수 있다.

1. 인터넷 등 정보통신망을 활용한 사이버전시회의 개최

2. 사이버전시회의 개최를 위한 관리체제의 개발 및 운영

3. 그 밖에 사이버전시회의 기반을 구축하기 위하여 필요하다고 인정하는 사업으로서 산업통상자원부장관이 정하는 사업

③ 산업통상자원부장관은 사이버전시회를 개최·주관하거나 이에 참여하는 기관에 대하여 필요한 지원을 할 수 있다.

제16조(국제협력의 촉진) ① 산업통상자원부장관은 전시산업의 발전 및 국제경쟁력 제고를 위하여 국제협력을 촉진하기 위한 시책을 강구하여야 한다.

② 산업통상자원부장관은 국제협력을 촉진하기 위하여 주관기관으로 하여금 다음 각 호의 사업을 실시하게 할 수 있다.

1. 전시산업 관련 국제협력을 위한 조사 및 연구

2. 전시산업 전문인력 및 전시산업정보의 국제교류

3. 전시회·전시회부대행사의 유치 및 해외 전시 관련 기관과의 협력활동

4. 그 밖에 전시산업의 국제협력을 촉진하기 위하여 필요한 사업으로서 산업통상자원부장관이 정하는 사업

제17조(전시회의 국제화·대형화·전문화 등) ① 산업통상자원부장관은 전시회의 국제화·대형화·전문화를 통하여 국제경쟁력을 갖춘 전시회를 육성하기 위한 시책을 강구하여야 한다.

② 산업통상자원부장관은 해외 참가업체 및 참관객의 유치촉진을 통하여 전시회가 활성화될 수 있도록 지원하여야 한다.

③ 산업통상자원부장관은 전시회가 지역전략산업과 연계되어 활성화될 수 있도록 지원하여야 한다.

제18조(전시산업의 표준화) ① 산업통상자원부장관은 전시산업의 효율적 육성을 위하여 전시산업의 표준화를 위한 시책을 강구하여야 한다.

② 산업통상자원부상관은 선시산입의 표준화를 위하여 필요한 기준 및 제도를 정

할 수 있다.

③ 산업통상자원부장관은 전시산업의 표준화를 위하여 주관기관으로 하여금 다음 각 호의 사업을 실시하게 할 수 있다.

1. 전시회 관련 업무 및 절차의 표준 제정을 위한 연구

2. 전시사업자간 계약 기준의 설정(이 경우 「독점규제 및 공정거래에 관한 법률」 제19조제1항 및 제26조제1항을 준수한다)

3. 그 밖에 전시산업의 표준화를 위하여 필요한 사업으로서 산업통상자원부장관이 정하는 사업

제19조(전시회 관련 입찰의 특례) 산업통상자원부장관은 전시산업의 육성과 건전한 경쟁구조 정착을 위하여 전시회와 관련된 기획, 설계, 제작 및 설치 등의 입찰과 관련하여서는 별도의 절차와 기준을 정하여 이를 고시할 수 있다.

제20조(신규 유망전시회 발굴) ① 산업통상자원부장관은 전시산업의 발전 및 국제 경쟁력 제고를 위하여 신규 유망전시회를 발굴하고 이를 지원하여야 한다.

② 산업통상자원부장관은 신규 유망전시회의 발굴과 지원을 위하여 주관기관으로 하여금 다음 각 호의 사업을 실시하게 할 수 있다.

1. 전시회 기획 및 설계 · 디자인 공모전

2. 신규 유망전시회 선정 및 이에 대한 지원 사업

3. 그 밖에 신규 유망전시회의 발굴을 위하여 필요한 사업으로서 산업통상자원부장관이 정하는 사업

제5장 전시산업 지원

제21조(전시산업의 지원) ① 산업통상자원부장관은 전시산업의 발전을 위하여 예산의 범위에서 다음 각 호의 사업을 지원할 수 있다.

1. 제6조에 따른 전시산업 수요조사

2. 제11조부터 제20조까지에 따른 전시산업 기반조성 사업

3. 국내 전시회 및 전시회부대행사 개최

4. 해외 전시회 참가 사업

5. 그 밖에 산업통상자원부장관이 필요하다고 인정하는 사업

② 산업통상자원부장관은 제1항에 따라 지원을 받은 자가 거짓이나 그 밖의 부정

한 방법으로 지원을 받거나 지원받은 사업목적으로 지원금을 사용하지 아니한 경우에는 그 지원 상당액을 환수하여야 한다.

③ 제1항 및 제2항에 따른 지원 및 지원 환수 등에 필요한 사항은 대통령령으로 정한다.

④ 산업통상자원부장관은 전시산업의 발전과 효율성 제고를 위하여 제1항에 따라 지원되는 전시회 중 유사한 전시회에 대하여 이를 통합 또는 조정할 수 있다.

⑤ 산업통상자원부장관은 해외마케팅 활성화와 효율성 제고를 위하여 해외마케팅 지원전략을 수립하고, 이에 따라 제1항제4호의 해외전시회 참가 지원 유형 및 기준 등을 관계 기관과 협의하여 별도로 정하여 고시할 수 있다.

⑥ 산업통상자원부장관은 제5항의 해외마케팅 지원전략에 따라 해외마케팅 성과 제고를 위하여 필요한 경우 관계 기관과 협의하여 해외 전시회 지원 사업을 조정할 수 있다.

제21조(전시산업의 지원) ① 산업통상자원부장관은 전시산업의 발전을 위하여 예산의 범위에서 다음 각 호의 사업을 지원할 수 있다.

1. 제6조에 따른 전시산업 시장현황조사 및 수요조사

2. 제11조부터 제20조까지에 따른 전시산업 기반조성 사업

3. 국내 전시회 및 전시회부대행사 개최

4. 해외 전시회 참가 사업

5. 그 밖에 산업통상자원부장관이 필요하다고 인정하는 사업

② 산업통상자원부장관은 제1항에 따라 지원을 받은 자가 거짓이나 그 밖의 부정한 방법으로 지원을 받거나 지원받은 사업목적으로 지원금을 사용하지 아니한 경우에는 그 지원 상당액을 환수하여야 한다.

③ 제1항 및 제2항에 따른 지원 및 지원 환수 등에 필요한 사항은 대통령령으로 정한다.

④ 산업통상자원부장관은 전시산업의 발전과 효율성 제고를 위하여 제1항에 따라 지원되는 전시회 중 유사한 전시회에 대하여 이를 통합 또는 조정할 수 있다.

⑤ 산업통상자원부장관은 해외마케팅 활성화와 효율성 제고를 위하여 해외마케팅 지원전략을 수립하고, 이에 따라 제1항제4호의 해외전시회 참가 지원 유형 및 기준 능을 관세 기관과 협의하여 별도로 정하여 고시할 수 있다.

⑥ 산업통상자원부장관은 제5항의 해외마케팅 지원전략에 따라 해외마케팅 성과 제고를 위하여 필요한 경우 관계 기관과 협의하여 해외 전시회 지원 사업을 조정할 수 있다.

제22조(전시회 평가제도 운영) ① 산업통상자원부장관은 제21조에 따라 지원되는 국내 전시회 개최 및 해외 전시회 참가에 대한 평가제도를 운영할 수 있다.

② 산업통상자원부장관은 제21조제1항에 따른 국내 전시회 개최 및 해외 전시회 참가 지원시 제1항에 따른 평가 결과를 반영하여야 한다.

③ 제1항 및 제2항에 따른 평가의 방법 및 절차 등 평가제도의 운영에 필요한 사항은 대통령령으로 정한다.

제23조(세제지원 등) ① 정부는 전시산업의 발전 및 활성화를 위하여 「조세특례제한법」, 「지방세특례제한법」, 그 밖의 조세 관련 법률로 정하는 바에 따라 전시사업자에 대하여 조세감면 등 필요한 조치를 할 수 있다.

② 정부는 전시산업의 발전을 위하여 대통령령으로 정하는 바에 따라 전시사업자에 대하여 금융 및 행정상 지원 등 필요한 지원조치를 할 수 있다.

제24조(부담금 등의 감면) 전시시설을 설치·운영하는 자에 대하여는 관련 법률로 정하는 바에 따라 다음 각 호의 부담금 등을 감면할 수 있다.

1. 「산지관리법」 제19조에 따른 대체산림자원조성비
2. 「농지법」 제38조에 따른 농지보전부담금
3. 「초지법」 제23조제6항에 따른 대체초지조성비

제6장 보칙

제26조(국·공유재산의 임대 및 매각) ① 국가 또는 지방자치단체는 전시시설의 효율적인 조성·운영을 위하여 필요하다고 인정하는 경우 제4조제1항제4호부터 제6호까지의 자와 제8호의 법인 또는 단체 중 대통령령으로 정하는 자에 대하여 「국유재산법」 또는 「공유재산 및 물품 관리법」에도 불구하고 수의계약에 의하여 국유재산 또는 공유재산을 사용·수익허가 또는 대부(이하 "임대"라 한다)하거나 매각할 수 있다.

② 제1항에 따라 국유 또는 공유의 토지나 건물을 임대하는 경우의 임대기간은 「국유재산법」 또는 「공유재산 및 물품 관리법」에도 불구하고 20년의 범위 이내로

할 수 있으며, 이를 연장할 수 있다.

③ 제1항에 따라 국유 또는 공유의 토지를 임대하는 경우에는 「국유재산법」 또는 「공유재산 및 물품 관리법」에도 불구하고 그 토지 위에 건물이나 그 밖의 영구시설물을 축조하게 할 수 있다. 이 경우 제2항에 따른 임대기간이 종료되는 때에 이를 국가 또는 지방자치단체에 기부하거나 원상으로 회복하여 반환하는 조건으로 토지를 임대할 수 있다.

④ 주관기관은 제3항에 따라 국유지 또는 공유지에 건물이나 그 밖의 영구시설물을 축조한 경우에는 해당 시설을 담보로 제공하거나 매각할 수 없다.

제27조(전시시설 건축시 허가 등의 의제) ① 전시시설에 대하여 「건축법」 제11조에 따른 건축허가를 받거나 같은 법 제14조에 따른 건축신고를 함에 있어서 시장, 군수 또는 구청장이 제4항에 따라 다른 행정기관의 장과 협의한 사항에 대하여는 같은 법 제11조제5항 각 호의 사항 외에 다음 각 호의 허가·인가·승인·동의 또는 신고(이하 "허가등"이라 한다)에 관하여 허가등을 받은 것으로 본다.

1. 「하수도법」 제24조에 따른 시설 또는 공작물 설치의 허가

2. 「수도법」 제52조에 따른 전용상수도 설치의 인가

3. 「소방시설 설치·유지 및 안전관리에 관한 법률」 제7조제1항에 따른 건축허가의 동의

4. 「폐기물관리법」 제29조제2항에 따른 폐기물처리시설 설치의 승인 또는 신고

② 전시시설에 대하여 시장, 군수 또는 구청장이 「건축법」 제22조에 따른 건축물의 사용승인을 함에 있어서 시장, 군수 또는 구청장이 제4항에 따라 다른 행정기관의 장과 협의한 사항에 대하여는 같은 법 제22조제4항 각 호의 사항 외에 다음 각 호의 검사 또는 신고(이하 "검사등"이라 한다)에 관하여 검사등을 받은 것으로 본다.

1. 「수도법」 제53조에 따라 준용되는 전용상수도의 수질검사 등

2. 「소방시설공사업법」 제14조에 따른 소방시설의 완공검사

3. 「폐기물관리법」 제29조제4항에 따른 폐기물처리시설의 사용개시 신고

③ 허가등 및 검사등의 의제를 받으려는 자는 해당 전시시설의 건축허가신청 및 건축신고와 사용승인신청을 하는 때에 해당 법령이 정하는 관련 서류를 함께 제출하여야 한다.

④ 시장, 군수 또는 구청장이 「건축법」 제11조제1항 및 같은 법 제14조제1항에 따른 건축허가·건축신고 및 같은 법 제22조제1항에 따른 사용승인을 함에 있어서 제1항 및 제2항에 해당하는 사항이 다른 행정기관의 권한에 속하는 경우에는 그 행정기관의 장과 협의하여야 한다. 이 경우 협의를 요청받은 행정기관의 장은 요청받은 날부터 15일 이내에 의견을 제출하여야 한다.

제28조(위임과 위탁) ① 산업통상자원부장관은 제6조, 제12조, 제13조, 제15조부터 제18조까지 및 제20조부터 제22조까지의 규정에 따른 권한 또는 업무의 일부를 대통령령으로 정하는 바에 따라 관계 행정기관의 장, 관련 법인 또는 단체에 위임 또는 위탁할 수 있다.

② 산업통상자원부장관은 제1항에 따라 업무를 위탁받은 법인 또는 단체에 대하여 예산의 범위에서 필요한 경비를 보조할 수 있다.

부칙 〈제13154호, 2015.2.3.〉

제1조(시행일) 이 법은 공포 후 6개월이 경과한 날부터 시행한다.

제2조(전시사업자 단체에 대한 경과조치) 이 법 시행 당시 종전의 제25조에 따라 설립된 사업자단체는 이 법 시행과 동시에 「민법」에 따라 설립된 사단법인으로 본다.

전시산업발전법 시행령

제1조(목적) 이 영은 「전시산업발전법」에서 위임된 사항과 그 시행에 필요한 사항을 정함을 목적으로 한다.

제2조(전시회의 종류와 규모) 「전시산업발전법」(이하 "법"이라 하다) 제2조제2호에서 "대통령령으로 정하는 종류와 규모에 해당하는 것"이란 다음 각 호의 어느 하나에 해당하는 것을 말한다.

1. 「국제박람회에 관한 협약」에 따라 박람회 국제사무국 총회에 등록하거나 박람회 국제사무국 총회에서 승인한 박람회

2. 다음 각 목의 어느 하나에 해당되는 상설 또는 비상설 전시회

   가. 옥내와 옥외 전시면적이 2천 제곱미터 이상일 것

   나. 100명 이상의 외국인 구매자가 참가등록할 것

3. 그 밖에 상설 또는 비상설 전시회로서 다음 각 목의 어느 하나에 해당하는 요건을 갖춘 전시회 중 법 제2조제5호나목에 따른 전시주최사업자의 신청에 의하여 산업통상자원부장관이 전시산업 발전을 위하여 필요하다고 인정하는 전시회

   가. 옥내와 옥외 전시면적이 1천 제곱미터 이상일 것

   나. 10개 이상의 전시부스를 갖출 것

제3조(전시시설의 종류와 규모) 법 제2조제4호에서 "대통령령으로 정하는 종류와 규모에 해당하는 것"이란 다음 각 호의 어느 하나에 해당하는 것을 말한다.

1. 전시회 개최에 필요한 시설: 전시회를 개최하기 위한 면적 2천 제곱미터 이상의 시설(옥내와 옥외 시설을 모두 포함한다)

2. 전시회부대행사의 개최에 필요한 시설: 전시회부대행사를 개최하기 위한 연회장, 공연시설, 상담회장 및 설명회장 등

3. 관련 부대시설: 제1호 및 제2호의 시설에 부수되는 숙박, 식품접객, 판매, 휴식 등을 위한 편의시설(전시회가 개최되는 전시장 내에서 한시적으로 운영되는 편의시설을 포함한다)

제4조(전시산업 발전계획의 수립 및 시행) ① 산업통상자원부장관은 법 제3조제1항에 따라 5년마다 전시산업 발전계획(이하 "발전계획"이라 한다)을 수립·시행하여야 한다.

② 산업통상자원부장관은 발전계획을 수립하기 위하여 필요하다고 인정하는 경우에는 관계 중앙행정기관의 장에게 협조를 요청하거나, 법 제4조제1항에 따른 전시산업 발전사업 주관기관(이하 "주관기관"이라 한다)의 의견을 들을 수 있다.

제5조(전시산업 발전사업 주관기관) 법 제4조제1항제8호에서 "그 밖에 대통령령으로 정하는 법인 또는 단체"란 다음 각 호의 법인 또는 단체를 말한다.

1. 「민법」 제32조에 따라 산업통상자원부장관의 허가를 받아 설립된 한국무역협회(이하 "한국무역협회"라 한다)

2. 「민법」 제32조에 따라 산업통상자원부장관의 허가를 받아 설립된 한국전시산업진흥회(이하 "한국전시산업진흥회"라 한다)

4. 산업통상자원부장관이 직접 또는 관계 행정기관의 장의 요청에 따라 전시산업의 전문화를 위하여 필요하다고 인정하는 법인 또는 단체

제6조(주관기관의 선정절차 등) ① 법 제4조제1항에 따라 주관기관으로 선정되려는 기관·법인 또는 단체는 산업통상자원부령으로 정하는 신청서에 다음 각 호의 서류를 첨부하여 산업통상자원부장관에게 신청하여야 한다.

1. 전시산업의 발전을 위한 사업(이하 "전시산업발전사업"이라 한다)에 관한 계획(이하 "사업계획"이라 한다)

2. 전시산업발전사업에 관한 실적(이하 "사업실적"이라 한다)

3. 재원조달능력 및 전문인력 보유 현황 등 사업수행능력을 증명할 수 있는 자료(제2호에 따른 사업실적을 제출하지 아니하는 경우로 한정한다)

② 제1항에 따른 신청을 받은 산업통상자원부장관은 주관기관으로 선정되려는 자가 제출한 사업계획 및 사업실적(제1항제3호에 따른 자료를 제출하는 경우에는 해당 자료를 말한다)을 검토하여 주관기관의 선정 여부를 결정하고, 그 결과를 해당 신청 기관·법인 또는 단체에 통보하여야 한다.

③ 산업통상자원부장관이 법 제4조제2항에 따라 주관기관의 선정을 취소한 때에는 이를 해당 기관·법인 또는 단체에 통보하여야 한다.

제7조(지원금의 교부절차 등) ① 법 제4조제3항에 따라 지원금을 교부받으려는 주관기관은 산업통상자원부령이 정하는 신청서에 사업계획서를 첨부하여 산업통상자원부장관에게 신청하여야 한다.

② 제1항에 따른 신청을 받은 산업통상자원부장관은 주관기관이 제출한 사업계

획서를 검토하여 지원금의 교부 여부를 결정하고, 그 결과를 해당 주관기관에 통보하여야 한다.

제8조(지원금의 사용·관리) ① 법 제4조제3항에 따라 지원금을 받은 주관기관은 그 지원금에 대하여 별도의 계정(計定)을 설정하여 관리하여야 한다.

② 제1항에 따른 지원금은 전시산업 발전사업 외의 용도로는 사용할 수 없다.

③ 주관기관은 제1항에 따른 지원금의 사용실적을 매년 1회 산업통상자원부장관이 정하여 고시하는 바에 따라 산업통상자원부장관에게 보고하여야 한다.

④ 법 제4조제1항제1호 및 제2호에 해당하는 주관기관은 지원금의 직접 사용, 출자(出資) 또는 출연(出捐) 등 사용 범위, 방법 및 절차 등을 해당 지방자치단체의 조례로 정하여야 한다.

제9조(전시산업발전심의위원회의 구성·운영) ① 법 제5조에 따른 전시산업발전심의위원회(이하 "심의위원회"라 한다)의 위원장은 산업통상자원부의 고위공무원단 소속 공무원 중 산업통상자원부장관이 임명하고, 위원은 다음 각 호에 해당하는 자 중 산업통상자원부장관이 임명 또는 위촉하는 자로 한다.

1. 관계 중앙행정기관의 고위공무원단에 속하는 공무원

2. 특별시·광역시·특별자치시·도 및 특별자치도의 부시장 및 부지사

4. 그 밖에 전시산업에 대한 학식과 경험이 풍부한 자

② 제1항제4호에 따른 위원의 임기는 2년으로 한다.

③ 심의위원회의 사무를 처리하기 위하여 심의위원회에 간사 1명을 두되, 간사는 산업통상자원부 소속 공무원 중에서 위원장이 지명하는 자로 한다.

④ 심의위원회의 회의는 위원장이 소집하고, 재적위원 과반수의 출석과 출석위원 과반수의 찬성으로 의결한다.

⑤ 제1항부터 제4항까지에서 규정한 사항 외에 심의위원회 운영에 필요한 사항은 심의위원회의 의결을 거쳐 위원장이 정한다.

제10조(전시산업발전실무위원회의 구성·운영) ① 심의위원회의 회의에 부칠 안건을 전문적으로 검토하고 심의위원회의 위임을 받은 사무를 처리하기 위하여 심의위원회에 전시산업발전실무위원회(이하 "실무위원회"라 한다)를 둔다.

② 실무위원회의 위원장은 산업통상자원부의 고위공무원단 소속 공무원 중 산업통상자원부장관이 임명하고, 위원은 다음 각 호에 해당하는 자 중 산업통상자

원부장관이 위촉하는 자로 한다.

1. 행정자치부, 문화체육관광부 등 관계 중앙행정기관과 특별시 · 광역시 · 특별자치시 · 도 및 특별자치도 소속의 4급 이상 공무원 중 해당 소속기관의 장이 지명하는 사람 각 1명

3. 전시산업에 대한 학식과 경험이 풍부한 자

③ 제1항 및 제2항에서 규정한 사항 외에 실무위원회의 운영에 필요한 사항은 실무위원회의 의결을 거쳐 실무위원회의 위원장이 정한다.

제12조(전시시설 건립계획의 사전협의) 산업통상자원부장관은 법 제11조제1항에 따라 주관기관이 전시시설 건립계획에 대하여 협의를 요청한 경우에는 심의위원회에 상정하여 이를 심의하도록 하고, 그 심의 결과를 바탕으로 90일 이내에 협의를 마쳐야 한다. 다만, 관계 기관과의 이견 등으로 부득이한 경우 협의기간을 30일간 연장할 수 있다.

제14조(전시산업의 지원 등) ① 산업통상자원부장관은 법 제21조제1항에 따라 전시산업의 발전을 위하여 지원할 경우에는 전시산업 지원을 위한 계획(이하 "지원계획"이라 한다)을 수립하여 공고하여야 한다.

② 산업통상자원부장관은 지원계획에 따라 지원을 받으려는 자의 사업수행능력, 사업계획 및 사업실적 등을 검토하여 지원 여부 및 지원 범위를 결정한다.

③ 제2항에 따라 지원을 받은 자는 지원금에 대하여 별도의 계정(計定)을 설정하여 관리하여야 하고, 사용실적을 매년 1회 산업통상자원부장관이 정하여 고시하는 바에 따라 산업통상자원부장관에게 보고하여야 한다.

④ 산업통상자원부장관은 법 제21조제2항에 따라 환수를 하는 경우에는 국세징수의 예에 따른다.

⑤ 제1항부터 제4항까지에서 규정한 사항 외에 전시산업의 지원 및 지원 환수 등에 필요한 세부적인 사항은 산업통상자원부장관이 정하여 고시한다.

제15조(전시회 평가기준 등) ② 산업통상자원부장관은 법 제22조제1항에 따라 평가제도를 운영하는 경우 목표 달성도, 고객만족도 등을 종합하여 산출한 종합지수에 따라 평가한다. 〈개정 2015.8.3.〉

③ 전시회 평가를 위한 종합지수의 세부 기준, 평가 절차 및 방법 등에 관한 세부적인 사항은 산업통상자원부장관이 정하여 고시한다.

제16조(금융 및 행정상 지원) 정부는 법 제23조제2항에 따라 다음 각 호의 사항에 대하여 금융 및 그 밖의 행정상 필요한 지원조치를 할 수 있다.

1. 전시산업 관련 시설의 조성

2. 전시산업 관련 정보화 사업

3. 전시전문인력의 양성

4. 전시회의 국제화 및 국제협력

5. 전시산업의 표준화 및 유망전시회 발굴 등 전시산업의 발전을 위하여 지원이 필요하다고 인정하여 산업통상자원부장관이 고시하는 사항

제18조(국·공유지 임대 및 매각) ①법 제26조제1항에서 "제8호의 법인 또는 단체 중 대통령령으로 정하는 자"란 다음 각 호의 어느 하나에 해당하는 법인 또는 단체를 말한다.

1. 한국무역협회

2. 한국전시산업진흥회

3. 법 제11조에 따른 전시시설 건립계획에 따라 전시시설을 건립하려 하거나 건립하여 운영하고 있는 주관기관(제5조제4호에 따른 법인 또는 단체 중 주관기관으로 선정된 경우를 말한다)

②「국유재산법」제2조제11호에 따른 중앙관서의 장등이 법 제26조제1항에 따라 수의계약에 의하여 제1항제3호에 따른 주관기관에 국유재산을 사용·수익 허가 또는 대부하거나 매각하려는 경우에는 「국유재산법」제2조제10호에 따른 총괄청과 미리 협의하여야 한다.

제19조(업무의 위탁) ① 산업통상자원부장관은 법 제28조제1항에 따라 법 제6조에 따른 전시산업의 수요조사에 관한 업무를 다음 각 호의 어느 하나에 해당하는 기관·법인 또는 단체에 위탁할 수 있다.

1. 한국전시산업진흥회

2. 「대한무역투자진흥공사법」에 따라 설립된 대한무역투자진흥공사(이하 "대한무역투자진흥공사"라 한다)

3. 「정부출연연구기관 등의 설립·운영 및 육성에 관한 법률」에 따라 설립된 한국개발연구원, 산업연구원 및 대외경제정책연구원

4. 그 밖에 전시산업 수요조사에 전문성이 있다고 인정되는 기관·법인 또는 단

체 중에서 산업통상자원부장관이 지정하여 고시하는 기관·법인 또는 단체

③ 산업통상자원부장관은 법 제28조제1항에 따라 법 제12조에 따른 전시산업 전문인력의 양성에 관한 업무를 다음 각 호의 법인 또는 단체에 위탁할 수 있다.

1. 한국무역협회

2. 한국전시산업진흥회

3. 대한무역투자진흥공사

④ 산업통상자원부장관은 법 제28조제1항에 따라 법 제13조에 따른 전시산업 정보의 수집, 분석 및 가공 등 전시산업 정보의 유통촉진 및 관리에 관한 업무를 다음 각 호의 법인 또는 단체에 위탁할 수 있다.

1. 한국무역협회

2. 한국전시산업진흥회

3. 대한무역투자진흥공사

⑤ 산업통상자원부장관은 법 제28조제1항에 따라 법 제22조에 따른 전시회에 대한 평가 업무를 다음 각 호의 법인 또는 단체에 위탁할 수 있다.

1. 한국무역협회

2. 한국전시산업진흥회

3. 대한무역투자진흥공사

⑥ 산업통상자원부장관은 법 제28조제1항에 따라 법 제18조에 따른 전시산업의 표준화를 위한 업무를 다음 각 호의 법인 또는 단체에 위탁할 수 있다.

1. 한국무역협회

2. 한국전시산업진흥회

3. 대한무역투자진흥공사

제19조의2(규제의 재검토) 산업통상자원부장관은 다음 각 호의 사항에 대하여 다음 각 호의 기준일을 기준으로 2년마다(매 2년이 되는 해의 기준일과 같은 날 전까지를 말한다) 그 타당성을 검토하여 개선 등의 조치를 하여야 한다.

1. 제12조에 따른 전시시설 건립계획의 사전협의 절차 및 협의기간: 2015년 1월 1일

부칙 〈제26462호, 2015.8.3.〉

이 영은 2015년 8월 4일부터 시행한다.

전시산업발전법 시행규칙

제1조(목적) 이 규칙은 「전시산업발전법」 및 같은 법 시행령에서 위임된 사항과 그 시행에 필요한 사항을 규정함을 목적으로 한다.

제2조(사이버전시회) 「전시산업발전법」(이하 "법"이라 한다) 제2조제6호에서 "산업통상자원부령으로 정하는 조건"이란 다음 각 호의 조건을 말한다.

1. 법 제2조제5호에 따른 전시사업자가 운영할 것

2. 전시품목이 10개 이상일 것

3. 다른 제품과 비교할 수 있는 전시 견본상품의 형상이 있을 것

4. 무역상담과 상품 및 서비스의 판매 · 홍보를 위하여 개최될 것

5. 쌍방향 실시간 대화가 가능한 화상통신시스템을 갖추고 있을 것

6. 대금결제시스템을 갖추고 있을 것

제3조(전시산업 발전사업 주관기관 선정 신청서) 「전시산업발전법 시행령」(이하 "영"이라 한다) 제6조제1항에 따른 주관기관 선정 신청서는 별지 제1호서식에 따른다.

제4조(지원금 교부신청서) 영 제7조제1항에 따른 지원금 교부신청서는 별지 제2호 서식에 따른다.

부칙 〈제151호, 2015.8.4.〉

이 규칙은 2015년 8월 4일부터 시행한다.

각종 서식 및 신청서 샘플

1. 현황판 및 부스상호간판 신청서

2. 참가업체 출입증발급신청서

3. 디렉토리 게재 원고 신청서

4. 부대시설사용 신청서

5. 무료주차권 신청서

6. 참가업체 세미나 신청서

7. 해외바이어 초청지원신청서

8. 보세 전시품 신고서

9. 입찰 참가 신청서

10. 일반현황 및 연혁

11. 요약 재무현황 및 매출액

12. 주요 사업실적

13. 참여인력 이력사항

14. 용역이행 실적 증명서

15. 가격 제안서

16. 가격 산출 근거표

17. 공동수급 표준 협정서(공동이행방식)

18. 공동수급 표준 협정서(분담이행방식)

19. 합의각서

20. 확약서

21. 청렴이행각서

22. 제안설명회 참석확인서

From 1.

AUTOMATION WORLD 2015 2015.3.18(수)~3.20(금)

제출방법 : 이메일 접수
또는 온라인 신청
water2012@coex.co.kr
마감일 : 2월 17일(화)까지

현황판 및 부스상호간판 신청서

※ 참가업체 전체 필수 신청 사항입니다.

현황판(전시장입구에 설치)과 조립부스 참가업체의 경우 부스간판에 기재하실 업체명을 신청하는 곳입니다. 한글과 영어를 별도 표기하며, 글씨체는 고딕체로 통일합니다. 부스간판과 현황판에는 로고표기는 불가능합니다.

쉼표, 마침표 등 문장부호와 '(주)', 'CO.,LTD.' 등을 정확하게 표기해 주십시오.

한글상호는 28자 이내(스페이스 포함) 영문상호는 56자 이내(스페이스 포함)로 해 주십시오.

ㅇ 신청업체 정보

회사명 (사업자등록증기준)		부스번호	
담당자		소속/직위	

ㅇ 상호간판명

국문상호													
영문상호													

예 시	국문	(	주	)	코	엑	스						
	영문	C	O	E	X	,	.	L	T	D	.		

문의처 : AUTOMATION WORLD 2015 사무국
코엑스 전시3팀 ○ ○ ○ 대리
전화 : 02-0000-0000 팩스 : 02-0000-0000

135-731 서울시 강남구 영동대로 513

신 청 일:	
담 당 자:	
대 표 자:	

From 2.

제출방법 : 이메일 접수
또는 온라인 신청
water2012@coex.co.kr
마감일 : 2월 17일(화)까지

AUTOMATION WORLD 2015 2015.3.18(수)~3.20(금)

참가업체 출입증발급신청서

※ 참가업체 전체 필수 신청 사항입니다.

참가업체 직원이 전시기간 및 준비/철거기간에 전시장 출입을 위한 신분증입니다.

교부처 : AUTOMATION WORLD 2015 출입증 발급대(A, B홀 입구)

○ 신청업체 정보

회사명 (사업자등록증기준)		부스번호	
담당자		소속/직위	

○ 출입증 정보

회사명 (출입증 표시 회사명)	국문		
	영문		
구분	성명	부서명	직급
1			
2			
3			
4			
5			
6			
7			
8			
9			
10			
11			
12			
13			
14			
15			

문의처 : AUTOMATION WORLD 2015 사무국
코엑스 전시3팀 ○○○ 대리
전화 : 02-0000-0000 팩스 : 02-0000-0000

135 731 서울시 강남구 영동대로 513

신 청 일:	
담 당 자:	
대 표 자:	

From 3.

AUTOMATION WORLD 2015 2015.3.18(수)~3.20(금)

제출방법 : 이메일 접수
또는 온라인 신청
water2012@coex.co.kr
마감일 : 2월 17일(화)까지

디렉토리 게재 원고 신청서

※ 참가업체 전체 필수 신청 사항입니다.

〈디렉토리 작성시 유의할 점〉

업체가 작성한 그대로 게재가 되기 때문에, 주최 측에서 따로 수정을 하지 않는 점을 알려드립니다. 작성시 오타 및 내용 끊김이 있는지 재검토 하신 후 최종원고를 송부해 주시기 바랍니다.

참가업체 기본 사항(국문)
* 회사명 :
* 대표자 :
* 전 화 :
* 팩 스 :
* 주 소 :
* 홈페이지 :
* E-mail :

취급품목 (300자 이내)

업체정보 (300자 이내)

제조국가

From 4.

제출방법 : 이메일 접수
또는 온라인 신청
water2012@coex.co.kr
마감일 : 2월 17일(화)까지

부대시설사용 신청서

○ 신청업체 정보

회사명 (사업자등록증기준)		부스번호	
담당자		소속/직위	
연락처	(전화)	(휴대폰)	
	(팩스)	(이메일)	

○ 전기용량신청

전기종류	전기신청수량		단가	금액	비고
	주간공급	24시간공급			
단상 220V	( ) kW	( ) kW	주 간 : ₩ 50,000/kW 24시간 : ₩65,000/kW	₩	주파수 60kHz
삼상 220V	( ) kW	( ) kW			
삼상 380V	( ) kW	( ) kW			

○ 전화, 전자명함시스템, 급배수, 압축공기, LAN

구분	신청수량	단가	금액	비고
국내전화	( ) 대	₩ 50,000/대	₩	시외전화 포함, 정산 없음
국제전화	( ) 대	₩ 130,000/대	₩	국제전화 포함, 정산 없음
급배수	( ) 대	₩ 150,000/대	₩	
압축공기	( ) 대	₩ 150,000/대	₩	
LAN	( ) 대	₩ 180,000/대	₩	
참관객관리시스템	( ) 대	₩ 200,000/대	₩	

소 계	₩	
부가세(소계의 10%)	₩	
합 계	₩	

※ 전기사용 필요시 반드시 용량에 맞게 신청하여 주시기 바랍니다.

※ 정확한 금액을 계산하여 반드시 직접 기재하시기 바랍니다.

※ 부대시설신청서는 작성하셔서 팩스로 접수해 주시기 바라며 비용전액(부가세포함)은 **예금주 "(주)코엑스", 계좌번호 000-000-000000 신한은행**으로 **3월 6일(금)까지** 납부해 주시기 바랍니다.

문의처 : AUTOMATION WORLD 2015 사무국
코엑스 전시3팀 ○○○ 대리
전화 : 02-0000-0000 팩스 : 02-0000-0000

135-731 서울시 강남구 영동대로 513

신 청 일:	
담 당 자:	
대 표 자:	

AUTOMATION WORLD 2015 2015.3.18(수)~3.20(금)

제출방법 : 이메일 접수
또는 온라인 신청
water2012@coex.co.kr
마감일 : 2월 17일(화)까지

무료주차권 신청서

○ 신청업체 정보

회사명 (사업자등록증기준)		부스번호	
담당자		소속/직위	
연락처	(전화)	(휴대폰)	
	(팩스)	(이메일)	

○ 주차권 신청 내역

부스규모별 지원기준을 참고하시어 아래 신청 란에 신청하고자 하시는 주차권종별로 선택 또는 내용을 기입해주시기 바랍니다.

1~6 부스	7~12 부스	13~ 부스
2대	4대	6대

NO.	일일주차권	행사주차권	
		차종	차량번호
1대			
2대			
3대			
4대			
5대			

※ 행사주차권은 지정된 차량 및 기간 외에는 사용이 불가능하며 전시기간 3일간 사용 가능합니다. 나가실 때 요금 정산소에서 확인 받으시기 바랍니다.

※ 일일주차권은 1일간 사용하실 수 있는 주차권으로 나가실 때 요금 정산소에 제출하시기 바랍니다.(주차장에서 출차 시 주차시간에 관계없이 효력 상실)

※ **마감일까지 신청하지 않은 업체는 일일주차권으로 지급**됩니다.

본 사는 상기와 같이 무료 주차권을 신청합니다.

문의처 : AUTOMATION WORLD 2015 사무국
코엑스 전시3팀 ○○○ 대리
전화 : 02-0000-0000 팩스 : 02-0000-0000

135 731 서울시 강남구 영동대로 513

신 청 일:	
담 당 자:	
대 표 자:	

From 6.

AUTOMATION WORLD 2015 2015.3.18(수)~3.20(금)

제출방법 : 이메일 접수
또는 온라인 신청
water2012@coex.co.kr
마감일 : 2월 13일(금)까지

참가업체 세미나 신청서

○ 신청업체 정보

회사명 (사업자등록증기준)			부스번호	
담당자			소속/직위	
연락처	(전화)		(휴대폰)	
	(팩스)		(이메일)	

○ 회의실 사용 신청(해당칸에 "V"표시하여 주시기 바랍니다.)

구분		50명	100명	비고
3월 18일(수)	10:00~12:00			
	13:00~15:00			
	15:00~17:00			※ 장비지원
3월 19일(목)	10:00~12:00			- 빔 프로젝터 : 1대
	13:00~15:00			- 유선 마이크 : 2대
	15:00~17:00			
3월 20일(금)	10:00~12:00			
	13:00~15:00			

※ 회의실 사용시간은 일일기준 **참가업체 당 2시간**에 한하며, 기본 제공내역외 사용에 대해서는 별도의 추가 사용료가 발생합니다.(사용시간은 회의실 사정 및 중복신청에 따라 사무국에서 변경할 수 있습니다.)

※ 회의실 수가 한정되어 있으므로 **선착순**으로 신청 받고 있습니다.

○ 세미나 주제 및 행사 개요

구분		세부내역
행사명(주제)	국문	
	영문	
발표자	국문	
	영문	
기타 주최자 지원요청사항		

문의처 : AUTOMATION WORLD 2015 사무국

코엑스 전시3팀 ○○○ 대리

전화 : 02-0000-0000 팩스 : 02-0000-0000

135-731 서울시 강남구 영동대로 513

신 청 일 :	
담 당 자 :	
대 표 자 :	

515

From 7.

AUTOMATION WORLD 2015 2015.3.18(수)~3.20(금)

제출방법 : 이메일 접수
또는 온라인 신청
water2012@coex.co.kr
마감일 : 2월 13일(금)까지

해외바이어 초청지원신청서

○ 신청업체 정보

회사명 (사업자등록증기준)		부스번호	
담당자		소속/직위	
연락처	(전화)	(휴대폰)	
	(팩스)	(이메일)	

○ 초청 해외바이어 정보

구분	1	2
성명		
회사명		
국적		
주소		
전화		
E-Mail		
Check In/Out일자(예정)		

○ 바이어 지원사항

※ 확보된 호텔 객실 수로 인하여 **선착순 마감** 될 예정이오니 이 점 양지 바랍니다.

(2월 13(금)까지 신청, 마감일 이후 신청불가)

※ 해외 바이어 초청 숙박지원은 **1사 2인까지** 지원 가능합니다.

※ 해당바이어의 **여권사본, 항공권사본, 명함 각 1부**를 팩스 송부 부탁드립니다.

(2월 20일(금)까지 제출 요망)

※ 해외 바이어의 기준은 참가업체가 해외 바이어 또는 거래선을 초청할 경우로 국한됩니다.

※ 숙박 신청 가능 기간은 **3월 18일부터 20일까지, 1인 2박**에 한하며 호텔 내 기타 부대 서비스 비용은 포함되지 않습니다.

※ AUTOMATION WORLD 2015사무국은 바이어 초청을 위한 호텔 숙박만을 지원하며 기타 상황에 대해서는 책임을 지지 아니합니다.

본 사는 상기와 같이 해외바이어 초청지원을 신청합니다.

문의처 : AUTOMATION WORLD 2015 사무국
코엑스 전시3팀 ○○○ 대리
전화 : 02-0000-0000 팩스 : 02-0000-0000

135 731 서울시 강남구 영동대로 513

신 청 일:	
담 당 자:	
대 표 자:	

From 8.

제출방법 : 이메일 접수
또는 온라인 신청
water2012@coex.co.kr
마감일 : 2월 6일(금)까지

보세 전시품 신고서

보세 전시품이란 정식 수입통관 없이 간이통관을 하여 전시장으로 반입되는 전시품을 말하며, 전시종료 후에는 해외로 재반출하거나, 수요자가 있을 경우 사후 정식 수입통관절차를 통하여 수입이 가능합니다. AUTOMATION WORLD 2015 사무국은 보세전시품을 소유한 참가업체를 위해 전시회 종료시기까지 전시장의 보세구역 설정을 대행하므로, 해당 참가업체는 반드시 보세전시품의 상세내역을 사무국에 통보해야 합니다.

○ 신청업체 정보

회사명 (사업자등록증기준)		부스번호	
담당자		소속/직위	
연락처	(전화)	(휴대폰)	
	(팩스)	(이메일)	

○ 운송업체

운송업체명		담당자	
전화번호		팩스	

○ 보세전시품 내역

No.	전시품목	수량	제조회사	제조국가

문의처 : AUTOMATION WORLD 2015 사무국
코엑스 전시3팀 ○○○ 대리
전화 : 02-0000-0000 팩스 : 02-0000-0000

135 731 서울시 강남구 영동대로 513

신 청 일:	
담 당 자:	
대 표 자:	

(별지 제 1 호 서식)

입 찰 참 가 신 청 서

		처리기간
		즉 시

* 아래 사항 중 해당되는 경우에만 기재하시기 바랍니다.

신청인	상 호 또 는 법 인 명 칭		법인등록번호	
	주 소		전 화 번 호	( ) -
	대 표 자		주민등록번호	
입찰개요	입 찰 공 고 번 호	IITP 제 15- 호	입 찰 일 자	2015. . .
	입 찰 건 명			

입찰보증금	납 부	· 보증금율: %
		· 보 증 액: 금 원정(₩)
		· 보증금납부방법:
	납 부 면 제 및 지 급 확 약	· 사유:
		· 본인은 낙찰후 계약미체결시 귀원에 낙찰금액에 해당되는 소정의 입찰보증금을 현금으로 납부할 것을 확약합니다.

대리인·사용인감	본 입찰에 관한 일체의 권한을 다음의 자에게 위임합니다. 소 속: 성 명: 전 화 번 호: 주민등록번호:	본 입찰에 사용할 인감을 다음과 같이 신고합니다. 사용인감날인:

본인은 위의 번호로 공고한 귀 센터의 일반경쟁 입찰에 참가 하고자 귀 센터에서 정한 기술용역 입찰유의서 및 입찰공고사항을 모두 승낙하고 별첨 서류를 첨부하여 입찰참가신청을 합니다.

붙임서류 1. *제안요청서를 참조하여 제안사가 제출하는 서류목록을 순서대로 기재 하여 원본 제출*
2.
3.
4.
5.
6.
7.

2015. . .

상 호:
대 표 자: (인) 반드시 법인인감 날인

○ ○ ○ ○ ○ 귀중

(별지 제 2 호 서식) 제안서에 포함

일반현황 및 연혁

회 사 명		대 표 자	
사 업 분 야			
주 소			
전 화 번 호			
설 립 년 도	년 월		
해 당 부 문 종 사 기 간	년 월 ~ 년 월 (년 개월)		
주 요 연 혁			

※ 공동수급제인 경우, 구성원별 각자 작성

(별지 제 3 호 서식) 제안서에 포함

요약 재무현황 및 매출액(최근 3개년)

(단위: 천원)

구 분		( )년도	( )년도	( )년도
총 자 산				
자 기 자 본				
유 동 부 채				
고 정 부 채				
유 동 자 산				
당 기 순 이 익				
매 출 액	○○ 부문			
	○○ 부문			
	○○ 부문			
	○○ 부문			
	계			
유 동 비 율				
매 출 액 순 이 익 율				

※ 공동수급체인 경우, 구성원별 각자 작성

(별지 제 4 호 서식) 제안서에 포함

주요사업실적 (입찰공고일 기준 최근 3년간)

(단위: 천원)

사 업 명	사업기간	계약금액	발 주 처	비 고
	0000. 0. 0 ~ 0000. 0. 0			

ㅇ 현재 수행중인 사업도 포함하여 연도순으로 기재하며, 제안과제와 유관한 것만 기재
ㅇ 하도급은 발주처가 승인한 경우에 한하여 작성하며 비고란에 원도급회사를 기재
ㅇ 공동도급계약일 경우에는 계약금액란에 제안사의 지분만을 기재

※ 공동수급체인 경우, 구성원별 각자 작성

(별지 제 5 호 서식) 제안서에 포함

참여인력 이력사항

성 명		소 속		직 책		연 령	세
학 력		대학 전공		해당분야근무경력			년 월
		대학원 전공		자 격 증			
본사업 역 할		사 업 참 여 기 간				참여율	%
경 력							

사업명	참여기간 (년월일-년월일)	담당업무	발주처	비고
	0000.0.0 ~ 0000.0.0			

o 본 사업 참여역할과 연관된 수행업무 중심으로 기재(최근참여 사업 순 기재)

o "파견근로자보호등에관한법률" 등에 의한 파견근로자인 경우에는 파견업체명과 원 소속사를 함께 넝기하여야 함 (예시) 업체명 (원소속시명)

(별지 제 6 호 서식, 해당시 제출)

용 역 이 행 실 적 증 명 서

신청인	상 호		대표자	(인)
	영업장소재지		전화번호	
	사 업 자 번 호		제출처 제출처	
	증 명 서 용 도			
	용 역 범 위			

| 용역 이행 실적 내용 | 용 역 명 | | | | | |
| | 용   역 개   요 | | | | | |

	계약일자	계약기간	계약금액	이행실적		비 고
				비율	실적	

증명서 발급 기관	위 사실을 증명함 2015년 월 일
	기 관 명 : (인)
	주 소 :
	발급부서 : 담당자 : (인) 전화번호 :

※ 반드시 발주처의 증명확인이 된 원본을 제출하여야 합니다.

(별지 제 7 호 서식)

가 격 제 안 서

사 업 명	
주 관 기 관	
사 업 기 간	계약체결일로부터 2015. 7. 31 까지
제 안 금 액	일금 (A) 원 (₩ (B)) 부가세면세 업체일 경우, 소요예산에서 부가가치세를 제외한 금액한도 내에서 제안

구 분	금 액	비 고
		부가세 포함
		부가세 포함
		부가세 포함
		부가세 포함
		부가세 포함
합 계	₩ (C)	부가세 포함

※ A, B, C 금액은 동일하게 처리

상기 금액으로 가격제안서를 제출합니다.

붙 임: 가격산출근거표 (별지 제 8호 서식)

2015년 월 일

상 호 명:

대 표 자: (인)

○ ○ ○ ○ ○ 귀하

(별지 제 8 호 서식)

<u>가격산출근거표</u>(엑셀 등 기타양식 활용가능)

가. 총괄

(단위 : 원)

비　목	금　액	구성비(%)	비　고
1. 인　건　비			
2. 경　　　비			
3. 일 반 관 리 비			(인건비+경비) X 5% 이내
4. 이　　　윤			(인건비+경비+일반관리비) X 10% 이내
5. 순　원　가			(인건비+경비+일반관리비+이윤)
6. 부 가 가 치 세			(순원가) X 10%
합　　　계		100%	(순원가+부가가치세)

※ 면세기관의 경우, 상기 제안금액에서 이윤, 부가가치세 등 제외 및 조정하여 계약체결 예정

나. 비목별 내역

1) 인건비 :　　　원

(단위 : 원)

구 분 (인원)	No	직급	성 명	지급단가 (A)	참여율 (%)(B)	개월수 (C)	합 계 (A×B×C)	주요경력 (최근학력 및 주요경력)
내부인건비 (　명)	1	책임연구원						
	2	연구원						
	3	연구보조원						
	4	보조원						
	…							
외부인건비 (　명)	5							
	6							
	…							
합　　　계								

※ 내부인건비 : 정규직(정규직 및 무기계약직)에 대한 인건비 내역 작성

※ 외부인건비 : 비정규직(유기계약직)에 대한 인건비 내역 작성

2) 경비 :   원

(단위 : 원)

비 목		산출내역	금 액	구성비(%)	비고
국내여비					
유인물비					결과물, 문헌자료 등
전산처리비					
용역재료비					소모품류 등
회의비	전문가자문				
	자료수집비				
	…				
임차료					
교통통신비					전화, 회선, 연구원교통비 등
…					
합 계					

※ 필요 비목만 표기, 비목 추가/수정 가능
※ 비목별로 산출내역 상세히 작성할 것
※ 정부의 녹색환경조성 방침에 따라 교재는 녹색용지로 제작(www.greenproduct.go.kr 참조)

학술,조사. 연구용역 가격산출내역서가 기본양식으로 제공되었으므로, 기타 입찰의 경비내용은 사업에 따라 수정하시기 바랍니다.

(별지 제 9 호 서식)

공동수급 표준협정서 (공동이행방식)

제1조 (목적) 이 협정서는 ○○○, ○○○와 ○○○사가 재정·경영, 기술능력 인원 및 기자재를 동원하여 「(행사명)」에 대한 계획·입찰·시공 등을 위하여 공동연 대하여 사업을 영위할 것을 약속하는 협약을 정함에 있다.

제2조 (공동수급체) 공동수급체의 명칭, 사업소의 소재지, 대표자는 다음과 같다.
   1. 명   칭 :
   2. 주사업소의 소재지 :
   3. 대   표   자 명 :

제3조 (공동수급체의 구성원) ① 공동수급체의 구성원은 다음과 같다.
   1. ○○○회사(대표자 :   )
   2. ○○○회사(대표자 :   )
   3. ○○○회사(대표자 :   )
   ② 공동수급체의 대표자는 ○○○로 한다.
   ③ 대표자는 발주자 및 제3자에 대하여 공동수급체를 대표하며, 공동수급체 재 산의 관리 및 대금의 청구 등의 권한을 가진다.

제4조 (효력기간) 본 협정서는 당사자간의 서명과 동시에 발효하며, 당해계약의 이 행으로 종결된다. 다만, 발주자 또는 제3자에 대하여 공사와 관련한 권리의무관 계가 남아있는 한 본 협정서의 효력은 존속된다.

제5조 (의무) 공동수급체 구성원은 제1조에서 규정한 목적을 수행하기 위하여 성 실·근면 및 신의를 바탕으로 하여 필요한 모든 지식과 기술을 활용할 것을 약 속한다.

제6조 (책임) ① 공동수급체의 구성원은 발주자에 대한 계약상의 의무이행에 대하 여 연대하여 책임을 진다.
   ② 공동수급체의 하도급자 및 납품업자에 대해서도 공동연대로 책임을 진다.

제7조 (하도급) 공동수급체의 구성원은 발주자 및 다른 구성원 전원의 동의를 받지 않고는 분담부분의 일부 또는 전부를 하도급할 수 없다.

제8조 (구성원의 참여비율) ① 당 공동수급체의 참여비율은 다음과 같이 정한다.
   1. ○○○ :   %
   2. ○○○ :   %
   3. ○○○ :   %
   ② 제1항의 비율은 발주자와의 계약내용 변경에 따라 계약금액이 증감되었을 때에는 이에 따리 변경할 수 있다.

③ 현금 이외의 출자는 시기를 참작, 구성원이 협의 평가하는 것으로 한다.

제9조 (손익의 배분) 도급계약을 이행한 후 이익 또는 손실이 발생하였을 경우에는 제8조에서 정한 비율에 따라 배당하거나 분담한다.

제10조 (권리 · 의무의 양도 제한) 구성원은 이 협정서에 의한 권리와 의무를 제3자에게 양도할 수 없다.

제11조 (중도탈퇴에 대한 조치) ① 공동수급체의 구성원은 발주자 및 구성원 전원의 동의가 없으면 입찰 및 당해계약의 이행을 완료하는 날까지 탈퇴할 수 없다.

② 구성원중 일부가 파산 또는 해산 · 부도 등으로 계약을 이행할 수 없는 경우에는 잔존 구성원이 공동연대하여 당해계약을 이행한다. 다만, 잔존 구성원만으로는 면허 · 도급한도액 등 당해계약이행 요건을 갖추진 못할 경우에는 발주자의 승인을 얻어 당해요건을 충족하여야 한다.
③ 대표자가 제2항의 경우에 의해 계약을 이행할 수 없는 경우 잔존 구성원중 출자비율이 가장 높은 구성원을 대표자로 하며, 대표자의 권리와 의무를 승계한다.
④ 제2항의 경우 출자비율은 탈퇴자의 출자비율을 잔존 구성원의 출자비율에 따라 분할하여 제8조의 비율에 가산한다.
⑤ 탈퇴하는 자의 출자금은 계약이행 완료후 제9조의 손실을 공제한 잔액을 반환한다.

제12조 (하자담보책임) 공동수급체가 해산한 후 당해 공사에 관하여 하자가 발생한 경우에는 연대하여 책임을 진다.

제13조 (운영위원회) ① 공동수급체는 공동수급체 구성원을 위원으로 하는 운영위원회를 설치하여 계약이행에 관한 제반사항을 협의한다.
② 이 협정서에 규정되지 아니한 사항은 운영위원회에서 정한다.

위와 같이 공동수급협정을 체결하고 그 증거로서 협정서 ○통을 작성하여 각 통에 공동수급체 구성원이 기명날인하여 각자 보관한다.

20○○년　월　일

○○○　(인)

○○○　(인)

○○○　(인)

공동수급 표준협정서 (분담이행방식)

제1조(목적) 이 협정서는 아래 계약을 공동수급체의 구성원이 재정, 경영 및 기술 능력과 인원 및 기자재를 동원하여 공사·물품 또는 용역에 대한 계획·시공 등을 위하여 일정 분담내용에 따라 나누어 공동으로 계약을 이행할 것을 약속하는 협약을 정함에 있다.

　입찰건명 :

제2조(공동수급체) 공동수급체의 명칭, 사업소의 소재지, 대표자는 다음과 같다.

　1. 명　　　칭 : ○○○

　2. 주사무소소재지 :

　3. 대 표 자 성 명 :

제3조(공동수급체의 구성원) ①공동수급체의 구성원은 다음과 같다.

　1. ○○○회사(대표자:　)

　2. ○○○회사(대표자:　)

　② 공동수급체의 대표사는 ○○○로 한다.

　③ 대표자는 발주자 및 제3자에 대하여 공동수급체를 대표하며, 공동수급체 재산의 관리 및 대금청구 등의 권한을 가진다.

제4조(효력기간) 본 협정서는 당사자간의 서명과 동시에 발효하며, 당해계약의 이행으로 종결된다. 다만, 발주자 또는 제3자에 대하여 공사와 관련한 권리의무관계가 남아 있는 한 본 협정서의 효력은 존속된다.

제5조(의무) 공동수급체구성원은 제1조에서 규정한 목적을 수행하기 위하여 성실·근면 및 신의를 바탕으로 하여 필요한 모든 지식과 기술을 활용할 것을 약속한다.

제6조(책임) 공동수급체의 구성원은 발주기관에 대한 계약상의 의무이행에 대하여 분담내용에 따라 각자 책임을 진다.

제7조(하도급) 공동수급체의 각 구성원은 자기 책임하에 분담부분의 일부를 하도급할 수 있다.

제8조(거래계좌) 계약예규 「공동계약운용요령」 제11조의 규정에 정한 바에 의한 선금, 기성대가 등은 다음 계좌로 지급받는다.

　1. ○○○회사(공동수급체대표자) : ○○은행, 계좌번호 ○○○, 예금주 ○○○

　2. ○○○회사 : ○○은행, 계좌번호 ○○○, 예금주 ○○○

제9조(구성원의 분담내용) ① 각 구성원의 분담내용은 다음 예시와 같이 정한다.

　[예시]

　1. 일반공사의 경우

가) ㅇㅇㅇ건설회사 : 토목공사

나) ㅇㅇㅇ건설회사 : 포장공사

2. 환경설비설치공사의 경우

가) ㅇㅇㅇ건설회사 : 설비설치공사

나) ㅇㅇㅇ제조회사 : 설비제작

② 제1항의 분담내용은 다음 각호의 1에 해당하는 경우 변경할 수 있다. 다만, 분담내용을 변경하는 경우 공동수급체 일부구성원의 분담내용 전부를 다른 구성원에게 이전할 수 없다.

1. 발주기관과의 계약내용 변경에 따라 계약금액이 증감되었을 경우

2. 공동수급체 구성원중 파산, 해산, 부도 등의 사유로 인하여 당초 협정서의 내용대로 계약이행이 곤란한 구성원이 발생하여 공동수급체구성원 연명으로 분담내용의 변경을 요청한 경우

제10조(공동비용의 분담) 본 계약이행을 위하여 발생한 공동의 경비 등에 대하여 분담공사금액의 비율에 따라 각 구성원이 분담한다.

제11조(구성원 상호간의 책임) ① 구성원이 분담공사와 관련하여 제3자에게 끼친 손해는 당해 구성원이 분담한다.

② 구성원이 다른 구성원에게 손해를 끼친 경우에는 상호협의하여 처리하되, 협의가 성립되지 아니하는 경우에는 운영위원회의 결정에 따른다.

제12조(권리·의무의 양도제한) 구성원은 이 협정서에 의한 권리·의무를 제3자에게 양도할 수 없다.

제13조(중도탈퇴에 대한 조치) ①공동수급체의 구성원은 다음 각호의 1에 해당하는 경우 외에는 입찰 및 당해 계약의 이행을 완료하는 날까지 탈퇴할 수 없다.

1. 발주자 및 구성원 전원이 동의하는 경우

2. 파산, 해산, 부도 기타 정당한 이유없이 당해계약을 이행하지 아니하여 해당구성원 외의 공동수급체의 구성원이 발주자의 동의를 얻어 탈퇴조치를 하는 경우

② 구성원중 일부가 파산 또는 해산, 부도 등으로 계약을 이행할 수 없는 경우에는 잔존구성원이 이를 이행한다. 다만, 잔존구성원만으로는 면허, 실적, 시공능력공시액등 잔여계약이행에 필요한 요건을 갖추지 못할 경우에는 발주자의 승인을 얻어 새로운 구성원을 추가하는 등의 방법으로 당해요건을 충족하여야 한다.

③ 제2항 본문의 경우 제11조제2항의 규정을 준용한다.

제14조(하자담보책임) 공동수급체가 해산한 후 당해공사에 관하여 하자가 발행하였을 경우에는 분담내용에 따라 그 책임을 진다.

제15조(운영위원회) ①공동수급체는 공동수급체구성원을 위원으로 하는 운영위원회를 설치하여 계약이행에 관한 제반사항을 협의한다.

②이 협정서에 규정되지 아니한 사항은 운영위원회에서 정한다.

위와 같이 공동수급협정을 체결하고 그 증거로서 협정서 ○통을 작성하여 각 통에 공동수급체 구성원이 기명날인하여 각자 보관한다.

20○○년 월 일

○ ○ ○ (인)

○ ○ ○ (인)

○ ○ ○ (인)

(별지 제 10 호 서식)

합 의 각 서

입찰 공고 번호	IITP 제 15 - 호	입 찰 일 자	2015 년 월 일
입 찰 건 명			

우리는 위의 입찰에 공동수급체를 결성 입찰에 참고하고자 귀 기관에서 정한 각종 조건, 유의서 및 입찰공고사항을 전적으로 승낙하며 또한 대표자는 각 구성원이 합의한 금액으로 입찰하겠으며, 낙찰시 모든 구성원은 대표자가 투찰한 입찰금액으로 이의없이 계약 체결 및 이행을 성실히 수행하겠음을 이에 합의각서를 제출합니다.

2000년 월   일

공동수급체 대표자

        주사무소 소재지
        상   호
        성   명   (인)
        사업자등록번호
        법인 등록 번호

공동수급체 구성원

        주사무소 소재지
        상   호
        성   명   (인)
        사업자등록번호
        법인 등록 번호

공동수급체 구성원

        주사무소 소재지
        상   호
        성   명   (인)
        사업자등록번호
        법인 등록 번호

(별지 제 11 호 서식)

확 약 서

　ㅇㅇㅇㅇㅇ가 추진 중인 "행사명" 입찰에 참여한 당사는 귀 정보통신기술 진흥센터의 공정한 기술 및 사업성 심사와 객관적인 내부절차에 의한 제반 결정에 아무런 이의를 제기하지 않고 응낙할 것을 확약합니다.

2000년　월　일

상호명:

대표자:　　　　　(인)

ㅇㅇㅇㅇㅇㅇ장 귀하

(별지 제 12호 서식)

청렴韓세상

청 렴 계 약 이 행 각 서

  당사는 「부패 없는 투명한 기업경영과 공정한 행정」 취지에 적극 호응하여 ○○○○○에서 시행하는 『   』
에 참여함에 있어 당사 임직원과 대리인은

1. 관계법령과 규정에 저해되는 일체의 불공정한 행위는 물론, 어떠한 압력이나 청탁도 행사하지 않겠습니다.
2. 관계직원에게 직·간접적으로 금품이나 선물, 향응이나 접대 등을 제공하지 않겠습니다.
   ※ 상기 내용 불이행시 우리 센터 계약운영요령 제64조에 의거 부정당업자로 간주되어 입찰 및 각종계약 참여에 제한을 받게 됨

  위 청렴계약 서약은 상호신뢰를 바탕으로 한 약속으로서 반드시 지킬 것이며, 이를 위반할 경우 입찰참가자격 제한, 계약해지 또는 해제 등 정보통신기술진흥센터의 조치에 대하여 손해배상을 청구하거나 민·형사상 어떠한 이의도 제기하지 않을 것을 서약합니다.

2000.   .   .

업체명 :

직 급 : 대 표

서약자 :   (인)

○ ○ ○ ○ ○ 귀하

(별지 제 12 호 서식)

제안설명회 참석확인서

입찰 공고 번호	IITP 제 15 - 호	설명회 일자	2000 년 0월 0일
입 찰 건 명			

　　아래의 업체는 「(행사명)」 제안요청서 설명회에 참석하였으며, 게시된 공고문에 의하여 위 입찰에 참가할 자격이 있음을 확인합니다.

설명회 참석자

　　　　주사무소 소재지

　　　　상　　　　　호

　　　　성　　　　　명　　　　　　(인)

　　　　사업자등록번호

　　　　법인 등록 번호

확인자

　　　　소속 :

　　　　이름 :　　　　　　　　　(인)

찾아보기

INDEX

○ 도움주신 분들

강동효, ㈜한국이앤엑스 이사
강신동, ㈜베페 전무이사
구미정, 연세대학교 연구원
김용우, ㈜킨텍스 팀장
김태칠, ㈜킨텍스 처장
박원주, E3글로벌 대표
박재현, 한국공작기계협회 팀장
박희승, (사)한국전시산업진흥회 팀장
서승진, 한림국제대학원대학교 교수
서원준, ㈜티에스엠 대표
신윤경, ㈜케이훼어스 차장
유지수, ㈜디엔아이씨 대표
은지환, 대한무역투자진흥공사 팀장
이창현, 한국컨벤션전시산업연구원 부원장
이태원, ㈜경동디자인 대표
이해석, ㈜코엑스 팀장
이형진, ㈜캐미리 대표
장상훈, ㈜시스포유 대표
정공주, ㈜이즈피엠피 본부장
조민제, (주)세계전람 대표, 한국전시주최자협회 회장
조현철, ㈜코엑스 차장
차종대, 대전마케팅공사 팀장
한재필, 인터페어스㈜ 대표
한종완, ㈜코엑스 전 차장
황희곤, 한림국제대학원대학교 교수

(이상 가나다순)

○ 감수하신 분들

김민수, ㈜서울전람 대표
김봉석, 경희대학교 교수
김성복, ㈜프리미엄패스인터내셔날 상무
김정조, ㈜한국이앤엑스 부사장
김충진, WE페어 대표
박종만, 전㈜엑스코 대표이사
박창균, ㈜나라디자인 대표, (사)한국전시디자인설치협회 전 회장
신인호, 한국공작기계산업협회 전 전무이사
신창열, ㈜더와이즈 대표
윤승현, HICO 사장, 한국무역전시학회 회장
이홍규, 한국전람㈜ 대표, (사)한국전시산업진흥회 회장
전동석, ㈜코엑스 전 상무이사
한재필, 인터페어스㈜ 대표
홍성권, ㈜케이훼어스 대표

(이상 가나다순)

국제전시기획론

초판 1쇄 발행   2016년 9월 22일
2판 1쇄 발행   2018년 1월 10일
2판 2쇄 발행   2020년 10월 10일

저 자   (사)한국전시주최자협회
펴낸이   임순재

펴낸곳   (주)한올출판사
등 록   제11-403호
주 소   서울시 마포구 모래내로 83(성산동 한올빌딩 3층)
전 화   (02) 376-4298(대표)
팩 스   (02) 302-8073
홈페이지   www.hanol.co.kr
e-메 일   hanol@hanol.co.kr
ISBN   979-11-5685-608-5

• 이 책의 내용은 저작권법의 보호를 받고 있습니다.
• 잘못 만들어진 책은 본사나 구입하신 서점에서 바꾸어 드립니다.
• 저자와의 협의 하에 인지가 생략되었습니다.
• 책 값은 뒷표지에 있습니다.